Knobloch (Hg.)
Kinder- und Jugendliteratur in einer globalisierten Welt

D1735060

Kinder- und Jugendliteratur in einer globalisierten Welt

Chancen und Risiken

herausgegeben von Jörg Knobloch
in Zusammenarbeit mit der AJuM der GEW

kjl&m 11.extra

kopaed (München)
www.kopaed.de

Bibliografische Information Der Deutschen Nationalbibliothek
Die Deutsche Nationalbibliothek verzeichnet diese Publikation
in der Deutschen Nationalbibliografie; detaillierte bibliografische Daten sind im Internet über http://dnb.ddb.de abrufbar

ISBN 978-3-86736-259-7

Druck: Kessler Druck+Medien, Bobingen

© kopaed 2011
Pfälzer-Wald-Str. 64, 81539 München
Fon: 089. 688 900 98 Fax: 089. 689 19 12
e-mail: info@kopaed.de Internet: www.kopaed.de

Inhalt

Teil III: Zur Praxis des Umgangs mit Kinder- und Jugendmedien in einer globalisierten Welt

Teil IV: Anhang

Jörg Knobloch
Kinder- und Jugendliteratur und die Globalisierung
Anmerkungen zu einer aktuellen Diskussion

„... eine globale Macht ersten Ranges"

Genau genommen heißt diese Überschrift „Großbritannien wird eine globale Macht ersten Ranges bleiben". Diese Worte werden dem gegenwärtigen britischen Premierminister David Cameron zugeschrieben (vgl. Cameron 2011). Auch wenn sie hier aus dem Zusammenhang gerissen wurden, könnten sie deutlich machen, was heute überwiegend unter *Globalisierung* verstanden wird: Weltweite Ausübung von Macht. Diese Macht kann von einem Staat ausgehen, von einer Firma oder von einer Gruppe von Menschen. Allerdings wird durch dieses Verständnis nicht klar, dass es sich bei der Globalisicrung nicht nur um Ausübung ökonomischer Macht handelt, auch nicht, dass Macht nur gemeinsam mit *Ohnmacht* existiert. Verborgen bleibt also, dass es neben den Gewinnern der Globalisierung (die, die Macht – in welchen Bereichen auch immer – ausüben können) auch Verlierer gibt (die, die ohnmächtig sind oder sich wenigstens so fühlen). Es wird zudem nicht deutlich, dass die Zugehörigkeit zu einer dieser Gruppen ständigen Veränderungen unterliegt. Vor allem kommt es nicht automatisch zu einer Solidarität der Gewinner oder der Verlierer von Globalisierungsprozessen. In diesen Gruppen könnten durchaus Konflikte entstehen, während die implizite Ideologie der Globalisierung noch davon ausgeht, dass offenbar jeder zum Gewinner werden kann. (Vgl. dazu z.B. Held 2007a, 2007b)

Eine Perspektive, die letztlich darauf verweist, dass die aktuelle Globalisierung und deren Vorläufer mehrere Seiten haben, prägt auch die vorliegende Veröffentlichung. Leserinnen und Leser finden hier Beiträge, in denen die Chancen der Globalisierung für den Buchmarkt bzw. den Markt der Kinder- und Jugendliteratur (KJL) beschrieben werden. In anderen Beiträgen wird dagegen darüber nachgedacht, wer diese Chancen eigentlich nutzen kann und welche Risiken damit für jene verbunden sind, die sie nicht oder jetzt nicht nutzen können oder nutzen wollen. Was etwa passiert mit Sprachen, die man nicht, wie heutzutage das Englische, als *lingua franca* bezeichnen kann? Wie wird sich unter dem Gesichtspunkt der Globalisierung unsere gegenwärtig noch erkennbare globale kulturelle Vielfalt entwickeln - wird diese Vielfalt geschützt oder wird sie einer Vereinheitlichung weichen? (Vgl. http://www.unesco.de/443.html; 23.04.2011)

Während für Ulrich Beck, einem der profiliertesten Vertreter der gegenwärtigen Globalisierungsdebatte also, der Begriff der Globalisierung sogar zum „Schreckenswort" werden kann (2007a, 13), wird man erkennen, dass der Terminus *Globalisierung* inzwischen zu einem geradezu alltäglichen Begriff geworden ist. Tatsache scheint dabei aber zu sein, dass Globalisierung lange Zeit nur mit ökonomischen Aspekten in

Verbindung gebracht wurde, mit Veränderungen auf dem Weltmarkt für sehr unter-schiedliche *Produkte*.[1] Dabei ist an die ökonomische Ausbeutung ganzer Kontinente als Folge der *Entdeckungen* eines Kolumbus und seiner Nachfolger (vgl. de Las Casas 1552 / 1981) ebenso zu denken wie an die Ausbeutung ganzer Kontinente durch heutige *Global Players* (vgl. Klein 2005).

Erst im Verlauf eines längst nicht abgeschlossenen Diskussionsprozesses wird sich zei-gen, dass nicht nur ökonomische Bereiche durch die aktuelle Globalisierung betroffen sind. Immer mehr und sehr unterschiedliche wissenschaftliche Disziplinen entdecken jedenfalls immer schneller die Bedeutung einer – wie auch immer definierten - Glo-balisierung für sich selbst. Beispiele dafür sind etwa Theologie, Biologie, Geologie, An-thropologie, Ökologie, Medizin, Pädagogik oder Soziologie. Die Beschäftigung dieser Disziplinen mit Globalisierungsprozessen kann natürlich zu Überschneidungen führen. So befasst sich ein Büchlein des früheren EKD-Vorsitzenden Wolfgang Huber zweifellos mit theologischen Aspekten. Dennoch macht der Autor damit auch, wie es im Untertitel heißt, „Anmerkungen zur globalen Finanzmarkt- und Wirtschaftskrise" (Huber 2010).

Prinzipiell sind auch Bücher der Globalisierung unterworfen,[2] auch solche, die der KJL zugerechnet werden. Da ein Zusammenhang von Literatur bzw. von KJL und Glo-balisierung jedoch bisher kaum thematisiert worden ist – jedenfalls hat ein etwaiges Nachdenken über diesen Zusammenhang bisher nur selten zu entsprechenden Publi-kationen geführt –, soll er hier in den Mittelpunkt der Überlegungen gestellt werden. Konkret wird darüber nachgedacht, ob die Globalisierung eher Chancen oder eher Risiken für die KJL verheißt: für Leserinnen und Leser, für Autoren, Verleger, Grafiker, Buchhändler, Bibliothekare und für die vielen Angestellten und Mitarbeiterinnen in entsprechenden Firmen, in Bibliotheken, vorschulischen Einrichtungen, Schulen und Universitäten. Dabei soll zunächst deutlich werden, dass es höchste Zeit wird, sich überhaupt über die Auswirkungen der Globalisierung speziell für die KJL Gedanken zu machen und diese Gedanken auch darzustellen. Das Thema KJL zeigt zugleich, dass es sich bei der Globalisierung um ein äußerst komplexes Phänomen handelt. So könnte eine entsprechend komplexe Diskussion generell deutlich machen, was denn Globali-sierung bedeutet bzw. was sie bedeuten könnte, sollte oder müsste.

So gesehen ist der vorliegende Sammelband in der Vielfalt der hier aufgegriffenen Themen und Ansichten also eine Ergänzung zu all jenen Büchern, die zu einer inhalt-lichen Konkretisierung und zu einer eventuellen Bedeutungserweiterung des Begriffes Globalisierung beitragen. Da der implizite Vorwurf von Naomi Klein, dass Schulen und Universitäten bisher gerade jene globalen Entwicklungen *verschlafen* hätten, die

---

1   Die Globalisierungskritikerin Naomi Klein macht allerdings darauf aufmerksam, dass es geradezu ein Kennzeichen global tätiger Firmen sei, dass sie „keine Produkte mehr herstellen und Werbung für sie machen, sondern Produkte kaufen und sie mit ihren Markennamen versehen" (Klein 2005, 25).

2   Dabei wird nicht immer klar, weshalb die *Global Players* der Verlagsszene kritische Werke über Global Players (vgl. Klein 2005) veröffentlichen. Werden sie durch die schon seit dem römischen Kaiser Vespasian bekannte Erkenntnis *Pecunia non olet* (dt.: *Geld stinkt nicht*) motiviert? Ein Beispiel: Naomi Kleins Buch *No Logo!* erschien zuerst im kanadischen Toronto beim Verlag Alfred A. Knopf. Dieser Verlag gehört jedoch längst zum Random House-Konzern, der nach eigener Auskunft seit 1986 in Kanada auch verlegerisch tätig ist (vgl. www.randomhouse.ca/about/random.html). In Deutschland gehören zur Verlagsgruppe Random House die in Zusammenhang mit der vorliegenden Publikation interessanten Kinder- und Jugendbuchverlage des C. Bertelsmann-Konzerns (u.a. cbj und cbt), aber auch angesehene Verlage wie Bassermann, Blessing, DVA, Goldmann, Heyne, Kösel, Limes, Luchterhand, Manesse oder Siedler bzw. die mit dem Vorwurf der *Esoterik* kämpfenden Verlage Ariston, Diederichs, Kailash und Lotos.

oft in direktem Gegensatz zur bisherigen Lehr- und Forschungsfreiheit stehen, dass also Lehrkräfte und Lehrstuhlinhaber gleichermaßen betroffen wären (vgl. Klein 2005, 103-121), kann auch die von diesen Berufsgruppen getragene Kinder- und Jugendliteraturforschung vor den Auswirkungen globaler Entwicklungsprozesse nicht mehr die Augen verschließen. Wir stehen also am Beginn eines Diskussionsprozesses, dessen Ausgang kaum vorhersehbar ist.

Cristóbal Colón, Georg Forster und Alexander von Humboldt als Wegbereiter der Globalisierung und Protagonisten aktueller Kinder- und Jugendliteratur

Bei aller Vorläufigkeit sollen nachfolgend auf der Grundlage neuerer Kinder- und Jugendbücher Überlegungen skizziert werden, die deutlich machen könnten, wie denn gegenwärtig der Begriff der Globalisierung in der KJL bzw. der entsprechenden Forschung dazu verstanden wird. Es handelt sich dabei offenbar um ein Desiderat, da es in der bisherigen wissenschaftlichen und öffentlichen Diskussion nicht mal eine eindeutige und anerkannte Definition der Globalisierung gibt. Selbst über den historischen Beginn von Phänomenen, die heute der Globalisierung zugerechnet werden, bestehen innerhalb der Wissenschaft und ihrer Disziplinen durchaus unterschiedliche Auffassungen. Auch gibt es weitaus mehr Vordenker und Wegbereiter heutiger Globalisierungsvorstellungen, als die hier genannten Forscher, Abenteurer und Weltumsegler Kolumbus (span. Cristóbal Colón), Forster oder Humboldt.[3] Nicht alle sind allerdings zugleich Protagonisten aktueller (deutschsprachiger) KJL, nicht alle machen schon dadurch auf einen Zusammenhang zwischen Globalisierung und Kinder- und Jugendliteratur aufmerksam.

Christoph Kolumbus

Zur Zeit des *Christoph Kolumbus* war die Kugelgestalt der Erde zwar längst bekannt, was u.a. durch mehrere Globen dokumentiert wird.[4] Aber erst Kolumbus hat es gewagt, dafür auch einen experimentellen Beweis anzutreten. Seine *Entdeckungsfahrten* führten zwar nicht nach Indien, sondern *nur* zu den vorgelagerten Inseln eines neuen Kontinentes bzw. einer *neuen Welt*. In der Folge haben diese Fahrten aber Auswirkungen auf das Denken und für das Leben der gesamten Welt gehabt. *Global* bedeutet dabei nicht nur die Erkenntnis, mit anderen Menschen, wenn schon nicht in einem Boot zu sitzen, so doch auf einem Erdball zu leben. *Global* bedeutet auch das sich ausbreitende Bewusstsein einer multikulturell zu verstehenden *Entdeckung des Fremden*, also von Menschen mit anderer Geschichte, anderer Hautfarbe, anderer Sprache oder anderen religiösen Vorstellungen.

---

3 Man denke nur an die Portugiesen Vasco da Gama und Fernando Magellan oder an die spanischen Conquistadoren, in deren Gefolge sich u.a. der Straubinger Landsknecht Ulrich Schmid[e]l (vgl. Schmidel 2010) befand.

4 Der erste Erdglobus der *Alten Welt* ist wahrscheinlich im frühen Mittelalter als Werk eines arabischen, im Dienst der Kalifen der Abbasiden stehenden Kartografen und Astronomen entstanden. Martin Behaims Globus wurde 1492, also genau in dem Jahr, in dem Kolumbus zu seiner ersten *Entdeckungsfahrt* am 03.08. aufbrach, angefertigt. Da Kolumbus jedoch erst im März 1493 nach Europa zurückkehrte, muss Behaim seinen Globus auch ohne dessen *Entdeckungen* entwickelt haben (vgl. Gewecke 2006). Vgl. auch den Beitrag von Melanie Rossi in diesem Band (2011, S. 180-194).

Dass *Europa das Zentrum der Welt* sei, kann dabei nur aus der damaligen Perspektive europäischer Eroberer verstanden werden. Heute sind, auch im Kontext der KJL, damals geführte Diskussionen unvorstellbar. Wenn der Dominikaner-Mönch und Bischof Bartolomé de Las Casas (vgl. 1981) Schutzgesetze gegen die willkürliche Folterung und Tötung von Indianern nicht durchsetzen konnte und darum kämpfte, dass auch Indianer als *Menschen* angesehen werden, wenn er, um Indianer zu schützen, vorschlug, schwarze Sklaven aus Afrika nach Lateinamerika einzuführen,[5] dann entspricht das längst nicht mehr aktuellen Vorstellungen. Nach den Gräueln des Nationalsozialismus und des Zweiten Weltkrieges betont zumindest das Grundgesetz der Bundesrepublik Deutschland von 1949, dass

die Würde des Menschen unantastbar sei, dass jeder das Recht auf Leben und körperliche Unversehrtheit habe und niemand wegen seiner Abstammung, seiner *Rasse*, seiner Sprache, seiner Heimat und Herkunft oder seines Glaubens benachteiligt oder bevorzugt werden dürfe (vgl. Stollreither, o.J.).[6]

Das von Waldtraut Lewin 2006 vorgelegte Buch steht in einer ganzen Reihe von Kolumbus-Biografien unterschiedlicher Autorinnen und Autoren, unterscheidet sich jedoch deutlich von (im weitesten Sinne) konkurrierenden Werken. Wichtiges Unterscheidungsmerkmal ist, dass die Autorin sich selbst und ihren Forschungs- und Schreibprozess immer wieder thematisiert. Damit entspricht diese Biografie wesentlichen Anforderungen der modernen Biografieforschung (vgl. Hesse-Hoerstrup 2001, 2004 und 2006). Allerdings lässt sich im konkreten Fall nicht immer erkennen, wo die Autorin den Bereich des fundierten Sachbuches zu Gunsten einer Erzählung verlässt, die als fiktiv bezeichnet werden muss.

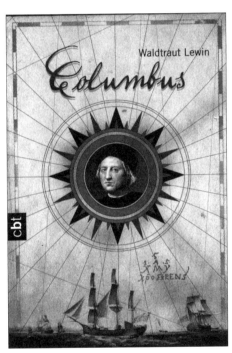

Columbus aus der Sicht von W. Lewin (Cover © München: cbt Verlag, 2006)

Dieses Defizit wiegt umso schwerer, als Lewin eine Biografie vorlegt, die sich auch inhaltlich von anderen Werken unterscheidet und deren sachliche Grundlage man auch als Leser gerne nachvollziehen möchte. Lewins Columbus ist nämlich keineswegs der im italienischen Genua geborene Sohn eines Webers, wie nahezu zeitgleich (2006) und ausgerechnet im gleichen Verlag Christa-Maria Zimmermann in *Das Gold des Columbus* behauptet. Er wurde nach der Darstellung von Lewin vielmehr (wahrscheinlich) auf Mal-

---

5 Einen atlantischen Handel mit schwarzen Sklaven aus Afrika hat es offenbar bereits vor den angeblichen, diskriminierenden und zugleich missverständlichen Äußerungen des Las Casas gegeben (vgl. Enzensberger 1967).

6 Ob diese Postulate auch immer der gegenwärtigen Realität entsprechen, sei allerdings dahingestellt.

lorca als Sohn eines zum Christentum konvertierten jüdischen Kartenzeichners geboren. Dieses biografische Detail könnte als wichtiges Motiv für die Entdeckungsfahrten des Kolumbus gelten, läuft doch seine Flotte am gleichen Tag aus, an dem das Edikt zur Vertreibung der Juden aus Spanien in Kraft tritt. Kolumbus hätte also gute Gründe gehabt, das Land zu verlassen und seine Herkunft zu verschleiern (vgl. dazu auch Nöstlinger 1991, 10). Eine neuere Auseinandersetzung mit den sich widersprechenden Theorien gibt es allerdings nicht. Die in diesem Zusammenhang zu nennende Publikation von Anna Ulrike Schütte (2010) berücksichtigt ausgerechnet keine Biografien der KJL.

Die von Kolumbus, seinen Begleitern und den nachfolgenden Eroberern ausgehende Unterdrückung der indigenen Bevölkerung wird in Lewins Buch anschaulich geschildert, allerdings nicht aus der Sicht der Betroffenen. Auch die Rolle der katholischen Kirche und der von ihr getragenen Inquisition wird angedeutet. Insgesamt fügen sich die von der Autorin vorgelegten konkreten Informationen und fiktiven Elemente wie ein Puzzle zusammen. Ob man dem Buch deshalb, wie im Klappentext zu lesen, eine „dokumentarisch-fiktive Montagetechnik" bescheinigen kann, muss, wenn sich Dokumentation und Fiktion meist nicht unterscheiden lassen, allerdings fraglich bleiben.

Trotz der genannten Einwände handelt es sich jedoch um ein spannendes Buch, das von jungen Leserinnen und Lesern als *biografische Erzählung* und als motivierende Ergänzung des Geschichtsunterrichts zu lesen ist. Zusammen mit anderen Quellen, etwa mit dem von Armin Maiwald zusammengestellten Band (2006; vgl. dazu auch Hesse-Hoerstrup 2006, 169ff.), lässt es sich z.B. als Grundlage für ein kritisches Referat über den Mann verwenden, der meinte, Indien gefunden zu haben, der einen triumphalen Empfang durch das spanische Königspaar erlebte, der schließlich verarmt und vereinsamt starb und dessen Grab bis heute nicht eindeutig zu identifizieren ist. Die Problematik einer Welt, deren Reichtum und deren Armut so ungleich verteilt sind, beginnt mit Kolumbus.

Georg Forster

Über *Johann Georg Adam Forster* und dessen Beitrag zur Globalisierung gibt es im vorliegenden Band einen eigenen Aufsatz von Yomb May (vgl. 2011, S. 52-62). Hier soll nur darauf hingewiesen werden, welchen Stellenwert Georg Forster, als Vordenker eines aktuellen Phänomens, in der deutschsprachigen Kinder- und Jugendliteratur hat. Es gibt über ihn eine Biografie des (2004 für eine Biografie über Ulrike Meinhof mit dem Deutschen Jugendliteraturpreis ausgezeichneten) Alois Prinz, die 1997 beim Verlag Beltz&Gelberg erschien. 2002 wurde sie dort auch als Taschenbuch veröffentlicht, 2008 verlegte der Insel Verlag das Buch als Ausgabe für Erwachsene. Eine weitere Veröffentlichung über Georg Forster für junge Leserinnen und Leser konnte nicht festgestellt werden. Schulischen Anforderungen konnte sie oft nicht entsprechen.

Allerdings gibt es ein aktuelles Kinder- und Jugendsachbuch von Maja Nielsen (2009; vgl. dazu auch den Beitrag von Christian Gänsicke 2011, S. 205-212) über den Seefahrer und Entdecker James Cook. Da die Forster-Biografie von Alois Prinz und der Band über James Cook auffallend ähnliche Titel bzw. Untertitel haben (Die Suche nach dem Paradies / Das Paradies ist nirgendwo) und Georg Forster an Cooks zweiter Entdeckungsfahrt teilnahm, wäre zu erwarten, dass man auch in einem Jugendbuch über James Cook etwas über Georg Forster lesen könnte.

Sieht man von einem einleitenden Vorwort ab, beginnt und endet das Kinder- und Jugendsachbuch von Maja Nielsen mit Cooks Tod. Dazwischen liegen zwei Weltumseglungen im Auftrag des britischen Königs: Cook sollte einen geheimnisvollen aber bis dahin nicht gefundenen Südkontinent suchen. Eine dritte Reise führte Cook auf der Suche nach der sogenannten Nordpassage auch zu den Hawai-Inseln, wo er von eingeborenen Polynesiern getötet wurde – angeblich aufgrund eines letztlich interkulturellen Missverständnisses.

Cooks Leben wird in diesem Sachbuch geradezu *gefeiert*. Ziel seiner Entdeckungsfahrten sei es vor allem gewesen, „Erkenntnisse über unsere Welt zu sammeln" (Nielsen 2009, 59). Keinesfalls sei er ein Erobe-rer, der fremde Völker ausbeuten und versklaven wollte, heißt es hier (ebd.), womit nur indirekt auf frühere und spä-tere Entdecker hingewiesen wird, die wohl gerade dieses im Sinn hatten. Nicht gesagt wird, welch bedeutsame Rolle Cook für die Kolonialisierung der Welt durch die britische Krone gespielt hat. Denn auch wenn er selbst nicht von der Gier nach Reichtum auf die Weltmeere getrieben wurde, für seinen Auftrag-geber, den britischen König Georg III., war der zu erwartende Reichtum eine starke Motivation, denn unermesslichen „Reichtum verspricht sich der König von der Entdeckung [...]! Georg III. wird der reichste und mächtigste König der Erde sein, wenn eines seiner Schiffe zuerst das sagenhafte Südland erreicht." (Nielsen 2009, 13) Der größte Teil der damals bekannten Welt, und damit auch dessen Reichtum, war ja längst in spanischem, portugiesischem, französischem und hol-ländischem *Besitz*.

Johann G. A. Forster aus der Sicht von A. Prinz (Cover © Weinheim: Beltz&Gelberg, 1997/2002)

Über Georg Forster, einen der promi-nentesten Begleiter auf Cooks zweiter Entdeckungsfahrt also, gibt es in diesem Jugendbuch allerdings nur vereinzelt marginale Hinweise, wenn auch in einem *Kasten* (vgl. Nielsen 2009, 48; insgesamt gibt es auf den ca. 55 Seiten des Buches – ohne Titelei und Anhang – 28 dieser Kästen mit ergänzenden Hinweisen etwa zum nautischen Almanach, zu den Vorräten an Bord oder auch zu James Cook selbst) auf sein Leben und Sterben hingewiesen wird. Der 1754 geborene Forster stirbt mit 39 Jahren vereinsamt und verarmt. Dass er Wegbe-reiter einer durch Weitsicht und Menschlichkeit geprägten Globalisierung war, hat nur geringe Auswirkungen auf sein heutiges Ansehen.

Alexander von Humboldt

Während Alexander von Humboldts Bruder Wilhelm bis heute als eine der zentralen Gestalten der deutschen Bildungsgeschichte gilt, war es lange Zeit still um Alexander. Erst
Neuauflagen seiner Werke in verschiedenen Verlagen, neuere Biografien sowie (für erwachsene Leserinnen und Leser) Daniel Kehlmanns *Die Vermessung der Welt* (2005) haben zu einem steigenden Interesse an seinem Leben und Werk geführt. Dieses Interesse
lässt sich auch (allerdings *in engen Grenzen*) für die Kinder- und Jugendliteratur feststellen.

Dem aktuellen Interesse am Leben des Forschers und Abenteurers *Alexander von
Humboldt* ist wohl das Kinder- und Jugendbuch von Reinhard Barth zu verdanken.

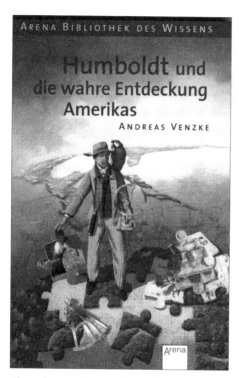

Alexander von Humboldt aus der Sicht von A.
Venzke (Cover © Würzburg: Arena, 2009)

Barth geht bei seiner Humboldt-Bio-
grafie (2007) weitgehend chronologisch vor und führt den Leser von der
Geburt (1769) des späteren Forschers
bis zu dessen Tod (1859). Seine Kindheit und Jugend hat Alexander in Berlin
verbracht. Er wurde durch Hauslehrer
unterrichtet, u.a. durch den späteren
Jugendschriftsteller Joachim Heinrich
Campe. Studienaufenthalte führten ihn
nach Frankfurt/Oder, nach Göttingen
und schließlich nach Freiberg, wo er
Oberbergmeister wurde. Eher nebenbei lernte er wichtige Wissenschaftler
und Personen des öffentlichen Lebens
kennen, unter ihnen den schon genannten Georg Forster (s.o.). Nach dem
Tod seiner Mutter führte Alexander von
Humboldt eine erste Expedition nach
Südamerika durch. Dabei fuhren er
und sein Begleiter Aimé Bonpland mit
Booten von Venezuela aus in den Re-
genwald, um zu erforschen, ob es eine
Verbindung zwischen den Flüssen Orinoko und Amazonas gibt (vgl. auch Kister 2010). Er besuchte Kolumbien und
Ecuador, Mexiko und die USA. Wenig
später war er zurück in Europa, machte sich an die schriftstellerische Auswertung
seiner abenteuerlichen und oft lebensgefährlichen Reisen und arbeitete am *Kosmos*,
seinem Hauptwerk, das in mehreren Bänden eine Darstellung der ganzen damals bekannten materiellen Welt versuchte.

Auch Andreas Venzke (2009) stellt das Leben des Forschers Alexander von Humboldt weitgehend chronologisch dar. Dem Konzept der Reihe entsprechend wird dabei ein fiktiv-autobiografischer erzählender Teil immer wieder von Sachkapiteln un-
terbrochen, in denen Details aus der Zeit, in der Humboldt gelebt hat, dargestellt
werden. So wird deutlich, dass auch ein Wissenschaftler damals nicht quasi im luftlee-
ren Raum gelebt hat, sondern z.B. in einem historischen und politischen Kontext zu

sehen ist. Prägend für Alexander von Humboldt waren u.a. die Französische Revolution, der damalige Gegensatz zwischen Neptunisten und Vulkanisten und eine gerade in Lateinamerika vorzufindende Situation, die deutlich zwischen den Nachfahren europäischer Eroberer und den Nachfahren indigener Völker unterscheidet. Venzke geht auch auf die Familiengeschichte der Brüder von Humboldt ein sowie auf das bis heute ungeklärte Verhältnis von Alexander zu Frauen (bzw. zu Männern). Besonders arbeitet Venzke die Bedeutung heraus, die Alexander von Humboldt bis in die Gegenwart zugeschrieben wird. Abgesehen davon, dass der Biografierte als Prototyp eines modernen Wissenschaftlers gilt, zeigt sich deutlich, dass Sklavenhaltung und Unterdrückung von Menschen nicht mit einem als letztlich demokratisch anzusehenden Verständnis der Welt in Einklang zu bringen sind. So gesehen war Alexander von Humboldt zu seiner Zeit zwar ein angesehener Wissenschaftler, aber auch einer, der Wege ging, die damals ungewöhnlich waren und gefährlich sein konnten.

Nach Meinung des Romanisten Ottmar Ette gehört der Südamerikaforscher zu den Wegbereitern dessen, was wir heute mit dem Begriff *Globalisierung* bezeichnen (vgl. z.B. Humboldt 2004, Ette 2009). Dabei vertritt Humboldt eine Vorstellung, die weit über ökonomische und politische Aspekte hinausgeht (vgl. Ette 2009, 40f.). Nimmt man das schriftstellerische und wissenschaftliche Werk Alexander von Humboldts als Grundlage, so muss vielmehr von einem „klimatologischen oder biologischen, einem geoökologischen oder räumlich-geographischen, […] einem philosophischen oder mentalitätsgeschichtlichen, wissenssoziologischen oder geopolitischen, religionswissenschaftlichen oder biopolitischen" (Ette 2009, 37) Verständnis der Globalisierung ausgegangen werden. Als Wissenschaftler, der immer die ganze Welt im Blick hatte, war er einer der ersten Theoretiker der Globalisierung. Humboldts Engagement gegen die damals nicht nur in Südamerika weitverbreitete Sklaverei deutet zudem auf eine kritische Einschätzung von Folgen der Globalisierung hin. Auch hat er frühzeitig auf die Gefahren weltweiter ökologischer Katastrophen aufmerksam gemacht (vgl. Humboldt 2004). Die Bedeutung Alexander von Humboldts gerade für junge Leserinnen und Leser ist u.a. in seinem damals als unorthodox geltenden Verständnis von Wissenschaft zu sehen.

„Die Horizonte seines Denkens waren offen […]. Wissenschaft und Bildung sollten keine Bildungsbrocken aufhäufen: Wirkliche Bildung zielte für Alexander von Humboldt vielmehr auf eine Kernkompetenz: die Fähigkeit zum Zusammendenken. Sie bildet die entscheidende Grundlage eines Zusammenlebens in wechselseitiger Achtung der Differenz. Nicht nur in der Natur ist für Humboldt alles Wechselwirkung" (Ette 2009, 32).

Vordenker und Wegbereiter der Globalisierung

Zur Frage, ob und wie das Thema Globalisierung in der aktuellen KJL thematisiert wird, gibt es in dieser Veröffentlichung u.a. einen eigenen Beitrag von Ines Galling (2011, S. 106-119). Unabhängig davon sollte hier jedoch deutlich werden, dass mit Christoph Kolumbus, Georg Forster und Alexander von Humboldt durchaus Vordenker, Wegbereiter oder gar Urheber der Globalisierung als Protagonisten in der neueren KJL auftauchen. Allerdings wird in der neueren KJL zu selten thematisiert, welchen (positiv oder negativ zu bewertenden) Beitrag sie zur Globalisierung geleistet haben. Der nicht zuletzt von den Literaturwissenschaften gepflegte Mythos vom Forscher, Abenteurer und Entde-

Globalisierung: Wer ist Gewinner, wer ist Verlierer? (Foto (c) R. Knobloch, Freising 2003)

cker, der nur für die individuellen Folgen seines Tuns, nicht jedoch für dessen Folgen für andere oder gar für die Menschheit verantwortlich ist, verhindert ein komplexeres Verständnis dieser Personen und fördert letztlich eine eurozentrische Sichtweise.

Hinweise zur vorliegenden Publikation

Die vorliegende Publikation ist in drei Teile gegliedert. Zunächst werden durch verschiedene Beiträge einige Grundlagen der Globalisierung aufgezeigt. Zu diesen Grundlagen werden hier exemplarisch sowohl Begriffsklärungen, Geschichte, Vordenker und grundlegende Aussagen über den Markt der Kinder- und Jugendliteratur gerechnet (vgl. dazu die Beiträge von Bartsch / Schneider 2011, 20-35; Ph. D. Th. Knobloch 2011, 36-51; May 2011, 52-62; Störiko-Blume 2011, 63-70).

In einem weiteren Teil wird, ebenfalls exemplarisch, durch verschiedene Beiträge deutlich gemacht, welche Bereiche der Kinder- und Jugendliteratur von der Globalisierung besonders betroffen sind. Das reicht von den Auswirkungen der Globalisierung auf das Lesen (Demmer 2011, 72-89), die Produktion von Belletristik und Sachbüchern (Galling 2011, 106-119; Roeder 2011, 120-130), über Aspekte der Mehrsprachigkeit (Pantos 2011, 97-105) sowie Hinweisen zur unterschiedlichen Rezeption von Bestsellern (George 2011, 90-96) bis hin zu (im weitesten Sinne) Institutionen, die heute schon international, nicht immer jedoch global tätig sind (vgl. die Beiträge von Daubert 2011, 131-137; Raabe 2011, 138-147 und Jandrlic 2011, 148-154).

Anschließend wird gezeigt, wie gegenwärtig in der Praxis (vor allem des deutschsprachigen Raumes) mit Kinder- und Jugendmedien, die im weitesten Sinne eine Bedeutung für die aktuelle Globalisierungsdebatte haben, umgegangen wird. Dabei ist u.a. zu fragen: Wie wird im deutschsprachigen Raum schulisches Lesen von Büchern organisiert, wenn man z.B. Deutschland als *Einwanderungsland* versteht (Schulze-Bergmann 2011, 156-169; Eder 2011, 170-179; Rossi 2011, 180-194)? Liegt mit *Harry Potter* etwa der Prototyp eines durch die Globalisierung geprägten Medienphänomens vor (Lindauer 2011, 195-204)? Schließlich greift ein Beitrag mit einer Ausstellung zu *James Cook* ein Thema von globaler Bedeutung auf und zeigt zugleich, wie dieses Thema unter dem Gesichtspunkt der Globalisierung vielleicht anders als üblich präsentiert werden könnte (Gänsicke 2011, 205-212).

Insgesamt hoffen Herausgeber, Autorinnen und Autoren, dass es mit dieser Publikation gelungen ist, die aktuelle Diskussion um die Globalisierung aufzugreifen und zugleich einen eigenständigen Beitrag dazu zu leisten. Die Vielfalt der Meinungen sollte sich hier wenigstens ansatzweise widerspiegeln. Auch war es das Ziel, durch die einzelnen Beiträge die Aufmerksamkeit auf die Kinder- und Jugendliteratur zu lenken, auf einen Aspekt also, der nach unserer Meinung bisher zu selten thematisiert wird. Dadurch könnte auch die Komplexität der Globalisierung deutlicher geworden sein. Allerdings weiß die weltweite Kinder- und Jugendliteraturszene, dass der Prozess der Globalisierung schon bei den Kinder- und Jugendbuchverlagen zu einer Vielfalt führen kann, die nur durch die Begriffe *Gewinner* und *Verlierer* erklärt werden kann.

Primärliteratur
Barth, Reinhard: Alexander von Humboldt. Abenteurer, Forscher, Universalgenie. Berlin: Berlin Verlag / Bloomsbury Kinder- und Jugendbücher, 2007 (TB-Ausg. 2009)
Kehlmann, Daniel: Die Vermessung der Welt. Reinbek: Rowohlt, 2005
Kister, Cornelie: Knochenraub am Orinoko. Ein Abenteuer mit Alexander vom Humboldt. München: dtv junior, 2010 (Reihe: Tigerauge)
Lewin, Waldtraut: Columbus. München: cbt Verlag, 2006
Maiwald, Armin: Christoph Columbus und das Wachsen der Welt. Würzburg: Arena, 2006
Nielsen, Maja: James Cook. Die Suche nach dem Paradies. Hildesheim: Gerstenberg, 2009 (Abenteuer & Wissen)
Nöstlinger, Ernst: Den Osten im Westen suchen. Die Lebensgeschichte des Christoph Kolumbus. Weinheim: Beltz&Gelberg, 1991 (TB-Ausg. 1997)
Prinz, Alois: Das Paradies ist nirgendwo. Die Lebensgeschichte des Georg Forster. Weinheim [u.a.]: Beltz&Gelberg, 1997 (TB-Ausg. 2002, 2008)
Prinz, Alois: Lieber wütend als traurig. Die Lebensgeschichte der Ulrike Marie Meinhof. Weinheim [u.a.]: Beltz&Gelberg, 2003
Venzke, Andreas: Humboldt und die wahre Entdeckung Amerikas. Würzburg: Arena, 2009
Zimmermann, Christa-Maria: Das Gold des Columbus. München: cbj Verlag, 2006

Sekundärliteratur
Beck, Ulrich: Was ist Globalisierung? Irrtümer des Globalismus – Antworten auf Globalisierung. Frankfurt/M 2007a [EA 1997]
Beck, Ulrich (Hg.) Generation Global. Ein Crashkurs. Frankfurt/M 2007b
Cameron, David: „Großbritannien wird eine globale Macht ersten Ranges bleiben". In: Süddeutsche Zeitung. Eine Dokumentation zur 47. Münchner Konferenz für Sicherheitspolitik. 67 (2011) Ausgabe 28, 13 [vom 04.02.2011]
de Las Casas, Bartolomé: Kurzgefasster Bericht von der Verwüstung der Westindischen Länder. Aus d. Span. von D. W. Andreä, hg. von Hans Magnus Enzensberger. Frankfurt/M 1981 [span. EA ca. 1552]
Enzensberger, Hans Magnus: Las Casas oder Ein Rückblick in die Zukunft. In: Hans Magnus Enzensberger: Deutschland, Deutschland unter anderem. Äußerungen zur Politik. Frankfurt/M 1967
Ette, Ottmar: Alexander von Humboldt und die Globalisierung. Frankfurt/M 2009
Gewecke, Frauke: Christoph Kolumbus. Leben, Werk, Wirkung. Frankfurt/M 2006 (Suhrkamp BasisBiographie)
Held, David: Mythen der Globalisierung. Aus d. Engl. von M. Adrian. In: Beck 2007b, 12-26 (= Held 2007a)
Held, David: Globale Ungleichheiten. Aus d. Engl. von M. Adrian. In: Beck 2007b, 95-119 (= Held 2007b)
Hesse-Hoerstrup, Dorothee: Lebensbeschreibungen für junge Leser. Die Biographie als Gattung der Jugendliteratur – am Beispiel von Frauenbiographien. Frankfurt/M [u.a.] 2001

Hesse-Hoerstrup, Dorothee: Biographische Jugendbücher. In: Josting, Petra / Gudrun Stenzel (Hgg.): „Wieso, weshalb, warum ..." Sachliteratur für Kinder und Jugendliche. Weinheim 2004, 104-118 (15. Beiheft „Beiträge Jugendliteratur und Medien")

Hesse-Hoerstrup, Dorothee: Biografien für jugendliche Leserinnen und Leser. In: Beiträge Jugendliteratur und Medien, 58 (2006) H. 3, 163-172

Huber, Wolfgang: Wenn ihr umkehrt, wird euch geholfen oder: Anmerkungen zur globalen Finanzmarkt- und Wirtschaftskrise. Frankfurt/M 2010 (edition chrismonmobil)

Humboldt, Alexander von: Ansichten der Kordilleren und Monumente der eingeborenen Völker Amerikas. Aus d. Franz. von Claudia Kalscheuer, ediert und mit einem Nachwort versehen von Oliver Lubrich und Ottmar Ette. Frankfurt/M 2004 (Die andere Bibliothek, hg. von Hans Magnus Enzensberger)

Klein, Naomi: No Logo! Der Kampf der Global Players um Marktmacht. Ein Spiel mit vielen Verlierern und wenigen Gewinnern. München 2005 [engl. EA Toronto/Kanada 2000]

Schmidel, Ulrich: Wahrhafte Historie einer wunderbaren Schifffahrt welche Ulrich Schmidel von Straubing von 1534 bis 1554 in Amerika oder Neue Welt bei Brasilia oder Rio della Plata getan. Hg. von Fernando Amado Aymoré. Wiesbaden 2010

Schülle, Anna Ulrike: Ein ferner Kontinent der Abenteuer und der Armut. Lateinamerika in der deutschsprachigen Kinder- und Jugendliteratur der Gegenwart. Frankfurt/M. [u.a.] 2010 (Kinder- und Jugendkultur, -literatur und –medien)

Stollreither, Konrad (Bearb.): Grundgesetz für die Bundesrepublik Deutschland. Stand 1. Oktober 1991. München o.J.

München / Freising, im September 2011

Teil I

Grundlagen des Themas
Kinder- und Jugendliteratur und Globalisierung

Wiebke Bartsch / Gerald Schneider
Globalisierung
Hinweise zur Klärung eines Begriffes

Einleitung

Die aktuelle Finanzkrise hat uns eindrucksvoll vor Augen geführt, wie eng die Staaten der Welt heute ökonomisch miteinander vernetzt sind (Kirby 2010, 116). Als in den USA die *Immobilienblase* platzte, gerieten auch deutsche Banken sofort in Not. Dies bedeutet, dass Banken wie Firmen die Welt nicht mehr als unterteiltes Gebilde begreifen, sondern als Ganzes. Diese Totalität ist eine wirtschaftliche Chance, aber auch ein Risiko, weil man sich in der Krise nicht mehr in den nationalen Markt zurückziehen kann. Ähnliche Epochen der weltweiten wirtschaftlichen Vernetzungen gab es auch früher, beispielsweise in den Jahrzehnten vor dem Ausbruch des 1. Weltkrieges. Dies wirft die Frage auf, ob die heutige ökonomische Interdependenz ein neues Phänomen darstellt oder ob die *Globalisierung* nur ihr Gesicht verändert hat.

Globalisierung lässt sich nur als mannigfaltiges Konzept verstehen. Nicht nur die Wirtschaftswelt wächst unter diesem Schlagwort stärker zusammen. Auch in anderen Bereichen ist die Vernetzung von Märkten und Gesellschaften spürbar und erlebbar. Im Fernsehen schauen wir uns zu großen Teilen amerikanische Serien und Filme an, unsere Boulettenbrötchen essen wir überall auf dem Globus bei bekannten Schnellimbissketten und die Regeln, die unser gemeinsames Zusammenleben bestimmen, werden immer stärker durch internationale Organisationen wie der Europäischen Union oder der Welthandelsorganisation vorgegeben. Diese vielschichtigen Entwicklungen wären ohne Innovationen im technisch–informativen Bereich nicht möglich. Über Internet und Telefon können wir innerhalb weniger Sekunden Daten in großen Mengen austauschen und mit Hilfe immer schnellerer Computer auswerten. Außer der Zeitverschiebung stört keine Restriktion diese weltumspannende Kommunikation, die jedoch Diktaturen oft durch ineffektive Zensurmaßnahmen einzudämmen suchen.

Wie dieser Artikel zeigen wird, befindet sich die Welt derzeit in einem Zustand, den Keohane / Nye (2000) als *Globalismus* betitelt haben. Globalismus bezeichnet die Verbindungen von Staaten über Kontinente hinweg durch Handels– und Kapitalströme, Informationen, Ideen, Menschen sowie Umweltfaktoren (Keohane / Nye 2000, 105). Der Begriff Globalisierung hingegen bezieht sich laut Keohane / Nye auf die Verstärkung von Globalismus. Eine Intensivierung geht dabei immer mit einer Verringerung der Distanz zwischen Staaten und Regionen einher. Bussmann / Schneider (2007) zeigen in diesem Sinne, dass zwischen Globalisierung als Prozess und Globalisierung als Zustand unterschieden werden kann. Wie wir demonstrieren, führt das verstärkte Zusammenwachsen der Welt nicht gleichzeitig zu einer Anpassung der Lebensverhältnisse unter den Staaten und deren Einwohnern. Das Gegenteil ist der Fall: die Ungleichheit unter den verschiedenen Ländern ist in den letzten Jahrzehnten gestiegen. Unklar bleibt jedoch, ob Globalisierung[1] dafür als kausale Ursache betrachtet werden kann oder nicht. Ebenso scheint fraglich, ob es durch die zunehmende Globalisierung auch zwingend zu einer Globalisierung der weltweiten Risiken, beispielsweise in Form von Umweltkatastrophen oder Terrorismus, gekommen ist.

Der folgende Artikel wird versuchen, ein umfangreiches Bild der verschiedenen Dimensionen der Globalisierung zu zeichnen. Angesichts der sehr breiten Literatur ist es nicht möglich, alle Facetten des schillernden Phänomens auszuleuchten. Dennoch vermittelt der Artikel die grundlegenden Inhalte des Begriffs Globalisierung. Es wird gezeigt, in welchen Bereichen wir heute von Globalisierung sprechen. Ferner gehen wir der Frage nach, ob es sich bei Globalisierung um ein neues Phänomen handelt und welche möglichen Ursachen und Folgen es hat.

Dimensionen der Globalisierung

Quantifizierung von Globalisierung
Denkt man über Globalisierung nach, fallen einem zunächst die wirtschaftlichen Verquickungen von Staaten, Firmen und Individuen ein, die insbesondere über die vergangenen drei Jahrzehnte die Weltwirtschaft bestimmt haben. Doch Globalisierung muss als vielmaschiges Konzept verstanden werden. Dies zeigt sich besonders in den verschiedenen Versuchen, den Grad der Globalisierung eines Landes zu messen.

Als Vorreiter bei diesen Quantifizierungsversuchen ist der *A.T.Kearney / Foreign Policy Magazine-Index* zu betrachten. Dieser wurde erstmalig im Jahr 2001 veröffentlicht und nutzt für die Kalkulation des Globalisierungsgrades nicht nur wirtschaftliche Faktoren wie Handelsströme, ausländische Direktinvestitionen oder Portfolioinvestitionen. Er macht zusätzlich Gebrauch von Daten zu politischen Verflechtungen, sozialen Bewegungen, persönlichen Kontakten und Informationsströmen (Kearney / Foreign Policy Magazine 2001). So werden beispielsweise die Anzahl der internationalen Reisen, die Anzahl der Internetnutzer oder die abgehenden internationalen Telefonanrufe pro Einwohner je Land gemessen. Alle Komponenten werden ihrer Bedeutsamkeit nach gewichtet und in einem Index zusammengefügt.

Obwohl es sich bei diesem Index um einen bedeutenden Schritt hin zur angemessenen Quantifizierung von Globalisierung handelt, bietet er nur bedingt ein geeignetes Messinstrument. Die Konstrukteure des Indexes haben in ihrer Zusammenstellung der Ländercharakteristiken etwa nicht die Bevölkerungsgröße kontrolliert. Dies ist insofern problematisch, als kleinere Staaten sehr viel mehr auf Außenkontakte angewiesen sind als größere. Dazu kommen verschiedene technische Unzulänglichkeiten (Lockwood 2004, 508f.) und die Beschränkung auf einen kurzen Zeitraum (Dreher 2006, 1092).

Dreher (2006) hat diese Probleme erkannt und einen eigenen Globalisierungsindex konzipiert. Dieser basiert auf drei verschiedenen Dimensionen von Globalisierung: ökonomische, soziale sowie politische Integration. Der entstandene Datensatz umfasst 123 Staaten über einen Zeitraum von 1970 bis 2000. Der Datensatz ist sehr viel detaillierter als der *Kearney / Foreign Policy-Index* und statistisch sauberer konstruiert.

---

1 Bussmann / Schneider (2007) unterscheiden ähnlich zwischen Globalisierung als Zustand und Globalisierung als Prozess.

Nach Drehers Kalkulation handelt es sich bei den USA um das am stärksten globalisierte Land im Jahr 2000 und bei Ruanda um den am wenigsten globalisierten Staat (Dreher 2006, 1095 ff.).

Globalisierungsindizes werden zur deskriptiven Analyse von Globalisierung genauso genutzt wie in der empirischen Erforschung von Kausalzusammenhängen zwischen Globalisierung und anderen Phänomenen. Gleichzeitig helfen sie, das Konstrukt Globalisierung zu entwirren und die einzelnen Bestandteile dieses Phänomens sichtbar zu machen. Die folgende Untersuchung von Globalisierung anhand von vier Dimensionen lehnt sich daher an die bereits vorgenommene Unterteilung durch Dreher (2006) an.

Ökonomische Aspekte

Die klassische Globalisierungsliteratur beschäftigt sich mit der zunehmenden Interdependenz vornehmlich als Phänomen in den internationalen Wirtschaftsbeziehungen. Insbesondere die Zeit seit den Ölkrisen der 1970er-Jahre ist durch eine immer stärkere Deregulierung gekennzeichnet. Unter der Aufsicht des Allgemeinen Zoll– und Handelsabkommens (GATT) und später der Welthandelsorganisation (WTO) wurde der Handel mit Gütern und Dienstleistungen durch den Abbau von Zöllen und anderen Handelshemmnissen liberalisiert. Grundlegend für diese Liberalisierung ist das mul tilaterale Prinzip der Meistbegünstigung, nach dem alle WTO-Mitgliedstaaten Handelserleichterungen, die sie einem Partner zusprechen, allen anderen Mitgliedstaaten der Organisation gewähren müssen. Im Rahmen dieser neuen Tendenzen entstanden zahlreiche Freihandelszonen und Zollunionen (Bordo / Eichengreen / Irwin 1999, 18). Die Europäische Gemeinschaft (EG), die Vorläuferorganisation der Europäischen Union (EU), zählt hier zu den prominentesten Vertretern. Die EG liberalisierte jedoch nicht nur den Binnenhandel, sondern – geleitet durch Druck der WTO – verstärkte auch den externen Handel

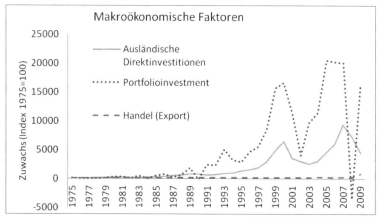

Abbildung 1: Entwicklung makroökonomischer Faktoren (Quelle: Eigene Darstellung; Daten: World Bank)

Trotz dieser Entwicklungen gibt es noch zahlreiche Vertreter der Meinung, die Welt sei zu Zeiten des Goldstandards zum Ende des 19. Jahrhunderts stärker vernetzt gewesen, als dies heute der Fall ist. Sowohl die USA als auch Europa seien in ihrem Verhältnis von Handel zu Bruttoinlandsprodukt heute nicht offener als vor 100 Jahren (vgl. Rodrik 1997, 22). So lässt sich konstatieren, dass sich die Wissenschaft uneins über die tatsächliche Reichweite der Globalisierung ist. Um zu eruieren, ob sich der Handel tatsächlich ausgeweitet hat, sollte man sich die Entwicklung der weltweiten Handelsströme anschauen. Abbildung 1 zeigt die Veränderung dreier weltweiter makroökonomischer Indikatoren über den Zeitraum von 1975 bis 2009: Güter- und Dienstleistungsexport, ausländische Direktinvestitionen sowie Portfolioinvestitionen. Das Jahr 1975 wird als Basisjahr festgelegt, sodass der prozentuale Anstieg des Indikators im Verhältnis zum Jahr 1975 zu sehen ist. Die Daten sind den *World Development Indicators* der Weltbank entnommen (World Bank 2010).

Wie die Darstellung zeigt, ist – im Vergleich zu den anderen beiden Indikatoren – kein herausragender Anstieg des weltweiten Exportvolumens in dieser Zeit zu verzeichnen. Über die gesamte Zeitspanne hinweg wuchs der Handel dennoch um rund 850 Prozent. Zu sehen ist dies in der sehr langsam ansteigenden Kurve.[2] Dieses Wachstum ließe den Schluss zu, dass Globalisierung heute tatsächlich kein anderes Gesicht als zu Zeiten des Goldstandards hat. Diese Argumentation verfehlt jedoch einen wichtigen Aspekt von wirtschaftlicher Globalisierung: die Investitionsseite.[3]

Abbildung 1 zeigt, wie stark ausländische Direktinvestitionen (FDI) zugenommen haben. Bei ausländischen Direktinvestitionen handelt es sich um die Investitionen einer Firma, um langfristige Beteiligungen an ausländischen Gesellschaften oder Produktionsstätten von mindestens zehn Prozent zu erwerben. Bis zu den 1990er-Jahren bleibt auch hier die Kurve relativ flach. In den ersten zehn Jahren nach dem Ende des Kalten Krieges steigt das FDI-Volumen langsam an und erreicht im Jahr 2000 einen Wert, der rund 6.500 Prozent über dem aus dem Jahr 1975 liegt. Danach brechen ausländische Direktinvestitionen für wenige Jahre ein, bis sie im Jahr 2007 ihren bis dato höchsten Wert mit rund 9.400 Prozent des Investitionsvolumens von 1975 erreichen.

Ein ähnliches Bild zeichnet sich für eine weitere, jedoch sehr viel volatilere Form der Investitionen: Portfolioinvestition. Der Begriff Portfolioinvestition umfasst alle Kapitalinvestitionen, die in der Form von Anleihen oder Aktien in einem anderen Staat erworben worden. Diese Finanzmarktinvestitionen sind sehr schnell abziehbar und können somit schneller und effektiver auf externe Schocks reagieren. Diese Volatilität zeigt sich deutlich für die Jahre 2000 und 2008. Sowohl für die geplatzte Internet- als auch für die Immobilienblase und die damit einhergehenden Finanzmarktkrisen sind drastische Einschnitte in den Portfolioinvestitionen erkennbar. In Zusammenhang mit der Frage nach dem Ausmaß der Globalisierung sind für uns jedoch nicht die kurzfristige Veränderung sondern langfristige Trends von besonderer Bedeutung. Hier zeigt

---

2 Für das Jahr 2006 wurde der Mittelwert der sechs vorherigen Jahre gebildet, da es sich in den Daten der Weltbank um einen Ausreißer handelt. In den Originaldaten stieg das Exportvolumen auf rund 357.000 Prozent des Volumens von 1975 an. Der Mittelwert korrigiert diesen Wert auf rund 7.600 Prozent.

3 Ferner ignorieren diese Zahlen die Bedeutung des Handels für die heutige globale Wirtschaft. Wie Bordo / Eichengreen / Irwin (1999) feststellen, ist Handel heute wichtiger als noch vor gut hundert Jahren. So wird heute mehr Handelsware produziert, der Dienstleistungshandel macht einen wesentlich größeren Anteil aus und die Produktion sowie der Handel von multinationalen Firmen haben an Bedeutung gewonnen (Bordo / Eichengreen / Irwin 1999, 6).

sich ein ähnlicher Trend wie für FDI: Auf den internationalen Finanzmärkten ist die Globalisierung angekommen. Abgesehen von den beiden oben erwähnten Finanzmarktkrisen befinden sich Portfolioinvestitionen seit den 1990er-Jahren kontinuierlich im Aufwind. Für das Jahr 2009 verzeichnet die Weltbank Portfolioinvestitionen, die rund 16.000 Prozent über dem Wert aus dem Jahr 1975 liegen.

Das dramatische Ausmaß der Globalisierung in diesem Bereich ist wesentlich auf geringe staatliche Regulierung sowie die immer einfachere Übermittlung von Informationen zurückzuführen. Ein Wertpapierhändler kann heute praktisch überall auf der Welt seine Geschäfte tätigen und seine Kunden betreuen. Neben den geringen Kosten hat die Branche einen weiteren Vorteil: Finanzmärkte lassen sich nur schwer durch Regierungen kontrollieren. Während Staaten Handelszölle und Steuern erheben können, sind sie heute kaum in der Lage, Einfluss auf Kapitalflüsse, d.h. auf deren Adressaten oder den Umfang der Investitionen, zu nehmen (Garrett 2000, 957). Das extreme Ausmaß der Globalisierung im Kapitalverkehr ist aber auch mit der Liberalisierung der Gesetzgebung in vielen Ländern seit den 1970er-Jahren verknüpft. Teilweise kamen diese Reformschritte auf Druck des Internationalen Währungsfonds zustande, der sich von einer Öffnung der Kapitalmärkte Wachstumsimpulse gerade für Entwicklungsländer versprach. Die Kehrseite dieser Liberalisierung ist allerdings, dass in Zeiten einer Krise ausländische Investoren sehr schnell die Investitionen aus einem Land abziehen können. Der frühere Weltbankökonom und Nobelpreisträger Stiglitz (2002, siehe auch Bussmann / Schneider 2007) befürchtet, dass dadurch Staaten eine innenpolitische Destabilisierung erfahren können, die verheerend wirke und auch nicht als Signal für eine ineffiziente Wirtschaftspolitik zu rechtfertigen sei.

Notwendige Bedingung: Technische Innovationen

Wie bereits in den vorangegangenen Ausführungen anklang, wäre Globalisierung nicht möglich ohne fortschreitende Innovationen in der Technik, der Informations- und Kommunikationstechnologie sowie im Transportwesen. Die Grundsteine für die Globalisierungsschübe vor dem 1. Weltkrieg wie in den letzten Jahrzehnten wurden bereits im frühen 19. Jahrhundert gelegt, als erstmalig Dampfschiffe und Dampflokomotiven eingesetzt wurden. Der Personen- und Güterverkehr wurde fortan auf die Schiene verlagert, woraus eine erhebliche Reduzierung der Transportzeiten resultierte (Dreher / Gaston / Martens 2008, 8). Zwar beschleunigten die neuen Transportmittel auch die Kommunikation über Städte, Länder und Kontinente hinweg, dennoch ließ erst der elektrische Telegraph das Tempo des Informationsaustausches richtig in die Höhe schnellen. Wurde im Jahr 1866 der erste transatlantische Telegraph installiert, war am Ende des Jahrhunderts bereits die gesamte Welt mit Telegraphenverbindungen übersät. Nun musste man nicht mehr Monate für die Kommunikation einplanen, sondern lediglich Minuten (Wolf, zitiert in Bhagwati 2004, 11). Weitere wichtige Schritte auf dem Weg zu einer globalisierten Welt stellten im 19. Jahrhundert die Erfindung des Telefons sowie des Automobils dar. Die Leistungen dieser Innovationen wurden jedoch weit übertroffen mit der Einführung der Raketen- und Satellitentechnologie nach dem Ende des zweiten Weltkrieges (Dreher / Gaston / Martens 2008, 8). Letztere machte erst das problemlose Telefonieren über Länder- und Kontinentgrenzen hinweg möglich und führte damit zu einer erneuten Kosten- und Zeitreduzierung in der Kommunikation. Parallel dazu wurden die Transportmöglichkeiten von Gütern und Personen weiter verbessert, sodass heute die Containerschifffahrt und der Personenluftverkehr zur Normalität geworden sind (Dreher / Gaston / Martens 2008, 9; Bordo / Eichengreen / Irwin 1999, 17).

Eine global vernetzte Welt, wie wir sie heute kennen, ist allerdings nicht nur von verbesserten Transportmitteln sowie schneller Kommunikation abhängig. Auch die Übermittlung großer Datenmengen innerhalb kürzester Zeit und zudem fast kostenlos hat die Welt verändert. Möglich machte dies die Erfindung des Mikrochips 1971 und damit einhergehend die Computertechnologie sowie später das Internet, das sich sofort weltweit verbreitete (Dreher / Gaston / Martens 2008, 8).

Politische Entwicklungen

Zwar muss der technologische Fortschritt als notwendige Bedingung für Globalisierung betrachtet werden, es handelt sich dabei jedoch nicht um eine hinreichende Bedingung. Daraus folgt, dass es weitere Faktoren geben muss, die sich positiv auf eine zunehmende Globalisierung auswirken bzw. zu deren Produkten gezählt werden müssen. Ein unbestreitbarer Faktor sind die Regierungen, die mit ihrer Politik das Fahrwasser des Bootes Globalisierung bestimmen. Viele Regierungen streben heute aktiv eine Einbindung in internationale Organisationen an, die über einzelne Regionen hinaus aktiv sind. Dies kann sicherheitspolitische Gründe haben wie im Fall der *North AtlanticTreaty Organization* (NATO), allgemein politische wie im Fall der *Vereinten Nationen* (UN) oder wirtschaftliche Gründe, wie im Fall der verschiedenen globalen aber auch regionalen Wirtschaftsverbünde. Zu sehen ist dies anhand der Anzahl der existierenden internationalen Organisationen. Der *Correlates of War Intergovernmental Organisations* (IGO)-Datensatz gibt einen Überblick über die existierenden Organisationen und deren Mitglieder.[4] Existierten 1975 insgesamt 245 dieser Zusammenschlüsse, stieg die Zahl 1990 auf 319 und im Jahr 2000 auf 332 (Pevehouse / Nordstrom / Warnke 2004).

Im globalen Kontext nehmen jedoch nicht nur internationale Organisationen an Bedeutung zu; auch zivilgesellschaftliche Akteure üben verstärkt Einfluss auf die nationale wie internationale Politik aus. Zur transnationalen Zivilgesellschaft lassen sich sowohl multinationale Unternehmen, religiöse Einrichtungen sowie Nichtregierungsorganisationen (NROs) zählen. Diese Akteure beeinflussen zunehmend das Handeln von Regierungen unter der Hilfe moderner Medien- und Kommunikationstechnologie (Anantram / Chase–Dunn / Reese 2010, 617). Sie können mit ihrem Handeln versuchen, die Folgen von Globalisierung abzudämpfen, wie beispielsweise im Fall des *World Wildlife Fund* (WWF), oder sie setzen sich für die Globalisierung an sich ein, wie zum Beispiel das *World Economic Forum* (WEF). Auch hier wird die Bedeutung des technologischen Fortschritts sichtbar: Das Internet ermöglicht die verschiedensten Formen der schnellen und gegebenenfalls zielgerichteten Meinungsäußerung. Heute können innerhalb kürzester Zeit politische Entscheidungsträger über E-Mails, Blogs, oder Wikis erreicht werden (Gelernter / Regev 2010, 63).

---

4 Eine Organisation gilt nur dann als internationale Organisation, wenn sie mindestens drei Mitgliedsstaaten hat, es regelmäßige Vollversammlungen und ein Sekretariat sowie einen Hauptsitz gibt.

Kulturelle Gegebenheiten

Der Begriff Globalisierung geht insbesondere im umgangssprachlichen Gebrauch häufig mit *Amerikanisierung* einher. Die Amerikanisierung geht zurück auf die amerikanische globale Vorherrschaft, die sich nach dem Ende der zweiten Weltkrieges etablierte (Mennell 2010, 554f.). Amerikanische Positionen haben besonders das globale Finanzmarktsystem geprägt. Doch auch auf kultureller Ebene kann von einer Amerikanisierung gesprochen werden. Diese ist nicht zuletzt auf *Hollywood* zurückzuführen. Wie kein anderes Medium transportieren amerikanische Kinofilme den Inbegriff westlicher Kultur in die Kinos und Wohnzimmer rund um die Welt (Teo 2010, 412). Das Pendant zu Hollywood stellt die asiatische Filmindustrie und hier besonders die indische Filmindustrie unter dem Oberbegriff *Bollywood* dar. Doch auch wenn die asiatischen Filme sich mit Themen aus ihrem eigenen Kulturkreis beschäftigen, so hat sich die dortige Unterhaltungsbranche dennoch den Produktionsmaßstäben, den Distributionskanälen sowie den Zuschauern der Hollywoodproduktionen angepasst (Teo 2010, 413). Neben Hollywood gehört auch die fortlaufende Verbreitung des amerikanischen Essverhaltens zu den Globalisierungsphänomenen unserer Zeit. Dreher (2006) trägt diesem Faktor Rechnung, indem er die pro-Kopf-Anzahl von McDonald's Restaurants in seinen Globalisierungsindex mit aufnimmt.

Es wird abzuwarten sein, ob sich diese Dominanz der USA hält und nicht vielleicht doch der Einfluss Chinas, Indiens oder auch Lateinamerikas zunimmt. Die kulturelle Vorherrschaft der USA war in großem Maße mit dem wirtschaftlichen Aufschwung nach Ende des zweiten Weltkrieges verknüpft. Setzt sich die bisherige Entwicklung mit einem sich intensivierenden wirtschaftlichen Erstarken z.B. der asiatischen Staaten fort, ist davon auszugehen, dass zukünftig auch die Kultur dieser Staaten international stärkere Bedeutung erfährt.

Risiken und Folgen der Globalisierung

Wie oben festgestellt, ist das Phänomen Globalisierung mannigfaltig und so, wie wir Globalisierung nicht in einem Satz erklären können, ist dies auch nicht für die mit Globalisierung verknüpften Folgen und Risiken möglich. Im Folgenden gehen wir auf einige dieser Globalisierungsprobleme näher ein.

Die Risiken der Globalisierung zeigen sich besonders in wirtschaftlichen Notzeiten, wie wir sie gerade in den letzten Jahren im Rahmen der Finanzkrise erlebt haben. Wie Bundespräsident Horst Köhler im Mai 2008 urteilte, haben die Banker die Risiken des Kapitalismus und des Strebens nach einer noch höheren Rendite unterschätzt (Handelsblatt 2009). Diese Risiken sind größer, umso vernetzter der globale (Finanz-) Markt ist. Zwar sind Paniken, Zusammenbrüche oder Manien nichts Neues in der globalen Finanzwirtschaft, doch ihr Ausmaß und ihr Tempo haben sich im Laufe der zunehmenden Globalisierung vergrößert (Bhagwati 2004, 12).

Produktion in Billiglohnländern

Neben dem Ausmaß der Globalisierung haben sich zudem – insbesondere auf Handelsseite – die Anreize geändert, unter denen sich die die Welt heute dem Handel öffnet. Produktion, Vertrieb und Management beugen sich einem Anpassungsdruck sowohl nach oben als auch nach unten. Länder gehören heute entweder zur *Wis-*

senswirtschaft, in der Wissen und Innovation belohnt werden, oder das Streben nach Wettbewerbsfähigkeit führt dazu, dass die Produktion in Billiglohnländer verlagert wird (Garrett 2004, 84). Diese Länder verfügen kaum oder gar nicht über staatliche Absicherungen. Die Lohnstruktur ist für internationale Produktionsunternehmen sehr attraktiv und hat insbesondere innerhalb der letzten drei Dekaden viele Firmen dazu gebracht, Fabriken in diesen Ländern zu unterhalten. Beispiele finden sich besonders in Südost-Asien, vor allem in Kambodscha oder Bangladesch. Wettbewerbsdruck zwingt Länder in den regulatorischen Wettlauf nach unten, das sogenannte *Race to the Bottom* (Kucera 2002, 31).

Die wissenschaftliche Literatur hat sich intensiv mit der *Race to the Bottom*-These auseinandergesetzt (z.B. Tabb 2003; Blanton / Blanton 2008). Zwar finden sich einprägsame und schockierende Beispiele von namhaften Firmen, die unter fragwürdigen Menschenrechtsbedingungen produzieren. Nichtsdestotrotz hat die fortschreitende Globalisierung auch Prozesse gefördert, die diesen negativen Entwicklungen entgegensteuern. Hafner-Burton (2008) verdeutlicht, dass der Einsatz von Nichtregierungsorganisationen (NROs) in diesem Bereich seit Mitte der 1980er-Jahre stark angestiegen ist; auch die Medien widmen sich seit den 1990er-Jahren dem Menschenrechtsthema intensiver (Hafner-Burton 2008, 690). Sowohl NROs als auch Medien informieren die internationale Öffentlichkeit und somit die Konsumenten über etwaige Menschenrechtsverletzungen in den Produktionsprozessen. Dies wiederum kann zu der Entscheidung der Konsumenten führen, auf diese Art oder in diesen Ländern hergestellte Produkte nicht zu kaufen (Forsythe 2006, Kapitel 8; Spar 1998, 8). Ohne jeden Zweifel ist die Durchschlagskraft solcher Aktionen heute sehr viel größer als noch vor 20 Jahren, da sich Informationen schneller und zielgerichteter verbreiten lassen.

Zunahme der Ungleichheit

Über den Einfluss der Globalisierung auf die Ungleichheit in und zwischen Ländern lässt sich kein abschließendes Urteil fällen (Brune / Garrett 2005, 419). Dennoch lassen sich Trends ausmachen, die die Entwicklung dieser Ungleichheit beschreiben und eventuelle Rückschlüsse auf die Wirkung der Globalisierung zulassen. Abbildung 2a und 2b messen Ungleichheit in der Einkommensverteilung mit Hilfe des Gini-Koeffizienten[5] als Ungleichheitsmaß. Wie Abbildung 2a verdeutlicht, ist die globale Ungleichheit bezogen auf das Bruttoinlandsprodukt (BIP) pro Kopf heute wesentlich höher als noch vor 40 Jahren. Während 1970 ein Gini von 0,61 erreicht wird, erhöht sich dieser Index bis 1980 auf 0,66. Danach ist ein Abwärtstrend der Kurve zu verzeichnen. Dieser lässt auf den Ölpreisschock Ende der 1970er-Jahre schließen, der zu erheblichen wirtschaftlichen Schwierigkeiten der westlichen Staaten führte und damit zu einem Angleichen der Einkommensverteilung. Der Abwärtstrend hält allerdings nicht lange an. Von 1984 bis 1994 steigt der Gini fast kontinuierlich. Die ab 1994 einsetzende leichte Abwärtsbewegung lässt sich durch das Wachstum der asiatischen Staaten und deren höheres Pro–Kopf–BIP in diesen Ländern erklären. Der starke Einbruch 2008 ist ein Resultat der globalen Finanzmarktkrise.

Wie Davies u.a. (2010) feststellen, ist die Verteilung von globalem Reichtum wesentlich ungleicher als jene des Einkommens. Dies zeigt, dass man in der Betrachtung

---

5 Gini-Koeffizienten nehmen einen Wert zwischen 0 und 1 bzw. 0 und 100 an. Im Falle von 0 liegt eine absolute Gleichverteilung vor, im Falle von 1 oder 100 eine absolute Ungleichverteilung.

des Gini-Koeffizienten immer auch auf die Kalkulationsgrundlage achten muss. So lassen sich zwar Trends bewerten, nicht jedoch absolute Zahlen. Letzteres ist auch der Fall für Abbildung 2b. Gezeigt werden hier Trends in der Gini-Entwicklung einzelner Staaten, basierend sowohl auf Personen als auch auf Haushalten als Untersuchungseinheit. Zudem unterscheiden sich die Länder in ihrer Basis für die Berechnung des Gini-Koeffizienten: Für Deutschland wird verfügbares Einkommen herangezogen, für die USA das monetäre Bruttoeinkommen, für Brasilien und Russland das Bruttoeinkommen, für Indien werden Konsum und für Indonesien Ausgaben genutzt.[6]

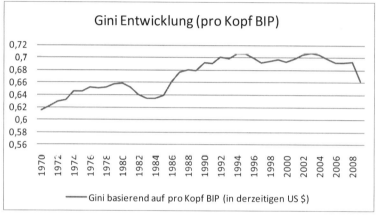

Abbildung 2a: Weltweite Gini-Entwicklung (Quelle: Eigene Darstellung; Daten: UNU-WIDER)

Vergleicht man die Gini-Entwicklung für die Länder Deutschland und USA, wird schnell deutlich, dass sich in den USA die Ungleichheit sehr stark erhöht hat. Diese Entwicklung ist konstant über den gesamten Untersuchungszeitraum, also von 1974 bis 2004, zu verzeichnen. In Deutschland hingegen bleibt das Ungleichheitsgefüge konstanter als in den USA. Eine starke Schwankung ist lediglich nach der Wiedervereinigung 1990 zu bemerken, die den Gini-Koeffizienten sinken ließ. In Russland hat die Einkommensungleichheit ebenfalls drastisch zugenommen. Der Gini-Koeffizient hat sich hier innerhalb von 25 Jahren fast verdoppelt. In den Schwellenländern Brasilien und Indien ist der Gini-Koeffizient relativ stabil. In Indien verändert er sich fast überhaupt nicht und bleibt ca. bei einem Ungleichheitswert in Bezug auf Konsum von rund 30. Für Brasilien sind immer wieder Ausreißer nach unten bzw. nach oben zu erkennen. Der Brasilianische Gini-Koeffizint, kalkuliert aus Daten des Bruttoeinkommens, lag zwischen 1979 und 2004 stets bei rund 60. Das Land mit der weltweit größten muslimischen Population, Indonesien, verzeichnet ebenfalls einen Gini-Koeffizienten, der sich immer wieder bei rund 35 einpendelt. Wie Asra (2000) zeigt, sollte man

---

6   Die Daten für die Grafiken sind der UNU-WIDER World Income Inequality Database (UNU-WIDER 2008) entnommen. Hier werden Daten zu einzelnen Ländern zusammengetragen. Aufgrund der Quellenvielfalt für die Daten kann für viele Staaten kein Trend grafisch dargestellt werden. Dies gilt z.B. für die Volksrepublik China oder Südafrika, hier sind die Berechnungsgrundlagen so divers, dass eine Trendlinie zu volatil wäre.

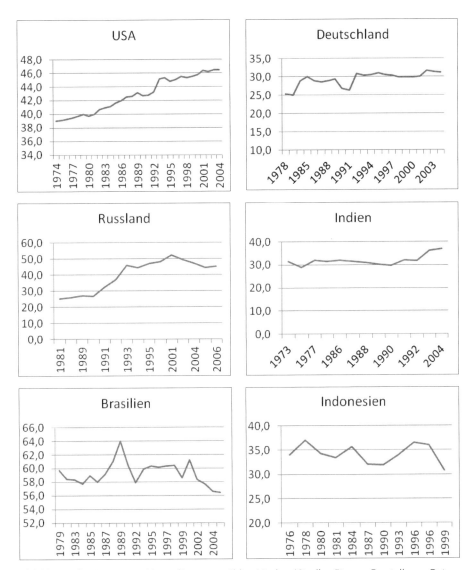

Abbildung 2b: Gini-Entwicklung für ausgewählte Länder (Quelle: Eigene Darstellung; Daten: UNU-WIDER)

die gleichbleibende Ungleichheit kritisch betrachten: Obwohl Indonesien ein starkes Wirtschaftswachstum seit den 1970er-Jahren zu verzeichnen hatte, hat sich die Kluft zwischen Arm und Reich nur wenig verändert (Asra 2000,102).

Abbildung 2b demonstriert, dass sich in einigen Ländern der Gini-Koeffizient häufig kurzzeitig ändert, dann jedoch wieder zum Ursprungswert zurückkehrt. Andere Länder, wie die USA, haben einen steten Anstieg des Ungleichheitsgefüges zu verzeichnen oder einen historischer Bruch, wie der Zusammenbruch des Ostblocks im Falle Deutschlands oder Russlands, der zu einem Anstieg der Ungleichheit führte.

Die Globalisierungsliteratur hat sich ausgiebig mit der Zunahme von globaler und nationaler Ungleichheit beschäftigt (z.B. Brune / Garrett 2005; Milanovic 2003; Sala-i-Matin 2006). Zweifelsfreie Kausalität kann zwischen diesen beiden Phänomenen jedoch nicht postuliert werden. Ein sehr etablierter Zusammenhang besteht zwischen Einkommensungleichheit und dem Reichtum eines Landes. Befinden sich Staaten noch am Anfang der wirtschaftlichen Entwicklung, steigt die Ungleichheitsintensität; sind sie weiter fortgeschritten, sinkt die Ungleichheit. Dieser Zusammenhang ist als Kuznet-Kurve bekannt (Glaeser 2008, 626). Inwieweit sich Globalisierung, d.h. die Öffnung der Märkte und alle weiteren politischen, kulturellen und technologischen Einflüsse, auf Ungleichheit auswirken, bleibt ungewiss. Fest steht jedoch, dass nicht davon ausgegangen werden kann, dass Globalisierung tatsächlich allen Staaten hilft, Ungleichheit zu überwinden, und dass nur eine bestimmte Politik, wie sie jahrelang etwa der Internationale Währungsfonds verordnet hat, zum Erfolg führt. Die in den vergangenen Jahren (ökonomisch) erfolgreichsten Länder, wie beispielsweise China, sind nicht die Wege gegangen, die ihnen durch westliche und bereits globalisierte Staaten vorgegeben wurden (Milanovic 2003, 676). Es lässt sich daher schwer ein einheitliches Bild zeichnen. Dies liegt jedoch nicht allein an den Staaten und ihrer Politik, sondern auch an den Studien, die das Phänomen Ungleichheit untersuchen. In diesen Studien unterscheiden sich zum einen oft die Messverfahren und Indikatoren. Zum anderen ist es sehr schwer, kausale Schlüsse zu ziehen, wenn beide untersuchte Phänomene einem ähnlichen Trend folgen, ohne dabei notwendigerweise kausal miteinander verknüpft zu sein (Brune / Garrett 2005, 419).

Weitere potentielle Folgen der Globalisierung:
Umweltzerstörung, Terrorismus und Konflikt
Ähnlich problematisch wie im Bereich der Ungleichheit sind Rückschlüsse auf den Einfluss von Globalisierung auf transnationale Probleme wie beispielsweise Umweltzerstörung, Seuchen oder politische Gewalt in der Form von Terrorismus oder Kriegen. Wie im Fall von Menschenrechtsverletzungen und der Ungleichheitsdebatte etablieren hier die Medien oft sehr schnell kausale Beziehungen zwischen Globalisierung und den aufgezeigten Problemen, ohne diese vermuteten Zusammenhänge ausreichend belegen zu können.

In der Umweltdebatte wird dieses Problem besonders deutlich. In einer Zeit von Klimaveränderungen und den damit verbundenen Umweltkatastrophen fällt es leicht, die Globalisierung als Urheber für diese Probleme auszumachen. Zwar hat sich das globale Klima auch in den vergangenen Jahrtausenden stets verändert, doch bis zum Zeitalter der Industrialisierung sind nie die Menschen die Urheber dieser Veränderungen gewesen (Lipschutz / Peck 2010, 182). Die *Karbonisierung* des täglichen Lebens sei laut Lipschutz / Peck (2010) hier als Ursache hervorzuheben. Globalisierung habe nicht nur aufgrund der vergrößerten Produktion, sondern auch wegen des größeren Konsums einen erheblichen Beitrag zur Klimaveränderung und den damit verbundenen Umweltkatastrophen geleistet (Lipschutz / Peck 2010, 187f.). Diese These klingt an sich überzeugend. Dennoch ist fraglich, ob sie richtig ist. Groß angelegte Studien, die Länder über viele Jahre hinweg analysieren, zeigen nämlich, dass Handel Luftverschmutzung reduziert und sich generell nicht negativ auswirkt (z.B. Frankel / Rose 2005). Gründe für diese statistisch signifikanten Resultate liegen auf der Hand: Handel lässt ein Land prosperieren. Die Staaten haben so die Möglichkeit, mehr Geld in Umweltschutz und bessere Industrieanlagen zu investieren. Auch multinationale Unternehmen bringen neue und reinere Produktionstechnik ins Land und führen so langfristig zu einer Verbesserung des Umweltzustandes (Frankel / Rose 2005, 85f.). Studien aus neuester Zeit relativieren diese positive Einschätzung und etablieren eine Erkenntnis der Mitte: Handel wirkt sich positiv auf die Umweltsituation in den Staaten der *Organisation für wirtschaftliche Zusammenarbeit und Entwicklung* (OECD) aus und negativ in den Nicht-OECD-Ländern (Managi / Hibiki / Tsurumi 2009). Ein rein politischer Aspekt der Globalisierung – die Mitgliedschaft in einer internationalen (politischen) Organisation – kann zu einer besseren Umweltsituation führen. Wie Spilker (2011) zeigt, reduziert eine Mitgliedschaft die Luft- und Wasserverschmutzung von Entwicklungsländern.

Im Bereich der Terrorismusforschung lässt sich ebenfalls lediglich ein uneinheitliches Bild zeichnen. Mit Blick auf die Anzahl terroristischer Angriffe im globalen Maßstab wird – wie in Abbildung 3a zu sehen – deutlich, dass die Angriffe weltweit zurückgegangen sind. Von 1970 bis 1992 hatte sich die Anzahl stetig erhöht. Danach gehen die Angriffe drastisch zurück bis sie ab 2004 erneut stark ansteigen. Eine Aufteilung der Daten aus der *Global Terrorism Database* (START 2010) nach Regionen veranschaulicht die regionale Verlagerung der Angriffsziele. Abbildung 3b zeigt, dass in der zweiten Hälfte der 1970er-Jahren Europa das beliebteste Angriffsziel von Terroristen darstellte. Danach wird Europa von Mittel- und Südamerika abgelöst, bis in den 1990er-Jahren Asien und ab 2004 der Mittlere Osten vermehrt in den Fokus rückt.

Insbesondere nach den Attacken auf das World Trade Center in New York City am 11. September 2001 wurde vielfach spekuliert, ob der grenzüberspannende (transnationale) Terrorismus durch eine stärkere Einbindung eines Landes in die Weltwirtschaft und damit durch verstärkte Globalisierung gefördert würde. Die Pionierarbeit von Enders / Sandler (2006) geht der kausalen Verflechtung von transnationalem Terrorismus und Globalisierung intensiver nach und zeigt, dass dieser als strategische Interaktion verstanden werden muss. So versuchen Staaten potentielle Attacken möglichst kostenintensiv für die Terroristen zu gestalten, wohingegen Terrorgruppen Anschlagsziele mit dem größten Nutzen für sich wählen.[7] Die wirtschaftliche Entwicklung eines Landes reduziert somit die Anzahl terroristischer Attacken (Li / Schaub 2004). In seiner Fallstudie zum Mittleren Osten kommt Kitschelt (2004) zum gleichen Schluss. So sei fehlende wirtschaftliche Offenheit die treibende Kraft, die das ausbeuterische Verhalten von diktatorischen Regierungen auslöse und damit die Unzufriedenheit der Bevölkerung schüre sowie die Flucht in den Terrorismus begünstige (Kitschelt 2004, 185). Zukünftige Forschung muss sich stärker der Ergründung der Kausalität zwischen Terrorismus und Globalisierung widmen. So sollte beispielsweise zwischen bilateraler und multilateraler wirtschaftlicher Interdependenz unterschieden werden. In Anlehnung an Enders / Sandler (2006) und ihre Abschreckungstheorie ist zu vermuten, dass Terroristen besonders dann angreifen, wenn bilateraler Austausch groß ist, da die Angreifer so das größtmögliche Übel erreichen. Wie Krueger / Laitin (2008) verdeutlichen, zielen „Selbstmordattentäter [...] auf die reichen und einflussreichen" Staaten (Krueger / Laitin 2008, 172). Im Falle intensiver multilateraler Verquickungen sinkt das

---

7   Auch diese Resultate müssen weiterhin kritisch und als nicht abschließend betrachtet werden, da sich auch hier Studien finden, die diese Schlüsse nicht unterstützen (z.B. Piazza 2008).

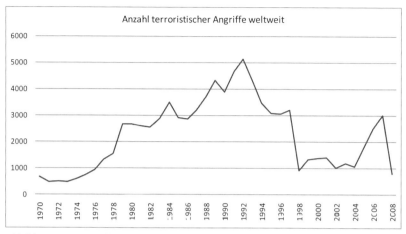

Abbildung 3a: Entwicklung weltweiter terroristischer Angriffe (Quelle: eigene Darstellung; Daten: Global Terrorism Database)

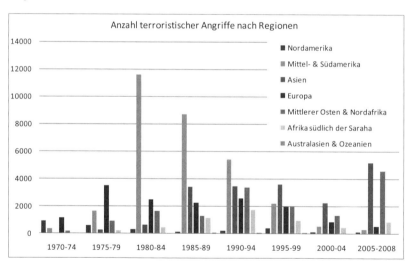

Abbildung 3b: Entwicklung terroristischer Angriffe nach Regionen (Quelle: eigene Darstellung; Daten: Global Terrorism Database)

Risiko eines Angriffs, da hier der Nutzen für die Terroristen geringer ausfällt.[8] Parallel dazu zählt die Ungleichheit zweier Staaten zu den Ursachen für transnationalen Terrorismus, wie Blomberg / Hess (2008, 132) feststellen.

Die Terrorismusliteratur ist sehr stark mit den Forschungsergebnissen der Literatur zu Konflikt und Globalisierung verknüpft. Eine der wichtigsten Strömungen in diesem Bereich stellt der kommerzielle Liberalismus dar, welcher seit Montesquieu und Kant festhält, dass Handel Staaten befriedet (Schneider 2010, Schneider / Barbieri / Gleditsch 2003a). Diese Sichtweise ist jedoch oftmals zu einfach. Bussmann / Schnei-

---

8   Diese Überlegung fußt auf Erkenntnissen der etablierten Literatur zum kommerziellen Liberalismus (z.B. Polachek 1980; Schneider / Barbieri / Gleditsch 2003b). Hier ist die etablierte Logik jedoch genau andersrum: Bilateraler Handel führt zu einer Reduzierung des Konfliktpotentials, multilaterale Interdependenz zu einer Erhöhung des Konfliktpotentials (Martin / Mayer / Thoenig 2007).

der (2007) zeigen, dass zwischen internem Aufruhr und interner Gewalt bis hin zum Konflikt unterschieden werden muss. Während ein hohes Niveau der ökonomischen Integration das Risiko von Bürgerkriegen senkt, steigert die schnelle Liberalisierung das Risiko innenpolitischer Instabilität. Auch für den zwischenstaatlichen Verkehr ist die These des freihändlerischen Liberalismus zu qualifizieren. So erhöht Globalisierung zunächst einmal die Steuerbasis einer Regierung und damit die Möglichkeit, außenpolitisch aggressiv aufzutreten. Doch wenn die Eskalation in den Augen der Exportwirtschaft zu kostspielig wird, entziehen sie die Unterstützung für kriegerische Maßnahmen. In diesem Sinne wächst bei steigender Handelsverflechtung das Risiko für geringfügige militärische Konfrontationen, es sinkt jedoch, wenn es um eigentliche zwischenstaatliche Waffengänge geht (Schneider / Schulze 2003b).

Wie im Falle der Umweltzerstörung, des Terrorismus und der Konflikte ließen sich auch für weitere Probleme unserer heutigen Zeit Forschungsergebnisse finden, die entweder einen Einfluss von Globalisierung auf diese Phänomene etablieren oder ihn negieren. Eine abschließende Einschätzung ist – wie bereits im Fall der Menschenrechtsverletzungen und der Ungleichheitsdebatte – nicht möglich. Ohne Zweifel hat Globalisierung die Welt und die globale Verquickung der Staaten verändert. Ob diese Veränderung positiv oder negativ zu bewerten ist, bedarf weiterer Analysen. Fest steht jedoch, dass sich im Zeitalter des Internets und der schnellen Informationsverbreitung sowie globaler Medien die Kommunikation über die eventuellen Risiken der Globalisierung intensiviert hat.

Abschließende Bemerkung

Dieser Beitrag hat gezeigt, dass Globalisierung nicht als rein wirtschaftliches Phänomen wahrgenommen werden darf. Technische Innovationen müssen als notwendige Bedingung verstanden werden. Sie verkürzen die Transportwege und verringern die Transaktionskosten. Nichtsdestotrotz hat wirtschaftliche Globalisierung vornehmlich auf den Finanzmärkten und durch die Zunahme von ausländischen Direktinvestitionen stattgefunden. Die Zunahme im Bereich des Handelsvolumens ist vergleichsweise gering. Zudem findet Globalisierung auch im Bereich der Kultur und der Politik statt. Kulturell ist von einer Amerikanisierung zu sprechen, die insbesondere durch Fernsehen und Kino vorangetrieben wird. Politisch ist die stärkere Vernetzung der Staaten über verschiedenste internationale Organisationen zu nennen. Diese dynamischen Entwicklungen bleiben – so die einhellige Meinung der Medien – nicht ohne Folgen und Risiken. Oft genannte Negativeffekte, etwa das *Race to the Bottom*, die Zunahme der Ungleichheit oder der Anstieg von Umweltzerstörung sowie Terrorismus und Krieg – alles verursacht durch Globalisierung – lassen sich wissenschaftlich nicht eindeutig bestätigen, es überwiegen sogar zumeist die gegenteiligen Befunde. Es wird daher zum Zweifel an der steten Verdammung von Globalisierung ermuntert. Nicht nur sollte Globalisierung kritisch begutachtet werden, sondern ebenso die Kommunikation und Berichterstattung über dieses mannigfaltige Phänomen.

Literatur

Anantram, Kadambari / Christopher Chase-Dunn / Ellen Reese: Global Civil Society and the World Social Forum. In: Bryan S. Turner (Hg.): The Routledge International Handbook of Globalization Studies. New York 2010, 604-621

Asra, Abuzar: Poverty and Inequality in Indonesia: estimates, decomposition, and key issues. In: Journal of the Asia Pacific Economy 5 (2000) H. 1/2, 91-111

Bhagwati, Jagdish: In Defense of Globalization. Oxford 2004

Blanton, Robert G./ Shannon L. Blanton: What Attracts Foreign Investors? An Examination of Human Rights and Foreign Direct Investment. In: The Journal of Politics 69 (2008) H. 1, 143-155

Blomberg, S. Brock / Gregory D. Hess: The Lexus and the Olive Branch: Globalization, Democratization, and Terrorism. In: Philip Keefer / Norman Loayza (Hgg.): Terrorism, Economic Development, and Political Openness. Cambridge 2008, 116-147

Bordo, Michael D. / Barry Eichengreen / Douglas A. Irwin: Is Globalization today really different than Globalization a hundred Years ago? In: NBER Working Paper No. 7195 (1999)

Brune, Nancy / Geoffrey Garrett: The Globalization Rorschach Test: International Economic Integration, Inequality, and the Role of Government. In: Annual Review of Political Science 8 (2005), 399-423.

Bussmann, Margit / Gerald Schneider: When Globalization Discontent Turns Violent: Foreign Economic Liberalization and Internal War. In: International Studies Quarterly 51 (2007) H. 1, 79-97

Davies, James B. / Susanna Sandström / Anthony Shorrocks / Edward N. Wolff: The level and distribution of global household wealth. In: The Economic Journal 121 (2010) 223-254

Dreher, Axel: Does globalization affect growth? Evidence from a new index of globalization. In: Applied Economics 38 (2006) H. 10, 1091-1110

Dreher, Axel / Noel Gaston / Pim Martens: Measuring globalisation: Gauging its consequences. New York 2008

Enders, Walter / Todd Sandler: The political Economy of Terrorism. Cambridge 2006

Forsythe, David: Human Rights and International Relations. New York 2006

Frankel, Jeffrey A. / Andrew K. Rose: Is trade good or bad for the environment? Sorting out the causality. In: Review of Economics and Statistics 87 (2005) H. 1, 85-91

Garrett, Geoffrey: The Causes of Globalization In: Comparative Political Studies 33 (2000) H. 6/7, 941-991

Garrett, Geoffrey: Globalization's Missing Middle. In: Foreign Affairs 83 (2004) H. 6, 84-96

Gelernter, Lior / Motti Regev: Internet and Globalization. In: Bryan S. Turner (Hg.): The Routledge International Handbook of Globalization Studies. New York 2010, 62-76

Glaeser, Edward L.: Inequality. In: Barry R. Weingast / Donald Wittman (Hgg.): The Oxford Handbook of Political Economy. Oxford 2008, 624-641

Hafner-Burton, Emilie M.: Sticks and Stones: Naming and Shaming the Human Rights Enforcement Problem. In: International Organization 62 (2008) H. 4, 689-716

Kearney, A.T. / Foreign Policy Magazine: Measuring Globalization. In: Foreign Policy 122 (2001) H. 1, 56-65

Keohane, Robert O. / Joseph S. Nye: Globalization: What's New? What's Not? (And So What?) In: Foreign Policy 118 (2000), 104-119

Kirby, Paddar: Vulnerability and Globalization: The Social Impact of Globalization. In: Bryan S. Turner (Hg.): The Routledge International Handbook of Globalization Studies. New York 2010, 114-134

Kitschelt, Herbert: Origins of International Terrorism in the Middle East. In: InterationalePolitik und Gesellschaft 1 (2004), 159–188

Krueger, Alan B. / David D. Laitin: Kto Kogo?: A Cross–country Study of the Origins and Targets of Terrorism. In: Philip Keefer / Norman Loayza (Hgg.): Terrorism, Economic Development, and Political Openness. Cambridge 2008, 148-173

Kucera, David: Core Labour Standards and Foreign Direct Investment. In: International Labour Review 141 (2002) H. 1/2, 31-69

Li, Quan / Drew Schaub: Economic Globalization and Transnational Terrorism. A Pooled Time-Series Analysis. In: Journal of Conflict Resolution 48 (2004) H. 2, 230-258

Lipschutz, Ronnie D. / Felicia Allegra Peck: Climate change, globalization, and carbonization. In: Bryan S. Turner (Hg.): The Routledge International Handbook of Globalization Studies. New York 2010, 182-204

Lockwood, Ben: How Robust is the Kearney / Foreign Policy Globalisation Index? In: The World Economy 27 (2004) H. 4, 507–523

Managi, Shunsuke / Akira Hibiki / Tetsuya Tsurumi: Does trade openness improve environmental quality? In: Journal of Environmental Economics and Management 58 (2009) H. 3, 346-363

Martin, Philippe / Thierry Mayer / Mathias Thoenig: Civil Wars and International Trade. In: Journal of the European Economic Association6 (2008) H. 2/3, 541-550

Mennell, Stephen: Globalization and Americanization. In: Bryan S. Turner (Hg.): The Routledge International Handbook of Globalization Studies. New York 2010, 554-567

Milanovic, Branko: The Two faces of Globalization: Against Globalization as we know it. In: World Development 31 (2003) H. 4, 667-683

Pevehouse, J. C. / Timothy Nordstrom / Kevin Warnke: The COW-2 International Organizations Dataset Version 2.0. In: Conflict Management and Peace Science 21 (2004) H. 2, 101-119

Polachek, Solomon W.: Conflict and Trade. In: Journal of Conflict Resolution 24 (1980) H. 1, 57-78

Rodrik, Dani: Sense and nonsense in the globalization debate. In: Foreign Policy 107 (1997), 19-37

Sala-i-Matin, Xavier: The world distribution of income: Falling poverty and … convergence, period. In: Quarterly Journal of Economics 121 (2006) H. 2, 351-397

Schneider, Gerald / Katherine Barbieri / Nils P. Gleditsch: Does Globalization Contribute to Peace? A Critical Survey of the Theoretical and Formal Literature. In: Gerald Schneider / Katherine Barbieri / Nils P. Gleditsch (Hgg.): Globalization and Armed Conflict. Lanham: 2003a, 3-29

Schneider, Gerald / Günther G. Schulze: The Domestic Roots of Commercial Liberalism - A Sector-Specific Approach. In: Gerald Schneider / Katherine Barbieri / Nils P. Gleditsch (Hgg.): Globalization and Armed Conflict. Lanham 2003b, 103-122

Schneider, Gerald / Katherine Barbieri / Nils P. Gleditsch (Hgg.): Globalization and Armed Conflict. Lanham 2003c

Schneider, Gerald: Economics and Conflict: Moving Beyond Conjectures and Correlations. In: Paul F. Diehl / James D. Morrow (Hgg.): International Studies Compendium, Scientific Studies of International Processes. Oxford 2010

Spar, Debora L.: The Spotlight and the Bottom Line: How Multinationals Export Human Rights. In: Foreign Affairs 77 (1998), 7-12

Spilker, Gabriele: Grow rich and clean up later? Joint effects of IGO membership and democracy on environmental performance in developing countries. In: British Journal of Political Science, im Erscheinen (2011)

Stiglitz, Joseph: Globalization and its Discontents. London 2002

Tabb, William K.: Race to the Bottom? In: Stanley Aronowitz / Heather Gautney (Hgg.): Implicating empire: globalization and resistance in the 21st century world order. New York 2003, 151-158

Teo, Stephen: Film and Globalization: from Hollywood to Bollywood. In: Bryan S. Turner (Hg.): The Routledge International Handbook of Globalization Studies. New York 2010, 412-428

Internetquellen

START – National Consortium for the Study of Terrorism and Responses to Terrorism: Global Terrorism Database. Version vom Mai 2010. http://www.start.umd.edu/gtd/using-gtd/ (15.11.2010)

Handelsblatt: Markige Zitate zur Finanzkrise, 1.9.2009, http://www.handelsblatt.com/unternehmen/banken-versicherungen/markige-zitate-zur-finanzkrise;2109795;7#bgStart (21.11.2010)

UNU-WIDER: World Income Inequality Database, Version 2.0c, May 2008, http://www.wider.unu.edu/research/Database/en_GB/database/ (10.12.2010)

World Bank: World Development Indicators. http://data.worldbank.org/indicator (22.10.2010)

Phillip D. Th. Knobloch
Die Geschichte der Globalisierung:
Eine Geschichte zur Bildung der Menschheit?

> Die Haupttatsache der Neuzeit ist nicht, daß die Erde um die Sonne, sondern daß das Geld um die Erde läuft.
> Peter Sloterdijk (2006)

Globus und Globalisierung

Ist heute vom Phänomen der *Globalisierung* die Rede, so ist damit meist ein Prozess gemeint, der die ganze Welt betrifft und damit als weltweit wirksam bezeichnet werden kann, eben als *global*. Globalisierung bezieht sich folglich auf die gesamte Erdkugel, die im Rückgriff auf die ehemalige Bildungssprache Latein auch als *globus terrestris* bezeichnet werden kann. Versucht man diesen globalen Prozess näher zu bestimmen, so lassen sich fraglos verschiedene Aspekte unterscheiden: Der argentinische Philosoph Baquero Lazcano weist beispielsweise auf drei Momente der Globalisierung hin, die er als *technisch-wissenschaftliches*, als *ökonomisches* und als *kulturelles* Moment bezeichnet (vgl. Baquero Lazcano 2001a; b; c). Die globale Nutzung von Impfstoffen aber auch Waffen, die globalen Finanzmärkte und die globale Verbreitung bestimmter Kinofilme können diese Differenzierung exemplarisch veranschaulichen. Auch der deutsche Philosoph Peter Sloterdijk fordert eine genauere Differenzierung und weist darauf hin, dass eine Auseinandersetzung mit dem Begriff und dem Phänomen der Globalisierung zu kurz greift, die „ausschließlich die jüngste Episode, die durch stark akzelerierten [globalen] Waren-, Zeichen- und Mikrobenaustausch markiert wird" (Sloterdijk 2006, 20f.) berührt. Deshalb unterscheidet er zwischen drei Phasen der Globalisierung, die er als *kosmisch-uranisch*, als *terrestrisch* und als *elektronisch* bezeichnet. Das erscheint aufschlussreich, da damit einerseits eine historische und andererseits eine konzeptionelle Differenzierung vorgenommen werden kann:

Die erste Phase, nach Sloterdijk die *kosmisch-uranische Globalisierung,* ist in der griechisch-römischen Antike zu verorten und durch den Entwurf von *Weltbildern*, von kugelförmigen Vorstellungen des *Kosmos,* gekennzeichnet. Die antiken Globen sind noch keine Abbildungen des Planeten Erde, keine *globi terrestres*, sondern vielmehr kugelförmige, sphärische Darstellungen des ganzen Universums, der kosmologischen Weltordnung schlechthin – von der Erde bis zum Firmament.

Die zweite Phase, von Sloterdijk als die *terrestrische Globalisierung* bezeichnet, beginnt mit den nautischen Entdeckungen der Neuzeit, mit der Westfahrt des Kolumbus (1492) und der Erdumsegelung Magellans. Hiermit wird der empirische Beweis für die Kugelgestalt des Planeten Erde erbracht. Ab diesem Moment wird das Kugelmodell des Erdglobus mit seiner Unterteilung in Wasser und Landflächen zur einzig realistischen Abbildung des Planeten, die durch die folgenden Entdeckungsfahrten und kartografischen Messungen an Exaktheit gewinnt. Da es nun aber Menschen und nicht nur Gedanken sind, die den Planeten umkreisen und den Globus damit bewusst werden lassen, ist die terrestrische Globalisierung auch durch Landnahme im Zuge der *europäischen Expansion* gekennzeichnet und infolgedessen durch die Etablierung eines ökonomischen Systems, das immer mehr Teile der Welt einschließt. Die Konsolidierung dieses kapitalistischen *Weltsystems*, die von Wallerstein (vgl. 1989; 2004) ausführlich nachgezeichnet wurde, kann deshalb in etwa zwischen 1492 und 1945 verortet werden (vgl. Sloterdijk 2006, 21). Während das Weltsystem als Weltwirtschaftssystem bis heute besteht, ist die terrestrische Phase der Globalisierung mit der Entdeckung und Erfassung der Welt an ihr Ende gekommen: „Man weiß nun ein für allemal, dass man an keinem Ort der Welt mehr als erster eintrifft" (ebd., 244).

Globen in einem Schaufenster in Amsterdam (Foto © Ph. D. Th. Knobloch, Köln 2010)

Die dritte und jüngste Phase bezeichnet Sloterdijk als *elektronische Globalisierung*. Ihr Anfang ist der Abschluss der terrestrischen Globalisierung, das Ende der „asymmetrische[n] Weltnahme, die ihren Ausgangspunkt in den Häfen, Höfen und Ambitionen Europas besaß." (Ebd., 23) Flugzeuge und Funksignale, Satelliten und elektronische Medien zirkulieren jetzt um den Globus und lassen die Erkenntnis, dass die Welt eine runde Kugel ist, zur Trivialität werden (vgl. ebd., 255). Diese *postimperiale*, *postkoloniale*, *postnationale*, für Sloterdijk sogar *posthistorische* Phase ist nicht mehr durch Welteroberung und Erschließung nach außen, sondern vielmehr durch Einrichtung und Ausgestaltung des kapitalistischen *Weltinnenraums* gekennzeichnet. Zumindest für einen kleinen Teil der Weltbevölkerung, für die privilegierten Bewohner, bedeutet dies die Steigerung von Wohlstand, Konsum und Komfort, letztlich von *Kaufkraft*. Greift man auf Wallersteins Differenzierung zwischen unterschiedlichen Räumen innerhalb des Weltsystems zurück (vgl. Wallerstein 1989; 2004), so wird ersichtlich, dass sich sowohl Analytiker aus dem *Zentrum* (vgl. u.a. Luhmann 1996; Sloterdijk 2006) als auch aus der *(Semi-)Peripherie* (vgl. u.a. Baquero Lazcano 2001b, 16) des Weltsystems darüber einig sind, dass die Mehrheit der Menschheit – zumindest in der nahen Zukunft – von den Privilegien dieser *Komfortzone* ausgeschlossen bleibt. Der polnisch-britische Soziologe und Philosoph Zygmunt Bauman spricht in diesem Zusammenhang von den in der Moderne *nutzlos*, *überschüssig*, *überzählig* und *überflüssig* gewordenen Menschen, dem *menschlichen Abfall* (vgl. Bauman 2005, 12f.).

Antike Kosmologie als erste Phase der Globalisierung

In antiken Überlieferungen lassen sich die unterschiedlichsten Vorstellungen über die Gestalt der Erde finden (vgl. Vogel 1995, 34-87) und laut Bertrand Russell war „Pythagoras […] wahrscheinlich der erste, der sich die Erde als Kugel dachte" (Russell 2009/1945, 233), auch wenn er dies noch nicht wissenschaftlich begründen konnte. Entscheidend war jedoch, dass sich in der Antike eine Vorstellung des Kosmos als kugelförmige Sphäre durchsetzte, die bis ins katholische Mittelalter das gelehrte Weltbild bestimmte. Exemplarisch kann hierbei auf die Entwürfe des Aristoteles in seinem Werk *Vom Himmel* verwiesen werden. „Daß der Kosmos kugelig ist, ist […] klar; ebenso, daß er mit solcher Genauigkeit gerundet ist, daß kein Werk menschlicher Kunst ihm verglichen werden kann und auch sonst nichts, was sich unsern Augen zeigt."[1] Obwohl aus heutiger Perspektive alle wissenschaftlichen Ergebnisse des Aristoteles schlichtweg als falsch zu beurteilen sind, weist Olof Gigon darauf hin, dass dort zwar „willkürlichste und extravaganteste Konstruktionen" (Gigon 1983, 13) zu finden sind, diese jedoch die „Eigentümlichkeiten des aristotelischen Denkens sozusagen in reinster Form zeige[n]" (ebd., 12f.).

Für Aristoteles hat der Raum drei Dimensionen und wird in seiner Gesamtheit von einer kugelförmigen Hülle bzw. Hohlkugel umschlossen, die er als den Himmel bezeichnet. Außerhalb dieser Hohlkugel, die den gesamten Kosmos umfasst, gibt es demnach keinen Raum. „Der Himmel galt Aristoteles als die äußerste Kugelhülle, die alles enthält, aber von nichts enthalten wird." (Sloterdijk 2006, 19) Nach innen hin teilt sich der Raum in eine reine und göttliche *supralunare* und eine vergängliche *sublunare* Sphäre. Letztere umfasst das Zentrum der Kugel; hier sind die vier vergänglichen Elemente zu finden, aus denen alle Materie besteht: Erde, Wasser, Luft und Feuer. Aristoteles vertritt demnach ein geozentrisches Weltbild: Die „Erde ruht in der Mitte des Weltalls und hat eine kugelige Form." (Gigon 1983, 30) Um die vier Elemente – aus heutiger Sicht: um die Erdkugel und die Erdatmosphäre – sind aufeinanderfolgende Hohlkugeln angeordnet, an welche die Gestirne befestigt sind, vom Mond über die Sonne bis zu den Fixsternen.

Während andere griechische Philosophen streng zwischen der widersprüchlichen, veränderlichen *sichtbaren Welt* und einer *unsichtbaren Welt* – etwa dem Reich der ewigen *Ideen* oder dem perfekten *Sein* – unterschieden, versuchte Aristoteles beide *Welten* in seiner Kosmologie bildlich in Beziehung zu setzen. Dazu führt er ein fünftes Element ein – *quinta essentia* –, auf dem unser Begriff der *Quintessenz* beruht. Dieses göttliche fünfte Element, auch Äther genannt, bildet die äußerste Hülle des Kosmos sowie die supralunare Sphäre. Alle Hohlkugeln der supralunaren Sphäre folgen einer kreisförmigen und ewigen Bewegung, die auf einem *unbewegten Beweger* beruhen und die Veränderungen am Sternenhimmel erklären. Auf diesen unbewegten, körperlosen Beweger, der den gesamten Kosmos umgibt und der jenseits von Raum und Zeit steht, ist letztlich jede Bewegung zurückzuführen. Mit diesem sphärischen Kosmosmodell werden „Ewigkeit und Vergänglichkeit […] auf geometrischem Wege zu Korrelaten." (Ebd., 26) In dieser *Kosmovision* nimmt die Perfektion hierarchisch ab, vom Ewigen jenseits von Raum und Zeit über die äußerste und *perfekteste Himmelskugel*

---

1 Vgl. Aristoteles: De caelo, Buch II, 287; dt. Übers.: 1983, 109

bis hin zur *Erdkugel* im Mittelpunkt des Kosmos. Diese Beziehung zwischen Himmel und Erde, zwischen dem göttlichen und dem weltlichen Reich, wird dann auch für die christliche, geozentrische Kosmologie des Mittelalters kennzeichnend:

> „Nun hatte die Erde im aristotelisch-katholischen Sphärenglauben den demütigsten, vom umfassenden Firmament entferntesten Status inne. Ihre Plazierung in der All-Mitte schloß deshalb [...] die Zurücksetzung ans untere Extrem der kosmischen Hierarchie ein." (Sloter-dijk 2006, 32)

An der kurz umrissenen Kosmovision des Aristoteles lässt sich zeigen, dass hier spe-kulativ eine Vorstellung des *Welt-Alls* entworfen wird, die *Ontologie* und *Geometrie* verbindet und im Bild eines allumfassenden Himmelsglobus ihre Gestalt findet (vgl. Sloterdijk 1999, 50). Während sich die Vorstellung eines geordneten Kosmos als *Him-melsglobus* durchsetzte, blieb die Vorstellung der Welt als *Erdglobus*, vor allem dessen genaue Gestalt, aufgrund mangelnder empirischer Kenntnisse umstritten. Deshalb wurden in der Antike vor allem Himmelsgloben, aber kaum Erdgloben als Modelle hergestellt. „Wenn ein griechischer oder römischer Kosmograph von einer *sphaera* sprach, so meinte er in aller Regel einen Himmelsglobus oder eine Armillarsphäre" (Vogel 1995, 81). Der Globus als Abbild des Universums wurde damit zum Symbol für eine nicht auf die Erde beschränkte Weltherrschaft, das etwa auch dem „vom Kreuz überragten Reichsapfel" (Sloterdijk 1999, 55) christlicher Herrscher zugrunde lag.

Am Bild des hier beschriebenen *Globus* wird deutlich, dass der Begriff der *Globa-lisierung* im Kontext der Antike den Prozess der spekulativen Hervorbringung einer kugelförmigen Vorstellung des Universums bedeutet, die auch im abendländischen Mittelalter die Kosmologie prägt. Auch wenn dort der christliche *Gott* den Platz des *unbewegten Bewegers* einnahm, blieb die Idee von einer *ewigen Ordnung* vorherr-schend. Die Entgegensetzung zwischen *Unendlichem* und *Endlichem*, zwischen *Gött-lichem* und *Weltlichem* oder zwischen *Allgemeinem* und *Besonderem* trug der *Meta-physik* – hier Ontologie bzw. Philosophie, dort Glaubenslehre bzw. Theologie – den Vorrang vor der *Physik* ein, die sich auf das Sinnliche richtet. Mit dem Ende dieser metaphysischen Zeitalter beginnt die Hinwendung zur Erdkugel und der Aufstieg der empirischen Forschung, die sich nicht auf das Perfekte, Schöne, Ewige und Allgemeine richtet, sondern auf die Eigentümlichkeiten der Welt.

> „Das reine Schöne darf man getrost den Idealisten überlassen, das Halbschöne und Hässliche gibt Empirikern zu tun. [...] Darum war die [...] kosmische [...] Globalisierung in der Hauptsa-che eine Philosophen- und Geometerangelegenheit gewesen; die terrestrische Globalisierung hingegen wird ein Problem für Kartographen und ein Seemannsabenteuer werden, [...] eine Sache der [...] Experten fürs Unebene und Verwickelte." (Sloterdijk 2006, 31f.)

Europäische Entdeckungen und Konsolidierung des Weltsystems als zweite Phase der Globalisierung

Die Protagonisten der zweiten Phase der Globalisierung sind also zunächst nicht mehr Philosophen, sondern Seefahrer: Kolumbus *entdeckt* 1492 die *Neue Welt*, Vasco da Gama erreicht 1498 als erster Indien auf dem Seeweg und Magellan beginnt 1518 die erste Weltumsegelung. Obwohl Magellan auf den Philippinen infolge einer Auseinan-dersetzung mit den dortigen Bewohnern getötet wird, kehrt 1522 eines der Schiffe seiner Expedition wieder nach Spanien zurück. Damit ist empirisch endgültig bewiesen, dass die Erde eine Kugel ist, ein *globus terrestris*. Nachdrücklich hat Vogel (1995) betont, dass sich erst im Anschluss an die Entdeckungsfahrten die bereits von Ptolemäus vertretene Hypothese einer einheitlichen Erd-Wasser-Sphäre bewahrheitete:

> „In einem Wechselwirkungsprozeß von konzeptioneller Reflexion und fortschreitender empirischer Erweiterung der Erfahrungsräume hat sich der Erd-Wasser-Globus gegen die zuvor weit verbreiteten, physikalisch begründeten und theoretisch hochentwickelten alternativen sphärischen Konzeptionen durchgesetzt. Das astronomische Modell der Sphären, das als Armillarsphäre jedem Gelehrten geläufig war, war davon nicht unmittelbar berührt. Sein Inneres jedoch begann, sich grundlegend zu verändern." (Vogel 1995, 456)

Mit Kopernikus und Kepler beginnt jedoch bald auch die „Verfallsphase der sphärenkosmologischen Auslegung des Seienden" (Sloterdijk 2006, 22), der Abschied von einem wohlgeordneten und alles umfassenden Kosmos. War die Erde zuvor noch der vermeintliche Mittelpunkt des Universums und damit geschützt im Ganzen aufgehoben, wird sie im heliozentrischen Modell geradezu freigestellt in ein „bodenloses Außen" (ebd., 50). Der Blick wendet sich vom Sternenhimmel ab und richtet sich auf die Erde, deren empirische Erfassung die folgenden 500 Jahre der terrestrischen Globalisierung bestimmt, begleitet von einem „monogeïstische[n] Glaube[n] der Neuzeit" (ebd., 22), der den monotheistischen Glauben zunehmend verdrängt.

Im Zuge der terrestrischen Globalisierung entsteht jedoch nicht nur ein immer genaueres Bild des Erdglobus. Vielmehr folgen den Entdeckungen vielerorts Eroberung und Kolonialisierung, die sogenannte *europäische Expansion*. Sie beinhaltet im Wesentlichen drei Momente und wurde von entsprechenden Akteuren vorangetrieben: Die *Eroberung* durch Soldaten, die *Ausbeutung* durch Händler und die *Missionierung* durch Geistliche. Dabei handelte es sich bei der europäischen Expansion jedoch nicht um einen „gemeinsamen Plan zur europäischen Weltnahme" (ebd., 262), sondern vielmehr um unterschiedliche nationale Projekte. Auch die verschiedenen europäischen Missionsorden und Händler verfolgten ihre jeweiligen Projekte und Interessen nicht als Kollektiv, sondern eher als Konkurrenten.

Auch Wallerstein weist darauf hin, dass mit der *europäischen Weltwirtschaft* im späten 15. und frühen 16. Jahrhundert ein *historisches Novum* auftauchte, das nicht mit einem *europäischen Imperium* verwechselt werden dürfe. Während ein *Imperium* eine politische Einheit ist, stellt diese Weltwirtschaft ein ökonomisches Sozialsystem dar.

> „Es ist ein *Welt*system, nicht weil es die ganze Welt umschließt, sondern weil es größer ist als jede juridisch [rechtlich; Ph. K.] definierte politische Einheit. Und es ist deshalb eine Welt*wirtschaft*, weil die Verbindung zwischen den Teilen des Systems vor allem eine ökonomische ist" (Wallerstein 2004, 27)

Mit den nautischen Entdeckungen europäischer Seefahrernationen beginnt demnach auch der Prozess, den man als *Konsolidierung des modernen Weltsystems* oder als „Entwicklung des Weltkapitalismus" (Galeano 1976, 11) bezeichnen kann. Nach Wallerstein lässt sich das Weltwirtschaftssystem in drei Zonen einteilen, die er als *Zentrum* bzw. *Kern*, *Semiperipherie* und *Peripherie* bezeichnet. Für die „Etablierung einer solchen Weltwirtschaft" ist für ihn „eine Ausweitung des geographischen Umfangs der betreffenden Welt, die Entwicklung von Arbeitskontrollmethoden [...] und die Schaffung von relativ starken Staatsapparaten" (Wallerstein 2004, 47) in den Kernstaaten notwendig. Entscheidend für ein derartiges Wirtschaftssystem ist die Tatsache, dass die verschiedenen Zonen vernetzt sind und in ihnen Erträge erwirtschaftet werden, die von Akteuren des Zentrums akkumuliert und reinvestiert werden. In den Worten Galeanos: „Die internationale Arbeitsteilung besteht darin, daß einige Länder sich im Gewinnen und andere im Verlieren spezialisieren." (Galeano 1976, 10) Dies zeigt sich etwa an der *Unterentwicklung* Lateinamerikas, als Beispiel einer (semi-)peripheren Zone: „Von der Entdeckung bis in unsere Tage hat sich alles zuerst in europäisches, nachher in nordamerikanisches Kapital verwandelt, und als solches hat es sich in fernen Machtzentren angehäuft und häuft sich weiter an." (Ebd., 11)

Die asymmetrische Konsolidierung des Weltsystems durch die europäische Expansion und den Kolonialismus kann durchaus auch als „Drama der Erschließung der Erde als Trägerin der lokalen Kulturen" (Sloterdijk 2006, 247) bezeichnet werden, da es im Laufe der terrestrischen Globalisierung auch zur Entdeckung der unterschiedlichen Kulturen kommt, ja zur *Erfindung von Kultur* im modernen Verständnis. „Von ‚Erfindung' kann man deshalb sprechen, weil der moderne Begriff der Kultur erst in der zweiten Hälfte des 18. Jahrhunderts entsteht und in der alteuropäischen Semantik keinen Vorläufer hat." (Luhmann 1996, 225) Neu ist, dass nun alle *Artefakte* nicht mehr nur einen *Gebrauchssinn* haben, sondern auch als *Dokumente einer Kultur* gelten. Ob Töpfe, Texte oder Religionen, nach Luhmann wird nun alles interessant und *interkulturell* vergleichbar. Analog zur Erfassung der Erde durch Kolonialismus und Handel wird nun auch alles von Menschen Hergestellte und Geschaffene als Kulturdokument erfasst.

> „Das Vergleichsinteresse ist auf Expansion hin angelegt, und der Begriff der Kultur ist so angesetzt, dass er dem Vergleich keinen Widerstand entgegensetzt. Weder in der Geschichte noch in der Völkerkunde stößt man auf etwas, was sich der Vergleichbarkeit entzieht oder was prinzipiell uninteressant wäre." (Ebd., 226)

Dies zeigt sich beispielsweise an den Gegenständen – von Skulpturen über Körbe bis zu Kleidungsstücken und Werkzeugen – die James Cook[2] im 18. Jahrhundert von seinen Entdeckungsreisen in der Südsee mitbrachte. Wären derartige Gegenstände

> „nicht bei den Entdeckungsreisen gesammelt worden, hätte man sie einfach weiter verwendet, verschlissen und schließlich weggeworfen. Dass Cook und seine Mitstreiter die Weitsicht hatten, sie zu sammeln, [...] ermöglicht uns heute, die Kreativität unserer Vorfahren zu bewundern" (Pilolevu Tuita 2009, 8),

wie die *Königliche Hoheit Prinzessin von Tonga* anlässlich einer Ausstellung über *James Cook und die Entdeckung der Südsee* bemerkte, die 2010 in Bonn und Wien und 2011 in Bern gezeigt wurde.

Auch der deutsche Philosoph Wolfgang Welsch verweist darauf, dass sich Kultur

> „als Generalbegriff, der nicht nur einzelne, sondern alle menschlichen Lebensäußerungen umfassen soll, erst im späten 17. Jahrhundert, bei Samuel Pufendorf, herausgebildet [hat], um dann hundert Jahre später durch Herder seine wirkmächtige Bestimmung als organische Lebensgestalt von Völkern zu erfahren, in denen sich die allgemeine menschliche Humanität entfaltet." (Welsch 1994, 150)

In Herders Werk *Auch eine Philosophie der Geschichte zur Bildung der Menschheit* (2007/1774) zeigt sich dieses moderne Konzept von Kultur und ein damit verbundenes neues Verständnis von Nation bzw. Volk sehr deutlich. Der Vergleich ermöglicht es, die Begriffe *Nation* und *Kultur* miteinander zu verbinden; mit Nation ist nicht mehr

---

2 Vgl. auch den Beitrag von Yomb May in diesem Band (2011, S. 52–62).

eine bestimmte *Herkunft*, sondern eben eine bestimmte Kultur gemeint: „Nationen-vergleiche waren zwar auch früher schon üblich gewesen [...], nehmen aber jetzt die Form von Kulturvergleichen an." (Luhmann 1996, 226)

Entscheidend für das Konzept der (National-) Kultur bei Herder ist, dass er damit für sein Zeitalter der europäischen Aufklärung vor allem ein Bild von der *Vergangenheit* gewinnen will. Eine philosophische Auseinandersetzung mit der (Kultur-) *Geschichte* hält er für sinnvoll, da sie zur *Bildung der Menschheit* beitragen könne. Dabei ist er sich jedoch der „Schwäche des allgemeinen Charakterisierens" (Herder 2007/1774, 28) bewusst, die jedem Entwurf einer überblicksartigen Kulturgeschichte zugrunde liegt, da „jedes allgemeine Bild, jeder allgemeine Begriff nur Abstraktion" (ebd., 31) sein kann. Herder vertritt einen *Kulturrelativismus* und spricht sich dagegen aus, *entfernte Nationen* und *ältere Zeitalter* an *unseren eigenen Idealen* zu messen (vgl. ebd., 36). Deshalb sei auch die Frage falsch, welches Volk in der Geschichte das glücklichste gewesen sei, denn „jede Nation hat ihren Mittelpunkt der Glückseligkeit in sich, wie jede Kugel ihren Schwerpunkt!" (Ebd., 35)

Mit der Analogie der *Kugel* entwickelt Herder hier die Vorstellung von Kultur*sphären*, Kultur*welten* oder Kulturkreisen. *Globalisierung* kann in diesem Sinne als Entstehung der Kulturen als unterscheidbare *Kultur-Globen* bzw. *kulturelle Welten* verstanden werden. Die Kulturen strebten zwar danach, sich von anderen etwas anzueignen, jedoch stets nur soweit, als es für sie brauchbar sei und ihrer *Natur* entspreche (vgl. ebd., 35f.). Im Gegensatz zu den vergangenen Kulturen und Völkern – etwa Ägyptern, Griechen, Römern, Hunnen oder Franken – sieht er im aufgeklärten Europa seiner Zeit die Nationen jedoch aufgelöst: „Bei uns sind gottlob! alle Nationalcharaktere ausgelöscht! wir lieben uns alle, [...] sind einander gleich – [...] haben zwar kein Vaterland [...]; aber sind Menschenfreunde und Weltbürger." (Ebd., 75) Trotz aller Errungenschaften der Aufklärung müsse aufgrund der „Unvollkommenheit menschlicher Handlungen" (ebd., 106) jedoch davon ausgegangen werden, dass auch dieses Zeitalter (bzw. diese kosmopolitische europäische Kultur) – wie alle vergangenen und fremden Kulturen – aus einer zukünftigen Perspektive als *zweideutig* bewertet werde. Und obwohl es den Anschein habe, dass bald die „ganze Erde [...] von Voltairs Klarheit" (ebd., 71) leuchte und Französisch zur einheitlichen *Weltsprache* werde (vgl. ebd., 75), könne sich die Geschichte auch anders entwickeln: „Je mehr wir Europäer Mittel und Werkzeuge erfinden, euch andern Weltteile zu unterjochen, zu betrügen und zu plündern – vielleicht ists einst eben an euch, zu triumphieren!" (Ebd., 103)

Wenn die *Weltgeschichte*, wie Sloterdijk die Phase der terrestrischen Globalisierung auch bezeichnet, das von Europa vorangetriebene „Weltwerden der Erde" (Sloterdijk 2006, 256) ist und mit geografischen wie kulturellen Entdeckungen sowie Kolonialismus und Imperialismus einhergeht, so muss auch auf die in dieser Phase stattfindenden Veränderungen der *Gesellschaftsstrukturen* eingegangen werden, um das Ende dieser *Weltgeschichte* und den Übergang zur letzen Phase der Globalisierung verständlich zu machen. Für Luhmann zeichnet sich die *alte Welt* – als Beispiel dienen ihm u.a. die antiken Griechen – durch eine *asymmetrische* und *hierarchische Weltarchitektur* aus. Derartige hierarchische Gesellschaften sind Regionalgesellschaften, „de facto Adelsgesellschaften, auch wenn die Gewichtung von Geburt und bürokratischen Ämtern stark variieren" (Luhmann 1996, 221). Sie überlassen die *Inklusion* und *Exklusion* ihrer Mitglieder hauptsächlich den Familienhaushalten. Während die Familien beispielsweise Neugeborene aussetzen oder Heranwachsende vertreiben können, ist die Exklusion der unteren sozialen Ränge, der *Unwürdigen* und *Unfreien,* durch die Machthaber nicht möglich, da zur „Verwirklichung von Hierarchie [...] alle Ränge notwendig" (ebd., 221) sind.

Der Übergang zur modernen Gesellschaft lässt sich für Luhmann hauptsächlich daran festmachen, dass die Gesellschaftsordnung nun nicht mehr durch hierarchische Schichten, sondern durch *Funktionssysteme* gegliedert ist. Soziale Schichtung ist in der Moderne „nur noch ein Nebenprodukt der Funktionssysteme, vor allem des Wirtschaftssystems und des Bildungssystems." (Ebd., 222) Die Funktionssysteme sind auf „Inklusion der Gesamtbevölkerung angelegt" und machen diese Inklusion nicht mehr von „systemexternen Genehmigungen oder Sonderkonditionen abhängig" (ebd., 223). Mit dem Abbau der Hierarchien werden nun alle Gesellschaftsmitglieder zu souveränen Akteuren der modernen Gesellschaft:

> „Diese Souveränität in der Graduierung von Inklusion garantiert ihrerseits die Differenzierung der Funktionssysteme und wird andererseits symbolisch dadurch gefeiert, dass sie als Freiheit und Gleichheit der Individuen zum Ausdruck gebracht wird – was aber nur heißt, daß die Funktionssysteme die Umwelt als homogene Umwelt unterstellen und nur nach eigenen Kriterien diskriminieren dürfen." (Ebd., 223)

Die Inklusion der gesamten Bevölkerung in die Funktionssysteme wird an der Verkündung und Durchsetzung der kostenlosen *allgemeinen Schulpflicht* innerhalb der modernen (National-)Staaten besonders deutlich. Deshalb wurde das „Bildungswesen von Preußen, das als erster europäischer Staat ab 1763 die allgemeine Schulpflicht eingeführt hatte, [...] mit großem Interesse beobachtet und studiert." (Allemann-Ghionda 2004, 21) Die postulierte Gleichheit der Bevölkerung soll nun durch Schulen und Programme der *Homogenisierung* auch kulturell verwirklicht werden; in vielen modernen Staaten bedeutet dies die Vermittlung einer *einheitlichen Sprache* und eines *einheitlichen kulturellen Kanons.* Mit der *Pädagogik* wird im 19. Jahrhundert auch der Versuch unternommen, eine neue akademische Disziplin zu gründen und in diesem Rahmen wissenschaftliche Theorien von Erziehung und Bildung zu entwerfen. Kant, Schleiermacher und Herbart gelten als Begründer der (deutschsprachigen) Pädagogik. *Selbstbestimmung* und *Mündigkeit* werden von nun an als allgemeine Bildungsziele benannt.

Indem in der modernen Gesellschaft die alten Hierarchien abgeschafft, die „Individuen [...] aus vorgegebenen Bindungen freigesetzt, also ,emanzipiert' und zur Selbstdisziplinierung gebracht" (Luhmann 1996, 225) wurden, gibt es eigentlich keinen Standpunkt außerhalb der Gesellschaft mehr, nur noch ins System inkludierte Mitglieder. Dennoch sind *Exklusion* und *Marginalisierung* offensichtlich, jedoch fehlt laut Luhmann der Adressat für eine Anklage:

> „Denn funktionale Differenzierung kann [...] die postulierte Vollinklusion nicht realisieren. Funktionssysteme schließen, wenn sie rational operieren, Personen aus oder marginalisieren sie so stark, daß dies Konsequenzen hat für den Zugang zu anderen Funktionssystemen." (Ebd., 228)

Die modernen Phänomene *Marginalisierung* und *Exklusion* verweisen damit auf das Ende der *terrestrischen Globalisierung,* auf den Abschluss der Konsolidierung des *Weltsystems* und auf den Beginn der *elektronischen Globalisierung.*

Elektronik, Postmoderne und Neoliberalismus als dritte Phase der Globalisierung

Das Ende der *terrestrischen* und damit den Beginn der gegenwärtigen Phase der Globalisierung genau zu bestimmen, ist sicherlich schwierig. Dies liegt vor allem an der Vielzahl der Aspekte, die mit diesem Übergang verbunden werden können: Die lückenlose geografische Erfassung der Erdkugel und die allgemeine Verbreitung des Wissens um die Kugelgestalt der Erde, die Unabhängigkeit ehemaliger Kolonien, die Etablierung funktional differenzierender Gesellschaftsordnungen, die Durchsetzung der allgemeinen Schulpflicht oder die gesetzliche Verankerung der Menschenrechte in nationalen Verfassungen sind nur einige Punkte, mit denen der *Übergang zur Moderne* als abgeschlossen gelten kann. Betrachtet man einzelne *Länder* oder *Regionen*, so kann zumindest hinsichtlich der genannten Aspekte von keinem *gleichzeitigen* und *einheitlichen* Übergang gesprochen werden.

Wenn Sloterdijk als Datum für den Übergang von der mittleren zur letzten Phase der Globalisierung das Jahr 1945 wählt, so ist dieser Zeitpunkt zumindest aus *deutscher Perspektive* in vieler Hinsicht überzeugend. Aus der *Perspektive ehemaliger europäischer Kolonien* – und auch aus der Perspektive der entsprechenden *ehemaligen Kolonialmächte* – könnte aber auch deren politische Unabhängigkeit als wichtiger Zeitpunkt für den Übergang zu modernen Verhältnissen gelten. *Weltweit* wird der Übergang vor allem an der Eingliederung der Gesellschaften in das kapitalistische Weltsystem erfahrbar. Da demnach bis auf die globalen ökonomischen Vernetzungen nicht von einer weltweit gleichmäßigen (westlich-europäischen) Modernisierung gesprochen werden kann und die Unterscheidung zwischen *Zentrum, Semiperipherie* und *Peripherie* immer noch aufschlussreich ist, scheint es nachvollziehbar, dass sich mit steigender Entfernung vom *Zentrum* auch die Perspektive verändert: Aus *lateinamerikanischer Perspektive* etwa wird die aktuelle Phase der Globalisierung von vielen als fundamentale *Gefahr* wahrgenommen und als *neoliberale Globalisierung* bezeichnet (vgl. u.a. Baquero Lazcano 2001b). Exemplarisch lässt sich am argentinischen Staatsbankrott von 2001/2002 zeigen, dass derartige Einschätzungen nicht nur auf *philosophischen Spekulationen* beruhen, sondern vielmehr auf den erlebten Auswirkungen *realer Finanzspekulationen*. Da derart *neoliberale* ökonomische Entwicklungen erst durch technische Fortschritte möglich wurden und durch die ständige Weiterentwicklung und die zunehmende Verbreitung globaler, elektronischer Kommunikationsmedien vorangetrieben werden, bezeichnet auch der von Sloterdijk gewählte Begriff der *elektronischen Globalisierung* die Dynamik der Gegenwart sehr treffend.

An dieser Stelle ist es hilfreich, auf die Differenzierung des Globalisierungsbegriffs von Baquero Lazcano zurückzukommen. Der argentinische Philosoph unterscheidet zwischen einem *technisch-wissenschaftlichen*, einem *ökonomischen* und einem *kulturellen* Moment der Globalisierung und erklärt damit die nach Sloterdijk letzte Globalisierungsphase durch diese drei aufeinander aufbauenden Aspekte. Da die moderne Wissenschaft und Technik universal, ihre Erkenntnisse, Entwicklungen und technischen Produkte kultur- und länderübergreifend wirksam und wertvoll seien, bezeichnet Baquero Lazcano das technischwissenschaftliche Moment der Globalisierung als Anfang und Grundlage des Globalisierungsphänomens. Jedoch stehe die *Atombombe* und der kriegerische Technikeinsatz für die *Zweideutigkeit* und Abwertung der Wissenschaft (ebd., 14f.).

Mit dem zweiten Moment, der *ökonomischen Globalisierung*, spricht Baquero Lazcano jene Entwicklung an, die zuvor als Konsolidierung des kapitalistischen *Weltsystems* behandelt wurde. Jedoch sieht er den für die aktuelle Situation entscheidenden Wandel nicht schon bei Kolumbus, sondern in den 1970er-Jahren. Während dieser Phase des Kalten Krieges, die noch zum Vorteil der Sowjetunion verlaufen sei, hätten sich Firmen im *Westen* so stark entwickelt, dass sie über Landesgrenzen hinaus operierten. Diese Firmen, die ihren Sitz in einem Land und Filialen in anderen Ländern haben, bezeichnet er als *multinationale Firmen*. In dem Moment, als das Umlaufvermögen dieser multinationalen Firmen nicht mehr nur Bürgern eines einzelnen Staates, sondern verschiedener Staaten gehörte, verwandelten sich diese in *transnationale Firmen*. Durch diese Veränderung unterliege eine transnationale Firma nicht mehr den Regulierungen eines einzelnen Staates. Das Vertrauen in die USA, zunächst Schutzmacht dieser transnationalen Firmen, sei jedoch mit der Niederlage im Vietnamkrieg geschwunden, weshalb nur einige Monate nach dieser westlichen Kriegsniederlage in Tokio die *Trilaterale Kommission* von Rockefeller und Ford gegründet worden sei. Diese Kommission ist eine Vereinigung der wichtigsten transnationalen Firmen aus den USA, (West-)Europa und Japan. Für Baquero Lazcano begann ab 1973, dem Gründungsjahr der Trilateralen Kommission, ein Prozess der Übernahme der *politischen* durch die *ökonomische Macht*. Während die politischen Ziele dieser Organisation hinsichtlich der Entwicklungsländer darin bestünden, deren Märkte zu dominieren, strebe diese Kommission in den entwickelten Ländern nach der Herrschaft über die politischen Organe (vgl. ebd., 15f.).

Mit dem ökonomischen ist für Baquero Lazcano auch ein *kulturelles Moment* der Globalisierung verbunden (vgl. ebd., 17f.). Damit bezieht er sich auf die globale Ausbreitung gerade jener Aspekte der US-amerikanischen Kultur, die er als die *ärmsten* bezeichnet (vgl. ebd., 17). Während die ökonomische Globalisierung den Nationen ihre physischen und ökonomischen Kräfte nehmen würde, führe diese *kulturelle Invasion* zur Schwächung geistiger Kräfte und nationaler Traditionen. Die *kulturelle Identität* Lateinamerikas, so Baquero Lazcano, sei durch die Globalisierung deshalb in Gefahr (vgl. Baquero Lazcano 2001c).

Auch Wolfgang Welsch hat sich mit den kulturellen Veränderungen auseinandergesetzt und festgestellt, dass am Ende des 20. Jahrhunderts traditionelle, regionale und nationale Kulturen an Bedeutung verlieren, während *transkulturelle Lebensformen* die „neuen Leitkulturen" (Welsch 1994, 159) seien. Diese neuen, modernen Lebensformen seien nicht mehr mit dem *klassischen Kulturbegriff* zu beschreiben, da moderne Gesellschaften *in sich multikulturell* seien und moderne Kulturen weder nach *regionalen* noch nach anderen Kriterien „trennscharf geschieden" (ebd., 152) werden könnten. Der klassische Kulturbegriff würde einer *Homogenitäts-* und einer *Identitätsfiktion* unterliegen, die letztlich zu Herrschaft, Dominanz und Unterdrückung führen könne, wenn der *Pluralität* durch kulturelle *Partikularismen* der Raum entzogen werde (ebd., 154ff.). Für Welsch sind in der Gegenwart Konzepte der *Interkulturalität* wie der *Multikulturalität* nicht mehr angemessen, da sie auf dem klassischen Kulturbegriff beruhten. Die Idee des kulturellen *melting pot* führe zu Separatismus und auch die Koppelung von Regionalismus und Universalismus führe letztlich zu einem Dilemma, da man „die alten Kräfte nicht einerseits als Gegengewicht zur modernen Universalisierung in Anspruch nehmen und sie andererseits doch nur in moderner Form zulassen wollen" (ebd., 163) könne. Aus diesem Grund sei allein die „Kreuzung, Durchdringung und Überlagerung von Kulturformen" (ebd., 163), eben die Transkulturalität, ein Kulturmodell für die Zukunft.

Die von Welsch beschriebene „Auflösung der Kulturen" (ebd., 147) beschreibt Luhmann als Konsequenz des Übergangs von einer hierarchischen zu einer modernen Gesellschaftsordnung, die letztlich eben eine *Weltgesellschaft* bzw. ein *Weltsystem* ist. Kultur als integrative Kraft, wie bei den *vormodernen Völkern*, kann es in funktional differenzierenden Sozialsystemen nicht mehr geben: „Die Integration von Individuum und Gesellschaft kennt keine konsensfähigen Prinzipien mehr; sie ist von Herkunft (und dadurch bestimmt, von *éthos*) auf Karriere umgestellt worden" (Luhmann 1996, 229). Kulturelle Verbundenheit, Integration in die *eigene Gesellschaft* und sozialen Konsens gebe es nur noch im *Exklusions-*, jedoch nicht mehr im *Inklusionsbereich* der modernen Gesellschaften. Daran schließt die Feststellung Sloterdijks an, dass die Subjektivität der im Weltinnenraum des Kapitals integrierten Menschen nicht mehr durch *Zugehörigkeit*, sondern durch die jeweilige „Verfügung über Kaufkraft" (Sloterdijk 2006, 309) bestimmt werde: „Von den Erfolgreichen erwartet man heute, daß sie ihre [kulturellen] Zugehörigkeiten in den Hintergrund stellen können." (Ebd., 327) Die Betonung der *eigenen Identität* werde nur noch dann hervorgebracht,

> „wenn sich Einzelne oder Gruppen von Wohlstandsvorteilen ausgeschlossen sehen und
> daher auf einen [kostenlosen] Identitätsvorteil zurückgreifen möchten [...]. Zugehörigkeit,
> *belonging, appartenance* – Ausdrücke dieser Art haben eine gute Chance, sich als Verlierer
> stichworte des 21. Jahrhunderts zu erweisen." (Ebd.)

Obwohl Luhmann und Sloterdijk die von Welsch formulierte These der *Transkulturalität als neuer Leitkultur* im Wesentlichen bestätigen, scheint es nun immer schwieriger, im Kontext von *Moderne*, *Globalisierung* und *Weltsystem* noch Begeisterung für diese Entwicklung zu gewinnen, ohne dabei *zynisch* zu sein. Das moderne Identitätsangebot als *kosmopolitischer Konsument*, als „Kaufkraftbesitzer" (ebd., 306), erscheint relativ dürftig, ebenso die Hoffnung auf „Selbstverwirklichung der Verbraucher" (ebd., 269). Dass die *Identität der Marginalisierten* und *Exkludierten* und die *Selbstverwirklichung der Randständigkeit* in dieser Situation keine ernsthaften Alternativen darstellen, muss erst recht nicht begründet werden.

Auch scheint Welsch Recht zu behalten, wenn er „territoriale Ausdrücke" (Welsch 1994, 165) wie *Grund*, *Boden*, *Bereich* oder *Gebiet* als (asymmetrische) *Herrschaftsbegriffe* bezeichnet, die auf *Abgrenzung* und *Ausgrenzung* beruhen und dem aktuellen Zustand der Gesellschaft nicht mehr gerecht werden. Die Forderung, man müsse zu „Denkformen und Metaphoriken des *Gewebes*, der *Verflechtung*, der *Verkreuzung*, der *Vernetzung*" (ebd., 165) übergehen, kann kaum noch widersprochen werden: Das „Reich der Kaufkraft" (Sloterdijk 2006, 301), der „kapitalistische Weltpalast" (ebd.) bzw. der *Weltinnenraum des Kapitals*, wie Sloterdijk die *Komfortzonen* des Weltsystems nennt, sind „eine Komfort-Installation von treibhausartiger Qualität oder ein Rhizom [d.h. Wurzelgeflecht; Ph. K.] aus prätentiösen Enklaven und ausgepolsterten Kapseln, die einen einzigen künstlichen Kontinent bilden." (Ebd.) Die regionale Identität, als „Konvergenz von Ort und Selbst", wird immer stärker durch das „multilokale Selbst" und den „polyethnischen oder denationalisierten Ort" ersetzt. Aber macht das Leben an Orten noch einen Sinn, „zu denen die Menschen in der Regel kein kultiviertes Verhältnis entwickeln, geschweige denn eine Identifizierung mit ihnen versuchen" (ebd., 237)? Gibt es in der modernen, globalisierten Welt neben dem *Selbstbewusstsein des Konsumenten* und neben dem Rückfall in die Vormoderne noch Hoffnung auf eine andere Art *menschlicher* Identität?

Eine *Geschichte* zur Auflösung der modernen Zerfallserscheinungen

Betrachtet man die ökonomischen, sozialen und kulturellen Aspekte der Globalisierung und deren Konsequenzen – kapitalistisches Weltsystem, funktionale Differenzierung, Transkulturalität bzw. Auflösung der Kulturen – so wird die Forderung verständlich, dass sich auch die Bildungssysteme den *modernen Herausforderungen* immer mehr *anpassen* müssen. Es mag daher nicht überraschen, dass in Deutschland seit etlichen Jahren eine internationale *Wirtschafts*organisation die Bildungspolitik über die Ergebnisse ihrer *culture free tests* (vgl. Waterkamp 2006, 100) beeinflusst. Dass für einen Leistungsvergleich zwischen Schülern aus unterschiedlichen Ländern nur Fähigkeiten in der Anwendung *transkultureller Kulturtechniken* gemessen und keine kulturgebundenen Inhalte aus den Bereichen Literatur, Musik, Kunst, Geschichte, Politik, Philosophie oder Religion geprüft werden können, ergibt sich notwendigerweise aus dem internationalen und kulturübergreifenden Ansatz. Es überrascht daher nicht, dass teilweise aus dieser Art der Testkonstruktion und unter Verweis auf Testresultate in Hinblick auf die Bildungssysteme Reformforderungen abgeleitet werden, die auf die Ausbildung *funktionaler Kompetenzen* statt auf die Vermittlung von *Kultur* und *Bildung* zielen. Entsprechend dazu sind im globalen Wettkampf der ortlosen Individuen um *Kaufkraft* und *Karriere* auch die pädagogischen Ziele des verschwindenden Bildungsbürgertums als Modernisierungshindernisse erkannt worden. Lokale Sprachen könnten von „Basic English" (Sloterdijk 2006, 410) ersetzt, auf literarische und musische Bildung in der Schule und auf die Geisteswissenschaften in den Universitäten könnte aufgrund ihrer *Ertraglosigkeit* gar ganz verzichtet werden. Die Begründung ist einfach, denn „eine *Faust*-Lektüre kostet Tage, *Krieg und Frieden* hält den Leser mehrere Wochen auf, wer mit Beethovens Klaviersonaten und Rihms Streichquartetten vertraut werden will, muß Monate investieren." (Ebd., 410)

In diesem Zusammenhang kann auch auf den französischen Soziologen Pierre Bourdieu (vgl. 1987) verwiesen werden, der die *Ökonomie kultureller Güter* und ihre *Herrschaftsfunktion* aufgezeigt hat. Kulturelle *Bildung* ist nach seinem Verständnis eine über den entsprechenden *Habitus* vermittelte Kapital- und Praxisform, die in ihrer jeweiligen Eigenart auf bestimmte sozioökonomische *Lebensbedingungen* zurückgeführt werden kann und sich in unterschiedlichen *Lebensstilen* ausdrückt. Obwohl die vom Einzelnen vorgenommene Bewertung unterschiedlicher Bildungsformen auf dessen eigenen kulturellen Strukturen beruhen und jeder um die *Legitimierung* und *Hochachtung* seiner eigenen Kulturform in der Gesamtgesellschaft kämpft, teilen alle Gesellschaftsmitglieder ebenso einen Sinn für die vorherrschende Unterscheidung zwischen hoher und niedriger bzw. *legitimer* und *populärer* Kultur. Betrachtet man dieses *Gesellschaftsspiel* aus einer neutralen, übergeordneten Position, so zeigt sich, dass die unterschiedlichen Kulturformen nur *relative Gültigkeit* beanspruchen können und die *essenzielle Höherbewertung* bestimmter kultureller Muster ein Relikt aus vormodernen Zeiten ist. Nimmt man nach dem Vorbild Bourdieus von der eigenen kulturellen Prägung Abstand und eine *kulturneutrale Position* ein, erweisen sich alle Kulturformen und transkulturellen Lebensstile konsequenterweise als *gleichwertig* und damit *gleichgültig*. Nun zeigt sich aber auch, dass die Ausrichtung schulischer Bildung an einem bestimmten Kulturkanon und die zur Erlangung höherer Bildungstitel geforderte Aneignung spezifischer Kulturinhalte zwangsweise zur *Diskriminierung* jener

Schüler führt, die dieser als legitim bestimmten Kultur fern stehen. Der Verwirklichung von *Chancengleichheit* steht die schulische Vorgabe und Normierung kultureller Inhalte deshalb entgegen. Auf was soll Schulbildung dann aber noch setzen, will sie *Bildung für alle* in einer entgrenzten Welt ermöglichen? Wenn eine *Integration* der Individuen nicht mehr auf *Kultur* zurückgreifen kann, bleibt konsequenterweise nur noch die *Ausbildung* funktionaler Kompetenzen: *Lesekompetenz* ersetzt *Lektüre*. Das nennt man heute vielfach *Innovation*.

Abgeschrieben werden muss daher auch das Steckenpferd der deutschsprachigen *Pädagogik*, das man in einem ganz spezifischen Sinn mit dem Begriff *Bildung* bezeichnete. Dieser Begriff – der mit dem oben erwähnten Bildungsbegriff Bourdieus nicht einfach gleichgesetzt werden kann – erweist sich gerade angesichts der *Neuen Medien* als überholt:

> „Der Begriff Bildung [...] bezeichnete das in der gesamten europäischen Neuzeit an die Einzelnen gerichtete Ansinnen, das lebende Buch ihrer eigenen Lebens- und Lesegeschichte zu verkörpern; [der Bildungsbegriff] [...] rief seine Adressaten dazu auf, in eigener Person die Summe dessen zusammenzuhalten, was man nicht ohne Pathos ihre Erfahrung nannte." (Sloterdijk 2006, 343f.)

Der Übergang von der *Lesersubjektivität* zur *Usersubjektivität* im Internetzeitalter bewirkt laut Sloterdijk, dass Erfahrungen nicht mehr in der eigenen Person integriert werden müssen, da elektronische Speichermedien alle Informationen ständig bereithalten. Da beliebiges Wissen nun jederzeit abrufbar ist, entfallen die „Wegkosten der Bildung" (ebd., 344); die Rede von der *gebildeten Person* greift damit aber auch ins Leere; das *Ziel der Bildung* verschwindet. Dass damit auch die *Pädagogik* ihrer akademischen Aufgabe entbunden ist, soll hier nur am Rande erwähnt werden: Als einer der ersten hat dies wohl Wolfgang Brezinka erkannt und die Frage nach dem *Ziel der Erziehung*, nach ihrem *telos*, konsequenterweise aus der *Erziehungswissenschaft* ausgeschlossen. Man wird ihm rückblickend zustimmen müssen, dass Zielbeschreibungen wie die *Vermenschlichung des Menschen* – man könnte hinzufügen: *Bildung*, *Selbstbestimmung* und *Mündigkeit* – in einer pluralistischen Gesellschaft *pseudonormative Leerformeln* sind, die in einer orientierungslosen Welt keinerlei Orientierung bieten können (vgl. Brezinka 1971, 154).

Um eine letzte Chance auf *Integration* zu bemühen, lohnt es sich noch einmal auf Herder (2007/1774) zurückzugehen, den *Demiurgen* des modernen Kulturbegriffs. Denn auch Herder wähnte sich in einer Zeit, in der die Geschichte an ihr Ende gekommen schien und zumindest in Hinblick auf das *aufgeklärte* Europa nur von vergangenen *Kulturen*, *Völkern* und *Nationen* die Rede sein konnte: „Ohne Zweifel sieht er in seinem Jahrhundert die Geschichte an ihr Ende gekommen, ein Ende, das allerdings die Möglichkeit in sich birgt, eben diese Geschichte zum Gegenstand der Erkenntnis zu erheben." (Irmscher 2007, 153) Durch seine Auseinandersetzung mit der Kulturgeschichte Europas gelangte er zu einem begrenzten, aber auch integralen Bewusstsein seiner eigenen Zeit. Herder „fordert eine Philosophie der Geschichte ,zur Bildung der Menschheit', mit der Absicht [...], auf das Selbstverständnis seiner Gegenwart einzuwirken." (Ebd., 156)

Überträgt man die Gedanken Herders aus der Zeit der europäischen Aufklärung auf die Gegenwart, so spricht vieles dafür, dass in *unserer* durch Globalisierung gekennzeichneten Welt vor allem die Auseinandersetzung mit der *Geschichte der Glo-*

balisierung zum *Selbstverständnis der Gegenwart* beitragen kann. Wenn der Globus in diesem Sinne der letzte und einzig verbliebene *integrative Bildungsgegenstand* ist, liegt die Frage nahe, ob die *Welt-Werdung*, d.h. die Globalisierung, mit ihren unterschiedlichen Phasen und Momenten, nicht die *Geschichte der Bildung der Menschheit* darstellt. Demnach könnte über das *Bild des Globus* und über die Geschichte seiner *Bildung* eine *kulturelle Integration* der ort-, selbst- und kulturlosen Individuen möglich werden. Denn obwohl die Systembeschreibungen Luhmanns oder die transkulturelle Kulturkonzeptkritik von Welsch zumindest dem postmodernen, postkulturellen und postnationalen Zustand der *westlichen Welt* gerecht werden, fehlen diesen Theorien die für einen *Bildungsprozess* notwendigen *Bilder*; sie operieren einzig mit *biologischen*, *technischen*, *kapitalistischen*, nicht mehr mit *personalen* Begriffen. Weder der biologische *Mischling* von Welsch (vgl. 1994, 163f.), noch der technische *System-Mensch* von Luhmann und auch nicht der kapitalistische *Karriere-Mensch* von Sloterdijk können ernsthaft zu Bildungszielen und Bildungsidealen erhoben werden. Es sind eher Selbst-Diagnosen und Selbst-Beobachtungen.

Es lohnt sich daher, die *Geschichte der Globalisierung* zu erzählen. Sie beginnt mit der Vorstellung des Universums als Globus in der *Antike* und im *Mittelalter*, führt zur Umrundung der Erdkugel mit Schiffen am Beginn der *Neuzeit* und gelangt schließlich zur aktuellen Welt der *vereinten* Nationen, die auch als *Postmoderne* oder als Weltsystem bezeichnet werden kann. Aber kommt uns diese „große Erzählung" (Sloterdijk 2006, 11) nicht bekannt vor, ist das nicht nur eine Wiederholung des bekannten abendländisch-eurozentrischen Kultur- und Geschichtsverständnisses?

Ein Unterschied besteht sicherlich darin, dass die einzelnen *Kultur-Fragmente* durch das Globus-Motiv wieder einen *Zusammenhang* gewinnen können, der zumindest in der Postmoderne verloren ging. Da diese Geschichte überaus *bildlich* ist, kann man sie sowohl für *Kinder* als auch für *Philosophen* erzählen. Entscheidend ist die Erkenntnis, dass man sie mit all ihren Höhen und Tiefen nur von unterschiedlichen *Standpunkten* und in verschiedenen *Sprachen* erzählen kann. Dabei werden einige Protagonisten, Ereignisse und Begriffe notwendigerweise identisch, andere vor allem aus der jeweiligen Perspektive bedeutsam sein. Sloterdijk hat den Versuch unternommen, eine philosophische Geschichte der Globalisierung von einem *europäischen Standpunkt* aus für ein *deutschsprachiges Publikum* zu erzählen. Nach Möglichkeit sollte man sich aber auch anhören, wie die Geschichte von anderen Standpunkten aus erzählt wird, und wie sie in anderen Sprachen klingt; denn nur von den unterschiedlichen *Stand-* und *Sprachorten* aus kann verständlich werden, was *Globalisierung* heute *weltweit* bedeutet. War der *Kulturvergleich* ein Novum der Neuzeit, so könnte es für die Gegenwart der *Vergleich von Globalisierungsgeschichten* aus unterschiedlichen Perspektiven sein. Vielleicht ist die Weite des Verständnisses für die *unterschiedlichen* Versionen der *einen* Geschichte ein gradueller Maßstab für eine Differenz, die früher den Unterschied zwischen *hoher* und *niederer* Bildung – eigentlich zwischen *weiterer* und *engerer* Bildung (vgl. Paulsen 1960, 14f.) – markierte.

Nun zeigt sich auch, dass Sloterdijks Bild vom *Weltinnenraum des Kapitals* noch offen für eine entscheidende Neuinterpretation ist: Denn wenn wir unser Dasein als *Human-Kapital* anerkennen wird auch deutlich, dass der (geistige) Innenraum des (materiellen) Kapitals der Ort des Weltzusammenhangs ist. Während die Weltwirtschaft einen *ökonomischen Weltzusammenhang* darstellt und der *(Kapital-)Wert* des einzelnen Menschen in diesem System vor allem nach Funktionalität bemessen wird, kann jeder Einzelne dennoch nur in seinem Inneren einen *Sinnzusammenhang* bilden. *Bildung* im Zeitalter der Globalisierung würde dann den reziproken Austausch- und Gestaltungsprozess zwischen unserem individuellen inneren und dem geteilten äußeren Weltinnenraum bedeuten. Eine Erhöhung der individuellen Kaufkraft oder des eigenen Kapitalwerts kann von dieser *Kultivierung* der eigenen *Innerlichkeit* jedoch nicht erwartet werden, da diese Form der Bildung eben etwas anderes meint, als die Kultivierung eines nach außen sichtbaren und in sozialen Feldern verwertbaren *Gehabes*[3]. Jedoch gewinnt die *Lesersubjektivität* in diesem Bildungskonzept wieder an Bedeutung, da Lektüre eine solide Grundlage für *globale Bildung* liefern kann und der *(Bildungs-) Wert* der *(Welt-) Literatur* bei der Integration unterschiedlicher *Weltan-schauungen* deshalb als äußerst hoch anzusetzen ist. Betont werden muss in diesem Zusammenhang aber auch, dass sich die Bildung der Lesersubjektivität nicht auf ein *aristokratisches* Bildungsprogramm[4] beschränkt, da der Begriff der Weltliteratur hier unterschiedlichste Formen der Auseinandersetzung mit der Welt einschließt. In Bezug auf die *Buchkultur* kann deshalb weder der *Nicht-Leser* als Negation des Menschen, noch der *Leser* als seine Vollendung gelten (vgl. Fiori 2002, 17). Die *Welt lesen* und *beschreiben* zu lernen ist nach dem brasilianischen Pädagogen Paulo Freire[5] (vgl. u.a. 1973) vielmehr das grundsätzliche Moment aller menschlichen Bildungsprozesse, durch welches die Geschichtlichkeit des Menschen, die Veränderbarkeit der Welt und die Notwendigkeit der Zusammenarbeit bewusst werden können. Festzuhalten bleibt deshalb, dass die Geschichte der Globalisierung, in Anlehnung an Herder, *auch eine Geschichte zur Bildung der Menschheit* ist.

Literatur

Allemann-Ghionda, Cristina: Einführung in die Vergleichende Erziehungswissenschaft. Weinheim [u.a.] 2004

Aristoteles: De caelo; dt. Übers.: Vom Himmel. In: Aristoteles: Vom Himmel. Von der Seele. Von der Dichtkunst. Eingeleitet und neu übertragen von Olof Gigon. Zürich 1983, 55-180

Baquero Lazcano, Pedro Enrique: Antropología filosófica para educadores. Córdoba (Arg.) 2001a

Baquero Lazcano, Pedro Enrique: La globalización y el derecho natural de las naciones. In: Ders. [u.a.] (Hgg.): La mundialización en la realidad argentina. Córdoba (Arg.) 2001b, 13-19

Baquero Lazcano, Pedro Enrique: La globalización y la subsistencia cultural latinoamericana. In: Ders. [u.a.] (Hgg.): La mundialización en la realidad argentina. Córdoba (Arg.) 2001c, 75-84

Bauman, Zygmunt: Verworfenes Leben. Die Ausgegrenzten der Moderne. Bonn 2005

Bourdieu, Pierre: Die feinen Unterschiede. Kritik der gesellschaftlichen Urteilskraft. Frankfurt 1987

Brezinka, Wolfgang: Von der Pädagogik zur Erziehungswissenschaft. Weinheim [u.a.] 1971

Freire, Paulo: Pädagogik der Unterdrückten. Bildung als Praxis der Freiheit. Reinbek 1973 [port. EA: Rio de Janeiro 1970]

Fiori, Ernani María: Aprender a decir su palabra. El Méthodo de alfabetización del profesor Paulo Freire. In: Freire, Paulo: Pedagogía del oprimido. Buenos Aires 2002, 3-20

---

3 Bringt man den von Bourdieu (vgl. u.a. 1987) verwendeten Begriff des *Habitus* wieder mit seinen lateinischen Wurzeln und dem Verb *habere* in Verbindung, so lautet die deutsche Übersetzung *Gehabe*.

4 Eduard Spranger erwähnte in seiner Auseinandersetzung mit Wilhelm von Humboldt und dessen Humanitätsidee, dass Humboldts Bildungskonzept eindeutig aristokratische Züge trage (vgl. Spranger 1909, 35f.). Jedoch solle man diese Bildungsidee nicht nur auf eine bestimmte soziale Schicht beziehen, sondern vielmehr darauf zielen, „alle Menschen zu Aristokraten zu machen" (ebd., 36).

5 Zur Pädagogik und zum Alphabetisierungskonzept von Paulo Freire vgl. auch Knobloch 2008.

Galeano, Eduardo: Die offenen Adern Lateinamerikas. Die Geschichte eines Kontinents von der Entdeckung bis zur Gegenwart. Wuppertal 1976 [span. EA 1971]

Gigon, Olof: Vom Himmel. Einleitung. In: Aristoteles: Vom Himmel. Von der Seele. Von der Dichtkunst. Eingeleitet und neu übertragen von Olof Gigon. Zürich 1983, 11-53

Herder, Johann Gottfried: Auch eine Philosophie der Geschichte zur Bildung der Menschheit. Stuttgart 2007 [EA 1774]

Irmscher, Hans Dietrich: Nachwort. In: Herder, Johann Gottfried: Auch eine Philosophie der Geschichte zur Bildung der Menschheit. Stuttgart 2007

Knobloch, Phillip Dylan Thomas: Paulo Freire für Risikoschüler in Deutschland? Zur Übertragbarkeit eines pädagogischen Alphabetisierungskonzepts aus Lateinameria. In: Knobloch, Jörg (Hg.): Kinder- und Jugendliteratur für Risikoschülerinnen und Risikoschüler? Aspekte der Leseförderung. München 2008, 69-81

Luhmann, Niklas: Jenseits von Barbarei. In: Miller, Max / Hans Georg Soeffner (Hgg.) Modernität und Barbarei. Soziologische Zeitdiagnose am Ende des 20. Jahrhunderts. Frankfurt 1996, 219-230

Paulsen, Friedrich: Bildung. In: Ders.: Ausgewählte pädagogische Abhandlungen. Paderborn 1960, 5-24

Pilolevu Tuita, Salote: Grußwort. In: Kunst- und Ausstellungshalle der Bundesrepublik Deutschland GmbH [u.a.] (Hgg.): James Cook und die Entdeckung der Südsee. München 2009, 8

Russell, Bertrand: Philosophie des Abendlandes. Ihr Zusammenhang mit der politischen und der sozialen Entwicklung. Zürich 2009 [engl. EA 1945]

Sloterdijk, Peter: Sphären II. Globen. Frankfurt 1999

Sloterdijk, Peter: Im Weltinnenraum des Kapitals. Für eine philosophische Theorie der Globalisierung. Frankfurt 2006

Spranger, Eduard: Wilhelm von Humboldt und die Humanitätsidee. Berlin 1909

Vogel, Klaus Anselm: Sphaera terrae - das mittelalterliche Bild der Erde und die kosmographische Revolution. Göttingen 1995. http://webdoc.sub.gwdg.de/diss/2000/vogel/ [Online Dissertation]

Wallerstein, Immanuel: Das moderne Weltsystem. 3 Bände. Wien 1989; 2004

Waterkamp, Dietmar: Vergleichende Erziehungswissenschaft. Ein Lehrbuch. Münster [u.a.] 2006

Welsch, Wolfgang: Transkulturalität. Lebensformen nach der Auflösung der Kulturen. In: Luger, Kurt / Rudi Renger (Hgg.) Dialog der Kulturen. Die multikulturelle Gesellschaft und die Medien. Wien 1994

Yomb May
Georg Forster als früher Vordenker der Globalisierung

Globalisierung – ein kontroverser Begriff

Der Begriff *Globalisierung* hat sich in den letzten Jahrzehnten zu einem zentralen Schlagwort entwickelt. Wurden damit in den 1980er-Jahren vorwiegend internationale wirtschaftliche Prozesse gemeint, so hat dieser Begriff inzwischen alle Bereiche des politischen und kulturellen Lebens erfasst. Sein inflationärer Gebrauch und seine zunehmende Verwässerung scheinen die Folge zu sein. Auffällig ist dabei die allgemeine Suggestion, dass wir es mit einem Phänomen zu tun haben, das als Signatur der Epochenwende ins 21. Jahrhundert zu betrachten ist. Diese Wahrnehmung schlägt sich vor allem im öffentlichen Diskurs nieder. Die Rede ist von einem neuen Paradigma, dessen Ursache auf die rasante Entwicklung der Weltwirtschaft, die weltweite Mobilität nicht nur der Waren, sondern auch der Menschen und Ideen in den letzten Jahrzehnten zurückzuführen sei. Sieht man genauer hin, dann erkennt man ein phänomenologisches Verständnis, das sich in erster Linie an der „Entwicklung der Weltwirtschaft in den letzten Jahrzehnten [orientiert], die auf der modernen Entfaltung von Techniken des Verkehrs, der Telekommunikation, der Finanzierung beruht" (Schmidt 1998, 32f.). Hinzugerechnet werden inzwischen ebenfalls alle Erscheinungsformen und Probleme moderner Kulturbegegnungen, von den weltweiten Migrationsbewegungen über Demokratisierungsprozesse und bis hin zu internationalen Kriegen gegen den ebenfalls international agierenden Terrorismus. Aus globalisierungsgeschichtlicher Perspektive wird dieses gegenwartsfixierte Verständnis dem Phänomen der Globalisierung in seiner Komplexität jedoch nicht gerecht. Viel zu häufig werden konstituierende Aspekte außer Acht gelassen, und zwar die Historizität dieses Prozesses und seine wirkungsgeschichtlichen Dimensionen. Jürgen Osterhammel / Niels Petersson weisen daher mit Nachdruck auf dieses Desiderat hin:

> „Historische Prozesse verlaufen selten mit mechanischer Gleichförmigkeit. Sie sind in der Zeit strukturiert durch Beschleunigung und Verlangsamung, durch Einschnitte und Schübe [...] durch die verdichtete zeitliche Nähe von Neuerungen" (Osterhammel / Petersson 2007, 24).

Die Annahme, dass Globalisierung, wie sie sich uns heute darbietet, eine spektakuläre Ausprägung unserer Zeit darstellt, lehnt ebenfalls Hans Ulrich Pinkert ab. In seinem Aufsatz mit dem programmatischen Titel *Die Globalisierung im Spiegel der Reiseliteratur* stellt er die These auf, „daß die Globalisierung nicht nur ein Phänomen der Gegenwart ist, sondern daß sie ihre Geschichte hat [...]" (Pinkert 2000, 9). Solche globalisierungsgeschichtlichen Hypothesen machen eines deutlich: Für ein adäquates Verständnis des Phänomens *Globalisierung* reicht eine einfache abstrakte Definition nicht mehr aus. Auch unser modernes Leben stellt keineswegs den Beginn der Globalisierung dar. Erst wenn es gelingt, uns „den Aufbau, die Verdichtung und die zunehmende Bedeutung weltweiter Vernetzung" (Osterhammel / Petersson 2003, 24) in ihrer historischen Entwicklung und Auswirkung vor Augen zu führen, können wir auch dieses Phänomen in seiner komplexen Gestaltung genau umreisen. Zu keiner Zeit war das Nachdenken über die Historie der Globalisierung drängender als heute, da die historischen Perspektiven den kaum überschaubaren Steuerungsmechanismen postmoderner Prozesse zu weichen scheinen. Spannend ist daher die Frage nach den Pionieren der Globalisierungserfahrungen und damit zugleich nach den früheren theoretischen Ansätzen der Globalisierung.

Prämissen der Globalisierung im 18. Jahrhundert

Um die Geschichte der Globalisierung zuverlässig rekonstruieren zu können, müssen wir unser Augenmerk verstärkt auf ihre mediale Vermittlung richten. Die Reiseberichte über Entdeckungsfahrten der letzten drei Jahrhunderte spielen dabei eine zentrale Rolle. Denn die Reiseliteratur hat, so Pinkert, „als Spiegel der Globalisierung gedient" (Pinkert 2000, 12). Zu jenen Reiseberichten, auf die dieses Postulat besonders zutrifft, zählen neben Alexander v. Humboldts monumentalem Werk *Komos* (1845) vor allem die fast ein halbes Jahrhundert zuvor veröffentlichten Arbeiten des Universalgelehrten Georg Forsters (1754-1794). Mit seinem Werk bietet Forster wie kaum ein anderer Intellektueller vor ihm scharfsinnige und differenzierte Einblicke in den im 18. Jahrhundert beginnenden Weltbildwandel, der in vielfältiger Weise dem

Georg Forster (Gemälde von J.H.W. Tischbein, 15.02.1751–26.02.1829)

modernen Globalisierungsprozess unserer Gegenwart den Weg geebnet hat.

Georg Forster war kaum 18 Jahre alt, als er 1772 in der offiziellen Funktion als Assistent seines Vaters, Johann Reinhold Forster, die für die damalige Zeit seltene Gelegenheit bekam, an einer Weltreise teilzunehmen. Mit dem legendären englischen Kapitän James Cook konnte er von 1772 bis 1775 die Welt umsegeln. Die Erfahrung der Weltreise, die beständig sein Denken und seine wissenschaftliche Laufbahn beeinflussen sollte, öffnete ihm die Augen für einen universellen Wandel, den er als Erster in dem Bericht *A Voyage round the World* (1777) explizit thematisierte und zum ersten Mal über den Erkenntnishorizont seiner Zeit hinaus reflektierte. Die deutsche Übersetzung *Reise um die Welt* folgte 1778-1780[1] und löste eine Welle der Begeisterung aus, sodass

---

1 Georg Forsters Werke. Sämtliche Schriften, Tagebücher, Briefe, hg. v. d. Deutschen Akademie der Wissenschaften zu Berlin. Institut für Deutsche Sprache und Literatur. (ab 1974: Akademie der Wissenschaften der DDR. Zentralinstitut für Literaturgeschichte, ab 2003: Berlin-Brandenburgische Akademie der Wissenschaften). Bd.1 ff. Berlin 1958 ff. Georg Forsters Texte werden, wenn nicht anders angegeben, nach dieser Ausgabe zitiert: [AA, Bandangaben werden in römischen und Seitenzahlen in arabischen Ziffern ausgewiesen.]

Forster schlagartig zu „einem berühmten Mann und einem der meistgelesenen Schriftsteller Europas" wurde (Metz-Becker 1997, 181).

Will man nun Forsters Anspruch als früherer Vordenker der Globalisierung eruieren, so macht man unwillkürlich folgende Beobachtung: Die in der *Reise um die Welt* dokumentierten Aufzeichnungen zeigen in nahezu allen Aspekten, dass Forster Cooks Entdeckungsreisen im Südpazifik als Auftakt eines Prozesses auffasst, der das Gesicht der Welt nachhaltig zu verändern begonnen hatte. Es ist daher kein Zufall, wenn er seinen Reisebericht mit folgenden Worten einleitet:

> „Die Geschichte der Vorwelt zeigt uns kein Beispiel solcher gemeinnützigen Bemühungen zur Erweiterung menschlicher Kenntnisse, als die Briten während der Regierung ihres jetzigen Königs unternommen haben." (Forster AA II, 7)

Diese Aussagen verdienen besondere Aufmerksamkeit. Denn bei der Bemühung um eine Rekonstruktion des Globalisierungsprozesses herrscht Einigkeit darüber, dass das 18. Jahrhundert wie kaum ein anderes Zeitalter zuvor den modernen Weltbildwandel eingeleitet hat. Das hat seinen guten Grund: „Um die Mitte des 18. Jahrhunderts waren zumindest wirtschaftlich stabile und potentiell wirkungsmächtige Vernetzungen etabliert." (Osterhammel / Petersson 2003, 24). Tatsächlich markiert das Zeitalter der Aufklärung durch die Herausbildung der sogenannten Forschungsexpeditionen einen wichtigen, in seiner Komplexität bisher nur im Ansatz beschriebenen Globalisierungsanlauf. Auch wenn Forster den Begriff Globalisierung vermutlich nicht kannte, so bietet er doch sowohl in seinen Reisebeschreibungen als auch in seiner breit gefächerten Publizistik einen Reflexionsrahmen, der die Herausbildung wirkungsmächtiger Vernetzungen, d.h. die globalen Verflechtungen als Folge der Entdeckungsfahrten vor Augen führt. Daher steht nicht so sehr der formale Verlauf der Reise Cooks im Mittelpunkt seiner *Reise um die Welt*, sondern vielmehr der konsequente Versuch, die globale Ausrichtung der Forschungsexpeditionen der Spätaufklärung und ihre kurz bzw. langfristigen Auswirkungen zu analysieren.

Weil die Entdeckungsfahrten des 18. Jahrhunderts nur eine Phase in der langen Geschichte der Entdeckungsreisen bildeten, sieht sich Forster dazu veranlasst, die historische Zäsur, welche die Forschungsreisen seiner Zeit markierte, näher zu bestimmen: „Was diese neueren Reisen von den früheren voraus hatten", notiert er rückblickend in seinem Aufsatz *Cook, der Entdecker* (1787),

> „lag in den Fortschritten, welche die Schifffahrtskunde seit der Zeit gethan hatte. Dadurch, daß man mit bessern astronomischen Werkzeugen versehen war, gewann die Geographie wenigstens so viel, daß die Lagen der Örter genauer bestimmt wurden; und Frankreich gab durch Bougainvilles Ausrüstung das erste Beyspiel von einer zu wissenschaftlichen Endzwecken gehörig eingerichteten Entdeckungsreise" (Forster AA V, 205).

Diese spezifischen Forschungsreisen haben dem Zeitalter der Aufklärung die Bezeichnung *zweites Entdeckungszeitalter* eingebracht. Damit verbunden sind vor allem die Namen Louis Antoine de Bougainville und James Cook. Das hängt mit der Tatsache zusammen, dass sich ihre jeweiligen Heimatländer, Frankreich und England, damals in einem erbitterten Wettlauf um den wissenschaftlichen Vorsprung befanden, von dem sie sich eine weltpolitische und damit globale Vormachtstellung versprachen. Die von beiden Regierungen ausgerüsteten und finanzierten Expeditionen haben weltumspannende Erkenntnisse gezeigt, die das Interesse vieler Universaldenker der damaligen Zeit auf sich zogen. Schließlich bildeten die Ergebnisse der Entdeckungsfahrten die

Basis einer neuen globalen Bewusstseinsbildung. Forster macht z.B. auf das Wissen über viele Völker aufmerksam, „die wir zuvor auch nicht dem Namen nach kannten" und die, so seine weitere Argumentation, dank Cook „bis auf die kleinsten Züge geschildert" (Forster AA V, 209) worden sind.

Für Forster kennt also die fortschreitende Globalisierung der europäischen Aufklärung qua Wissenschaft keine Grenzen mehr, sondern sie definiert sich in einer perpetuierenden Horizonterweiterung, zu der er auch in seinen zahlreichen Übersetzungen beigetragen hat (vgl. Metz-Becker 1997, 184). Ein solcher Ansatz, nämlich die Erweiterung des Blicks durch die wissenschaftliche Erschließung außereuropäischer Kulturen, liegt Forsters literarischer Weltreise zugrunde. Darin richtet sich das Augenmerk beispielsweise auf die zunehmende Bedeutung der geografischen Kenntnisse als Grundlage des modernen Weltbildwandels. Das sukzessive Verschwinden der seit der Antike tradierten geografischen Mythen wird von Forster nahezu emphatisch beschrieben: „Der Hauptzweck unserer Reise war erfüllt wir hatten nemlich entschieden, daß kein vestes Land in der südlichen Halbkugel, innerhalb des gemäßigten Erdgürtels liege" (Forster AA III, 451). Obwohl die Erkenntnis, dass der Südkontinent, der Jahrhunderte lang die Fantasie nicht nur der Geografen beflügelt hatte, nicht existiert, auf den ersten Blick enttäuschend war, verschaffte sie Cooks zweiter Weltreise eine revolutionäre Bedeutung.

Doch so wichtig diese wissenschaftliche Erkenntnis auch für die damalige Geografie erscheinen mochte, wir müssen von einem einzelnen Ergebnis absehen, wenn wir den globalen Horizont erfassen wollen, den Forsters Werk abdeckt. Weil Cooks Reisen, so Forster in seinem späteren Essay *Cook, der Entdecker,* insgesamt Antworten auf die brennenden geografischen Fragen der Zeit – wovon die Südlandfrage nur eine der wichtigsten war – gibt, verdient der Hinweis, wonach durch diese Forschungsexpeditionen „die letzte Spur jener erdichteten Länder" (Forster AA V, 218) verwischt worden sei, besondere Aufmerksamkeit. Denn selbst wenn die Erschließung der Südsee auch nach den drei Reisen Cooks noch immer nicht abgeschlossen war, so deutet Forster in dieser fundamentalen Erkenntnis zumindest ansatzweise die Vollendung dessen an, was wir als geografische Globalisierung bezeichnen können. Die paradigmatische Dimension dieser Perspektive wird erst dann erkennbar, wenn man Forsters Argumentation folgt, dass vor Cook „die halbe Oberfläche" unseres Planeten „von tiefer Nacht bedeckt" gewesen war (ebd., 206): Mit anderen Worten: Man verfügte noch nicht über ein globales Wissen über die Welt. Das änderte sich nun offenbar mit den Forschungsexpeditionen, die zur Anfertigung von modernen Land- und Seekarten führten, so dass es "in kurzer Zeit [gelang] die Kenntniß der Erde in das hellste Licht zu setzen" (ebd., 207).

Im Lichte dieser Reflexionen, in denen sich kulturübergreifende wissenschaftliche Momente artikulieren, muss Forsters Auffassung der Entdeckungsfahrten als Beitrag „zur Erweiterung menschlicher Kenntnisse" (Forster AA II, 7) im weiteren Sinne verstanden werden. Die mit der Weltreise verbundene Erwartung, „daß wir in einem von dem unsrigen so weit entfernten und auf der andern Hälfte der Erdkugel gelegenen Weltteile, viel Neues für die Wissenschaften finden müssten" (Forster AA V, 200), stellt Forster deshalb primär in den Dienst der geografischen Kenntnisse, „weil sie die Sphäre unseres Wissens erweitern, und dem Menschen einen größeren Reichthum von Vorstellungen geben" (ebd., 209).

Sowohl in seinem Sprachduktus als auch in seiner Metaphorik wird Forsters Universaldenken und Bewusstsein eines kosmopolitischen Veränderungsprozesses deutlich. Im Kontext der modernen Weltgeografie, wie ihn zunächst die maritimen Forschungsreisen des späten 18. Jahrhunderts prägten, resultiert das Bewusstsein für die sich globalisierende Welt zunächst aus der Erfassung des Globus als eines geografisch überschaubaren Ganzen. Von den neu gewonnenen geografischen Kenntnissen ausgehend attestiert Forster Cooks Weltreisen deshalb einen erkenntnisrevolutionären Stellenwert,

„weil die ganze Erdkugel mit allen ihren Ländern und Inseln, ihren Häfen und Ankerplätzen, ihren Sandbänken, Klippen, Durchfahrten und Strömungen überall bekannt und in Charten genau verzeichnet ist, daß man folglich überall hinhandeln könne, daß aber auch die rühmlichen Bemühungen der Entdecker, für die Geographie, die Sternkunde, die Natur-und Menschengeschichte, und [...] auch für die Religion, sehr viel geleistet haben [...]" (Forster AA V, 188).

Damit formuliert Forster das, was Karl Schlögel als „unentwegte Anstrengung zur Bewältigung des Raumes, seiner Beherrschung und schließlich seiner Aneignung" treffend charakterisiert (Schlögel 2003, 9). Dieser Standpunkt, der das globale Bewusstsein unserer Zeit prägt, entspricht der Bedeutung des Begriffs Weltreise im erweiterten globalen Sinne. Als paradigmatisch sind daher jene Reflexionen einzustufen, die Forster beim Anblick des Amsterdamer Hafens zwölf Jahre nach seiner Rückkehr von der Weltreise anstellt:

„Das Seewesen hat das eigene, daß es so viel umfasst, so manche Wissenschaft, Mathematik, Physik, Astronomie, Geographie, anwendet, die fernen Weltteile so einander knüpft, die Völker zusammenführt, die Produkte aller Länder an einem Orte häuft und die Ideen daselbst vermehrt, in schnellen Umlauf bringt, und immer schärfer prüft und läutert. Es ist unmöglich, beym Anblick so vieler Schiffe nicht etwas von diesem großen Werk der Menschen in Gedanken sich vorzustellen; ja, man fühlt es eigentlich in seinem ganzen Umfange, als den Totaleindruck aller der mannigfaltigen zu einem Ganzen hier vereinigten Gegenstände." (Forster XVI, 119f.)

Was hier besonders ins Auge fällt, ist die Modernität dieser Aussagen. Denn auch wir erleben den Weltbildwandel als *Totaleindruck*, der es schon Forster erlaubte, die Erde „mit festem, allumfassenden [sic!] Blick zu durchschauen" (Forster AA V, 192). Verstärkt wird dieser Gedanke im bereits zitierten Cook-Essay. Darin betont Forster, Cook sei „mit dem ganzen Erdball so genau bekannt geworden, als trüge er ihn, wie den Reichsapfel in der Hand" (ebd., 208). Mit diesem Sinnbild gibt Forster zu erkennen, dass die Überwindung der Mythen des Horizontes keinen uneigennützigen Sieg der Wissenschaft über die Spekulationen früherer Geografen und Ethnografen darstellt. Denn parallel zur „Erweiterung geographischer und anderer Erfahrungskenntnisse" (ebd., 201) begann, besonders in den damals jungen Wissenschaften Anthropologie und Ethnografie, die Klassifizierung der Gattung Mensch in ihrer universellen Natur und ihrer regionalen Eigentümlichkeiten. Den globalen Stellenwert eines solchen Unterfangens reflektiert Forster am Ende seines Reiseberichts mit den Worten:

„Durch die Betrachtung dieser verschiedenen Völker, müssen jedem Unparteyischen die Vortheile und Wohlthaten, welche Sittlichkeit und Religion über unsern Weltheil verbreitet haben, immer deutlicher und einleuchtender werden" (Forster AA III, 452).

Damit schließt sich Forster grundsätzlich jener ideologischen Grundrichtung an, die das Missverhältnis der europäischen Kultur zu außereuropäischen Kulturen bis heute prägt. Auf dieser Ideologie basierte nämlich der politisch-expansive Anspruch der Europäer auf Besitz und Beherrschung der von ihnen umrundeten Erdkugel.

Globalisierung durch Kolonisation

Bezieht man die von Forster zum Teil erfahrenen und zum Teil prognostizierten „glücklichen Fortschritte der Aufklärung" (Forster AA V, 189) allein auf den globalen Erkenntniszuwachs des 18. Jahrhunderts, dann erfasst man seine globalisierungstheoretischen Gedanken nur unvollständig. Aufschlussreich ist ebenfalls die Frage, wie Forster die Prozesse beurteilt, die durch das im Kontext der Entdeckungsfahrten erworbene Wissen ausgelöst wurden. In diesem Zusammenhang betont Reinhard Heinritz, dass die Begegnung mit außereuropäischen Kulturen im 18. Jahrhundert nicht nur „eine Bestärkung des europäischen Überlegenheitsgefühls", sondern auch „eine Legitimation von Herrschaftsansprüchen" mit sich gebracht habe, (Heinritz 1998, 16). In der Tat dokumentiert Forster in seiner *Reise um die Welt* jene Schnittstelle zwischen wissenschaftlichen und politischen Motivationen, die sich mit dem Ausdruck Heinritz' als das „doppelte Interesse der Aufklärung" (ebd.) an den außereuropäischen Kulturen beschreiben lässt. Philip Edwards präzisiert diesen Sachverhalt mit folgender Feststellung:

"However important these voyages were fort he geographical knowledge and the advancement of science – and Bougainville with his naturalist Commerson were deeply concerned with the advancement of science – all these expeditions[...] were undertaken for the control of new territory for commercial exploitation and strategic use" (Edwards 1999, 9).

Diese Ausführungen lassen es geboten erscheinen, dem beginnenden Globalisierungsprozess infolge der zunehmenden geografischen Aufklärung im 18. Jahrhundert eine imperialistische Motivation globaler Natur zu unterstellen. Kein Geringerer als Louis Antoine de Bougainville, dessen Weltreise den Auftakt zum zweiten Entdeckungszeitalter einläutete, lieferte einen plausiblen Beleg für diese Annahme. Im August 1766, kurz vor seinem Aufbruch in den Südpazifik, äußerte er sich gegenüber seinem Reisebegleiter Prinz von Nassau:

„Alle Reichtümer der Erde gehören Europa, das die Wissenschaften zum Souverän der anderen Erdteile gemacht haben; gehen wir daran, die Ernte einzubringen. Das Südmeer wird eine unerschöpfliche Quelle für den Export französischer Produkte sein zum Nutzen der zahllosen Völker, die dort wohnen und die, in der Unwissenheit, in der sie leben, unbegrenzt aufnehmen werden, was unser Wissen für uns so selbstverständlich und so spottbillig gemacht hat. Von dort werden wir beziehen, was wir für unseren Luxus und zur Befriedigung unserer Bedürfnisse so teuer im Ausland kaufen müssen" (Bougainville 1980, 417).

Die Äußerungen Bougainvilles sind symptomatisch für eine Zeit, in der die ökonomischen, vor allem aber imperialen Interessen europäischer Länder gegenüber einer zusammenwachsenden Welt deutlich artikuliert wurden. Dabei gingen Wissenschaft und Politik eine bedenkliche Allianz ein, die es ermöglicht, die spezifische Gestaltung der Globalisierung im Zeichen der Aufklärung zu erfassen. Denn an Forsters Werk lässt sich vielfach ablesen, dass die Entdeckungsfahrten Europa nicht nur viel geografisches Wissen, sondern auch „viel kolonial nutzbares Herrschaftswissen an die Hand" gaben (Osterhammel / Petersson 2006, 43).

Die politische Komplizenschaft der Wissenschaft, die man aus postkolonialer Sicht der Ethnologie bis heute vorhält, spiegelt sich auch in Georg Forsters Denken wider. Das muss man jedoch in einem weltpolitischen Kontext sehen, der die Entdeckungsfahrten in die Südsee insgesamt mitgeprägt hat. Dabei ist die Tatsache mit zu bedenken, dass die damaligen See- und Kolonialmächte Frankreich und England zu diesem

Zeitpunkt ihre jeweiligen aufständischen Kolonien auf dem amerikanischen Kontinent verloren hatten, sodass sich beide Mächte von der Entdeckung neuer Territorien nicht allein die Vervollständigung des geografischen Weltbildes, sondern vor allem auch eine Kompensation für die verlorenen Territorien versprachen: „Die Geographie des 18. Jahrhunderts", stellt daher Urs Bitterli mit Recht fest, „war nicht unpolitisch, obwohl sie sich nicht selten darin gefiel, unpolitisch zu scheinen. Sie empfing wesentliche Impulse aus der historischen Situation der beiden hauptsächlich beteiligten Nationen England und Frankreich. (Bitterli 1986, 185).

Forster nimmt auf diesen besonderen historischen Kontext vielfach Bezug und eröffnet so den Blick in den oft unterbelichteten engen Konnex von Entdeckung, Globalisierung und Eroberung im Kontext der Forschungsexpeditionen des 18. Jahrhunderts. Von aufschlussreicher Bedeutung ist der in der Einleitung zu seiner *Reise um die Welt* platzierte Hinweis, dass Cooks zweite Entdeckungsfahrt „auf Kosten der Nation" (Forster AA II, 7) unternommen worden sei. Diese Formulierung indiziert bereits einen Umstand, der eine politische Deutung zulässt. Vor diesem Hintergrund betont Helmut Peitsch, „dass die unterstellte Harmonie zwischen Auftrag und Ergebnis problematisch ist" (Peitsch 2005, 79f.). Diese problematische Verquickung reflektiert Forster, wenn er den Leser beispielsweise erfahren lässt, dass die neu entdeckten Inseln fortlaufend mit europäischen Namen belegt wurden. Dieser Umbenennungsprozess bestätigt doch den lange Zeit geheim gehaltenen Sachverhalt, dass Cook neben dem offiziellen Forschungsauftrag, nämlich der Suche nach dem Südkontinent, inoffizielle Instruktionen hatte, die entdeckten Inseln für die britische Krone in Besitz zu nehmen. Eine solche Inbesitznahme stellte ja formal eine Erweiterung des britischen Einflusses auf die außereuropäische Welt und damit einen entscheidenden Globalisierungsschritt dar. Symbolträchtig ist daher, dass Cook dem König Orih beim Abschied eine Platte schenkte,

> „auf welcher die Anzeige von der ersten Entdeckung dieser Insel eingegraben war; ferner stellten sie ihm noch eine kleine kupferne Platte zu, mit der Inschrift: ´His Britaninick Majesty´s ships Resolution and Adventure [...] und schenkten ihm zugleich eine Anzahl Medaillen, mit dem Bedeuten, daß er alles dieses den Fremden vorzeigen möge, die etwa nach uns hierher kommen dürften." (Forster AA II, 314)

Sowohl solche symbolischen Aktionen als auch die Umbenennung der Südseeinseln, stellten eine elegante Art dar, auf neue Länder Besitzanspruch zu erheben, ohne dass die Einheimischen merkten, dass sie fortan in einen globalen Prozess integriert wurden. Doch Forster sieht in der wissenschaftlichen Umrundung des Globus nicht nur die beschriebene politische Expansion der europäischen Mächte, sondern auch „den weit um sich greifenden Handel, der getrennte Weltteile verbindet" (Forster AA V, 214) auf dem Vormarsch:

> „Die Folgen eines mächtigen Schwunges, den ein großer Mann seinem Jahrhundert zu geben wusste, fangen bereits an sich zu offenbaren. Schon knüpft der Handel eine Gemeinschaft zwischen China und der neuentdeckten Nordwestküste von America; und schon macht Grosbritannien Anstalt, einen neuen Weltteil durch Kolonien anzubauen" (ebd., 163).

Der *Anbau* von Kolonien, wie ihn Forster favorisiert, stellte zugleich eine territoriale Expansion und eine sichtbare Verbindung von bisher getrennten Weltteilen dar. Die Entstehung von Kolonialreichen, die auf die Entdeckungsfahrten folgte, sieht bereits Forster als eine wichtige Möglichkeit, um „die längst entschlafenen Handelsideen, und alle Hoffnungen, die Schätze Asiens auf einem kürzeren Wege zu gewinnen" (Forster AA V, 227). Die weltweite Realisierung dieser *Hoffnungen* ließ die Akteure der damaligen Globalisierung, nämlich die *Entdecker*" auf der einen und die *Entdeckten* auf der anderen Seite in ein asymmetrisches Verhältnis zueinander geraten, das ein prägendes Merkmal der Globalisierung seit dem 18. Jahrhundert geworden ist. Das wird bis heute weltweit von Globalisierungsgegnern immer wieder vehement kritisiert.

Globalisierung als Fortschrittsprogramm

Forsters Wahrnehmung der Entdeckungsfahrten des 18. Jahrhunderts zeichnet sich durch eine ganzheitliche Betrachtung der damit verbundenen globalen Veränderungen aus. Er erblickt in den Weltreisen die Möglichkeit, ein universales Fortschrittsprogramm in Gang zu setzen. Daher meint er, dass

„die Einwohner der jenseitigen Halbkugel in dem wohlthätigen Lichte, welches sie plötzlich bey der Erscheinung der Europäer an ihren Küsten umstrahlte, sich freuen, und aus ihrem gegenwärtigen Zustande der Erniedrigung erheben werden" (Forster AA V, 188f.).

Den zunehmenden Prozess der Globalisierung begrüßt Forster also aus dem aufklärerischen Entwicklungsgedanken heraus, denn er sieht in der Universalisierung der europäischen Rationalität einen salvatorischen Akt. Freilich basiert dieser Standpunkt auf dem im 18.Jahrhundert populären Fortschrittsoptimismus, der die Entfaltung der Perfektibilität gerade auch in außereuropäischen Kulturen vorsah. In seinem 1787 erschienenen Essay *Neuholland und die brittische Colonie in Botany-Bay* äußert er sich über die Möglichkeit des Fortschritts aufgrund des interkulturellen Kontakts. Er denkt nach, „welch einen glücklichen Einfluß das Beispiel der europäischen Ansiedler [...] auf diese ungebildeten [...] Eingebohrnnen haben kann" (Forster AA IX, 97). Damit führt er zunächst jede Kritik an der weltweiten europäischen Expansion ad absurdum. Folgerichtig befürwortet Forster in dieser Abhandlung ausdrücklich die Besiedlung Australiens mit Sträflingen aus England u.a. auch deshalb, weil er darin einen „Prozeß universeller Perfektibisierung" (Ewert 1993, 157) sieht.

Die Kolonisation und die mit ihr einhergehende Kulturbegegnung, die in dieser Ausprägung erst durch die Erschließung außereuropäischer Weltteile im Kontext der Entdeckungsfahrten möglich wurden, haben bereits im damaligen globalen Gefüge weitreichende Veränderungen hervorgerufen. Auch wenn sich einzelne Australier erst heutzutage zögernd als Nachkommen von Sträflingen aus England bekennen, so lässt sich nicht leugnen, dass ein Großteil der australischen Bevölkerung und ihres kulturellen Erbes das Ergebnis des unmittelbar nach Cooks Reisen in England beschlossenen Besiedlungsvorhabens sind.

Die Praxis, Sträflinge durch Deportation auf Inseln der Südsee zu schaffen, von denen eine Rückkehr nach Europa unmöglich war, wurde zwar auch von Frankreich geübt, aber England verfuhr insofern rationaler, weil die Deportierten für die weltweite Implementierung der europäischen Kultur nützlich zu sein hatten. In Forsters Fortschrittsoptimismus ist die Zwangsansiedlung in Australien nützlich, denn er klassifiziert die Ureinwohner nach europäischen Fortschritts- und Kulturkriterien des Aufklärungszeitalters ganz unten auf der Stufe der Menschheit. Deshalb, so seine Überlegung, könnten die Sträflinge, obwohl sie sich durch ihre Delikte aus der zivilisierten Gesellschaft verabschiedet haben, gegenüber den aus seiner Sicht ungebildeten Insulanern eine kulturelle Revolution europäischer Ausprägung auslösen und damit die europäische Zivilisation in außereuropäischen Weltteilen in Gang setzen. Forster postuliert also den Beginn einer neuen, weit in die Zukunft weisenden Epoche der weltumspannenden Kulturbegegnungen, auch wenn er nur die *mission civilisatrice* im Blick hat, was damals einen wichtigen Impetus der Globalisierung darstellte. In seinem Cook-Essay äußert er deshalb die Ansicht,

> „daß verschiedene große und wichtige Länder dem Unternehmungsgeiste der Europäer die vortheilhaftesten Lagen zu neuen Pflanzstädten darbieten, wodurch dereinst das gemein-schaftliche Band der Nationen gestärkt, und die Kultur des Menschengeschlechts in allen Weltteilen befördert werden kann." (Forster AA V, 163).

Dass Forster die bereits in der *Reise um die Welt* angesprochenen Dimensionen der Globalisierung auch in seinem Hauptwerk *Ansichten vom Niederrhein* (1790) aufgreift und erweitert, erscheint folgerichtig, da vor allem die ökonomische Ausbeute der Entdeckungsfahrten auch in Europa sichtbar zu werden begonnen hatte. Forster be-kräftigt die dem Standpunkt unserer Moderne entsprechende Ansicht, dass der Han-del den Prozess der Globalisierung vorantreibe: „ohne ihn [den Handel, Y.M.] hätten wir Afrika noch nicht umschifft, Amerika noch nicht entdeckt, und überhaupt nichts von allem, was uns über die anderen Thiere erhebt, unternommen und ausgeführt." (Forster AA V, 178). Noch deutlicher heißt es an anderer Stelle:

> „Je dringender unsere wahren und erkünstelten Bedürfnisse das Verkehr mit entfernten Weltteilen fordern, je emsiger der kaufmännische Geist von der Unersättlichkeit des Zeital-ters seinen Vortheil zieht, indem er ihr Nahrung verschafft; desto stärker wächst das politi-sche Interesse der Staaten an der Erweiterung geographischer und anderer Erfahrungskennt-nisse[…] Großbrittannien, dessen Handel von so ungeheurem Umfang ist, hat folglich auch in dieser Rücksicht den Nationen das Schauspiel von Entdeckungsreisen gegeben, wodurch die vorher unbekannte Hälfte der Erdkugel ausgekundschaftet worden ist" (ebd., 188f.).

Die von Forster beobachteten kulturübergreifenden Handelsbeziehungen haben ein tief greifendes asymmetrisches Moment. Sie dienen der weltweiten Durchsetzung der europäischen Interessen. Dies, so glauben auch die Globalisierungskritiker unserer Zeit, verleiht dem Globalisierungsprozess ein typisch westliches Gepräge. Entschei-dend für Forster ist aber in erster Linie die Erkenntnis, dass mit den Entdeckungsfahr-ten eine Epoche eingeläutet wurde,

> „wo eine neue zweckmäßige Entwicklung des Menschengeschlechts und seiner Kräfte den Anfang nehmen und ein fest Punkt mehr gewonnen werden sollte, aus welchem die weise-ren Europäer den alten asiatischen Eigensinn und jene unbezwingbare Widersetzlichkeit des vollkommensten, üppigsten und an natürlichen Schätzen unerschöpflichen Weltteils gegen die Fortschritte der Aufklärung endlich bestürmen müßten?" (Ebd., 292)

Globalisierungstheoretisch strebt Forster eine Menschheitskultur an, in der die eu-ropäische Zivilisation ihren Anspruch als Modell geltend zu machen hat. Deshalb for-dert er, „die gänzliche Bevölkerung der Erde" dazu auf, „Mängeln ihres Verstandes und Herzens zu entsagen und dafür die Wahrheit zu erkennen und anzunehmen, welche den Europäern oder aus Europa entsprungenen Selbstdenker glücklich macht" (ebd., 293). An solchen Aussagen lässt sich deutlich ablesen, dass Forster sein Denken in einer kulturübergreifenden Perspektive entfaltet, von der aus er die Universalisierung der europäischen Weltanschauung einfordert. Doch die Einsicht in die beginnenden destruktiven Folgen der Vernetzung von Menschen und Kulturen hat Forster seine Globalisierungseuphorie einschränken und relativieren lassen.

Kritische Einschätzung der Globalisierung

Forsters Denken verortet sich am Beginn zahlreicher Prozesse der modernen Kulturbegegnungen und nimmt zum europäisch-hemogenialen Anspruch, mittels der Entdeckungsreisen das Licht der Aufklärung und Zivilisation in die außereuropäische Welt zu tragen, kritisch Stellung. Deshalb gewährt sein Werk als Großkommentar des europäisch-südpazifischen Kulturkontakts ungewöhnliche Einblicke in die beginnende Verflechtung von Kulturen – eine Entwicklung, die von den Entdeckungsreisen maßgeblich vorangetrieben wurde, deren tragische Dimension allerdings fast nur in den *entdeckten* Kulturen unmittelbar manifest wurde. Als Vordenker der Globalisierung gewinnt Forster deutliches Profil dadurch, dass er die weltweite Vernetzung von Kulturen nicht nur als Siegeszug der europäischen Rationalität beschreibt Auch die sich anbahnende Globalisierung von Problemen der europäischen Zivilisation ist Gegenstand seiner Reflexion. Bemerkenswert ist seine Feststellung, dass der Kontakt der Insulaner mit den Europäern das Verhalten der Einheimischen nachhaltig verändert habe. Als negatives Beispiel führt er die grenzenlose Faszination der Insulaner für europäische Waren an. Innerhalb kurzer Zeit avancierte der Diebstahl, so Forsters Beobachtung, zum Bestandteil des Umgangs der Insulaner mit Europäern. Dies beurteilt er folgendermaßen: „Wir sind also an dieser Untugend in so fern selbst schuld, weil wir die erste Veranlassung dazu gegeben, und sie mit Dingen bekannt gemacht haben, deren verführerischen Reiz, sie nicht widerstehen können" (Forster AA II, 283).

Außerdem macht Forster auf die grassierende Prostitution als Konsequenz aus dem Kontakt zwischen Einheimischen und Europäern aufmerksam. Als einige Matrosen in Folge ihres Umgangs „mit ungesunden Frauenspersonen" (Forster AA II, 205) erkrankten, sieht Forster darin den Beleg erbracht, „daß jene hässliche Krankheit auch Neu-Seeland schon erreicht" habe (ebd.). Schon deshalb schaltet er sich in den Streit zwischen England und Frankreich ein, die sich bis dahin gegenseitig die Schuld gaben, „diese Seuche einem schuldlosen Volke mitgetheilt" zu haben: „ Man hat darüber gestritten, ob dies Übel durch französische oder durch englische Seefahrer nach Tahiti gebracht worden sey?" (Ebd., 205) Unter Berücksichtigung der Entfernungen zwischen den einzelnen Inseln der Südsee neigt Forster zu der Annahme, dass die venerischen Krankheiten „von Europäern herein gebracht sind". Diese Folgeerscheinung des Kontakts mit den Europäern bedauert er deshalb mit den Worten:

> „das unglückliche Volk, welches sie [die Entdecker, Y.M.] mit diesem Gift angesteckt haben, wird und muß ihr Andenken dafür verfluchen. Der Schaden den sie diesem Theile des menschlichen Geschlechts dadurch zugefügt haben, kann nimmermehr und auf keine Weise, weder entschuldigt noch wieder gut gemacht werden." (Forster AA II, 301).

Das unüberschaubare Ausmaß der *Kollateralschäden* im Vollzug der Entdeckungsfahrten führte Forster schließlich zu einer radikalen Kritik der Globalisierung:

> Warlich! wenn die Wissenschaft und Gelehrsamkeit einzelner Menschen auf Kosten der Glückseligkeit ganzer Nationen erkauft werden muß; so wär´ es für die Entdecker und Entdeckten, besser, daß die Südsee den unruhigen Europäern ewig unbekannt geblieben wäre! (Forster AA II, 300)

Diese scharfen Worte, die Forster nur um den Preis schwerer argumentativer Spannungen mit den europäisch-hegemonialen Weltverbesserungsansprüchen vereinbaren kann, sind treffend und zeugen davon, bis zu welchem Grad Forsters Bewusstsein von der Dialektik der Globalisierung im Kontext der Weltreisen des 18. Jahrhunderts ausgeprägt ist. Der Einzug der europäischen Aufklärung, so die Aussageabsicht Forsters, geht überall einher mit der Auflösung der einheimischen Kulturen: Zerstörung, Diebstahl, moralische Korruption, sexueller Missbrauch, Krankheiten und die Zunahme von Kriegen mit Hilfe der neu erworbenen europäischen Waffen und Werkzeuge erscheinen ihm nicht zuletzt als Resultat des Kontakts der Insulaner mit den Europäern. Deshalb zweifelt Forster als Verfechter des Aufklärungsprogramms an der Alternativlosigkeit des eurozentristischen Zivilisationsmodells.

Als Theoretiker der Globalisierung beschreibt Forster also nicht nur die enormen Fortschritte im Bereich der Weltgeografie, deren Erkenntnisse das Angesicht der Welt verändern sollten, sondern auch die auf diesen Fortschritt folgende koloniale Expansion der europäischen Nationen in nahezu allen außereuropäischen Erdteilen. Dieser Prozess offenbart den Geist des Zeitalters der Aufklärung, dessen Errungenschaften bis zur Gegenwart Referenzanspruch haben. Doch Forster wusste auch um die Ambivalenzen der fortschreitenden Aufklärung und Zivilisierung außereuropäischer Kulturen. Nirgendwo besser als in der Erkenntnis, „daß derselbe Regen, der die junge Knospe entwickeln half, die Blüthe und Frucht verderbt" (Forster AA V, 189), hat er die bis in unsere Gegenwart fortwirkende Dialektik der Globalisierung klar prognostiziert.

Primärliteratur

Bougainville, Louis Antoine de: Reise um die Welt, hg. v. Klaus-Georg Popp. 3. Auflage. Berlin 1980

Forster, Georg: Reise um die Welt. 2 Bde. Bearb. v. Gerhard Steiner. In: Georg Forsters Werke. Sämtliche Schriften, Tagebücher, Briefe, hg. v. der Akademie der Wissenschaften der DDR. Bd II. u. III. 2. unveränderte Aufl. Berlin 1989 [Akademieverlag]

Forster, Georg:: Kleine Schriften zur Völker- und Länderkunde. Bearb. v. Fiedler, Horst; Popp, Klaus-Georg, u.a. In: Georg Forsters Werke. Sämtliche Schriften, Tagebücher, Briefe, hg. v. der Akademie der Wissenschaft der DDR . Bd. V. Berlin 1985. [Akademieverlag]

Sekundärliteratur

Bitterli, Urs: Alte Welt - neue Welt. Formen des europäisch-überseeischen Kulturkontakts vom 15. Bis zum 18. Jahrhundert. München 1986

Edwards, Philip (Hg.): The Journals of Capitain Cook. Prepared from the original manuscripts by J.C. Beaglehole for the Hakluyt Society, 1955-1967. London 1999

Ewert, Michael: „Vernunft, Gefühl und Phantasie, im schönsten Tanze vereint". Die Essayistik Georg Forsters. Würzburg 1993

Heinritz, Reinhard: Andre fremde Welten. Weltreisebeschreibungen im 18. und 19. Jahrhundert. Würzburg 1998

Metz-Becker, Marita: Kulturvermittlung als Fortschrittsprogramm: Der 'Weltbürger' Georg Forster (1754-1794). In: Gottfried Edel (Hg.): Weltkultur. Begegnung der Völker - Gemeinschaft der Menschen. Mainz 1997, 180-186

Osterhammel, Jürgen / Niels Petersson: Geschichte der Globalisierung. Dimensionen, Prozesse, Epochen. München 2007

Peitsch, Helmut: Zum Verhältnis von Text und Instruktionen in Georg Forsters Reise um die Welt. In: Georg Forster-Studien Bd. 10 (2005), 77-123

Pinkert, Ernst-Ulrich: Die Globalisierung im Spiegel der Reiseliteratur. Kopenhagen [u.a.] 2000

Schlögel, Karl: Im Raume lesen wir die Zeit. Über Zivilisationsgeschichte und Geopolitik. München 2003

Schmidt, Helmut: Globalisierung. Politische, ökonomische und kulturelle Herausforderungen. Düsseldorfer Vorlesungen. Stuttgart 1998

Ulrich Störiko-Blume
Der Markt für Kinder- und Jugendliteratur und die Globalisierung

Die Großindustrie hat den Weltmarkt hergestellt, den die Entlassung der ehemaligen Kolonien in die Unabhängigkeit vorbereitete. Nach dem Zusammenbruch der sozialistischen „Zweiten Welt" hat der Weltmarkt dem Handel, der Schifffahrt, der Kommunikation eine unermeßliche Entwicklung gegeben. Diese hat wieder auf die Ausdehnung der Industrie zurückgewirkt, und in demselben Maße, worin Industrie, Handel, Schifffahrt, Eisenbahnen, Straßenverkehr und Medien sich ausdehnten, in demselben Maße entwickelten sich die westlich geprägten Demokratien, vermehrten sie ihre Kapitalien, drängten sie alle vom industriellen Zeitalter her überlieferten Klassen in den Hintergrund.

Diese Passage stammt nicht aus dem *Handelsblatt* oder einer ähnlichen Publikation, sondern folgt (leicht angepasst und unter Austausch einiger Bezüge) dem berühmten *Manifest der kommunistischen Partei* von Karl Marx und Friedrich Engels aus dem Jahr 1848.[1] Man kann viel darüber diskutieren, was an der Globalisierung so neu und so anders ist als diese scharfe und in mancher Hinsicht visionäre Analyse. Wenn bei uns über Globalisierung gesprochen wird, hat man oft einen Eindruck à la „Es geht ein Gespenst um in Europa – die Globalisierung ..." Ja, das Kinderbuch ist Teil dieser Welt. Aber es wird zu zeigen sein, dass damit nicht eine völlig neue Lage eingetreten ist, sondern dass die Mischung von stabilen und neuartigen Faktoren immer komplexer wird.

Der deutsche Kinder- und Jugendbuchmarkt ist weltoffen

Der Neuanfang nach 1945 war (im politischen System wie in der Literatur) aus eigener Kraft nicht möglich. Wir waren (in Westdeutschland) – abgesehen von den Emigranten und ganz wenigen integer gebliebenen Schriftstellern wie Erich Kästner – auf ausländische Autoren angewiesen. Die Gründung der Internationalen Jugendbibliothek durch Jella Lepman in München, die sich als Zentralinstitution für Kinder- und Jugendliteratur von weltweiter Bedeutung bis heute bewährt hat, ist ein sichtbares Zeichen dafür gewesen (vgl. Lepman 1964).[2] Zwar wurden in der Nachkriegszeit noch lange die Kinderbücher aus der ersten Hälfte des 20. Jahrhunderts eingesetzt, außerdem Karl May, Märchen und *für die Jugend aufbereitete* Fassungen der großen Abenteuerliteratur. Aber die zunächst erzwungene, notwendige und bald gern akzeptierte

---

1 Fußnoten und Literaturangaben (auch folgende) erfolgten durch die Redaktion. Vgl. hier Marx, Karl / Friedrich Engels: Manifest der Kommunistischen Partei. Veröffentlicht im Februar 1848. London 1848. Reprint: Berlin 1965, 5. Auflage 1978.
2 Vgl. auch den Beitrag von Christiane Raabe in diesem Band (2011, S. 140 ff.).

Neuorientierung hat eine große Offenheit der deutschen Szene (Leser, Kritiker und Verlage) für die Kinder- und Jugendliteratur der Welt geschaffen, die sich bis heute gehalten hat.

Ebenfalls eine Folge der Nazizeit ist die bis heute enorme Bedeutung der in der Schweiz residierenden literarischen Agenturen, derer sich vor allem die US-amerikanischen Verlage bzw. auch die dort ansässigen Literaturagenten bedienen. Konnten die Schweizer Agenturen anfangs vor allem als ehrliche und unbelastete Makler fungieren, haben sie es klug verstanden, aus dieser Sondersituation bis heute funktionierende Geschäftsmodelle zu entwickeln, in denen sie als Puffer zwischen den rasanten Entwicklungen im deutschen Verlagswesen (mit Verlagsaufkäufen, Lektorenwechseln, neuen Medien) dienen konnten. Durch einen Schweizer Agenten ist der geeignete Verlagspartner für einen bestimmten Titel für einen US-Amerikaner leichter auffindbar, als wenn er sich selbst ein Bild der Lage verschaffen müsste.

In welchem Ausmaß war und ist die deutsche Kinder- und Jugendliteratur von Importen geprägt? Eine exakte Studie würde den Rahmen dieses Beitrags sprengen, aber eine nicht repräsentative, dessen ungeachtet aufschlussreiche eigene Untersuchung aus dem Jahr 1998 mag ein Licht auf einen Zwischenschritt der Entwicklung werfen. Ausgewertet wurden im Hardcover die Kinder- und Jugendbuchverlage Thienemann, Patmos, Beltz&Gelberg, Kerle, Arena, Ravensburger, CBJ, Hanser und Carlsen; im Taschenbuch die Reihen Arena TB, Gulliver, RTB, dtv-junior, OMNIBUS und Fischer Schatzinsel.[3] Damals war der Anteil der Übersetzungen dieser Verlage an ihrem Programm wie folgt:

Bücher können gefährlich sein (Foto © Celeste Palacios, Köln 2009)

Anteil der Übersetzungen an Programmen ausgewählter KJL-Verlage

	Gesamt[4]	Herbst 1997	Frühjahr 1998
Hardcover	32%	37%	31%
Taschenbücher	38%	43%	50%

Quelle: Eigene Auswertung von Verlagskatalogen

---

3 Die genannten Taschenbuchreihen gehören (in der Reihenfolge ihrer Nennung) zu den Kinder- und Jugendbuchverlagen Arena, Beltz, Ravensburger, dtv-junior, Bertelsmann (Random House), Fischer Verlag.

4 Mit *gesamt* ist hier der Durchschnitt der ausgewerteten und genannten Verlage gemeint, es wurden also Herbst 1997 und Frühjahr 1998 zusammengenommen.

In jüngerer Zeit stellt sich die Quote für die Gesamtheit der Kinder- und Jugendbücher so dar, wie wir es durch die offiziellen Zahlen des Börsenvereins des Deutschen Buchhandels wissen. Demnach betrug ihr Anteil im Jahr 2005 17% und im Jahr 2009 25% (vgl. Buch und Buchhandel in Zahlen, Ausgaben 2006 und 2010).

Die seit jeher mit großem Abstand führende Sprache, *aus der* ins Deutsche übersetzt wird, ist das Englische mit knapp 70% aller Übersetzungen. Stabil auf dem zweiten Platz liegt das Französische mit knapp 10%. Dann folgen mit großem Abstand (etwa auf dem Niveau zwischen 3% und 1%) und in der Position schwankend: Italienisch, Japanisch, Niederländisch, Schwedisch, Russisch, Spanisch.

Wer in der Welt interessiert sich für deutsche Kinderbücher?

Weltweit spielt die deutsche Kinder- und Jugendliteratur keine führende Rolle, aber ihre Bedeutung nimmt zu. Die Liste der Sprachen, *in die* deutsche Bücher als Lizenzen verkauft werden, sieht (nach der Rangfolge der ersten 10 Platzierungen) völlig anders aus:

	2001	2002	2003	2004	2005	2006	2007	2008	2009
Chinesisch	1	2	1	1	3	4	9	4	2
Polnisch	8	6	3	5	1	1	1	1	1
Tschechisch	-	-	-	-	2	2	2	3	3
Koreanisch	3	1	2	2	5	7	6	6	4
Spanisch	2	3	4	3	6	6	3	8	5
Englisch	4	8	6	4	7	3	7	5	6
Italienisch	5	5	7	6	8	8	4	7	7
Niederländisch	9	9	8	-	9	-	10	-	8
Russisch	10	10	10	8	4	10	8	2	-
Französisch	7	7	9	9	10	5	5	10	10

Quelle: Buch und Buchhandel in Zahlen; Ausgaben 2006 und 2010

Die weltweite Rolle der deutschen Sprache in der Wissenschaft, in gebildeten Kreisen und in Ländern mit teilweise deutschsprachiger Bevölkerung hat dramatisch nachgelassen. Das hat unter anderem zur Folge, dass selbst bei großen US-amerikanischen Kinder- und Jugendbuchverlagen so gut wie keine Lektoren und kaum Gutachter oder Übersetzer verfügbar sind, die den Programmverantwortlichen Empfehlungen geben können, denen sie soweit vertrauen, dass sie eine Übersetzung aus dem Deutschen ins Programm nehmen.

Ein großer Durchbruch erfolgte 2002 mit Cornelia Funkes *Herr der Diebe* in den USA bei Arthur A. Levine, der auch *Harry Potter* in den USA verlegt.[5] Levine betreibt einen literarischen Imprint-Verlag bei Scholastic, dem größten Kinderbuchverlag (vermutlich der ganzen Welt). Letzteres Unternehmen ist eine Aktiengesellschaft, die in vielen Ländern der Welt tätig ist (nicht in Deutschland). Immer wenn Levine einen neuen Band der 7 Folgen von *Harry Potter* herausbringen konnte, stiegen die Verkaufszahlen – und damit die Aktien von Scholastic Inc. – dramatisch.[6] Und umgekehrt fielen sie ebenso dramatisch,

---

5 Vgl. auch den Beitrag von Friederike George in diesem Band (2011, 90-96).
6 Vgl. auch den Beitrag von Tanja Lindauer in diesem Band (2011. 195-204).

wenn es mal ein Jahr gab, in dem J.K. Rowling keinen neuen Band vorlegen konnte.[7] So etwas mögen Aktionäre gar nicht, sie verstehen auch die wenig steuerbaren Produktionsbedingungen der kreativen Welt nicht – und der Kurs fällt. Da Bücher aus Großbritannien in den USA trotz der englischen Sprache[8] eher als *europäisch* gelten und keineswegs selbstverständlich stets auch dort erscheinen, und da *Harry Potter* auch in den USA einen nie gehabten fulminanten Verkaufserfolg darstellte, wollte man es mit einem weiteren europäischen Autor wagen: Da kam Cornelia Funke gerade recht, die sich die Mühe gemacht hatte, ihren *Thief Lord* auf eigene Kosten ins Englische zu übersetzen.[9]

Das Kinder- und Jugendbuch spielt heute innerhalb der gesamten Lizenzverkäufe deutscher Bücher ins Ausland eine führende Rolle: 2006 bestritt es einen Anteil von 24%, 2009 stellt es mit 33% die weitaus größte Gruppe. Zum Vergleich: der Anteil der Belletristik lag 2006 bei 12%, im Jahre 2009 bei 11%. Einer der größten Umschlagplätze für Rechte und Lizenzen ist die internationale Kinderbuchmesse in Bologna, die seit über 40 Jahren jedes Frühjahr abgehalten wird. Waren bis vor etwa fünf Jahren die Stände der deutschen Verlage bis auf wenige Ausnahmen und bis auf den Gemeinschaftsstand eher handgestrickt gestaltet, findet man heute immer mehr professionell gebaute Messestände, die sich neben den *Burgen* der großen englischen, US-amerikanischen und französischen Verlage sehen lassen können. Der Lizenzverkauf ist eben auch für deutsche Verlage ein Geschäft geworden.

Die Regeln des allgemeinen Buchmarkts gelten verstärkt auch für das Kinder- und Jugendbuch

Es kursiert eine einfache Formel, die auch für den Buchmarkt gilt: Was in den USA geschieht, vollzieht sich zwei bis drei Jahre später auch bei uns; was im allgemeinen Buchmarkt geschieht, findet kurze Zeit später auch im Kinder- und Jugendbuchmarkt statt. Die *Bestselleritis* hat Einzug gehalten – mit allen ihren Vor- und Nachteilen. Waren Kinderbücher etwa bis Mitte des letzten Jahrzehnts ein stabiles, backlistorientiertes Geschäft, starren seit den ungeheuren Erfolgen, die erstmals mit *Harry Potter* erzielt wurden, Autoren, Buchhändler und Verlagsleute in Exposés oder auch in den Kaffeesatz, die ihnen den nächsten Megaseller verschaffen sollen.

Hypes, Booms und Trends fegen über uns hinweg. Man kann das leicht beklagen, aber es hat auch positive Seiten. Das Schönste an einem Hype ist immer der Erfolg für den Pionier. In seiner Folge werden manchmal auch Blockaden aufgehoben, die neue gute Energien freisetzen. Dicke Bücher, fantastische Bücher, viele Bücher nacheinander zu lesen ist *in* – na prima, das verdanken wir alle dem guten *Harry Potter*.

Und das mit dem Pionier ist ernst gemeint. Bucherfolge entstehen fast nie am Reißbrett irgendwelcher Großverlage. Sie entstehen, weil ein Verlag (meist sogar eine bestimmte Person in einem Verlag) die besonders gute Idee eines Autors erkannt hat und

---

7 Vgl. Rowling 1998ff.
8 Zum Unterschied des Englischen gegenüber dem US-amerikanischen Englisch vgl. z.B. die beiden entsprechenden Bände von J.K. Rowling (1997ff.). Unterschiede lassen sich hier sogar im Titel feststellen (*Harry Potter and the Philosopher's stone / Harry Potter and the Sorcerer's Stone*).
9 Vgl. auch den Beitrag von Friederike George in diesem Band (2011. 90-96). Genau genommen ist die Übersetzung des Herr der Diebe ins Englische allerdings Funkes Cousin Oliver Latsch zu verdanken (vgl. Latsch 2008, 53).

einer Uraufgabe des Verlegens nachgegangen ist: Büchern Chancen zu verschaffen. Das ist riskant, und dafür wird man manchmal belohnt – das ist das Glück des Pioniers. Über das Elend des Pioniers (das der viel häufigere Fall ist) mag ja niemand reden.

Doch um einen Hype herum entwickelt sich stets viel Sekundäres, das selten an den Erfolg des Originals herankommt und das die Köpfe der Verlagsleute verstopft – und eben leider auch die Buchhandlungen. Hinzu kommt, dass wir seit langem die fatale Kombination aus Verkürzung der Kindheit und das *Nicht-erwachsen-werden-wollen* der Erwachsenen miterleben. Viel zu junge Kinder geraten unter Druck, Bücher zu lesen, die wegen ihrer Komplexität und Thematik eigentlich noch nicht für sie gedacht sind. Das lässt manches Kinderbuch *alt* aussehen. Und Erwachsene lesen in großem Umfang Jugendbücher. Soweit sich darin Interesse der Elterngeneration an dem, was ihren adoleszenten Nachwuchs fasziniert, ablesen lässt, ist dieser Trend ja zu begrüßen. Was das für sie selbst als Erwachsene bedeutet, soll hier nicht weiter erörtert werden.

Auch der Medienmarkt globalisiert sich

Für die Industrie und für die Konsumgüterproduktion ist die Perspektive, einen möglichst großen Teil des Weltmarktes bedienen zu können, lange geübte Praxis und nach wie vor äußerst attraktiv. Produkte wie Druckmaschinen, Fotoapparate, Baumwollsocken oder T-Shirts können nahezu überall in der Welt verkauft werden. Das ist nicht neu. Bei der Lebensmittelindustrie ist das schon schwieriger, denn die Verderblichkeit vieler Produkte verbietet weite Transportwege. Dass man dennoch versucht, Produkte zu erfinden, die weltweit vermarktbar sind, zeigen Coca-Cola, Starbucks, Ananas in Dosen und neuerdings die Tiefkühlpizza. Nicht zu vergessen das koloniale Modell der Inbesitznahme von landwirtschaftlichen Schlüsselerzeugnissen wie Kaffee, Bananen und Fisch.

Wie aber sieht es bei kulturellen Produkten aus? Da, wo zu ihrem Genuss das Verständnis einer fremden Sprache nicht unumgängliche Voraussetzung ist, können die Produkte leicht nationale, sprachliche und unter Umständen auch kulturelle Grenzen überwinden. Dies gilt also vor allem für Musik und Bilder. Deshalb gibt es internationale Musik- und Filmunternehmen sowie einen internationalen Kunstmarkt. Musik braucht nicht in einer anderen Sprache gesungen werden, Spielfilme kann man relativ leicht synchronisieren. Das Werthaltige, das Teure an Filmen ist die Substanz der inszenierten bewegten Bilder; die jeweilige Sprachfassung kostet einen Klacks im Vergleich zu den Produktionskosten eines Spiel- oder Zeichentrickfilms. Deshalb gibt es auch so etwas wie das universelle Imperium von Walt Disney.

Ähnlich ist das bei stark bildgestützten Büchern, also manchen Bilderbüchern, Kunstbänden, Sachbüchern. Dementsprechend gibt es in diesem Bereich auch international agierende Verlage wie National Geographic, Taschen, Dorling Kindersley, Usborne – oder auch Packager, also Unternehmen, die Bücher generieren, aber nicht selbst verkaufen, sondern dafür in den jeweiligen Ländern lokale Partner finden.

Ja, es gibt auch einige wenige multinationale Verlagsgruppen: Hachette und La Martinière aus Frankreich, Holtzbrinck und Bertelsmann aus Deutschland, Bonnier aus Schweden, Egmont aus Dänemark, Bloomsbury und Pearson/Penguin aus Großbritannien, um einige zu nennen. Aber völlig anders als bei einem Bekleidungs- oder Parfum-Konzern tritt man nicht in jedem Markt mit denselben Marken auf, sondern man pflegt Verlagsnamen, die im jeweiligen Markt bekannt und vertraut sind. Besonders schön ist das bei der Bonnier-Gruppe zu sehen, die in Deutschland die u.a. Verlage Carlsen, Thienemann, arsEdition, Piper, Ullstein betreibt, die alle ihren individuellen Auftritt haben und für den Laien nicht als einer Gruppe zugehörig erkennbar sind. Wenn man die heute ca. 90 Mitgliedsverlage der avj (Arbeitsgemeinschaft von Jugendbuchverlagen e.V.) anschaut, so gehört nur eine kleine Minderheit ausländischen Eignern, nämlich die drei Bonnier-Verlage (Carlsen, Thienemann, arsEdition), Bloomsbury und Dorling Kindersley. In dieser Hinsicht sei es erlaubt, die österreichischen und schweizerischen Mitglieder nicht als *Ausländer* zu zählen.

Globales Auftreten, wie es etwa ein VW-Konzern, Nestlé oder Apple betreiben, kommt für Buchverlage schlicht nicht in Frage. Und auch ein wirklich großer und starker Konzern wie Bertelsmann kann die meisten seiner Verlagsrechte nicht einfach In allen seinen Verlagen vermarkten – weil er die Rechte nicht automatisch hat, sondern sie meistens für jeden Teilmarkt genauso teuer erwerben muss wie ein Mitbewerber. Dies gilt sogar für die verschiedenen Länder mit englischer Sprache. Daran hat sich auch nichts geändert, seit die Buchsparte von Bertelsmann durch den Kauf der amerikanischen Verlagsgruppe Random House weltweit unter diesem Namen agiert.

T-Shirt als Symbol der Globalisierung (Foto © Ph. D. Th. Knobloch, Köln 2010)

Die englischsprechenden Länder haben auf dem Weltmarkt den unschlagbaren Vorteil der modernen *lingua franca*. Während die USA vermutlich aufgrund der schieren Größe und der darin möglichen Diversifikation sich eher selbst genügen, kann Großbritannien als der Export-Welt-meister gelten; die weiteren englischsprachigen Länder wie Australien und Kanada sind ebenfalls stark. Intern finanziell gefördert und sehr kreativ sind die Niederländer/Belgier, ebenso die Skandinavier. Frankreich hat eine hoch entwickelte Illustrationskultur, die hierzulande nicht immer konveniert; Italien zeichnet sich durch Extreme aus: extrem künstlerisch oder extrem platt. Bleibt zu hoffen, dass die Osteuropäer ihre Talente entfalten und wir sie entdecken.

Durch die Digitalisierung hält derzeit allerdings eine gänzlich andere Weise der Internationalisierung Einzug. Das geschieht einerseits auf der Ebene hochentwickelter Handels-Dienstleistung. Für sehr viele Verlage ist inzwischen Amazon der größte Kunde. Das bedeutet umgekehrt: Für sehr viele Buchkäufer ist heute Amazon die wichtigste Einkaufsquelle. Auch dieses weltweit agierende US-Unternehmen kann Bücher hierzulande nicht billiger verkaufen als andere, aber es bietet einen kostenlosen, erstklassig funktionierenden 24 Stunden/7 Tage-Service. [10]

---

10 Vgl. ergänzend dazu das Angebot der Buchhandlungen in Deutschland unter www.boersenverein.de/de/portal/Was_Buchhandlungen_leisten/220442 (19.04.2011)

Die zweite Ebene sind technologiegetriebene Innovationen, revolutionäre Produktideen wie das heute schon legendäre *iPad* von Apple. Viele Apps, also von bewegten Bildern gespeiste *Anwendungen* unendlich vielfältiger Art, eignen sich für eine globale Vermarktung. Mit Firmen wie Apple, Amazon und Google treten völlig neuartige, branchenfremde und global agierende Unternehmen auf den Plan, die vor Ideenreichtum und ökonomischer Kraft nur so strotzen. Irgendwie steckt in solchen Unternehmen stets ein Keim mit totalem Absturzpotenzial (man erinnere sich an AOL), aber darauf zu spekulieren, wäre viel zu spekulativ. Kein Verlag und schon gar kein Buchhändler – gleich welcher Größe – kann da mithalten. Für diese innovativen Global Players ist der Auftritt im Weltmarkt nur eine Frage der zeitlichen Taktung in Abhängigkeit von den Produktions- und Marketing-Kapazitäten.

Kinderbücher haben und behalten ihren Doppelcharakter als Geschäft und bildungspolitischer Auftrag

In entwickelten Gesellschaften haben Kinder nicht mehr nur den Status als gottgefällige Nachkommen, als zukünftige Ernährer oder als billige Arbeitskräfte. Wo es Kinder als gewollte, zu beschützende, zu erziehende, im glücklichen Fall geliebte Wesen gibt, wo also gesellschaftliche Zuwendung, Achtung, Förderung und Forderung bestehen – da gibt es auch Kinderbücher. Es gibt heute immer mehr entwickelte Gesellschaften in der Welt, in deren Kultur Kinder als Kinder wahrgenommen werden.

Kinder brauchen jedoch Kinderbücher, überall. Sie mögen exzellent oder billig gemacht, pädagogisch inszeniert, gar indoktrinierend oder von hoher literarischer Qualität sein. Aber sie richten sich an Kinder bzw. Jugendliche. Sie begleiten sie auf ihrem Weg zum Erwachsenwerden. Lesenlernen ist ein Auftrag der Schule. Das Fördern von Leselust ist eine Chance, deren Keim im Elternhaus gelegt werden muss. Unsere Kindergärten und Schulen tun gut daran, ihre Chance zu nutzen, das große und differenzierte Angebot unserer Kinder- und Jugendbuchverlage als willkommene Ergänzung um Unterrichtsgeschehen einzusetzen. Es dürfte als hinlänglich erforscht gelten, dass kaum einer als Erwachsener ein *Gerneleser* wird, der nicht in seiner Kindheit beglückende Leseerlebnisse gehabt hat.

Mediale Neuentwicklungen haben noch immer Untergangsfantasien beflügelt. In der Regel hat sich aber herausgestellt, dass neue Medien die bestehenden ergänzen. Insbesondere werden Medien dann nicht abgeschafft, wenn sie zahlreichen Zwecken gut und kostengünstig dienen. Umberto Eco hat unlängst die Funktionalität des Buches mit der des Löffels verglichen. Ein auf Papier gedrucktes Buch ist und bleibt ein technisch ausgereiftes *Gerät*. Kein anderes Medium kann das besser, was ein Buch kann.

Mögen die etablierten Buchhändler und Verlage vor einer medialen Revolution zittern. Die Kreativen haben nichts in ihr zu verlieren als ihre Ketten. Sie haben eine Welt zu gewinnen. Kreative aller Länder, vereinigt euch!

Primärliteratur

Latsch, Hildegunde: Cornelia Funke – Spionin der Kinder. Hamburg: Dressler, 2008

Rowling, Joanne K.: Harry Potter, Bd.1-7. Aus d. Engl. von Klaus Fritz. Hamburg: Carlsen, 1998-2007 [engl. EA 1997-2007; US-amerik. EA 1998-2007]

Sekundärliteratur

Börsenverein des Deutschen Buchhandels (Hg.): Buch und Buchhandel in Zahlen 2006. Frankfurt/M 2006

Börsenverein des Deutschen Buchhandels (Hg.): Buch und Buchhandel in Zahlen 2010. Frankfurt/M 2010

Lepman, Jella: Die Kinderbuchbrücke. Frankfurt/M 1964 [Sonderausgabe 1999]

Marx, Karl / Friedrich Engels: Manifest der Kommunistischen Partei. Veröffentlicht im Februar 1848. London 1848 [Reprint: Berlin 1965, 5. Auflage 1978]

Teil II

Kinder- und Jugendmedien unter dem Gesichtspunkt der Globalisierung

Marianne Demmer
Zur Problematik globaler Schulleistungsvergleiche
Die PISA-Studien unter besonderer Berücksichtigung
der Lesekompetenz

In diesem Beitrag gehe ich am Beispiel des PISA-Projektes (Programme for International Student Assessment) der Frage nach, was geschehen muss, damit internationale
Leistungsvergleichsstudien einen effektiven Beitrag zur tatsächlichen Verbesserung
von Schulleistungen, von Qualität *und* Chancengleichheit leisten können. Nach einer
kurzen Beschreibung des PISA-Projektes, setze ich mich mit häufigen Kritikpunkten an
PISA auseinander und ziehe Schlussfolgerungen.

Was ist PISA?

Seit Mitte der 1990er-Jahre beteiligt sich Deutschland nach einer mehrjährigen Un-
terbrechung wieder an internationalen Vergleichen von Schülerleistungen. Globale
Anbieter entsprechender Tests und Testdesigns sind die *International Association for
Education* (IAE) und die *Organisation für wirtschaftliche Zusammenarbeit und Entwicklung* (OECD). Beide Organisationen haben neben Mathematik und Naturwissenschaften vor allem die Lesekompetenz im Blick.[1] Die wohl umfangsreichsten Daten zu unterschiedlichen Aspekten der Lesekompetenz verdanken wir dem PISA-Projekt der
OECD. Diese Erhebungen werden seit dem Jahr 2000 alle drei Jahre in repräsentati-
ven Stichproben an 15-jährigen Schülerinnen und Schülern durchgeführt. Bei jedem
Zyklus steht eine Domäne im Mittelpunkt, beginnend 2000 mit Lesekompetenz, ge-
folgt von mathematischer (2003) und naturwissenschaftlicher Grundbildung (2006).
2009 stand wieder Lesekompetenz im Zentrum.
   An PISA 2009 haben sich nicht nur die 34 in der OECD zusammengeschlossenen
Staaten beteiligt, sondern darüber hinaus auch 41 sogenannte Partnerländer. Diese
insgesamt 75 Staaten repräsentieren fast 90% der Weltwirtschaft (OECD 2010a, 18).
Im Grundschulbereich bietet die IAE für das 4. Schuljahr mit der PIRL-Studie[2] ebenfalls
einen Lesetest auf Stichprobenbasis an, an dem Deutschland seit 2001 im 5-Jahres-
rhythmus teilnimmt.
   PISA nimmt für sich in Anspruch, die weltweit umfassendste und eine auf dem
aktuellen Stand der Wissenschaft methodisch höchst ambitionierte Schulleistungsver-
gleichsstudie zu sein. So soll PISA überprüfen, „inwieweit Schülerinnen und Schüler
gegen Ende ihrer Pflichtschulzeit Kenntnisse und Fähigkeiten erworben haben, die
für eine volle Teilhabe am Leben moderner Gesellschaften unerlässlich sind" (OECD

---

1 Vgl. die Übersicht der *Large Scale Assessments* mit deutscher Beteiligung bei Ackeren 2002, 160.
2 PIRLS = Progress in International Reading Literacy Study; in Deutschland bekannt unter dem Titel
   IGLU (Internationale Grundschul-Leseuntersuchung).

2010a, 18). Zudem werden die Leistungsdaten mit kontextbezogenen Indikatoren (Geschlecht, soziale Herkunft, Schulprofil, Lernstrategien, Lesemotivation...) verknüpft, um Zusammenhänge zwischen den Leistungsergebnissen und den Schüler- und Schulmerkmalen sichtbar zu machen. Und schließlich sollen die Studien der Politikorientierung dienen, indem sie im Sinne von *best practice* aufzeigen, „wodurch sich Schülerinnen und Schüler, Schulen und Bildungssysteme mit hohen Leistungsstandards auszeichnen" (OECD 2010a, 18). Der OECD ist es durch das PISA-Projekt gelungen, weltweit die Bildungspolitik entscheidend zu beeinflussen.

Brauchen wir internationale Schulleistungsvergleiche?

Die Kritik an PISA ist vielfältig, international verstreut und speist sich aus vielen Motiven.[3] Sie befasst sich mit zahlreichen Aspekten aus unterschiedlichen Perspektiven, von denen einige nachfolgend aufgegriffen werden: In Zeiten wirtschaftlicher Globalisierung werden alle nur denkbaren Fragen international vergleichend betrachtet. Wenn Schülerinnen und Schüler bereits während der Schulzeit zu Auslandsaufenthalten ermuntert werden, kann es nicht verwundern, dass auch Schulsysteme und ihre Ergebnisse international verglichen werden. In Zeiten verschärfter internationaler ökonomischer Konkurrenz wird die Aneignung von Wissen und der Erwerb von Fähigkeiten eher unter dem Aspekt *Humanvermögen* (was nicht gleichzusetzen ist mit der Warenförmigkeit von Bildung) als unter dem einer vermeintlich zweckfreien und selbstbestimmten Bildung gesehen.[4]

Ich teile die grundsätzliche Kritik an der *Verzweckung* von Bildung und *New Public Management* im Bildungsbereich, besonders wenn sie auf kurzfristige Verwertungsziele der Wirtschaft und nicht auf die Lösung globaler Herausforderungen orientiert ist. Es irritiert aber, dass PISA zum Symbol dieser Kritik geworden ist, ohne dass die Protagonisten[5] auch nur in Ansätzen erkennen ließen, wie eine bessere international vergleichende Schulleistungsforschung aussehen und wer sie organisieren könnte.[6] Es entsteht so der Eindruck, dass aus Sicht dieser Kritik ein internationales Schulleistungsmonitoring generell überflüssig und abzulehnen sei. Dass internationale Vergleiche auch Probleme bereiten und schädliche Auswirkungen haben können, lässt sich nicht bestreiten. Deshalb jedoch auf die Möglichkeiten des internationalen Vergleichs zu verzichten, wirkt in Zeiten von politisch-kultureller Internationalisierung und ökonomischer Globalisierung unzeitgemäß. Manche Kritiker scheinen vor allem verhindern zu wollen, dass das selektive deutsche Schulsystem in Frage gestellt wird. Sie sind womöglich vorrangig daran interessiert, den (Irr-) Glauben zu konservieren, Deutschland habe das beste Schulsystem der Welt (vgl. Kraus 2005).

---

3 Vgl. hierzu Peter Mortimore, der die Kritik 2009 aufgearbeitet hat.
4 Falls es diese jemals praktisch gegeben hat und sie nicht ein bildungsbürgerliches Wunschbild war, um sich von einer immer schon zweckbestimmten beruflichen Bildung abzugrenzen.
5 Vgl. z.B. Jahnke / Meyerhöfer 2007.
6 Zur Auseinandersetzung mit der grundsätzlichen Kritik von Münch: Globale Eliten, lokale Autoritäten: Bildung und Wissenschaft unter dem Regime von PISA (2009) vgl. Klieme 2011.

Genügen internationale Leistungsvergleiche dem *fairen Vergleich*?

Statistische Mängel

In einer polemischen, öffentlich vorgetragenen Kritik durch Joachim Wuttke (2007) standen vor allem statistische Mängel bis hin zu Rechenfehlern im Mittelpunkt, die jedoch seitens des nationalen PISA-Konsortiums zurückgewiesen und weitgehend entkräftet wurden. Für die internationale Vergleichbarkeit wesentlich sind jedoch Probleme mit der Stichprobenziehung, die extrem schwierig und von außen nicht überprüfbar sind. Weder gibt es in allen Ländern Urlisten aller 15-Jährigen, noch ist in jedem Fall genau bekannt, wie viele der 15-Jährigen sich noch im Schulsystem befinden. Da das potenzielle Leistungsniveau der früh die Schule verlassenden Schüler/innen nicht zu ermitteln ist, werden Schätzungen vorgenommen, die zu Verzerrungen führen können. In Österreich etwa mussten sämtliche Ergebnisse aus PISA 2000 wegen ungenügender Berücksichtigung von Berufsschülern Jahre später deutlich nach unten korrigiert werden.[7] Auch im innerdeutschen Vergleich hat der Umstand, dass in Bayern ein erheblicher Teil der 15-Jährigen bereits Berufsschulen besucht haben und dass dort die Beteiligungsquote unter 60% lag, zu erheblichen Kontroversen bezüglich der vermeintlichen Überlegenheit des bayerischen Schulsystems geführt (vgl. Klemm 2002; Baumert 2002b).

Kulturelle Unterschiede

Die Frage, ob es überhaupt möglich ist, Schüler/innen aus mehr als fünfzig Nationalitäten zu fairen Bedingungen zu testen, beschäftigte PISA-Forschung und Öffentlichkeit von Beginn an. Sind Schul- und Lernkultur, sind die Einstellungen und Haltungen zum Lernen und zum Lesen, sind die Lehrpläne, die Unterrichtsorganisation oder die Lernzeit nicht zu unterschiedlich, als dass die Schülerleistungen durch einheitliche Testaufgaben erfasst werden könnten? Das deutsche PISA-Konsortium weist selbst innerhalb Deutschlands auf kulturelle Unterschiede hin, macht zum Beispiel „so etwas wie pädagogische Regionaltraditionen" aus und hält den Umstand, „dass sich regionale Traditionen, aber auch Wanderungsschicksale im Bildungsverhalten von Familien und im Ergebnis von Bildungsprozessen […] niederschlagen", für „keine zu weitgehende Spekulation" (Baumert 2002a, 49f.).

Der Einfluss kultureller Kontextsituationen auf der Ebene der Testaufgaben

Das internationale PISA-Konsortium ist dem Einfluss verschiedener kultureller Kontextsituationen auf der Ebene der Testaufgaben nachgegangen. Bei PISA 2009 wurden alle teilnehmenden Länder gebeten, die Aufgaben nach einem Punktsystem zu bewerten, die sie am besten geeignet im Hinblick auf „ihre Zweckmäßigkeit als Vorbereitung für das Leben, ihre Authentizität und ihre Relevanz für 15-Jährige" hielten (OECD 2010a, 39). Dabei habe sich herausgestellt, dass der Anteil der Aufgaben, der von den Schülerinnen und Schülern eines Landes richtig beantwortet wurde, *im Allgemeinen* nicht wesentlich davon abhing, ob nur die bevorzugten Aufgaben des jeweiligen Landes oder der gesamte PISA-Aufgabenkatalog berücksichtigt wurde. Ob dies allerdings „ein stichhaltiger Beweis" dafür ist, „dass sich die Ergebnisse der PISA-Erhebung

---

7 Die Ergebnisse der meist schlechter abschneidenden Berufsschüler wurden hier nicht ausreichend gewichtet. Vgl. dazu Neuwirth 2006.

nicht wesentlich ändern würden, wenn die Länder mehr Einfluss auf die Auswahl von Texten hätten, die sie als ‚fairer' für ihre Schülerpopulation betrachten" (OECD 2010a, 39), muss kritisch hinterfragt werden. Es standen schließlich nur Aufgaben zur Begutachtung an, die bereits ein umfangreiches Auswahlverfahren durchlaufen hatten und auf ihre internationale Brauchbarkeit überprüft worden waren. Der Einfluss kultureller Kontexte ist zweifellos vorhanden aber schlecht erforscht. Mortimore ist wohl zuzustimmen, dass diese Unterschiede im Laufe der Zeit und mit fortschreitender Entwicklung des Programms geringer werden, weil sich die Erwartungen der Lehrkräfte und der Schüler/innen an die Tests anpassen (vgl. Mortimore 2009, 4). Dies mag für die internationale Vergleichbarkeit wünschenswert sein, für die Identitätsentwicklung einzelner Völker, für die Entwicklung ihrer Lehr- und Lernkultur bringt die Dominanz eines internationalen Kompetenzmodells und auf Tests ausgelegter Aufgabenformate ohne Zweifel auch Probleme mit sich. *Teaching to the test* und die Trivialisierung des Unterrichts, aber auch die Marginalisierung literarischer Texte und literarischer Bildung sollen hier als Hinweise genügen.

Entsprechen die Studien dem *state of the art*?

Eine der schwierigsten Aufgaben dürfte sein, für 15-jährige Jungen und Mädchen aus mehr als 50 Ländern mit unterschiedlichen Erfahrungs- und Lebenswelten sowie mit verschiedenem sozialen, sprachlichen und kulturellen Hintergrund, geeignete Testaufgaben zu finden, die a) tatsächlich testen, was intendiert ist, nämlich „Kenntnisse und Fähigkeiten erworben [zu] haben, die für eine volle Teilhabe am Leben moderner Gesellschaften unerlässlich sind" (OECD 2010a, 18 und b), dabei aber die Gebote des fairen Vergleichs zu beachten. Das heißt, nicht nur die Kontextbedingungen in Rechnung zu stellen, sondern auch Aufgaben zu konstruieren, die sowohl sprachlich wie inhaltlich in etwa für alle Getesteten denselben Schwierigkeitsgrad haben. Mortimore (2009, 4) etwa weist darauf hin, dass Sprachen mit mehr regelmäßigen grammatischen Konstruktionen vermutlich weniger Lese- und Schreibprobleme verursachen als kompliziertere Sprachen wie etwa die deutsche. Zudem bringt das Bemühen um die Konstruktion *fairer* Testaufgaben notwendiger Weise mit sich, dass nationale und regionale Inhalte nicht berücksichtigt werden können.

Curriculare Validität der Testaufgaben
Als in Deutschland 2001 die deprimierenden Ergebnisse des PISA-Tests bekannt wurden, stellt sich bald die Frage, ob die Schüler laut Lehrplan überhaupt gelernt haben konnten, was die Tests überprüften und ob die schlechten Ergebnisse nicht auf die Diskrepanzen zwischen deutschen Lehrplänen und PISA-Inhalten zurückzuführen seien. PISA hat bekanntlich nicht den Anspruch erhoben, und konnte dies aus praktischen Gründen auch nicht tun, gleichsam ein Substrat aus den Lehrplänen von mehr als 50 Ländern zu testen. Allein in Deutschland existieren – föderal bedingt – pro Fach mehr als 80 Lehrpläne für die Schulformen der Sekundarstufe I. Das internationale PISA-Konsortium hat sich deshalb mit Wissenschaftlern und Bildungsexperten aus zahlreichen Ländern auf das Konstrukt der Basiskompetenzen geeinigt.

Unabhängig von der prinzipiellen Entscheidung, auf transnationale curriculare Validität zu verzichten, ist die Frage der curricularen Validität der Testaufgaben natürlich von Interesse. Das deutsche PISA-Konsortium hat diese Frage durch sogenannte lehrplanoptimierte Ländertests und eine Expertenbefragung überprüft. Im Ergebnis resümieren die Forscher: „Diese Befunde bestärken die Annahme, dass die im PISA-Test gestellten Anforderungen nicht im Widerspruch zu dem stehen, was in deutschen Lehrplänen der Sekundarstufe I erwartet wird." (Baumert 2003, 15) Konkret heißt das: Die PISA-Testaufgaben werden so gut oder schlecht gelöst wie die lehrplanvaliden Aufgaben.

Schülerinnen und Schüler mit anderer Muttersprache
Für Schülerinnen und Schüler mit einer anderen Muttersprache als der Testsprache ist die Bearbeitung von Tests in der vorgegebenen Zeit in der Regel schwieriger als für Muttersprachler. Betroffen sind vor allem Migranten und Migrantinnen der ersten Generation, die gemeinsam mit ihren Eltern eingewandert sind und die zu Hause in der Regel nicht die Testsprache sprechen. Ihr Anteil betrug in Deutschland bei PISA 2000 noch 10,2%, bei PISA 2009 immer noch 5,8% (Klieme 2010a, 212f.), was – dies sei am Rande angemerkt – erheblich zu den Verbesserungen in der Lesekompetenz beigetragen hat (von 489 auf immer noch unterdurchschnittliche 497 Punkte).

Übersetzungs- und Auswertungsprobleme
Der *Technical Report PISA 2006* behandelt eingehend das Problem der Übersetzungen. Dort sind Maßnahmen dargestellt, die ergriffen wurden – z.B. Übersetzung und Rückübersetzung von Fragen und Test-Items –, um wenigstens einige der Probleme hinsichtlich der Vergleichbarkeit der Testergebnisse besser in den Griff zu bekommen (OECD 2009, 89ff.). Da die Items vorwiegend aus dem angelsächsischen Raum und aus den Niederlanden stammen, lässt sich vermuten, dass diese Länder einen Vorteil haben, weil dort übersetzungsbedingte Verständnisschwierigkeiten als Fehlerquelle entfallen. Inwieweit sich der Umstand negativ auswirkt, dass Übersetzungen aus dem Englischen ins Deutsche in der Regel um bis zu 10% länger werden können, die Test-Dauer aber gleich ist, wurde bisher meines Wissens nicht erforscht. Schwierig zu handhaben sind Probleme, die entstehen, wenn die Übersetzung zwar richtig ist, wenn aber mit ein und demselben Begriff kulturell unterschiedlich geprägte Antworttendenzen oder Bezugsnormen verbunden werden. Das deutsche PISA-Konsortium hält dieses Problem offenbar für schwerwiegend genug, um z.B. aus diesem Grund darauf zu verzichten, Aussagen über den Zusammenhang von schulischen Rahmenbedingungen, Merkmalen von Lernumgebungen und der Lesekompetenz der Schülerinnen und Schüler zu treffen (vgl. Klieme 2010a, 117).

Vertrautheit der Schüler mit dem Aufgabenformat
Vielfach ist das schwache Abschneiden der Schüler in Deutschland bei PISA 2000 mit fehlender Testroutine und dem unbekannten Aufgabenformat in Zusammenhang gebracht worden. Bei PISA 2000 hat das PISA-Konsortium in öffentlichen Erklärungen selbst noch dieses *Argument* bemüht. Seit PISA 2003 ist das Konsortium diesem Eindruck entgegengetreten. Obwohl es nahezu eine Binsenweisheit ist, dass häufige Teilnahme an Tests mit ähnlichen Aufgabenformaten zu größerer Testroutine und zu einer

Verbesserung der Ergebnisse führt, schließt der PISA-Koordinator 2003 für Deutschland dies mit einer waghalsigen Beweisführung kurzerhand aus. „Kurzfristige *Testtrainings*" hätten „keine Hinweise auf nennenswerte Verfälschungen der Testergebnisse" gebracht (Prenzel 2004, 5). Welches die Merkmale „kurzfristiger Testtrainings" sind, oder ab wann etwas eine „nennenswerte Verfälschung" wäre, wird nicht mitgeteilt. Mittlerweile dürften Leistungsunterschiede jedoch nicht mehr auf mangelnde Testroutine zurückzuführen sein. Denn seit Bekanntwerden der ersten PISA-Ergebnisse sind die PISA-Aufgabenformate zum Standardrepertoire in Deutschlands Schulen geworden. Die fehlende Testroutine der ersten PISA-Zeit ist mittlerweile teilweise einem überbordenden *teaching-to-the-test*-Unterricht gewichen.

Werden die Studien ihrem eigenen Anspruch gerecht, Kenntnisse und Fähigkeiten zu überprüfen, „die für eine volle Teilhabe am Leben moderner Gesellschaften unerlässlich sind"?

Das Konzept *Basis-Kompetenzen*

Die normative Zielsetzung von PISA, Kenntnisse und Fähigkeiten zu überprüfen, die für eine volle Teilhabe am Leben moderner Gesellschaften unerlässlich sind, findet sich so oder ähnlich in allen Schulgesetzen. Allerdings hat bisher noch niemand versucht, diese Zielsetzung mittels eines standardisierten Testverfahrens zu überprüfen. Dass Lesekompetenz, mathematische und naturwissenschaftliche Grundbildung zu den Basiskompetenzen gehören, wird ernsthaft niemand bestreiten. Wie wichtig oder unwichtig demgegenüber jedoch fremdsprachliche, geografische, historisch/politische und künstlerisch/musische Kompetenzen oder sportliche Fähigkeiten für die angestrebten Ziele sind, diskutiert die PISA-Studie nicht. Besonders wenn die PISA-Ergebnisse in der Öffentlichkeit einen so hohen Stellenwert wie in Deutschland haben und zunehmend als ultimativer Maßstab für Bildungsqualität angesehen werden, ist die Gefahr groß, dass alle nicht international getesteten Bereiche marginalisiert werden. Dies verstärkt die Praxis in Deutschland, nach Haupt- und Nebenfächern zu unterscheiden, und dies zu Selektionszwecken mit unterschiedlichen Wertigkeiten für Versetzung, Übergangsempfehlungen und Abschlusszeugnisse zu verbinden. Die drohende Marginalisierung der *Nebenfächer* ebenfalls durch internationale Vergleichstests verhindern zu wollen, ist jedoch keine Lösung. Das Ergebnis wäre eine nicht enden wollende Testfülle.

Kritisiert wird auch, dass die PISA-Tests ein Schwergewicht auf Fragen legen, die sich mit dem gesunden Menschenverstand beantworten lassen und keine Fachkenntnisse voraussetzen (vgl. Jahnke / Meyerhöfer 2007). Diese Argumentation wird unterstützt durch die Untersuchungen von Rindermann (2006), der weitgehende Deckungsgleichheit von Intelligenz- und PISA-Testergebnissen herausgefunden hat. Er weist darauf hin, dass große Ähnlichkeit zwischen den untersuchten Domänen Lesekompetenz, mathematische und naturwissenschaftliche Grundbildung besteht. Unter Mathematikdidaktikern wird sogar die Frage diskutiert, ob PISA eher untersucht, ob Schüler Mathematikaufgaben *lösen* oder *lesen* können. Sicher ist, dass auch Aufgaben im Bereich mathematischer und naturwissenschaftlicher Grundbildung ohne ein entwickeltes Maß an Lesekompetenz nicht gelöst werden können.

Die Unbestimmtheit des Ziels *volle Teilhabe am gesellschaftliche Leben*

PISA ordnet die zu lösenden Test-Items bestimmten Schwierigkeitsgraden zu, die wiederum als Stufen linearer Kompetenzmodelle definiert werden. Die Frage ist nun, auf welcher Kompetenzstufe 15-Jährige mindestens lesen können sollten, um eine günstige Prognose hinsichtlich der „vollen Teilhabe am gesellschaftlichen Leben" zu haben und wer zur potenziellen Risikogruppe gehört.[8] Brügelmann hat z.B. darauf hingewiesen, dass nach wie vor ungeklärt ist, welche Alltagsrelevanz die verschiedenen Anforderungsniveaus haben und dass zudem strittig ist, welches Leistungsniveau zu einem Lebens- und Berufsrisiko werden kann (Brügelmann 2004).

Nimmt man die Teilhabe am Arbeitsleben als Indikator, so stellt zwar die Internationale Adult Literacy-Studie (IALS-Studie) fest (OECD and Statistics Canada 2000), dass das *relative* Risiko arbeitslos zu werden, international starke Ähnlichkeiten aufweist und für Menschen mit niedriger Lesefähigkeit etwa doppelt so hoch ist, wie für solche auf höheren und höchsten Kompetenzstufen. Das *absolute* Risiko für Menschen mit niedriger Lesekompetenz ist jedoch äußerst unterschiedlich und ganz offenbar von der Arbeitsmarktsituation eines Landes abhängig. Absolut bewegte sich das Arbeitslosigkeitsrisiko für den untersuchten Zeitraum (1994 bis 1998) für schwache Leser zwischen 5 Prozent in der Schweiz und 23 Prozent in Irland (Deutschland 14 Prozent). Wenn viele Menschen Arbeit haben, haben auch viele mit geringer Lesekompetenz Arbeit, sodass gute Voraussetzungen für eine *volle Teilhabe* gegeben sind. Ist wenig Arbeit vorhanden, so bietet auch eine durchschnittliche bis gute Lesekompetenz keine Garantie für eine volle Teilhabe und gesicherte Existenz. Immerhin waren im Untersuchungszeitraum z.B. in Irland auch 11 Prozent der Menschen aus der Gruppe der stärkeren Leser/innen arbeitslos.

Ein weiteres Problem stellt die Abgrenzung dar, wer zur (potenziellen) Risikogruppe gehört und wer nicht. In dem Bemühen, die zunehmende Komplexität und Schwierigkeit der Aufgaben zu erfassen, wurden bei PISA und IGLU/PIRLS die Gesamtskalen Lesekompetenz und jede der Subskalen in fünf Stufen unterteilt, denen Punktzahlen zugeordnet sind. An den normativ bestimmten Grenzen jeder Kompetenzstufe entscheidet ein einziger Punkt über die Kompetenzstufe. Dass dieser Punkt bei insgesamt mehr als 800 zu erreichenden Punkten eine zu vernachlässigende Größe ist und im Bereich der Standardfehler liegt, leuchtet sofort ein. Dass dieser eine Punkt theoretisch aber über die Zugehörigkeit zur Risikogruppe entscheidet, macht die Fragilität und Fragwürdigkeit des Konstrukts zusätzlich deutlich.

Bildungspolitische (Aus-) Wirkungen internationaler Vergleiche

2001 beschrieben die Verantwortlichen des deutschen PISA-Konsortiums in ihrer viel gelesenen Zusammenfassung die *primäre Aufgabe* des PISA-Programms folgendermaßen: PISA soll „den Regierungen der teilnehmenden Staaten auf periodischer Grundlage Prozess- und Ertragsindikatoren zur Verfügung stellen, die für politisch-administrative Entscheidungen zur Verbesserung der nationalen Bildungssysteme brauchbar sind. Dabei ist der Begriff der politisch-administrativen Entscheidung weit gefasst. Er bezieht alle Ebenen des Bildungssystems ein, auch die Entwicklung der Einzelschule

---

8 Ausführlich zum Problem *Risikoschüler* vgl. Demmer 2008a.

sowie alle Unterstützungssysteme von der Lehrerausbildung bis zur Schulberatung" (Artelt 2001, 4). 2000 waren die Ziele von PISA weit gesteckt. PISA sollte auf allen Ebenen des Bildungssystems für dessen Verbesserung wirksam werden! 2010 formulierten die deutschen PISA-Verantwortlichen weit vorsichtiger:

> „Nicht um den ‚Schock' geht es, sondern um die aufklärende Beschreibung des Bildungssystems und seiner Ergebnisse, der Entwicklungen und Veränderungen über viele Jahre hinweg. Und diese Art des Bildungsmonitorings soll, so die politische Intention, nachhaltig fortgeführt werden. Eine Legislaturperiode ist sicherlich zu kurz, um Schulen oder gar Schulsysteme merklich zu verändern. Aber neun Jahre, also fast eine Dekade, sind ein Zeitraum, über den hinweg es sich lohnt, eine Bilanz systemischer Veränderungen zu versuchen." (Klieme 2010b, 4f.)

Nicht mehr zur *Verbesserung* des Systems auf *allen Entscheidungsebenen* soll PISA einen Beitrag leisten. 2009 ist seine Aufgabe die *aufklärende Beschreibung* von Veränderungen. Die Ziele werden also erheblich herunter geschraubt. Wenn keine hohen Ansprüche vorhanden sind, kann auch niemand enttäuscht werden. Zugespitzt könnte man formulieren: PISA wirft eine Menge Daten zu Schülerleistungen auf den Markt, zeigt eine Menge von interessanten Beziehungen auf, überlässt aber die Interpretation und weitere Verwendung dem Spiel der (bildungs-) politischen Kräfte.

Internationale Aspekte

Zu diesem Ergebnis kommt auch Laura Figazzolo, die sich mit den Einflüssen und Auswirkungen von PISA weltweit befasst und in PISA ein Multitalent ausgemacht hat: Mit den PISA-Ergebnissen lasse sich für die Position A aber auch für das Gegenteil argumentieren (vgl. Figazzolo 2009). Dies erinnert an die Auseinandersetzung in Deutschland in Bezug auf die Schulstrukturfrage. Auch andere Merkmale der internationalen PISA-Rezeption unterscheiden sich nicht wesentlich von denen in Deutschland. Nach Figazzolo steht PISA häufig im Mittelpunkt der Debatte über die nationale Bildungspolitik und es sei gelungen, die Bildung in den politischen Fokus zu rücken. Figazzolo konstatiert zudem seit PISA 2000 weltweit ein wachsendes Interesse der Medien an bildungspolitischen Fragen. Die Medien seien jedoch nicht nur *Vermittler* von PISA-Ergebnissen, sondern brächten wegen ihrer Fokussierung auf Rankings oft „eine sehr einfache Interpretation der bildungspolitischen Fragen" in die Debatte. Der OECD sei es gelungen, das *weiche* Instrument des internationalen Vergleichs als ein zentrales Element im grundlegenden *Arsenal* des politischen Kampfes um eine ergebnisorientierte, effizienz- und evidenzbasierte Politik zu etablieren (Figazzolo 2009, 28ff.). Die Aktivitäten, für die PISA in der politischen Argumentation genutzt wird, sind in den teilnehmenden Ländern recht unterschiedlich. Entscheidungsträger versuchen PISA für begonnene oder geplante Vorhaben in Anspruch zu nehmen.

Deutschland: Veränderungen seit 2000 – aber keine Verbesserungen?

Wie sehr die PISA-Daten Spielmaterial in der bildungspolitischen Debatte sein können, ist am Beispiel Deutschlands sehr gut zu zeigen. Nach der Schockwirkung 2001 und dem riesigen Presseecho wurden fortan alle schulpolitischen Maßnahmen mit dem Hinweis auf PISA begründet, sogar solche, die in keinerlei Zusammenhang mit PISA gebracht werden konnten wie etwa die Schulzeitverkürzung bis zum Abitur. Auch die 2001 im Hauruckverfahren beschlossenen sieben Handlungsfelder der Kultusministerkonferenz⁹ als Reaktion auf PISA können zwar mit den PISA-Ergebnissen in Verbindung gebracht werden, lassen sich aber ebenfalls nicht aus den PISA-Ergebnissen ableiten. Sie waren jedoch parteipolitisch letztlich einigungsfähig und geeignet, die Handlungsfähigkeit der politisch schwer angeschlagenen KMK zu demonstrieren. Andere mögliche oder notwendige Maßnahmen (wie die bessere Finanzierung des Schulsystems oder die Abkehr vom frühen Selektionszeitpunkt) wurden anfänglich seitens der offiziellen Politik kategorisch abgelehnt mit dem *Argument*, dies gäben die PISA-Ergebnisse nicht her, obwohl ein Bezug auf PISA keineswegs abwegig, ja sogar naheliegend war (vgl. Demmer 2010). Die KMK belegte die parteipolitisch strittige Schulstrukturfrage sogar mit einem Tabu. Mittlerweile sind beide Komplexe gesellschaftsfähig geworden und Thema der offiziellen Politik. PISA hat hier Rückenwind gegeben.

Deutschland gehört zu den wenigen an PISA teilnehmenden Ländern, die in den Domänen Lesekompetenz, Mathematik und Naturwissenschaften signifikante Leistungszuwächse zu verzeichnen haben. Am geringsten fallen sie in der Lesekompetenz mit 14 Punkten und am stärksten bei den Naturwissenschaften mit 33 Punkten aus. Die PISA-Ergebnisse von Deutschlands 15-Jährigen lagen 2009 nunmehr im Mittelfeld; der Abstand zu den Spitzenländern beträgt in der Lesekompetenz, in Mathematik und Naturwissenschaft jedoch immer noch mehr als ein Jahr schulische Lernzeit (Klieme 2010a). Die Reaktionen der Bildungspolitiker von Bund und Ländern und des deutschen PISA-Konsortiums waren eindeutig: Sie zeigten sich hoch erfreut bis euphorisch ob des erreichten Mittelmaßes. Sie konstatierten *kontinuierliche* Verbesserungen und sahen Deutschland – wie schon bei PISA 2006 - auf dem Weg zur Weltspitze. Ein etwas genaueres Hinsehen auf die Ergebnisse lässt jedoch auch andere Schlüsse und skeptische Fragen zu (vgl. hierzu auch Demmer 2011). Die Zuwächse haben sich nämlich *nicht* kontinuierlich, sondern sprunghaft entwickelt. Die größten Zuwächse gab es zwischen 2000 und 2003. Das legt den Schluss nahe, dass die größere Testroutine mehr bewirkt hat als die 2001 beschlossenen Maßnahmen der KMK, die zu diesem Zeitpunkt noch gar nicht greifen konnten. Die Lehrkräfte hatten schnell verstanden, dass es nützlich sein könnte, die im Netz veröffentlichten PISA-Aufgaben im Unterricht einzusetzen, um so ihre Schüler an die bis dahin ungewohnten Aufgabenformate zu gewöhnen. Für die Wirksamkeit größerer Testroutine spricht auch, dass im Jahr 2000 noch mehr als 80 Prozent der 15-Jährigen Schulen besuchten, die bei Jugendlichen dieses Alters - laut Auskunft der Schulleitungen - nie standardisierte Testverfahren einsetzten, während dieser Anteil auf etwa 60 Prozent bei PISA 2009 gesunken ist (vgl. Klieme 2010a, 123f.).

Gänzlich unverständlich ist die öffentlich bekundete Zufriedenheit angesichts der Ergebnisse in der Lesekompetenz und des nach wie vor inakzeptabel großen Zusammenhangs von sozialer Herkunft und Kompetenzentwicklung. Lesekompetenz- und Chancengleichheitswerte sind immer noch unbefriedigend. Die Steigerung um 14 Punkte zwischen 2000 und 2009 auf nunmehr 498 Punkte ist ausschließlich auf bessere Werte bei den 15-Jährigen mit Migrationsgeschichte zurückzuführen (2000: 444 P.; 2009: 470 P.), wenngleich die Differenz immer noch zu groß ist. Die Lesekompetenzwerte der Jugendlichen ohne Migrationsgeschichte sind hingegen nahezu konstant geblieben (2000: 509 P.; 2009: 514 P.). Mit den gestiegenen Lesekompetenzwerten der Migrant/innen dürfte auch zusammenhängen, dass der Anteil von Schüler/innen unter Kompe-

9 S.u., vgl. auch www.kmk.org/no_cache/presse-und-aktuelles/pm2004/stellungnahme-der-kmk.html?sword_list%5B0%5D=sieben&sword_list%5B1%5D=handlungsfelder (01.07.2011).

tenzstufe 2 gegenüber 2000 von 22,6% auf 18,5% zurückgegangen ist. Die günstige Entwicklung geht großenteils auf die Mädchen zurück, bei denen der Anteil der schwachen Leserinnen von 18,2% (2000) auf 12,7% (2009) gesunken ist, während sich der Anteil bei den Jungen nur von 26,6% (2000) auf 24,0% verringert hat. Ein Viertel der Jungen gehört also immer noch zu den schwachen Lesern, deren Lesekompetenz für die erfolgreiche Bewältigung einer Berufsausbildung als nicht ausreichend angesehen wird. Es ist nicht auszuschließen, dass die Verbesserungen insgesamt vor allem mit einer anderen Zusammensetzung der Migranten-Population zusammenhängen und weniger schulischer Förderung zu verdanken sind. Es fällt jedenfalls auf, dass sich der Anteil von gemeinsam mit ihren Eltern eingewanderten Jugendlichen gegenüber 2000 nahezu halbiert hat, während der Anteil der in Deutschland geborenen Migranten gegenüber 2000 mehr als doppelt so groß ist (Klieme 2010a, 214).

Welche Auswirkungen und welchen konkreten Nutzen haben die Vergleiche für die Weiterentwicklung des Schulsystems?

Der größte Mangel der Studien aus Sicht der Praktiker ist, dass sie keine schlüssigen Antworten auf die Frage geben können, *warum* in manchen Ländern durchschnittlich bessere und in anderen schlechtere Ergebnisse erzielt werden. Weder für die pädagogische Praxis noch für die Steuerungsebene lassen sich empirisch gesicherte Schlüsse und Hinweise für die Verbesserung der eigenen Praxis ziehen. Da dieser Mangel einer punktuellen Querschnittsstudie jedoch immanent ist, werden die Zweifel vermutlich zunehmen, ob Aufwand und Nutzen in einem angemessenen Verhältnis zueinander stehen. Dazu die PISA-Studie selbst:

> „Die PISA-Studie kann zwar keine Zusammenhänge zwischen Ressourcen, Prozessen und Bildungsergebnissen erkennen, jedoch vermag das Programm die Kernelemente hervorzuheben, die Bildungssystemen gemeinsam sind oder sie unterscheiden, und diese Erkenntnisse Pädagogen, politischen Entscheidungsträgern und der breiten Öffentlichkeit mitzuteilen." (OECD 2010a, 21)

Letztlich bleiben erhebliche Interpretationsspielräume, die von Medien und Politik für ihre jeweiligen Zwecke genutzt oder missbraucht werden können. Bei dem Versuch, etwa die sehr gute Lesekompetenz finnischer Schüler/innen zu erklären, wurden die kleinen Lerngruppen, die inklusive Pädagogik und die strenge Auswahl bei der Zulassung zum Lehramtsstudium, die Wertschätzung von Bildung, aber auch die frühzeitige Reformation und das damit verbundene Bibellesen, die Untertitel bei nicht synchronisierten Filmen oder die schwierige finnische Sprache bemüht. Die sehr guten Leistungen der Schüler/innen in den ostasiatischen Ländern werden hingegen gerne mit frühem und konsequentem Drill erklärt. Bislang gibt es keine Belege, bestenfalls Plausibilitäten für einige dieser Annahmen. Zudem ist in der empirischen Unterrichtsforschung belegt, dass Lernen und Lehren multifaktorielle und komplexe Vorgänge sind und niemals nur *ein* Faktor für Erfolg oder Scheitern verantwortlich ist. „Schulleistungen sind immer das Ergebnis des Wechselspiels vieler beteiligter Faktoren." (Helmke 2007, 3) Schließlich zeigt die Alltagserfahrung, dass unterschiedliche Konstellationen, Lernarrangements und Lehrstile dennoch zu ähnlichen Leistungsergebnissen der Schülerinnen und Schüler führen können. „Je nach Talent und Neigung gibt es viele Möglichkeiten, erfolgreich zu unterrichten" (Helmke 2006).

Die sieben Handlungsfelder der Kultusministerkonferenz

Die sieben Handlungsfelder der KMK sind ein Beispiel für die politische Nutzung der PISA-Studien in einem föderalistischen, schulpolitisch zerstrittenen Land. Diese Handlungsfelder sind der größte gemeinsame Nenner. Sie bieten von (fast) allem etwas: frühkindliche Bildung, Sprachförderung für Leistungsschwache, Qualitätsentwicklung, Entwicklung der Lehrerprofessionalität, Verzahnung von vorschulischer und schulischer Bildung und – hart umkämpft – der Ausbau von Ganztagsangeboten. Ein Handlungsfeld fehlt: Die selektive Schulstruktur in Deutschland, als eine wichtige Quelle der extremen sozialen Schieflage im deutschen Schulwesen, wird in den Handlungsfeldern nicht einmal erwähnt.[10] Das mit Abstand größte planerische und finanzielle Engagement steckten KMK und Länder jedoch nicht in Förderung schwacher Leser und in die Lehrerfortbildung. Die größten Energien und Ressourcen wurden vielmehr für ein ergebnisorientiertes Steuerungssystem mit Qualitätssicherung und Bildungsberichterstattung, einem eigenen Institut für Qualität im Bildungswesen, mit Bildungsstandards, Kompetenzmodellen und Vergleichsarbeiten aufgewendet. Dieser Paradigmenwechsel kostet die Länder jährlich Millionen. Der milliardenschwere Aufbau schulischer Ganztagseinrichtungen wird durch den Bund finanziert.

Die empirische Bildungsforschung in Deutschland hat seit PISA 2000 eine deutliche Expansion erfahren. Das Wissen über Bildung nimmt zu, die Umsetzung in praktisches pädagogisches Handeln bleibt einer überforderten Lehrerschaft überlassen. Unterstützungssysteme fehlen. Lehrkräfte werden mit den Ergebnissen der bundesweiten Vergleichsarbeiten direkt und unmittelbar konfrontiert, sie erhalten aber in der Regel keine systematische Fortbildung in der Interpretation solcher Ergebnisse, geschweige denn bekommen sie ausreichend Unterstützung, um auf unbefriedigende Ergebnisse angemessen reagieren zu können. Der Paradigmenwechsel zur ergebnisorientierten Steuerung bleibt pädagogisch wirkungslos und wirkt sich sogar kontraproduktiv aus, wenn Unterstützung und ausreichende Fördermittel fehlen.[11]

Obwohl PISA erhebliche Schwächen in der Lesekompetenz der 15-Jährigen und vor allem bei männlichen Migranten aufgedeckt hat, spielte die Sprachförderung bisher nur im frühkindlichen Bereich flächendeckend eine Rolle – allerdings mit insgesamt 16 (!) umstrittenen Methoden. Die Evaluation dreier gezielter Sprachförderkonzepte in Baden-Württemberg etwa hat ergeben, dass unmittelbare Effekte ausbleiben (vgl. Autorengruppe Bildungsberichterstattung 2010, 57ff.). Ansonsten blühen unsystematisch und zufällig *viele bunte Blumen* der Leseförderung. Die KMK hat als ihren Beitrag acht (!) Jahre nach Bekanntwerden der ersten PISA-Ergebnisse ein Kooperationsprojekt *ProLesen* beigesteuert, in dem auf insgesamt 93 Seiten Literaturhinweise und auf weiteren 12 Seiten Links zu über 150 überwiegend privaten und zivilgesellschaftlichen Initiativen und Projekten aus den Bundesländern (und dem Ausland) zusammengetragen wurden.[12] ProLesen ist zwar eine Fundgrube für die wissenschaftliche Beschäftigung mit der Thematik, dürfte aber so gut wie keine durchgängige Wirksamkeit für die praktische Umsetzung in den Schulen entfalten. Lesekompetenz ist eben mehr als Leselust, die vielleicht durch zivilgesellschaftliches Engagement gefördert werden kann.

---

10 Die Ironie der Verhältnisse will es, dass die Schulstrukturfrage 10 Jahre nach der ersten PISA-Erhebung selbst innerhalb der CDU/CSU ein zentrales schulpolitisches Thema ist.

11 Stattdessen wird darauf gesetzt, Leistungsverbesserungen durch Wettbewerb, Privatisierung und Schulrankings zu erzielen.

12 ProLesen wurde von Bayern betreut. Vgl. www.leseforum.bayern.de/indexasp?MNav=6.

FörMig (Förderung von Kindern und Jugendlichen mit Migrationshintergrund), das einzige umfassende und wissenschaftlich begleitete Projekt zur durchgängigen sprachlichen Förderung bildungsbenachteiligter Kinder und Jugendlicher wurde im Zuge der Föderalismusreform als BLK-Projekt abgewickelt und musste sich in der Folge mühsam um eine weitere Finanzierung bemühen. 10 Bundesländer beteiligten sich an FörMig.[13]

PISA hat von Beginn an als zentrales Problem für Deutschland den sehr großen Anteil leistungsschwacher 15-Jähriger belegt. Dennoch hat die KMK fast 9 (!) Jahre gebraucht, nämlich bis zum 4. März 2010, um auf die anhaltenden Forderungen aus Wirtschaft und Wissenschaft mit einer *Förderstrategie für leistungsschwächere Schülerinnen und Schüler* zu reagieren. Der Beschluss stellt zwar die individuelle Förderung ins Zentrum, reflektiert jedoch ihre Grenzen durch Selektion, Segregation, unzureichende Rahmenbedingungen und mangelnde Lehrerqualifizierung nicht. Leistungsschwächere Schülerinnen und Schüler stehen nur rhetorisch im Zentrum. Die *Förderstrategie* der KMK[14] entpuppt sich stattdessen bei genauerem Hinsehen als Absichtserklärung. Es wird auf gemeinsame und länderübergreifende KMK-Projekte hingewiesen, die sich jedoch größtenteils noch im Projektstadium befinden. Ehrenamtliche Helfer sollen für zusätzliche Lernzeit sorgen, Förderschulen sollen den Hauptschulabschluss vergeben. Angesichts des Umstands, dass nach Angaben der Lehrkräfte in der IGLU-Erhebung 2006 ungefähr zwei Drittel (!) leseschwacher und legasthenischer Grundschulkinder keine spezielle Lernförderung erhalten (Bos 2007, Tab. III, 16 und III, 17), wird überdeutlich, wo die eigentlichen pädagogischen Notwendigkeiten liegen. Meiner Ansicht nach hat die KMK mit dem Paradigmenwechsel zur ergebnisorientierten Steuerung auf das falsche Pferd gesetzt.

Alles in allem fällt die Bilanz für die Weiterentwicklung des Schulsystems in Deutschland ernüchternd aus: PISA hat zu einem Boom empirischer Bildungsforschung und bildungspolitischer *Sonntagsreden* geführt. Der Paradigmenwechsel zur ergebnisorientierten Steuerung ist aber teuer und hinsichtlich der Verbesserung von Qualität und Chancengleichheit pädagogisch wirkungslos, wenn nicht sogar kontraproduktiv. Chancengleichheit und Bildungsgerechtigkeit sind zwar zum Thema geworden, aber bestimmen nicht die Realität politischen Handelns. Lehrerbildung, Schul- und Unterrichtsentwicklung wurden bislang sträflich vernachlässigt. Die zentralen Herausforderungen bleiben und können wirksam nur in Kooperation von Bund, Ländern und Kommunen bearbeitet werden. Die Entwicklung der Schulstruktur hin zu einem vollständig inklusiven Schulsystem bleibt auf der Tagesordnung.

Schlussfolgerungen und Diskussion

Die vorherigen Ausführungen haben einen kritischen Blick auf das PISA-Projekt geworfen. Soll sich Deutschland deshalb aus PISA zurückziehen? Davon rate ich ab. Deutschland braucht den internationalen Vergleich, um nicht wieder in die schulpolitische Stagnationsphase der Vor-PISA-Ära zurückzufallen, als über Qualität und Chancengleichheit in unserem Schulsystem durch politische Propaganda entschieden und kategorisch die Ansicht verbreitet wurde, Deutschland habe das beste Schulsystem der Welt. Dass Bildung

---

13 Vgl. www.foermig.uni-hamburg.de/web/de/all/home/index.html (16.07.2011).
14 Vgl.   www.kmk.org/fileadmin/veroeffentlichungen_beschluesse/2010/2010_03_04-Foerderstrategie-Leistungsschwaechere.pdf (16.07.2011)

überhaupt, dass die massiven Förderprobleme für Migranten und bildungsbenachteiligte Kinder auf die politische Agenda gekommen sind, dass die ungünstigen Entwicklungsmilieus vor allem von Hauptschulen mittlerweile nicht nur durch deren Lehrerschaft beklagt, sondern auch wissenschaftlich untermauert worden sind (vgl. u.a. Baumert / Stanat / Watermann 2006), wäre ohne die Impulse der PISA-Studien nicht (so schnell?) erfolgt.

Bildung als Menschenrecht

Grundlegend ist, Bildung vorrangig als Menschenrecht zu sehen, das der Emanzipation des Menschen, seiner sozialen, politischen und kulturellen Teilhabe dient. Bildung darf nicht auf ihre ökonomische Verwertbarkeit reduziert werden. Dass Bildung auch eine Humanressource ist, ist ernsthaft nicht zu bestreiten. Aber die Reduzierung darauf bereitet den Weg zu kurzfristigen und kurzsichtigen Schwerpunktsetzungen. Die Überbetonung der sog. MINT-Fächer[15] und die Vernachlässigung der sozialwissenschaftlichen und musisch-künstlerischen Bildungsdomänen ist dafür ein Beispiel. Die Stärkung dieser Domänen muss Priorität erhalten. Sie darf nicht allein der Verantwortung der Eltern übereignet und privatisiert werden. Ob Kinder und Jugendliche z.B. ein Instrument erlernen können, darf nicht vom Geldbeutel der Eltern abhängen. Die generelle Bedeutung musisch-kultureller Bildung, von Bewegungserziehung etc. sollte nicht unterschätzt werden.

Bildung als öffentliches Gut verteidigen, Absage an *New Public Management*

Aus der menschenrechtlichen Perspektive ergibt sich auch die Absage an die Steuerung des Schulsystems über Schulautonomie, Wettbewerb, Schulranking und Privatisierung. Qualität *und* Chancengleichheit als zwei gleichrangige Ziele lassen sich mit den Mechanismen des sogenannten *New Public Management* nicht zufriedenstellend steuern. In ihrer Studie *Bildungsökonomie und Qualität der Schulbildung* zeigen Schümer / Weiß (2008), dass die internationale Forschungslage keine belastbaren Belege für die optimistischen Annahmen verschiedener Ökonomen liefern, wonach die neuen Steuerungsmethoden leistungssteigernde Wirksamkeit entfalten.

Vor allem Wettbewerbsmechanismen vergrößern die Disparitäten zwischen Schulen und verstärken den Zusammenhang von Herkunft und Schulerfolg, der in Deutschland im internationalen Vergleich bereits heute unakzeptabel groß ist. Sie sind für das Ziel Chancengleichheit kontraproduktiv. Oft wird dabei übersehen, dass das deutsche Schulwesen durch traditionelle Wettbewerbsmechanismen wie der vergleichenden Bewertung der Schülerleistungen und dem Kampf um Schüleranteile durch die Schulformen in der Sekundarstufe I bereits deutlich geprägt ist. Möglicherweise haben wir in Deutschland nicht zu wenig, sondern zu viel oder den falschen Wettbewerb im Schulwesen (vgl. hierzu Demmer 2008b).

Auf Monitoring zur Politikberatung beschränken

Insgesamt muss die Bedeutung nationaler und internationaler punktueller Schulleistungsvergleiche deutlich niedriger gehängt und auf ihre Monitoring- und Orientierungsfunktion begrenzt werden. Es würde beispielsweise völlig ausreichen, auch die PISA-Erhebungen (wie die PIRLS/IGLU-Studien) nur alle fünf Jahre durchzuführen. Eine völlige Offenlegung des aggregierten Datensatzes zur wissenschaftlichen Nut-

---

15 MINT= Mathematik, Ingenieurwissenschaften, Naturwissenschaften, Technik.

zung und eine unabhängige Politikberatung durch ein Expertengremium könnten helfen, den interessegeleiteten (partei-) politischen Ge- und Missbrauch der Ergebnisse zu begrenzen. Die Debatte über schulpolitische Schlussfolgerungen muss unter Einbezug der Sozialpartner erfolgen. Ein demokratisch legitimierter nationaler Bildungsrat zur Weiterentwicklung des Bildungswesens wäre vermutlich am besten in der Lage, die Ergebnisse internationaler Leistungsstudien in eine nationale Bildungsstrategie zu integrieren und willkürlichen Interpretationen vorzubeugen.

Vergleiche müssen fair sein

Dass die Basis fairer Vergleiche ein statistisch einwandfreies Methodenrepertoire ist, kann als trivial bezeichnet werden. Alle Beteiligten müssen sich zum Beispiel darauf verlassen können, dass alle teilnehmenden Länder der Versuchung widerstehen, mit unzureichenden Stichproben zu arbeiten oder diese gar zu manipulieren. Vor allem in Ländern, in denen es keine Urlisten der jeweiligen Alterskohorte gibt, sind fehlerhafte Schätzungen leicht möglich. Auch in Deutschland mit seinem verbindlichen Meldesystem gibt es eine unbekannte Anzahl von Jungen und Mädchen, die durch die Schulpflicht nicht erfasst werden, weil sie sich mit ihren Eltern illegal in Deutschland aufhalten oder Asylsuchende ohne sicheren Aufenthaltstitel sind. Nicht erfasst werden bei PISA auch solche Schülerinnen und Schüler, die im Alter von 15 Jahren keine allgemeine oder berufliche Schule mehr besuchen. Während in Deutschland noch 90% der 15-jährigen Zielpopulation durch die in PISA Getesteten repräsentiert werden, sind es beispielsweise in der Türkei nur 56,6%. (OECD 2010b, 122)

Keine Ranking-Listen

Die PISA-Ergebnisse sollten fortan nicht mehr in Ranking-Listen publiziert werden. Wie unsinnig und wenig aussagekräftig Ranking-Listen sind, macht der internationale PISA-Report mit den folgenden Informationen selbst deutlich: Der Mittelwert von 17 weiteren Ländern unterscheidet sich im Bereich Lesekompetenz statistisch nicht signifikant, geschweige denn praktisch bedeutsam, vom deutschen Mittelwert. (OECD 2010a, 60) Die Autoren der Studie vermerken dazu:

> „Da die Angaben auf Stichproben basieren, ist es nicht möglich, die genaue Rangposition eines Landes im Vergleich zu anderen Teilnehmerländern zu bestimmen. Dafür kann aber mit großer Sicherheit die Spannweite der Rangplätze gezeigt werden, innerhalb derer sich das Leistungsniveau eines Landes bewegt." (OECD 2010a, 63)

Für Deutschland, das unter den OECD-Staaten auf Rang 16 eingeordnet ist, könnte es angesichts der Fehlertoleranz auch Rangplatz 11 im günstigsten und Rangplatz 21 im ungünstigsten Falle sein. Werden auch die teilnehmenden Partnerländer berücksichtigt, liegt der Rangplatz Deutschlands irgendwo zwischen Platz 14 und 26. (OECD 2010a, 62)

Nicht *Äpfel mit Birnen* vergleichen

Eine ähnlich geringe Aussagekraft wie Rankinglisten haben Vergleiche von Ländern mit völlig unterschiedlichen soziokulturellen und ökonomischen Bedingungen. Finnland lässt sich sinnvoll vielleicht mit Sachsen, nicht jedoch mit Deutschland vergleichen. Es sollte also vermieden werden, *Äpfel mit Birnen* zu vergleichen. Wichtige Indikatoren für faire Schulleistungsvergleiche wären zum Beispiel die ökonomische und soziale Situation sowie der Bildungsstand, die Armuts- und Reichtumsverteilung und Migrationsquote einer Population. Es könnten dann Cluster von Gesellschaften in ähnlichen Situationen gebildet werden. Auf diese Weise wäre zumindest eine Annäherung an einen fairen Vergleich zwischen Staaten möglich, was auch für den innerdeutschen Vergleich zu wünschen ist. Das bettelarme Bremen mit hoher Armuts- und Arbeitslosenquote in eine Rangfolge mit den wohlhabenden südlichen Bundesländern zu bringen, ist unsinnig und ohne Aussagekraft. Zu einem fairen Vergleich gehört auch, kulturelle Unterschiede im Blick zu behalten. Sie sind für die Interpretation der PISA-Ergebnisse ein wesentliches, aber unzureichend erforschtes Moment. Allein dies ist Grund genug, die internationalen Studien nicht überzuwerten. Von der international vergleichenden Lern- und Bildungsforschung sind für die Weiterentwicklung von Bildung und Lernen im globalen Zeitalter vermutlich mindestens ebenso wichtige Erkenntnisse zu erhalten wie von Leistungsvergleichen. Um Effekte auszuschließen, die einzig auf Verständnisschwierigkeiten zurückzuführen sind, sollten für Zweitsprachler Lexika erlaubt und die Bearbeitungszeit verlängert werden.

Umfassenden Bildungsbegriff verteidigen

Es ist nicht beliebig, welche Inhalte Gegenstand von Kompetenztests sind. Um der Marginalisierung aller nicht getesteten Domänen und deren Inhalten zu begegnen, kann dies in internationalen Vergleichstests sinnvoller Weise nur mit einem Konzept gelingen, wonach außer Lesekompetenz (die auch Fremdsprachenkenntnisse umfassen müsste) und mathematischer Grundbildung nur noch *ein* weiterer Komplex getestet würde, der sich etwa an Klafkis bildungstheoretischer Didaktik orientiert und die Testaufgaben an den Prinzipien des Exemplarischen, Fundamentalen und Elementaren ausrichtet sowie fächerübergreifend zentrale Zukunftsfragen in den Blick nimmt. Diesem Komplex wären auch die naturwissenschaftlichen Fächer zuzuordnen, die mit einer eigenen Test-Domäne bei PISA derzeit unangemessen stark betont werden. Warum sollen sie im Hinblick auf Zukunftsfähigkeit und *volle Teilhabe* wichtiger sein als sozial-, geo- und politikwissenschaftliche Bereiche? Um inhaltlicher Trivialisierung entgegenzuwirken und die identitätsstiftende Kraft der Bildung für eine Gesellschaft zu bewahren, müssen in den Lehrplänen und im Unterricht nationale/regionale Eigengewichte geschaffen werden. Dies ist dann besonders wichtig, wenn die Aufgabenformate der internationalen Studien auch auf innerdeutsche flächendeckende Vergleichsarbeiten übertragen werden und so dazu führen (können), die gesamte Unterrichtsentwicklung zu dominieren, ohne dass je eine wissenschaftliche und pädagogische Debatte darüber geführt worden wäre, ob die Aufgabenformate des PISA-Tests für die Unterrichtsentwicklung wünschenswert sind und was sie für Lehr- und Lernprozesse bedeuten.

Teaching to the test ächten und intrinsische Lernmotivation stärken

Teaching to the test, bei dem der Lernstoff nur so lange bedeutsam ist und gespeichert wird bis er durch eine Leistungskontrolle reproduziert ist, gilt zwar gemeinhin nicht als wünschenswerte Lernform, ist jedoch in Deutschlands selektivem Schulsystem bereits traditionell verankert. *High-stakes testing*, also standardisierte Tests, bei denen für die Schulen, die Lehrkräfte, die Schülerinnen und Schuler viel auf dem Spiel steht, indem Belohnungen winken oder Bestrafungen drohen, verstärken diese Tendenz. Sollen jedoch – vor allem auch im Hinblick auf die Bereitschaft zu lebensbegleitendem Lernen – die intrinsische Lernmotivation und die Fähigkeit zu selbstständigem Lernen gestärkt werden, müssen für Schülerinnen und Schüler vergleichende und wettbewerbsorientierte Bewertungsformen zugunsten von Selbsteinschätzungen und individuellen Lernentwicklungsberichten in den Hintergrund treten. Die Schul- und Unterrichtsentwicklung kann durch standardisierte Vergleichstests nur dann positiv unterstützt werden, wenn diese auf eine Monitoring- und Orientierungsfunktion begrenzt werden. Dies muss den Schulen, aber auch den Lehrerinnen und Lehrern deutlich signalisiert werden, indem auf flächendeckende Tests und jegliche Form von öffentlicher Anprangerung (*blaming and shaming*) verzichtet wird.

Gleichrangige Ziele: Verbesserung von Qualität und von Chancengleichheit

Vergleichstests auf *Stichprobenbasis* können für die Schul- und Unterrichtsentwicklung dann sehr hilfreich sein, wenn die Schulen selbstgesteuert sich dieser Instrumente Internet basiert bedienen können, um eine allgemeine Bezugsnorm zur eigenen Einschätzung zu erhalten. Im Rahmen der Lehrerbildung muss sichergestellt werden, dass solche Selbstüberprüfungen fester Bestandteil des professionellen Selbstverständnisses und der Praxis sind. Diese Instrumente werden dann mit Sicherheit gerne und regelmäßig benutzt, wenn Schulen und jede einzelne Lehrkraft sicher sein können, dass sie für den Fall unbefriedigender Ergebnisse einen Anspruch auf Beratung und Unterstützung haben. Die erforderlichen personellen, zeitlichen und finanziellen Ressourcen müssen zur Verfügung stehen. Brügelmann hat es treffend auf den Punkt gebracht, als er 2007 einem Beitrag den Titel gab: „Fieber genau zu messen ist noch keine Diagnose, Fieber erfolgreich zu senken keine Therapie." (Brügelmann 2008) Es bedarf vielmehr kompetenter Diagnosen und fallgenauer Therapien, sonst bleibt das Bekenntnis der Politik zu individueller Förderung eine hohle Phrase. Dringend benötigt werden vor allem gezielte und flächendeckende Fortbildungsmaßnahmen für Lehrkräfte *aller* Schulformen und Schulstufen sowie die entsprechenden Rahmenbedingungen und Konzepte, um umfassende Sprachfördermaßnahmen für schwache Leserinnen und Leser umsetzen zu können. Es ist zu hoffen, dass der Hinweis der Autorengruppe Bildungsberichterstattung (2010, 175f.)

> „allein entlang der ‚Sieben Handlungsfelder' der Kultusministerkonferenz aus dem Jahr 2001 [gebe] es noch eine Vielzahl nicht abgeschlossener Reforminitiativen, die bereits heute zusätzliche personelle und finanzielle Anstrengungen erfordern: z.B. den weiteren Ausbau der Ganztagsschule, die Verbesserung der Schuleingangsphase, die Sprachförderung von Migranten und andere Fördermaßnahmen, um den Schulerfolg von Schülerinnen und Schülern aus bildungsfernen Familien zu verbessern"

bei den politischen Entscheidungsträgern endlich Gehör findet. Deutschland befindet auf dem Weg von einem selektiven zu einem inklusiven Schulsystem. Damit unterwegs die Orientierung nicht verloren geht, werden internationale Vergleichsstudien gebraucht. Das heißt aber nicht, dass Schwächen und schädliche Nebenwirkungen unter den Teppich gekehrt werden dürfen. Sie müssen offen kommuniziert und nach Möglichkeit behoben werden.

Bei aller Kritik: Etwas Besseres als PISA ist international derzeit nicht zu haben. Es muss jedoch klar sein, dass PISA keine *Bibel* und nicht das Non-Plus-Ultra der schulpolitischen und pädagogischen Erkenntnis ist; dass PISA Schwächen hat und Gefahren in sich birgt, die zur Kenntnis genommen, diskutiert und bearbeitet werden müssen. Sollen internationale Leistungsvergleichsstudien zu tatsächlichen Verbesserung von Schulleistungen beitragen, besteht Handlungsbedarf – in vielerlei Hinsicht.

Literatur

Ackeren, Isabell van: Von FIMS und FISS bis TIMSS und PISA. Schulleistungen in Deutschland im historischen und internationalen Vergleich. In: Die Deutsche Schule 94 (2002) H. 2, 157-175

Artelt, Cordula u.a. (Hgg.): PISA 2000. Zusammenfassung zentraler Befunde. Max-Planck-Institut für Bildungsforschung. Berlin 2001

Autorengruppe Bildungsberichterstattung (Hgg.): Bildung in Deutschland. Ein indikatorenge-stützter Bericht mit einer Analyse zu Perspektiven des Bildungswesens im demografischen Wandel. Bielefeld 2010

Baumert, Jürgen u.a. (Hgg.): PISA 2000 – Die Länder der Bundesrepublik Deutschland im Vergleich. Opladen 2002a

Baumert, Jürgen u.a. (Hgg.) : Schau genau: Wie begründet sind die Zweifel an den PISA-Ergebnissen aus Bayern? Eine Replik auf den gleichnamigen Artikel von Klaus Klemm in der Süddeutschen Zeitung vom 3. 9. 2002. München 2002b. www.mpib-berlin.mpg.de/Pisa/Klemm_Antwort.pdf (23.06.2011)

Baumert, Jürgen u.a. (Hgg.): PISA 2000 – Ein differenzierter Blick auf die Länder der Bundesrepublik Deutschland. Zusammenfassung zentraler Befunde. Berlin 2003. Download: http://www.mpib-berlin.mpg.de/Pisa/PISA-E_Vertiet_Zusammenfassung.pdf

Baumert, Jürgen / Petra Stanat / R. Watermann: Schulstruktur und die Entstehung differenzieller Lern- und Entwicklungsmilieus. In: J. Baumert u.a. (Hgg.): Herkunftsbedingte Disparitäten im Bildungswesen: Differenzielle Bildungsprozesse und Probleme der Verteilungsgerechtigkeit. Vertiefende Analysen im Rahmen von PISA 2000. Wiesbaden 2006, 95-188

Bos, Wilfried u.a. (Hgg.): IGLU 2006. Lesekompetenzen von Grundschulkindern in Deutschland im internationalen Vergleich. Münster 2007

Brügelmann, Hans: Kerncurricula, Regelstandards, Kompetenztests: Ab wann ist eigentlich jemand „funktional alfabetisiert"? Bericht vor dem Fachbereich 02 der Universität Siegen. Siegen 2004. http://www.agprim.uni-siegen.de/printbrue.htm#texte

Brügelmann, Hans: Fieber genau zu messen ist noch keine Diagnose, Fieber erfolgreich zu senken keine Therapie. Wie Leistungstests in ihren Leistungsmölichkeiten durch PISA & Co. Überfordert werden. Beitrag zum Forum „Schule ist mehr als PISA". ZEIT-Stiftung: Hamburg 6./7. März 2008. Download: http://www.agprim.uni-siegen.de/printbrue/brue.08a.pisa_refpaed2.pdf (16.07.2011)

Demmer, Marianne: Risikoschüler in einem risikoreichen Schulsystem. Lesekompetenz im Spiegel von PISA und IGLU. In: J. Knobloch (Hg.): Kinder- und Jugendliteratur für Risikoschülerinnen und Risikoschüler? München 2008a (kjl&m 08.extra)

Demmer, Marianne: Kontra: Wettbewerb. Schule und Wettbewerb. In: Schul-Management 39 (2008b) H. 2, 15-17

Demmer, Marianne: Auf das falsche Pferd gesetzt: Zehn Jahre PISA – eine Bilanz der KMK-Maßnahmen. In: Erziehung und Wissenschaft 62 (2010) H. 12, 7-8. Download: http://www.gew.de/Binaries/Binary70973/EuW_12_2010.pdf (07.07.2011)

Demmer, Marianne: PISA: Bilanz eines Jahrzehnts. Download: http://www.gegenblende.de/09-2011 (04.07.2011)

Figazzolo, Laura: Impact of PISA 2006 on the Education Policy Debate. Brüssel 2009. http://download.ei-ie.org/docs/IRISDocuments/Research%20Website%20Documents/2009-00036-01-E.pdf (23.06.2011)

Helmke, Andreas: Was wissen wir über guten Unterricht? Über die Notwendigkeit einer Rückbesinnung auf den Unterricht als dem „Kerngeschäft" der Schule. In: Pädagogik (2006) H. 2, 42-45. Zitiert nach Internetveröffentlichung http://www.nibis.de/~sts-ler/erdmann/guter-unterricht_helmke.pdf (23.06.2011)

Helmke, Andreas: Was wissen wir über guten Unterricht? Wissenschaftliche Erkenntnisse zur Unterrichtsforschung und Konsequenzen für die Unterrichtsentwicklung. Erweiterte Fassung eines Vortrages bei der Veranstaltung Lehren und Lernen für die Zukunft, am 28. Oktober 2006 In Essen (2007). http://www.bertelsmann-stiftung.de/cps/rde/xbcr/SID-7B85386A-58866874/bst/05_Vortrag_Prof_Helmke.pdf (23.06.2011)

Jahnke, Thomas / Wolfram Meyerhöfer (Hgg.): PISA&Co – Kritik eines Programms. 2. Auflage. Hildesheim 2007

Klemm, Klaus: Schau genau. Wie stark sind die Leistungsschwächeren? Es gibt Zweifel an den PISA-Ergebnissen aus Bayern. Süddeutsche Zeitung vom 03.09.2002. Download: http://bildung-in-deutschland.net/zd/zeitdok.html?a=118728 (23.06.2011)

Klieme, Eckhard u.a. (Hgg.): PISA 2009. Bilanz nach einem Jahrzehnt. Münster 2010a. Download: http://pisa.dipf.de/de/pisa-de (23.06.2011)

Klieme, Eckhard (Hg.): PISA 2009. Bilanz nach einem Jahrzehnt. Zusammenfassung. Münster 2010b. Download: http://www.dipf.de/de/pdf-dokumente/aktuelles/presseinformationen/PISA_2009_Zusammenfassung.pdf (23.06.2011)

Klieme, Eckhard: Bildung unter undemokratischem Druck? Anmerkungen zur Kritik der PISA-Studie. In: Stefan Aufenanger u.a. (Hgg.): Bildung in der Demokratie. Beiträge zum 22. Kongress der DGfE. Band 2. Opladen 2011. Download: http://pisa.dipf.de/de/files/PISA_Artikel_Bildung%20unter%20undemokratischen%20Druck_klieme.pdf (23.06.2011)

Kraus, Josef: Der Pisa-Schwindel. Unsere Kinder sind besser als ihr Ruf. Wie Eltern und Schule Potentiale fördern können. Wien 2005

Mortimore, Peter: Alternative models for analysing and representing countries' performance in PISA. Paper commissioned by Education International Research Institute. Brussels 2009. Download: http://www.ei-ie.org/en/websections/content_detail/3272 (15.06.2011)

Münch, Richard: Globale Eliten, lokale Autoritäten: Bildung und Wissenschaft unter dem Regime von PISA, McKinsey & Co. Frankfurt/M 2009

Neuwirth, Erich: PISA 2000: Sample Weight Problems in Austria. OECD Education Working Papers (2006) H. 5. OECD Publishing. Download: http://dx.doi.org/10.1787/220456725273 (23.06.2011)

OECD and Statistics Canada: International Adult Literacy Survey (IALS). Paris [u.a.] 2000. Download: http://www.oecd.org/document/2/0,3343,en_2649_39263294_2670850_1_1_1_1,00.html (16.07.2011)

OECD: PISA 2006 – Technical Report. Paris 2009

OECD: PISA 2009 – Ergebnisse: Was Schülerinnen und Schüler wissen und können. Schülerleistungen in Lesekompetenz, Mathematik und Naturwissenschaften. Band I. Paris 2010a

OECD: PISA 2009 Results: Learning Trends: Changes in Student Performance Since 2000. Volume V. Paris 2010b

Prenzel, Manfred u.a. (Hgg.): PISA 2003. Ergebnisse des zweiten internationalen Vergleichs. Zusammenfassung, 2004. Download: http:// www.pisa.oecd.org/pages/0,3417, en_32252351_32235907_1_1_1_1_1,00.html (3.06.2011)

Rindermann, Heiner: Was messen internationale Schulleistungsstudien? Schulleistungen, Schülerfähigkeiten, kognitive Fähigkeiten, Wissen oder allgemeine Intelligenz? Sonderdruck aus: Psychologische Rundschau, 57 (2006) H. 2, 69–86. Download: http://www.gfg-online.de/downloads/wissenschaftsartikel/quelle_2006-03_5.pdf (29.06.2011)

Schümer, Gundel / Manfred Weiß: Bildungsökonomie und die Qualität der Schulbildung. Frankfurt/M 2008. Download: http://www.gew.de/Binaries/Binary36403/GEW-Bioeko-web.pdf (16.07.2011)

Wuttke, Joachim: Die Insignifikanz signifikanter Unterschiede: Der Genauigkeitsanspruch von PISA ist illusorisch. In: Jahnke / Meyerhöfer 2007

Friederike George
Man spricht Deutsch, man spricht auch Englisch
Zur Unterschiedlichkeit der Rezeption von
Cornelia Funkes *Tintenherz*

„Dass die Geschichte in mehreren Sprachen niedergeschrieben wurde, hat die Suche noch zusätzlich erschwert – eine sehr unnütze Eigenart dieser Welt, all diese verschiedenen Sprachen." (Funke 2003, 179)

„Mit dem zeitgleichen Erscheinen ihres fantastischen Romans Tintenherz im September 2003 in Deutschland, England, den USA, Kanada und Australien gelang Cornelia Funke ein neuer Paukenschlag: Spätestens mit diesem ersten Band des als Trilogie angelegten Werkes erreichte Cornelia Funke international auch viele Leserinnen und Leser, deren Alter weit über das übliche Kinderbuchlesealter hinausgeht." (Pressemappe: Dressler Verlag 2010)

Die Kinder- und Jugendbuchautorin Cornelia Funke

Cornelia Funke wurde am 10.12.1958 in Dorsten, einer westfälischen Kleinstadt, geboren. Ihr Vater, er war Rechtspfleger und zugleich *Büchernarr*, nahm sie bereits im Kleinkindalter mit in die örtliche Stadtbücherei und vermittelte ihr die Freude am Lesen. Nach dem Abitur im Jahr 1978 studierte die spätere Autorin in Hamburg Soziologie und Sozialpädagogik. Nach ihrem Examen begann sie, neben ihrer pädagogischen Arbeit auf einem Bauspielplatz, an der Hamburger Fachhochschule Buchillustration zu studieren. In Hamburg lernte Cornelia Funke auch ihren späteren Ehemann Rolf Frahm kennen, der 2006 im Alter von nur 56 Jahren überraschend verstarb.

1988 begann Cornelia Funke ihre Schriftstellerkarriere mit dem Kinderbuch *Die große Drachensuche,* das sie auch selbst illustrierte.[1] Bereits nach dem Erscheinen dieses Buches entschied sie sich, in Zukunft lieber zu schreiben statt zu illustrieren. Damit begann ihre Erfolgsgeschichte. Zurzeit hat sie mehr als 50 Bücher veröffentlicht, die in 37 Sprachen übersetzt und in 43 Ländern veröffentlicht wurden (vgl. Pressemappe: Dressler Verlag 2010).

Ihre Patentante Hildegunde Latsch, die 2008 eine erste Biografie (für Kinder) über Cornelia Funke veröffentlichte, kam 1975 von einem mehrjährigen Afrika-Aufenthalt zurück und brachte englischsprachige Bücher mit, die das Interesse der damals fast 20-jährigen Cornelia Funke für die englische Literatur weckten (2008, 19f.). „Ich bin hoffnungslos anglophil" bekannte Cornelia nach ihrem Abitur 1978 (ebd. 21). Diese *anglophile Ader* führte 2002 zu ihrer ersten Lesereise nach Amerika - anlässlich des Erscheinens ihres Buches *Herr der Diebe* in England und den USA (2002 u.d. Titel *The Thief Lord;* Übersetzung: Oliver Latsch) - und 2005 schließlich zu ihrem Umzug aus der Umgebung von Hamburg nach Beverly Hills. Kurz darauf (2006) wurde ihr Buch *Inkspell* (2005; Übersetzung: Anthea Bell) für den *Book Sense Award – Book of the Year* ausgewählt, der begehrtesten Auszeichnung der unabhängigen American Booksellers Association.

---

1 Dieses Buch ist inzwischen vergriffen, es erschien in der Benziger Edition des Würzburger Arena Verlages.

Cornelia Funkes *Tintenwelt*

Tintenwelt ist der Titel einer fantastischen Trilogie von Cornelia Funke, einer Trilogie, die aus den Bänden *Tintenherz* (2003), *Tintenblut* (2005) und *Tintentod* (2007) besteht. Für die Recherchen zum nachfolgenden Beitrag wurden jedoch nur der Band *Tintenherz* sowie ergänzende Literatur ausgewertet. Allerdings hat die Autorin in einem englischen Interview betont, dass sie diese Trilogie nicht als mehrbändiges Werk, sondern als Einzeltitel geplant habe: „[...] with *Inkheart*, although I planned just one book the characters just wouldn't let me go. [...] So I opened the door in the wardrobe for a second time" (Funke / Tucker 2006).

Um was aber geht es in Cornelia Funkes *Tintenwelt*? Fast jeder von uns hat sich beim Lesen einmal gewünscht, in die gelesene Geschichte hineinzusteigen, in ihr zu leben. Diese Sehnsucht ist bei einer gut geschriebenen Lektüre wohl immer dabei. Und mit dieser Sehnsucht spielt die Autorin: Sie lässt sie in ihrem Roman wahr werden – allerdings nicht im positiven, sondern im negativen Sinne. Die Frau des Vorlesers Mo wird in die vorgelesene Geschichte hineingezogen, die *bösen* Protagonisten der Geschichte fallen dagegen aus ihr heraus in die Realität.

Ab sofort weigert sich Mo (genannt Zauberzunge), vorzulesen. Seiner Tochter Meggie gibt er keine Erklärung für sein Verhalten, vielmehr teilt er ihr mit: „Jetzt ist es passiert. Jetzt steckst Du mitten in der Geschichte, so wie Du es Dir immer gewünscht hast, und es ist schrecklich. Die Angst schmeckt ganz anders, wenn man nur über sie liest." (Funke 2003, 156).

Cornelia Funkes *Tintenherz* (Cover © Hamburg: Dressler, 2003)

In einer stürmischen Nacht entdeckt Meggie, die mit ihrem Vater Mo (der nicht nur Vorleser, sondern auch Buchrestaurator ist) auf einem Bauernhof lebt, einen Schatten im Garten. Es ist Staubfinger, der auf der Suche nach einem der letzten Exemplare eines Buches mit dem Titel *Tintenherz* ist, aus dem er seinerzeit *herausgelesen* wurde. Er ist unglücklich in der realen Welt und möchte zurück in das Buch. Auch sein Auftraggeber, Capricorn, ist auf der Suche nach diesem Buch – allerdings aus einem entgegengesetzten Grund: Er möchte das Buch vernichten. Zwar wurde er ebenfalls *herausgelesen*, er will jedoch auf keinen Fall zurück. Mit dem Versuch, ein letztes Exemplar zu retten bzw. den Autor ausfindig zu machen, beginnt für Vater und Tochter ein gefährliches Abenteuer – bis natürlich das Gute siegt. Insgesamt kann man sicher sagen, dass das Buch eine Hymne an die Literatur und das Lesen darstellt, dass es auch mit dem Wissen über Bücher spielt, indem jedem Kapitel ein Zitat aus einem Werk der Weltliteratur vorangestellt wird. Ein Beispiel:

Das schwarze Pferd der Nacht
Er bückte sich und holte Sophiechen aus seiner Westentasche. Da stand sie nun in ihrem Nachthemdchen mit nackten Füßen. Sie zitterte und schaute um sich in die wirbelnden Nebelschwaden und gespensterhaft wogenden Dünste.
„Wo sind wir denn hier?", fragte sie.
„Im Traumland sind wir", sagte der GuRie. „Wir sind da, wo die Träume herkommen."
(Roald Dahl: Sophiechen und der Riese, zitiert nach Funke 2003, 403).

Zu *Tintenherz* gab es schon bald ein deutschsprachiges Hörbuch, das von Rainer Strecker gelesen wurde (2003). Außerdem wurde das Buch mit dem US-amerikanisch-kanadischen Filmschauspieler Brenda Fraser verfilmt (2008 / 2009).

Aspekte der deutschsprachigen Rezeption

In Deutschland wurde *Tintenherz* von den meisten Kinder- und Jugendbuchkritikern mit Begeisterung aufgenommen, u.a. setzte die Wochenzeitung *Die Zeit* das Buch auf die Empfehlungsliste für den *Luchs* (2003). Gleich zweimal wurde *Tintenherz* für den Deutschen Jugendliteraturpreis 2004 nominiert – auch von der Jugend-Jury. Die Leser selbst äußern sich in Internetforen ebenfalls überwiegend euphorisch.[2]

Ganz anderer Meinung ist allerdings Hans-Joachim Gelberg - ehemaliger Verleger des angesehenen Kinder- und Jugendbuchverlages Beltz&Gelberg -, der als einer der profiliertesten Jugendbuchkenner in Deutschland gilt. Er meint: „Dieses gedoppelte *Tintenherz* mag Schnellleser befriedigen, verdauen werden sie es kaum; es macht Bauchschmerzen." Und er kritisiert das mangelnde Lektorat, sprachliche Schwachstellen, wie auch die Zitate vor jedem Kapitel, in denen die Autorin mit ihrer Literaturkenntnis „hausieren geht". „Dabei ist es, mit Verlaub, ein wirres Buch. Abgesehen von vielen Trivialismen stürzt es Leser und Leserinnen in einen Handlungsstrudel, dem nur mühsam beizukommen ist" (Gelberg 2004).

Interessant ist, dass es beim Oetinger Verlag (einer Verlagsgruppe, zu der auch der Dressler Verlag gehört) zu *Tintenherz* zwar eine beachtliche Presseschau mit lobenden Zitaten gibt. Gelbergs Kommentar, immerhin in der Fachzeitschrift Eselsohr erschienen, ist dort allerdings nicht zu finden (vgl. Pressemappe: Dressler Verlag 2010). Es gibt es dort aber eine frühere lobende Rezension (Eselsohr 1997, H. 8).

Aspekte der Rezeption in den englischsprachigen Ländern

„Mit Cornelias wachsendem Erfolg in Deutschland wuchs auch ihr Wunsch, ihre Bücher auf Englisch lesen zu können. Sie liebt die englische Sprache", meint Hildegunde Latsch in ihrer Funke-Biografie unter der Überschrift „Auch die Kinder in Timbuktu sollen mei-

---

ne Bücher lesen" (2008, 52). Cornelia Funke wurde in dieser Situation *zufällig* von ihrem Cousin Oliver Latsch in Hamburg besucht. „Sie wusste, dass er ihre Geschichten kannte und liebte und dass er Englisch wie seine Muttersprache sprach" (ebd. 2008, 53).

So bat ihn Cornelia „ihre zwei Lieblingsbücher zu übersetzen, englische Verlage dafür zu interessieren und die Rechte nach England zu vermitteln" (ebd.). Oliver Latsch übersetzte zunächst den *Drachenreiter* (engl. EA 2004), dann das Buch *Herr der Diebe* (engl. EA 2002), er reiste zu verschiedenen Buchmessen und kam *zufällig* mit Barry Cunningham in Kontakt, einem ehemaligen Mitarbeiter des Bloomsbury Verlages (London), der als einer der Entdecker von J.K. Rowling gilt.[3] An Barry Cunningham konnte Oliver die Übersetzungsrechte für den *Herr der Diebe* verkaufen. „Die Erstauflage war in England in zwei Tagen ausverkauft." (Ebd. 2008, 53)

Und die Kinder in Timbuktu? In der Biografie von Hildegunde Latsch wird auf der vorletzten Seite dieser Frage nachgegangen. Hier heißt es allerdings nur: „Frage: Können die Kinder in Timbuktu Cornelia Funkes Bücher lesen? Antwort: Timbuktu liegt in Mali; dort ist die Amtssprache Französisch" (ebd. 2008, 159). Da es mehrere Übersetzungen von Funkes Büchern ins Französische gibt, ist die Frage wohl zu bejahen. Allerdings erfährt man im Internet, dass das Französische zwar Amtssprache des in Afrika, südlich der Sahara, liegenden Staates ist, jedoch nur von rund 10%

Cornelia Funkes *Tintenwelt*-Trilogie
(Foto © Dressler Verlag, Hamburg 2011)

der Bevölkerung gesprochen wird. Nur 47% der schulpflichtigen Kinder zwischen 7 und 15 Jahren besuchen tatsächlich die Schule. Kein Wunder also, dass dieses Land ein Problem mit dem Analphabetismus hat. Das 1960 von Frankreich unabhängig gewordene Mali gilt zudem als eines der ärmsten und am wenigsten entwickelten Länder der Welt. Es werden sich daher vermutlich nur sehr wenige Kinder für die französische Lektüre von Cornelia Funkes Büchern begeistern können – eine englischsprachige Lektüre ist wohl nur in Ausnahmefällen möglich.

---

3 Barry Cunningham war u.a. für den Londoner Bloomsbury Verlag tätig, um dort ein Kinderbuchprogramm aufzubauen. 1996 sandte ihm Joanne Rowlings Agent Christopher Little den ersten Band ihrer Romanreihe, der ein Jahr später bei Bloomsbury als *Harry Potter and the Philosopher's Stone* in einer kleinen Auflage von 500 (sic!) Exemplaren erschien. Am Höhepunkt des Erfolgs von *Harry Potter* verließ Cunningham 1999 den Bloomsbury Verlag und gründete 2000 zusammen mit Rachel Hickman den Chicken House-Verlag. Zu den größten Markterfolgen dieses Verlages zählen die Bücher der deutschen Autorin Cornelia Funke. Wenig später (2005) verkaufte Cunningham seinen Verlag an den weltgrößten Kinderbuchverlag, den US-amerikanischen Scholastic Verlag. Barry Cunningham lebt und arbeitet heute in Somerset, einer Grafschaft im Südwesten Englands.

Man spricht Englisch

Beim Durchschauen fremdsprachiger Kinderliteratur-Zeitschriften konnten zwei englische Interviews mit Cornelia Funke entdeckt werden, eines bereits von 2002, nach dem Erscheinen von *The Thief Lord*, das andere von 2006, also nach ihrer Übersiedelung in die USA. Man spürt bei beiden Interviews, dass die Interviewer begeistert sind von der unkomplizierten, mit perfektem Englisch brillierenden Autorin.

Barry Cunningham, der Funke für den englischsprachigen Raum *entdeckt* hat (s.o.), führt ihren Erfolg u.a. darauf zurück, dass die fantastischen Romane der Autorin nicht in einer deutschen, sondern in einer italienischen Umgebung spielen (z.B. *Herr der Diebe* in Venedig, *Tintenherz* in Süditalien). Hinzu komme, dass entsprechende amerikanische Romane dialogorientierter und action-betonter seien und ihnen der erzählerische Rahmen fehle. Funkes Bücher hingegen verlangten den Kindern mit ihren verschiedenen Schauplätzen und Handlungssträngen einiges an Geduld und Konzentration ab und bedienten daher die Sehnsucht der englischsprachigen Leser nach dem *größeren Erzählgemälde*. Außerdem seien ihre Bücher stärker in der Realität verankert als amerikanische Fantasy-Literatur, was ebenfalls den Bedürfnissen junger Leser entgegenkomme.

Insgesamt haben Recherchen, vor allem in der Internationalen Jugendbibliothek in München, zu dem Eindruck geführt, dass die Reaktionen in den westlichen europäischen Ländern und in den USA zwar größtenteils begeistert sind, dass sich in Osteuropa dagegen diese Begeisterung in Grenzen hält:

Das Buch zum Film: *Die Welt von Tintenherz* (Cover © Hamburg: Dressler, 2008)

> „Ich habe die Bibliothekarinnen aus den Kinder- und Jugendabteilungen gefragt, wie es um die Nachfrage nach diesen Titel steht. Leider steht er bei uns nicht hoch im Kurs." (Gerda Lorenzovai: Krajskai knihovna Karlovy Vary, 05.09.2008)
>
> „*Inimâ de cernealâ* sieht in der rumänischen Version erbärmlich aus, wahrscheinlich ist das auch der Grund, weshalb das Buch nur wenig verkauft wurde." (Shauki's Books; 05.09.2008)[4]
>
> „Ich habe *Inimâ de cernealâ* durchgelesen, einfach, um es hinter mir zu haben – nicht weil es mir Spaß gemacht hätte. [...] Diejenigen, die es mit *Harry Potter* vergleichen, wissen nicht, was sie reden. Das einzig Gute in dem Buch ist die Liebe der Protagonisten zu Büchern. Jedoch gibt es für das Reisen in Büchern und die Begegnungen von Lesern und Protagonisten tausendmal bessere Bücher, als dieses schwache Buch. Ich war zu vorsichtig, als ich 7 Punkte

---

4 Übersetzung aus dem Rumänischen nach Judit Dobriban.

dafür gegeben habe, und korrigiere hiermit auf 5. *Harry Potter* bleibt „the best". (www. books.rainbowchild.ro; 05.09.2008)[5]

Die Begeisterung für *Harry Potter* ist in diesen Ländern also ungleich größer, was daran liegen könnte, dass in den ehemaligen kommunistischen Ländern grundsätzlich alles, was *direkt* aus den USA und aus englischsprachigen Ländern kommt, uneingeschränkte Bewunderung auslöst. Gegen Bücher aus Deutschland (wie z.B. *Tintenherz*) oder anderen Ländern könnten dagegen Vorbehalte bestehen.

Dass die Autorin im englischsprachigen Ausland mehr geschätzt wird als in Deutschland, und dort sogar mit Joanne K. Rowling verglichen wird, wie Heinrich Kaulen meint (2004), kann aus der Sicht einer an einer deutschen öffentlichen Bibliothek tätigen Bibliothekarin nicht unterstrichen werden. Auch führt die konkrete Erfahrung in dieser Bibliothek, in der die Bücher von Cornelia Funke seit Jahren absolute *Renner* sind, zu einem anderen Ergebnis.

Zum Erfolg in den USA und anderen englischsprachigen Ländern haben vermutlich die erklärte Anglophilie der Autorin sowie ihr Umzug in die USA beigetragen. Auch die Tatsache, dass sie so offensichtlich *eingebettet* ist in einen *familiären Verbund*, der ihr helfen kann (wie z.B. die Übersetzungen ins Englische durch ihren Cousin, die Gestaltung ihrer Internetseiten durch ihre Schwester), könnte den Erfolg von Funkes Büchern positiv beeinflusst haben.

Von Bedeutung ist, dass die Übersetzung auch des Buches *Tintenherz* (vgl. Funke 2003) ebenfalls durch Oliver Latsch veranlasst wurde, durch Cornelia Funkes Cousin also – d.h., letztlich hat die Autorin selbst diese Übersetzung in die Wege geleitet (vgl. Latsch 2008, 55). Nur so konnte das zeitgleiche Erscheinen auf Englisch erreicht werden, von dem im o.g. Zitat die Rede ist.

Vermutlich muss aber für Cornelia Funkes *Tintenherz* der englischsprachige Markt als der größte und wichtigste angesehen werden. Darin unterscheidet sich Funke also *nicht* von Rowling. Da aber Übersetzungen aus dem Englischen bzw. US-Amerikanischen viel häufiger sind als Übersetzungen aus dem Deutschen (oder aus anderen Sprachen) ins Englische, Englisch also gerade für den Buchmarkt als *lingua franca* gelten kann, war es für Cornelia Funke wichtig, den englischsprachigen Markt zu *erobern* und dort den „Durchbruch" (Latsch 2008, 55) zu erzielen. Familiäre Zufälligkeiten, die anderen deutschen Autorinnen und Autoren nicht zur Verfügung standen (vgl. z.B. Oliver Latsch), haben ihr vermutlich dabei geholfen. Anders wäre eine Übersetzung von Funkes Büchern ins Englische wohl sehr viel schwieriger oder gar unmöglich gewesen. Das gleichzeitige Erscheinen von Tintenherz in einer deutschen, aber auch in einer englischen, US-amerikanischen, kanadischen und australischen Ausgabe (2003) muss unter diesem Gesichtspunkt als wichtig angesehen werden, nicht zuletzt um die Bekanntheit früherer oder nachfolgender Bücher der Autorin zu steigern. Es ist sicher kein Zufall, dass Cornelia Funke in der globalisierten Welt von heute am Erfolg gemessen wird: Innerhalb von ca. 10 Jahren ist sie zu einer der weltweit ökonomisch *erfolgreichsten* deutschen Kinder- und Jugendbuchautorinnen geworden. Ob sie auch zu einer der *bedeutendsten* Autorinnen geworden ist, muss – selbst wenn sie vom *TIME Magazine* 2005 zu den 100 weltweit einflussreichsten Persönlichkeiten gerechnet wurde – allerdings offen bleiben.

---

5 Übersetzung aus dem Rumänischen nach Judit Dobriban.

Primärliteratur

Funke, Cornelia: Drachenreiter. Hamburg: Dressler, 1997

Funke, Cornelia: Herr der Diebe. Hamburg: Dressler, 2000

Funke, Cornelia: The Thief Lord. Aus d. Deutschen von Oliver Latsch. Frome: Chicken House, 2002

Funke, Cornelia: Tintenherz. Hamburg: Dressler, 2003

Funke, Cornelia: Inkheart. Aus d. Deutschen von Anthea Bell. Frome: Chicken House, 2003

Funke, Cornelia: Dragon Rider. Aus d. Deutschen von Oliver Latsch. Frome: Chicken House, 2004

Funke, Cornelia: Tintenblut. Hamburg: Dressler, 2005

Funke, Cornelia: Inkspell. Aus d. Deutschen von Anthea Bell. Frome: Chicken House, 2005 / New York: Scholastic, 2005

Funke, Cornelia: Tintentod. Hamburg: Dressler, 2007

Funke, Cornelia: Inkdeath. Aus d. Deutschen von Anthea Bell. Frome: Chicken House, 2008

Latsch, Hildegunde: Cornelia Funke – Spionin der Kinder. Hamburg: Dressler, 2008

Piper-Staisch, Karin: Die Welt von Tintenherz. Hamburg: Dressler, 2008

Sekundärliteratur

[Pressemappe zu] Cornelia Funke (Stand: September). Hamburg: Dressler Verlag, 2010

Funke, Cornelia / Nicholas Tucker: Cornelia Funke interviewed by Nicholas Tucker. Books for Keeps (2006) H. 159 (online)

Gelberg, Hans-Joachim: „Tintenherz" – ein Herz voller Tinte. In: Eselsohr 23 (2004) H. 8, 26-27

Kaulen, Heinrich: Wunder und Wirklichkeit. Definition und Gattungsgeschichte der Phantastik. In: JuLit 30 (2004) H. 1, 12-20

Medien

Funke, Cornelia / Reiner Strecker: Tintenherz [Hörbuch]. Hamburg: Jumbo Neue Medien, 2003

Funke, Cornelia / Iain Softley [u.a.]: Inkheart / Tintenherz [DVD]. O.O.: u.a. Warner Home Video, 2009

Regina Pantos
Mehrsprachigkeit im Zeitalter der Globalisierung
oder: „Wie viel Sprache darf's denn sein?"

„Der Mensch ist nur Mensch durch Sprache."
(Wilhelm von Humboldt)

Mehrsprachigkeit – Ausnahme oder Regel?

Die Mehrsprachigkeit ist so alt wie die Menschheit, denn zu allen Zeiten trafen Menschen unterschiedlicher Sprache und Kultur durch Wanderungsbewegungen aufeinander und kommunizierten miteinander. „70 Prozent der Weltbevölkerung sprechen täglich mehr als eine Sprache und über 50 Prozent der Kinder auf dieser Welt sprechen in der Schule eine andere Sprache als zu Hause." (Günther / Günther 2007, 86)

Sich in mehreren Sprachen verständigen zu können, ist für den überwiegenden Teil der Menschheit also Normalität. Diese Tatsache ist den Europäern durch die zumeist monolinguale Struktur ihrer Nationalstaaten seit dem 19. Jahrhundert aus dem Blick geraten. Eine Ausnahme bilden dabei die Schweiz, Luxemburg und Belgien mit vier bzw. drei offiziellen Landessprachen.

In allen Ländern, die unter Kolonialherrschaft standen, ergab sich die Notwendigkeit zur Mehrsprachigkeit zumindest für die Beherrschten. Nach dem Ende der Kolonialherrschaft erklärten diese Länder, auch wenn in ihnen diverse Sprachen gesprochen wurden, oft neben einer einheimischen Sprache die jeweilige *Kolonialsprache* zur Amtssprache. Einen anderen Weg ging Südafrika, das nach dem Ende der Apartheid elf Sprachen den Status einer Amtssprache verlieh. Die Verfassung von 1996 sieht vor, keiner Sprache den Vorzug zu geben und alle als gleichwertig zu betrachten. Über die Amtssprachen hinaus werden in der Verfassung elf weitere Sprachen, darunter Deutsch, genannt, die von Einwanderern gesprochen werden und als schützenswert gelten. Es gibt also per definitionem keine einheimischen Sprachen und keine Fremdsprachen, sondern eher mehr oder weniger häufig gesprochene Sprachen. „Das Erlernen von mehr als einer Sprache gehört mithin zum Ausgangspunkt und Mehrsprachigkeit zum Selbstverständnis jeden Südafrikaners, um ethnisch begründetem Chauvinismus von vornherein die Spitze abzubrechen." (Maltzan 2009, 208)

Im Zeitalter der Globalisierung und der europäischen Integration kommt der Sprache eine immer stärkere Bedeutung zu. Während Europa in wirtschaftlicher und politischer Hinsicht immer weiter zusammenwächst, gibt es im Bereich der Sprachen deutlichen Handlungs- und Nachholbedarf. Aus diesem Grund erklärte die EU 2001 zum *Europäischen Jahr der Sprachen*, das unter dem Motto stand „Sprachen öffnen Türen." Ziel war, dass junge Menschen in Europa neben ihrer Muttersprache zwei weitere

Sprachen sprechen können sollten. Die damalige Bundesministerin für Bildung und Forschung, Edelgard Bulman, forderte, bereits im Kindergarten mit dem Sprachenlernen zu beginnen. Heute, 20 Jahre später, sind bilinguale Kindergärten immer noch eine seltene Ausnahme. Ihre Gründung geht zumeist auf die Initiative einer bildungsbewussten Elite zurück, die in früheren Jahrhunderten ihre Kinder mehrsprachig durch Kindermädchen und Hauslehrer erziehen ließ. Für diese Kinder soll die frühe Mehrsprachigkeit die Tür für eine Karriere in der Welt öffnen. Für die Kinder der Migranten, die aus aller Welt nach Deutschland gekommen sind und deren Familiensprache nicht Deutsch ist, sollte die Mehrsprachigkeit den Türöffner in die deutsche Gesellschaft bilden. Für sie herrscht aber oft *Babylon* im Kindergarten und sie finden den Ausgang aus dem Sprachenlabyrinth vor der Schule nicht.

Mehrsprachigkeit bei Kindern aus binationalen und bikulturellen Familien

Bis in die 1970er-Jahre wurde in Deutschland, z.B. in Kindergärten, die Auffassung vertreten, dass die Kinder überfordert seien, wenn sie zweisprachig aufwüchsen und erst recht, wenn man sie früh mit anderen Sprachen konfrontierte. Diese Auffassung ist heute durch wissenschaftliche Forschungen widerlegt. Das Gehirn hat Platz für viele Sprachen. Wir wissen, dass sich die Erstsprache parallel zur Hirnreifung entwickelt und dass sich durch den Spracherwerb wichtige Anstöße zum Ausbau neuronaler Netze im Gehirn ergeben (vgl. Apeltauer 1997, 68). Den Zusammenhang von Sprachentwicklung und Hirnreifung hier detailliert zu erläutern, würde zu weit führen (vgl. Günther / Günther 2007, 92-97). Wichtig erscheinen mir jedoch einige allgemeine Informationen zum Prozess des Spracherwerbs. Die Spracherwerbsforschung ist bis heute nicht in der Lage, die sprachliche Entwicklung von Kindern exakt zu erklären. Vier theoretische Ansätze stehen zur Diskussion:
- *Der behavioristische Ansatz* von Skinner, der davon ausgeht, dass Kinder die Sprache der Erwachsenen nachahmen.
- *Der nativistische Ansatz* von Chomsky, der Sprache als Reifungsprozess betrachtet, der biologisch bestimmt, d.h. angeboren ist.
- *Der kognitivistische Ansatz,* der zurück geht auf Piaget und die Genfer Schule, der Sprache im Zusammenhang mit der geistigen Entwicklung, d.h. der kognitiven Auseinandersetzung des Kindes mit seiner Umwelt sieht.
- *Der interaktionistische Ansatz* von Bruner, der Sprache als Ergebnis einer engen Wechselbeziehung von Kind und Umwelt betrachtet und Sprache als Mittel zur Herstellung sozialer Beziehungen interpretiert.

Die hier sehr verkürzt dargestellten Theorien bieten alle keine befriedigenden Erklärungen für den komplexen Prozess des Spracherwerbs, da sie jeweils auf bestimmte Phänomene den Focus legen (vgl. Günther / Günther 2007, 89-92; Kniffka / Siebert-Ott 2009, 31-33). Aus der Beobachtung von Babys wissen wir jedoch, in welchen Phasen die Sprachentwicklung verläuft. Wenn das Hörvermögen und die Sprechwerkzeuge normal ausgebildet sind, lernt das Kind stimuliert durch seine Umwelt Sprache. Die Fähigkeit zur Lautproduktion – vom Schreien über das Lallen und Brabbeln – ist offensichtlich angeboren. Von seinem Lautrepertoire her ist das Kind für alle Sprachen der Welt gerüstet. Im Alter von ca. neun Monaten setzt jedoch eine stark sozial geprägte Phase ein, in der sich die Muttersprache herausbildet und nur *die* Laute im Repertoire bleiben, die es durch seine Umgebung hört.[1] Dies können auch die Laute mehrerer Sprachen sein, sodass hier für Eltern, die unterschiedliche Muttersprachen sprechen, ein wichtiger Zeitpunkt liegt, zu entscheiden, ob sie ihrem Kind beide Sprachen anbieten und es damit von Anfang an bilingual aufwachsen lassen. Sie sollten dabei bedenken, dass für das Kind die Chance, zwei Sprachen so mühelos und perfekt zu lernen, nie wieder kommt. Allgemein wird damit die Empfehlung verbunden, eine Sprache an eine Person zu binden, um dem Kind die Orientierung zu erleichtern und Interferenzen zu vermeiden. Sprachmischungen sind aber kein Grund zur Sorge, da sie entwicklungsbedingt auftreten und mit zunehmendem Alter in der Regel verschwinden. Die Zahl binationaler Eheschließungen beträgt in Deutschland 17%. Wenn keiner der Partner Deutsch als Muttersprache spricht, ergibt sich die Situation, dass eine dritte Sprache, über die sie beide mehr oder weniger gut verfügen, als gemeinsame Brückensprache benutzt wird. Dass auf diese Weise Mehrsprachigkeit von Anfang an funktionieren kann, habe ich an einer Familie erfahren, die ich schon vor der Geburt des ersten Kindes beraten habe. Voraussetzung für das Gelingen eines solchen Modells der mehrsprachigen Erziehung ist die entsprechende Information der Eltern über den Prozess des Spracherwerbs, eine bewusste Auseinandersetzung mit der Bedeutung von Sprache und Kultur für die Persönlichkeitsbildung und das Bemühen, den Kindern in allen drei Sprachen, die in der Familie gesprochen werden, immer wieder einen anregenden Input zu geben, z.B. durch Reisen in die Herkunftsländer zu Verwandten und Freunden und durch eine positive Einstellung zur Umgebungssprache Deutsch. Hinzu kommt die Auffassung der Eltern, dass zu einer Sprache auch ihre Schriftlichkeit gehört, um sie im Land anwenden zu können und um die mit der Sprache verbundene Kultur, z.B. Geschichte und Literatur, zu erschließen. Dennoch ist abzusehen, dass die Umgebungssprache Deutsch auf Grund der Lebenssituation der Familie ein immer größeres Gewicht bekommen wird, dass sie zur „*starken* Sprache werden wird und dass die Herkunftssprachen der Eltern bewusst gepflegt werden müssen, um dagegen zu bestehen. Natürlich liegen auf dem Weg zur mehrsprachigen Erziehung neben dem Problem der *starken* und *schwachen* Sprache (Kielhöfer / Jonekeit 1983, 12) noch weitere Stolpersteine, die sie gefährden können. Es gibt eine Reihe sehr interessanter Bücher mit Fallbeispielen aus mehrsprachigen Familien, die versuchen den Eltern Hinweise zu geben, wie man mit auftretenden Schwierigkeiten umgehen kann. (Vgl. Literaturliste: Ratgeber)

Frühe Mehrsprachigkeit für Kinder mit deutscher Muttersprache

Ein Kind wird als mehrsprachig betrachtet, wenn es zwei oder mehr Sprachen täglich als Mittel der Kommunikation einsetzt und dabei der Wechsel von einer zur anderen Sprache problemlos erfolgt. Die Frage ist, ob und wie dieses Ziel auch für Kinder zu erreichen ist, die aus einem monolingualen, Deutsch sprechenden Elternhaus stammen. Sieht man sich die Stellenanzeigen in den überregionalen Zeitungen an, so wird deutlich, dass für Führungspositionen sehr oft Mitarbeiter gesucht werden, die das

---

1 Gehörlose Kinder beginnen die Lautproduktion ab diesem Zeitpunkt einzustellen.

Merkmal der Mehrsprachigkeit erfüllen. U.a. werden aus diesem Grund immer mehr bilinguale Kindergärten von Elterninitiativen gegründet. Die Datenbank eines Vereins für frühe Mehrsprachigkeit an Kindertageseinrichtungen und Schulen (fmks) weist auf aktuell 703 bilinguale Kitas und 940 Schulen mit einem bilingualen Angebot hin. In diesen Einrichtungen wird zumeist Englisch, Französisch oder Spanisch ergänzend zu Deutsch angeboten. In den Schulen werden die Sprachen als Unterrichtssprachen eingesetzt und als Fach unterrichtet.

Literaturliste: Ratgeber (Auswahl)

De Rosa, Raffaele: Lesen und Schreiben bei mehrsprachigen Kindern. Bern 2007

Leist-Villis, Anja: Elternratgeber Zweisprachigkeit. 4. Auflage. Tübingen 2010

Montanari, Elke: Mit zwei Sprachen groß werden. Mehrsprachige Erziehung in Familie, Kindergarten und Schule. München 2001

Nodari, Claudio / Raffaele De Rosa: Mehrsprachige Kinder. Ein Ratgeber für Eltern und andere Bezugspersonen. 2. Auflage. Bern 2006

Schader, Basil: Sprachenvielfalt als Chance. Das Handbuch. Vorschläge für den Unterricht in mehrsprachigen Klassen. Zürich 2000 / Troisdorf 2004

Triarchi-Herrmann, Vassilia: Mehrsprachige Erziehung. Wie Sie ihr Kind fördern. München 2003

Verband binationaler Familien und Partnerschaften iaf. e.V. (Hg.): Kompetent Mehrsprachig. Sprachförderung und interkulturelle Erziehung im Kindergarten. Frankfurt/M 2004

Gründungsmitglied des Vereins *fmks* ist der Sprachwissenschaftler Prof. Dr. Henning Wode aus Kiel. Für ihn ist nicht entscheidend, dass eine zweite Sprache früh gelernt wird, sondern in welcher Weise dies geschieht und mit welcher Effektivität. Ausgehend von seinen Erfahrungen mit einer Kita und Grundschule in Altenholz bei Kiel, plädiert er für den konsequenten Einsatz der *Immersion-Methode* (IM), auch *Sprachbad* genannt (vgl. Wode 1995; Wode 2007) Die Kinder in der Kita in Altenholz werden von einer deutschen und einer englischen Muttersprachlerin betreut, die in ihren Muttersprachen angesprochen werden können. Die Arbeitssprache in der Gruppe ist jedoch ausschließlich Englisch. In der anschließenden Grundschule erfolgt der Unterricht zu 70% in Englisch, nur das Fach Deutsch wird in der Muttersprache unterrichtet. Das Lernen wird bei IM ganz den Kindern überlassen, sie bestimmen das Lerntempo und ihre Lerninhalte. Auf diese Weise kommt es auch nicht zur Überforderung. Sprachliche Fehler sind wie beim Erwerb der Muttersprache erlaubt, da sie ein vorübergehendes Phänomen darstellen. Die Leistungen am Ende der Grundschulzeit sind bei entsprechenden Tests überdurchschnittlich, nicht nur in Englisch, sondern auch in Deutsch und anderen Fächern. Diese Methode, die in anderen Ländern erfolgreich seit Jahrzehnten angewendet wird, stößt jedoch bei Eltern und Schulträgern in Deutschland offenbar immer noch auf Skepsis. Sie ist sicher nur erfolgreich, wenn die Eltern hinter dem Konzept stehen und die Kinder sich entsprechend motiviert und neugierig sich auf die Kommunikationssituation in einer fremden Sprache einlassen.

Ein anderes Modell, das Kinder zur Mehrsprachigkeit führen soll, bietet die Staatliche Europa-Schule Berlin (SESB) an. Dieser Schulversuch wurde 1992 begonnen und mit einem durchgehend bilingualen Unterricht (Deutsch plus Partnersprache) von Klasse 1 bis zum Abitur. Es gibt inzwischen neun Sprachkombinationen und 30 Schulstandorte. Der Unterricht wird grundsätzlich von Muttersprachlern erteilt. Die *SESB* will jedoch nicht nur Sprache auf hohem Niveau vermitteln, sondern auch die Kultur der Länder und durch die tägliche Begegnung von Schülern aus verschiedenen Herkunftskulturen, national wie sozial, zur Integration beitragen.

Im Vergleich zur *Immersion* in Altenholz geht es methodisch hier um den langfristigen Aneignungsprozess einer Zweitsprache, der schulisch gesteuert wird. Jede Sprache wird einzeln in den Gruppen als Mutter- oder Fremdsprache bis Klasse 8 unterrichtet. Fachunterricht wird gemeinsam und in beiden Sprachen angeboten. Beide Sprachen sollten im Prinzip bei jeweils 50% der Schüler die Muttersprache sein. Der Erwerb der Partnersprache auf der Ebene alltäglicher Kommunikation erfolgt relativ schnell, d.h. in 1-2 Jahren. Um jedoch bezüglich des Sprachniveaus auf dem Stand der Muttersprachler zu sein, brauchen die Schüler 5-7Jahre. Eltern und Schüler müssen also einen langen Atem haben und dürfen sich nicht verunsichern lassen. Die Schule ist kostenfrei und wegen der hohen Nachfrage entscheidet das Los über die Aufnahme. Leider wurde die bilinguale Vorschule wie in ganz Berlin auch hier abgeschafft, und so sind einsprachig deutsche Eltern im Grunde gezwungen, ihre Kinder vorbereitend in eine bilinguale Kita zu schicken, da bei einem Aufnahmetest Kenntnisse in Deutsch und der Partnersprache nachgewiesen werden müssen. Leider gibt es nur eine Europa-Schule mit der Partnersprache Türkisch, obwohl die Türken in Berlin die größte Migrantengruppe stellen, dagegen 4 Schulen mit Französisch als Partnersprache. Hieran wird deutlich, wie deutsche Eltern das Prestige der Partnersprachen einschätzen (vgl. Pohl 2011; Meier 2010). Auch das Goethe-Institut hat bereits 1996 auf den Bedarf an mehrsprachigen Menschen mit seinen Nürnberger Empfehlungen zum *Frühen Fremdsprachenlernen* hingewiesen. Diese wurden 2010 von 40 Experten aus 22 Ländern überarbeitet. Für den intensiven Fremdsprachenunterricht in der Primarschule werden politisch-ökonomische, kulturell-soziale und psychologisch-pädagogische Gründe angeführt. Der umfangreiche Forderungs- und Empfehlungskatalog, der auch in Englisch, Französisch und Italienisch zum Download zur Verfügung steht, geht auf Inhalte, Methoden, Organisation und Lernziele ein. Zwar bieten inzwischen alle Bundesländer Englischunterricht in der Grundschule an. Seine Effektivität wird von Kritikern immer wieder in Frage gestellt, weil durch die Trennung der Schüler vor dem Besuch der weiterführenden Schulen diese nicht sinnvoll auf dem Anfangsunterricht aufbauen können. Der normale Fremdsprachenunterricht, auch wenn er früh beginnt, führt offensichtlich immer noch nicht zu einer Qualifikation, die die Erwartungen an Mehrsprachigkeit erfüllt.

Mehrsprachigkeit aus der Perspektive von Menschen mit Migrationshintergrund – Deutsch als Zweitsprache

Eine Zweitsprache kann sehr unterschiedlich erworben werden. Gezielt, wie im Fremdsprachenunterricht oder ungesteuert, d.h. durch zufällige Kontakte, wie es bei Kindern oft beim Spielen geschieht. In diesem Fall orientiert sich das Kind am kommunikativen Erfolg und nicht an der formalen Richtigkeit seiner sprachlichen Äußerungen. Bezüglich der Art und Weise, wie die Zweitsprache erworben wird, gibt es verschiedene Hypothesen.

- Die *Identitätshypothese:* Erst- und Zweitspracherwerb erfolgen identisch, Grundlage ist der nach Chomsky angeborene Spracherwerbsmechanismus. Das sprachliche Vorwissen spielt dabei keine besondere Rolle.
- Die *Kontrastiv-Hypothese:* Die Erstsprache hat einen starken Einfluss auf den Erwerb der Zweitsprache. Die beiden Sprachsysteme werden vergleichend gegenübergestellt. Identische Strukturen und Regeln werden leicht, abweichende schwer erlernt und führen zu Fehlern und Lernschwierigkeiten.
- Die *Interlanguage-Hypothese:* Der Weg zur Zweitsprache erfolgt über Zwischensprachen bzw. Interimssprachen. Sie beinhalten Merkmale der Erst- und der Zweitsprache sowie unabhängige eigenständige Züge.

Belege lassen sich für alle Hypothesen finden (vgl. u.a. Günther / Günther 2007, 146-148). Unabhängig von den in der Theorie noch offenen Fragen, gibt es in der Praxis eine Menge Probleme, die beim Erwerb von Deutsch als Zweitsprache (DaZ) gelöst werden müssen. Klassen, in denen Deutsch als Zweitsprache gelernt wird, sind oft sehr heterogen in ihrer Zusammensetzung sowohl im Hinblick auf die Herkunftssprachen wie auf die Deutschkenntnisse der Schüler. In der Regel ging die Fremdsprachendidaktik aber von einer relativ homogenen Gruppe von Lernern aus und entwickelte davon ausgehend ihre Unterrichtskonzepte. Diese erweisen sich heute als wenig brauchbar. Methoden der Binnendifferenzierung sind nötig. Außerdem muss klar sein, ob das Ziel die Stärkung der mündlichen Kommunikationsfähigkeit ist oder ob konzeptionell-schriftliche Kompetenzen erworben werden sollen. Diese brauchen, wie z.B. auch die Europa-Schule zeigt, für ihre Entwicklung Zeit und ein den Lernern angepasstes flexibles Angebot.

Bei der Frage nach den Deutschkenntnissen von Menschen mit Migrationshintergrund handelt es sich um ein Problem, das sowohl aus der Perspektive der Bildung wie der Politik hochbrisant ist, denn es geht um rund ein Fünftel der Bevölkerung in Deutschland. Dieses Fünftel ist jedoch nicht gleichmäßig über die Bundesrepublik verteilt. Es gibt höhere Zahlen in Großstädten wie z.B. Frankfurt/M mit 40% oder Berlin mit 26%. Dabei bewegt sich die Verteilung in Berlin z.B. innerhalb der Bezirke der Stadt zwischen 7,4% in Treptow-Köpenick und 44,8% in Mitte. Da die Bevölkerung mit Migrationshintergrund einen geringeren Altersdurchschnitt hat, bilden Kinder mit Migrationshintergrund in Bezirken wie Mitte inzwischen die Mehrheit der Schülerinnen und Schüler. Es ergeben sich teilweise Kindergartengruppen und erste Klassen, in denen kein einziges muttersprachlich deutsches Kind mehr anzutreffen ist. Dies ist ein Extremfall, aber er tritt immer öfter auf. Hier werden die Kinder de facto einem Immersionsmodell ausgesetzt, das aber nicht funktioniert. Wode verweist als Erklärung auf entsprechende Erfahrungen mit Kindern von Arbeitsmigranten aus Finnland, die in Schweden auch mit wenig Erfolg beschult wurden. Den Grund für den mangelnden Schulerfolg sieht er nicht in mangelnder Lernfähigkeit im biologischen Sinne, sondern darin, dass den Kindern das Verständnis dafür fehlte, worum es in der Schule überhaupt geht. Fehlt dieses Vorwissen, wurde es nicht von Eltern oder dem Kindergarten vermittelt, dann ist ein Scheitern vorprogrammiert. Dies ist weltweit zu beobachten. Er plädiert in diesem Fall für einen Anfangsunterricht von zwei bis drei Jahren in der Herkunftssprache und sieht danach bessere Chancen für den Erwerb der Zweitsprache. Er erwartet vom Kindergarten eine gezielte Vorbereitung auf die Schule, speziell auch eine Heranführung an Bücher und Schriftkultur (vgl. Wode 2007, 16f.). Die Frage bleibt offen, in welcher Sprache das im Kindergarten erfolgen soll. Auch in den Herkunftssprachen? Wenn die Kinder im Kindergarten keine anderen Kinder haben, mit denen sie Deutsch sprechen müssen, um ihre Interessen in Spielsituationen auszuhandeln oder sich über Erfahrungen, die sie mit ihrer Umwelt machen, auszutauschen, woher soll dann die Motivation kommen, die deutsche Sprache zu lernen? Dreijährige lernen Deutsch nicht als Fremdsprache von der Erzieherin, sondern interessengeleitet von anderen Kindern. Stimmt die Sprachmischung in der Gruppe nicht, d.h. gibt es weniger als 30% deutschsprachige Kinder und dominiert eine andere Sprache sehr stark, hat die Erzieherin keine Chance, die Kinder angemessen auf die Schule vorzubereiten. Sie müsste *zaubern* können. Dabei gibt es nach meiner Meinung ein Zauberwort: Entmi-

schung. Diese wird jedoch in Diskussionen mit Trägern der Jugendhilfe oder Politikern aus zwei Gründen zurückgewiesen: Ein Beförderungssystem mit Bussen, das dazu nötig wäre, wird aus Kostengründen abgelehnt und ein entsprechender Schritt behördlicher Lenkung wird als Eingriff in das Recht der Eltern auf die Wahl der Kita abgelehnt. Den zweiten Grund kann ich nur bedingt nachvollziehen. Natürlich müssten die Eltern über die Vorteile einer ausgewogenen Mischung informiert werden. Und das Recht auf die freie Wahl des Kitaplatzes wird de facto schon dadurch eingeschränkt, dass in vielen Fällen die Nachfrage das Angebot übersteigt und sie gar keine Wahl haben. Im Fall der Zuweisung zu Grundschulen bestehen diese Skrupel außerdem nicht. Letztlich geht es vermutlich um die Kosten, die kurzfristig anfallen und die nicht als Investitionen in die Zukunft gesehen werden, obwohl sie es sind.

Ein aktuelles Buch (Cover © München: DVA, 2010)

In allen Familien mit Migrationshintergrund wird notgedrungen irgendwann die Frage gestellt nach der Bedeutung der Familiensprache und der Umgebungssprache Deutsch und es wird eine Entscheidung getroffen, wie man mit den Sprachen umgehen will – spätestens dann, wenn die Einschulung ansteht. Ein Teil der Eltern, auch deutsche, zieht dann um in einen anderen Wohnbezirk, damit die Kinder in eine Grundschule kommen, in der sie hinreichend Klassenkameraden mit deutscher Muttersprache haben. Vielen Migranteneltern ist inzwischen klar, dass hier ein Schlüssel für den Bildungserfolg ihrer Kinder liegt. Für die Eltern bedeutet das, den Schutzraum ihrer Community aufzugeben und sich in einer neuen Nachbarschaft einzuleben. Um ihrer Kinder willen nehmen sie in Kauf, dass sie vielleicht nicht immer als neue Nachbarn willkommen sind. Die Mehrheit der Eltern ist jedoch aus finanziellen und emotionalen Gründen nicht in der Lage, diesen Schritt zu tun. Auch sie wünschen sich eine

erfolgreiche Bildung für ihre Kinder, wissen aber nicht konkret, was sie dafür tun können und überlassen diese Frage den Bildungsinstitutionen, die ebenfalls überfordert
sind. So schließt sich ein Teufelskreis. Wie oft in diesen Fällen, muss ein Sündenbock
gefunden werden und Damokles' Schwert soll den Knoten zerschlagen.

Dass das erfolgreich funktioniert, zeigt die Tatsache, dass das Buch von Thilo Sarrazin *Deutschland schafft sich ab* bereits in der 18. Auflage erschienen ist und zum
Bestseller wurde. Unter der Überschrift „Was tun?" schlägt er mit Blick auf Migranten
und *bildungsferne* Familien vor:

> „Für Kinder ab dem dritten Lebensjahr besteht Kindergartenpflicht. Der Ganztagskindergarten
> wird zur Regelleistung. Verkehrssprache im Kindergarten ist Deutsch, darauf achten die Erziehe-
> rinnen. Der Schwerpunkt der Arbeit im Kindergarten ist das Gespräch. Es wird vorgelesen. Bei
> unentschuldigtem Fehlen wird die Grundsicherung für das Kind auf den anteiligen Regelsatz für
> Lebensmittel abgesenkt, abzüglich des Gegenwerts der Mahlzeiten im Kindergarten. Die Abzü-
> ge werden tagesscharf berechnet. Ebenso wird in der Schule verfahren." (Sarrazin 2010, 328)

Gegen einen kostenlosen Ganztagskindergarten ab drei Jahre haben Eltern keine Einwände. Im Gegenteil, Umfragen zeigen, dass sie sich ihn wünschen, wenn es ihn denn
gäbe. Eine Pflicht wäre überflüssig. Mit einem Verbot der Muttersprachen und dem
Zwang zur Kommunikation in Deutsch wird das unentschuldigte Fehlen der Kinder geradezu provoziert. Die materiellen Konsequenzen sollen die Eltern dann auf den rechten
Weg bringen. Hier zeigt sich das anachronistische und *wohlstandschauvinistische* Weltbild des Autors, das auf einem Erziehungsgedanken von Verbot und Strafe beruht. Auf
die Forderung, Erzieherinnen an Hochschulen auszubilden reagiert Sarrazin wie folgt:

> „Damit wäre der Gipfel einer verqueren Logik erreicht, die durch folgende Überspitzung auf
> den Punkt gebracht wird: Kinderlose bzw. kinderarme akademisch ausgebildete Erziehe-
> rinnen verzichten auf eigenen, möglicherweise intelligenten Nachwuchs, um sich der früh-
> kindlichen Erziehung von Kindern aus der deutschen Unterschicht und aus bildungsfernem
> migrantischen Milieu zu widmen, die im Durchschnitt weder intellektuell noch sozial das
> Potential mitbringen, das ihre eigenen Kinder hätten haben können. Ist das die Zukunft der
> Bildungsrepublik Deutschland?" (Sarrazin 2010, 245)

Als der Autor Finanzsenator in Berlin war, wurden die Eingangsvoraussetzungen für die
ErzieherInnenausbildung heraufgesetzt. Dass die Ausbildung formal bei der Fachschule
blieb und nicht an die Hochschule verlegt wurde, hatte nur den Grund, eine bessere Bezahlung in diesem Beruf zu verhindern. Dieser Hintergrund wird ausgeblendet, stattdessen zieht er seine Lieblingsthese für die Argumentation heran, dass „nach dem aktuellen
Forschungsstand als belegt gelten [kann], dass die menschliche Intelligenz zu 50 bis 80
Prozent erblich ist." (Sarrazin 2010, 350) Das Recht auf Bildung in der Muttersprache, das
eine Voraussetzung für echte Mehrsprachigkeit ist, wird von Sarrazin in dem Kapitel „Ein
Alptraum" behandelt. Dieser sieht so aus, dass im Jahr 2037 es gelungen war, bei der Wahl
zum Verfassungsgericht je einen Kandidaten mit türkischem und arabischem Migrationshintergrund durchzubringen. Mit ihrer Hilfe wird ein Urteil auf Recht von Unterricht in
der Muttersprache mit Hinweis auf Art.1 Abs.1 GG durchgesetzt (Sarrazin 2010, 402f.). Im
Wahlprogramm der SPD für Baden-Württemberg ist dagegen 2011 zu lesen:

> „Kinder mit Migrationshintergrund müssen sich mit ihrer Kultur im Schulalltag wiederfinden
> können. Mehrsprachigkeit sehen wir als Stärke. Dies bedeutet, dass wir das Erlernen der
> deutschen Sprache fördern und Sprachen von Migrantinnen und Migranten bei Bedarf in
> Muttersprachs-Arbeitsgemeinschaften anbieten werden."

Bildungsministerin Schavan schlug in einem Interview vor, Kenntnisse von Schülern mit Migrationshintergrund in der Muttersprache nach einer Prüfung als Zusatzqualifikation auf dem Zeugnis zu vermerken. Die GRÜNEN kündigten in ihrem Wahlprogramm für Baden-Württemberg an, mit einem Förderprogramm Lehrkräfte mit Migratonshintergrund anwerben zu wollen. Ihre muttersprachlichen Kenntnisse sollen zertifiziert und als Zusatzqualifikation bei der Einstellung berücksichtigt werden. In anderen Bundesländern (Nordrhein-Westfalen und Berlin) gibt es bereits aktive Netzwerke von Lehrkräften mit Zuwanderungsgeschichte, die auch Schülerinnen und Schüler mit Migrationshintergrund für diesen Beruf interessieren wollen und sie beim Studium unterstützen. Das ist sehr wichtig, da die Abbrecherquote unter Studenten mit Migrationshintergrund doppelt so hoch ist wie bei den übrigen Studenten. Ob diese Bemühungen von Erfolg gekrönt werden, hängt u.a. davon ab, wie sich die Diskussion über die Rolle der Migranten in Deutschland weiter entwickelt. Nach einer Studie zur Lebens-, Bildungs-, und Arbeitsmarktsituation von türkischen Akademikern und Studenten in Deutschland denken 2/3 der türkischstämmigen Akademiker darüber nach, Deutschland zu verlassen. Wichtiger als berufliche, wirtschaftliche oder familiäre Gründe ist dabei das *fehlende Heimatgefühl* in Deutschland. Statistisch ist Deutschland ohnehin seit 2008 kein Einwanderungsland mehr, sondern ein *Abwanderungsland*.

Sekundärliteratur

Apeltauer, E.: Grundlagen des Erst- und Fremdspracherwerbs. Eine Einführung. Fernstudieneinheit 15. Berlin 1997

Günther, B. / H. Günther: Erstsprache, Zweitsprache, Fremdsprache. Eine Einführung. Weinheim 2007

Kielhöfer, B./ S. Jonekeit: Zweisprachige Kindererziehung. Tübingen 1983

Kniffka, G. / G. Siebert-Ott: Deutsch als Zweitsprache. Lehren und lernen. StandardWissen Lehramt. 2. Auflage. Paderborn 2009

Maltzan, Carlotta von: Sprachenpolitik und die Rolle der Fremdsprachen (Deutsch) in Südafrika. In: Stellenbosch Papers in Linguistics PLUS (2009) Vol. 38, 205-214

Meier, G.: Soziale und interkulturelle Vorteile durch zweisprachigen Unterricht? Eine Untersuchung in der Staatlichen Europa-Schule Berlin. Bath 2010

Pohl, I.: Die Staatliche Europa-Schule Berlin. In: Julit 37 (2011) H. 2, 18-22

Sarrazin, T. Deutschland schafft sich ab. 12. Auflage. München 2010

Wode, H.: Lernen in der Fremdsprache. Grundzüge von Immersion und bilingualem Unterricht. München 1995

Wode, H.: Frühes Fremdsprachenlernen: Chancen und Risiken. In: Julit 33 (2007) H. 2, 11-17

Internet

www.fmks.eu

www.berlin.de/sen/bildung/besondere_angebote/staatl_europa-schule.de

www.goethe.de/lhr/prj/nef/rah/grn/deindex.htm

www.raa.de/mehr-lehrkraefte-mit-zuwanderung.html

www.tasd.futureorg.de

Ines Galling
Stationen eines T-Shirts
oder: Globalisierung als Thema der
Kinder- und Jugendliteratur

Die *Globalisierung* ist in aller Munde: Oft sehr kontrovers, nicht selten deutlich ideologisch aufgeladen und vielfach stark emotionalisiert wird über ihre Voraussetzungen und
Folgen, ihre Vor- und ihre Nachteile diskutiert. In den Medien ist die *Globalisierung* all-
gegenwärtig: In den Online-Ausgaben der *Süddeutschen Zeitung*, der *Frankfurter Rundschau* oder der *WELT* wird der Begriff mindestens einmal wöchentlich, in der *WELT* sogar
nahezu täglich in Artikeln aus unterschiedlichen Ressorts verwendet.[1] In diesem Artikel
soll die Rezeption der Globalisierung in der Kinder- und Jugendliteratur untersucht werden, da man seit einigen Jahren auch hier eine wachsende Zahl von Büchern finden
kann, die sich mit dem Thema beschäftigen: Während z.B. Klaus Werner-Lobo in *Uns
gehört die Welt* (2008) die westliche Konsumabhängigkeit und den globalen Warenhan-
del thematisiert, beleuchtet *André Fourçans erklärt die Globalisierung* (2008) nicht allein
ökonomische, sondern auch andere Aspekte der Globalisierung. Vorangestellt wird der
Analyse nun jedoch zunächst eine kurze Einführung in den Begriff *Globalisierung*.

Globalisierung – Was ist das?

Ulrich Beck beschreibt die Globalisierung als einen dynamischen Prozess, der in un-
umkehrbare, transnationale und auf allen Ebenen (staatlich, individuell) angesiedel-
te Verflechtungen von den verschiedener Bereichen wie Politik, Ökonomie, Kultur,
Gesellschaft und Religion resultiert (vgl. Beck 2007, 28f.).[2] Dynamik und Interaktion
sind die Schlüsselbegriffe, die die Globalisierung charakterisieren. Die Interaktion ist
durch zwei zeitliche Parameter – die diachrone Entwicklung auf der einen, die syn-
chrone Gleichzeitigkeit von Prozessen auf der anderen Seite – bestimmt. Zugleich sind
sie durch kausale und konsekutive Beziehungen gekennzeichnet. Die Globalisierung
lässt sich demnach als ein Netz voller symbiotischer und simultan wirksam werdender
Verflechtungen verstehen. Das bedeutet wiederum, dass Veränderungen auf einem
Gebiet zwangsläufig Modifikationen in den anderen Bereichen nach sich ziehen. Zudem bedeutet die Vielschichtigkeit, dass die Globalisierung Einfluss auf das tägliche
Leben eines jeden Menschen nimmt, während sie zugleich von Kräften gesteuert wird,
die sich seiner Kontrolle – und auch seiner Kenntnis – entziehen. Die gegenwärtig
erlebte Komplexität der Prozesse beruht zu einem Großteil darauf, dass die Intensität

---

1 Stichprobenartiger Zugriff auf die Seiten www.sueddeutsche.de, www.fr-online.de und www.welt.
   de (21.4.2011).
2 Becks Beschreibung der Globalisierung liegt diesem Artikel zugrunde, festgehalten werden soll, dass eine
   allgemein akzeptierte Definition des Begriffs jedoch bislang aussteht (vgl. u.a. Kessler / Steiner 2009, 17).

der Vernetzung und des Austauschs in den letzten Jahren immens gestiegen sind (vgl. dazu u.a. Schulz 2010, 42), obwohl die Globalisierung selbst kein neues Phänomen ist. Vielmehr hat es das Streben nach Expansion, das der Globalisierung im Kern zugrunde liegt, schon immer gegeben (vgl. ebd., 41) – und auch die Gründe dafür sind damals wie heute ähnlich: Ökonomische Motive, die existenzieller, merkantiler wie auch machtpolitischer Natur sein können (Flucht vor Armut, Handel, Rohstoffhunger), führen dazu, dass Menschen ihren angestammten Nahraum verlassen. Dazu bedarf es bestimmter Rahmenbedingungen: So sind sowohl die Möglichkeiten der Mobilität wie der Kommunikation maßgeblich durch technische Entwicklungen bedingt. Weitere Voraussetzungen, die die Vernetzung mit anderen fördern, liegen zum einen in natürlichen, z.B. geografischen Gegebenheiten (die Lage am Meer ist besser als eine Binnenlage). Zum anderen tragen aber auch gewisse politische und gesellschaftliche Voraussetzungen (vgl. Kessler 2009, 38) zum Gelingen der Interaktion bei. Allerdings scheinen Bedingungen wie demokratische Strukturen, liberale Handelsbedingungen oder ein gewisses Bildungsniveau zwar hinreichend, aber nicht notwenig zu sein.[3] Jedoch kann man davon ausgehen, dass, wenn diese Gegebenheiten nicht gewährleistet sind, die positiven Effekte der Globalisierung nur wenigen zugute kommen und sich somit die Ungleichheit zwischen Gewinnern und Verlieren der Globalisierung verschärft.

Sind es also bestimmte Voraussetzungen, die die Interaktion mit anderen bedingen, hat die Vernetzung auch Konsequenzen: Kulturaustausch, Wettbewerbsintensivierung, ökologische Probleme oder religiös motivierte Auseinandersetzungen (vgl. Kessler, 38). Daneben muss man wegen der Dynamik, die die Globalisierungsprozesse auszeichnet, von einer dialektischen Bewegung ausgehen, was z.B. heißt, dass in der Folge von Globalisierungsprozessen die Chancen für eine umfassende Bildung der Gesamtbevölkerung steigen. In diesem Zusammenhang lässt sich auch verstehen, dass Menschen, die an Globalisierungsprozessen teilhaben, auf lange Sicht Vorteile haben, sofern diese sich nicht allein auf die wirtschaftlichen und politischen Eliten beschränken (vgl. ebd., 70).

Wie sich die Folgen der Globalisierungsprozesse jedoch im Einzelnen gestalten und auswirken und ob ethische, moralische, soziale und ökologische Grundsätze zulasten von Ökonomie, Profitmaximierung und machtpolitischem Taktieren aufgeben werden, lässt sich pauschal nicht beantworten. Können auch die für die Partizipation an der Globalisierung maßgeblichen Grundvoraussetzungen (Bildung, Demokratie) als positiv gelten, bleibt dahingestellt, inwieweit die Globalisierung *in toto* positiv oder negativ ist – dafür ist sie ein viel zu komplexes Phänomen. Die vielschichtige Vernetzung schafft ein Geflecht von Abhängigkeiten, bei dem es zwangsläufig so ist, dass das, was dem einen nutzt, dem anderen schadet. Deshalb wird die Bewertung von Globalisierungsprozessen maßgeblich von der Perspektive, der Interessenlage und dem ideologischen Überbau gesteuert. Wie vehement Anhänger und Kritiker in ihren Ansichten auseinandergehen, davon zeugen die heftigen Pro- und Contra-Debatten. Die Globalisierung polarisiert wie kaum ein anderes Thema. Doch gerade das erfordert sowohl in der akademischen als auch in der kinder- und jugendliterarischen Auseinandersetzung einen *verantwortungsvollen Umgang* mit der Materie. Notwendig ist ein genauer Blick, der die Komplexität des Phänomens von möglichst vielen Seiten beleuchtet, um Vereinfachungen und vorschnelle Schlüsse zu vermeiden.

---

3 Das zeigt nicht nur ein Blick auf die Geschichte, sondern auch die Vormachtstellung eines *global player*. China illustriert deutlich, dass Demokratie leider keine notwendige Voraussetzung für eine erfolgreiche Partizipation an der Globalisierung ist.

Die Globalisierung als Thema in der Kinder- und Jugendliteratur

Untersucht man die Darstellung und die Aufbereitung des Themenkomplexes Globalisierung, stellen sich aufgrund seiner Vielschichtigkeit folgende Fragen: Wird *die* Globalisierung im Ganzen behandelt oder werden Schwerpunkte gesetzt? Wie werden die Informationen vermittelt? Kann es auf Kosten des Informationsgehalts gehen, wenn eine leserfreundliche, vereinfachende Darstellungsform gewählt wird? Des Weiteren: Streben die Bücher Objektivität an oder kommt eine (versteckte) Tendenz oder Ideologie (pro oder contra Globalisierung) zum Ausdruck?

Mit Blick auf die erste Frage lässt sich zunächst festhalten, dass es sowohl Titel gibt, die über die Gesamtheit der Globalisierung informieren wollen, als auch Bücher, die sich auf einzelne Punkte konzentrieren. Das ist oft der merkantil-ökonomische Faktor, doch bisweilen folgt hieraus auch die Beschäftigung mit gesellschaftlichen und politischen Aspekten. Diese Schwerpunktsetzung spiegelt durchaus die öffentliche Debatte um die Globalisierung wider, wo diese Inhalte ebenfalls stark vertreten sind. Zugleich zeigt sich, dass einige von der Globalisierung berührte Bereiche – wie der kulturelle oder der religiöse – in der Kinder- und Jugendliteratur bisher kaum zu Sprache kommen. Das heißt, sind durchaus Themen in Kinder- und Jugendbüchern, werden jedoch nicht explizit mit der Globalisierung verknüpft. Denn man findet sowohl im Sachbuch- als auch im *Fiction*-Bereich Titel, die sich zwar nicht unter den Globalisierungsdiskurs im engeren Sinn subsumieren lassen, aber die dennoch Themen verhandeln, bei denen die Globalisierungsprozesse eine entscheidende Rolle spielen, auch wenn sie sie nur implizit mit ihnen verbinden. Neben Sachbüchern zur Entdeckung der Welt[4] oder zum Klimawandel gibt es Erzählungen und Romane, die Migration und Auswanderung behandeln – z.B. Shaun Tans *Ein neues Land* (2008), das universale Muster von Fremdheitserfahrungen thematisiert – sowie Texte, die sich der Kolonialisierung und Ausbeutung widmen. Bücher, die die digitale Revolution und die Möglichkeiten des Internets beschreiben, lassen sich ebenso entdecken, wie Titel, die den Kulturtransfer oder – wie in dem autobiografischen Roman *Facing the Lion* (2. Auflage 2005) des Kenianers Joseph Lemasolai Lekuton – den Aufstieg durch Bildung und das Leben im Spannungsfeld zwischen zwei Kulturen thematisieren. Es deutet sich an, dass, wenn man diesen weiten Darstellungsbegriff anlegt, der von der inhärenten Thematisierung von Globalisierungsprozessen ausgeht, das Spektrum der Texte sehr weit gefächert sein kann.

Aus Platzgründen, aber auch um einer gewissen Beliebigkeit vorzubeugen, werden in diesem Artikel nur Bücher vorgestellt, die ausdrücklich unter den Globalisierungsdiskurs fallen. Zudem liegt der Schwerpunkt auf der Sachliteratur, da sie das Thema in den letzten Jahren besonders rezipiert hat. In narrativen, fiktionalen Texten wurde die Globalisierung im expliziten Sinn bislang erst in wenigen Titeln verhandelt. Eine Ausnahme ist Carolin Philipps' Kinderroman *Made in Vietnam* (2009), der auf realen Hintergründen basiert, jedoch nicht dokumentarisch ist. Er erzählt die Geschichte eines Mädchens, das in einer Turnschuhfabrik arbeiten muss, um zum Lebensunterhalt der Familie beizutragen. Mit dem Thema *Textilwirtschaft* greift Philipps ein sehr populäres Thema des kinder- und jugendliterarischen Globalisierungsdiskurses auf, dessen sich auch die Sachliteratur sehr häufig bedient.

---

4 Vgl. dazu auch den Beitrag von Jörg Knobloch in diesem Band (Knobloch 2011, 8-18).

Die Sachbuchtitel werden im Folgenden in den Kategorien „Globalisierung für Einsteiger" und „Globalisierung für Fortgeschrittene" vorgestellt. Während letztere inhaltlich sehr detailliert angelegt und auch in ihrer Formsprache komplexer sind, sind die drei Bücher, die unter „Globalisierung für Einsteiger" untersucht werden, als Überblickswerke und Einführungen zu verstehen.

Globalisierung für Einsteiger

Die meisten Einführungsbücher, die sich mit der Globalisierung beschäftigen, können von Kindern, die am Ende der Grundschule stehen, gelesen werden; allerdings fordern sie meistens noch ältere Leser. Anders sieht es mit dem Sachbilderbuch *Wenn die Welt ein Dorf wäre …* (4. Auflage 2009; 2002) von David J. Smith und Shelagh Armstrong aus. Es richtet sich an jüngere Leser, denn es stellt die globale Vielfalt und Vernetzung, den Reichtum wie auch die Probleme des Planeten Erde in sehr anschaulicher Form dar. Es hat eine einfache, überaus treffende Form gefunden, die Komplexität des globalen Themas zu reduzieren, indem es dem Prinzip der Verkleinerung folgt. Es stellt ein einfaches Rechenexempel an, bei dem statistische Parameter, die sich auf die Gesamtbevölkerung der Erde beziehen – wie die zahlenmäßige Verteilung von Nationen, Sprachen und Religionen oder demografische Aspekte –, proportional auf ein Modelldorf mit 100 Einwohnern umgelegt werden. Das sprengt die Vorstellungskraft nicht und schafft Übersichtlichkeit, zugleich ist die Darstellung sehr objektiv, schließlich sprechen die Zahlen für sich. Auch der Text (und die Bilder, die als Visualisierungen fungieren) bedient sich eines neutrales Tons und verbalisiert nur, was die Statistik ohnehin aussagt:

„Es herrscht kein Mangel an Nahrung im Weltdorf. Wenn alle Nahrungsmittel gleichmäßig aufgeteilt wären, hätte jeder genug zu essen. Aber sie werden nicht gleichmäßig aufgeteilt. Und obwohl genug da ist, um alle Dorfbewohner zu ernähren, sind nicht alle gut genährt" (Smith / Armstrong 2009, [17]).

Es werden nur Tatsachen präsentiert, weitere Erklärungen fehlen. So wird dem Leser die Aufgabe übertragen, sich selbst Gedanken zu machen. Man kann diese Verknappung bemängeln, da sie keinerlei Begründungen anführt, man kann in ihr aber auch den Willen zur Objektivität sehen und zudem ihren appellativen Impetus herausstreichen, der dazu auffordert, sich näher mit dem Thema zu beschäftigen. *Wenn die Welt ein Dorf wäre…* ist daher ein Buch, mit dem man sich auseinandersetzen muss.

Eine ähnliche Strategie – Appell durch Reduktion – kann man auch in Gerhard Schneiders Buch *Globalisierung* (2008) aus der Reihe *Bibliothek des Wissens* feststellen. Dieses Buch konzentriert sich auf den *weltumspannenden Handel*. Doch Globalisierung wird mit nicht dem ökonomischen Aspekt synonym gesetzt, vielmehr sind *Arbeitsteilung*, *Afrika*, oder *Kulturelle Vermischung* nur einige der Stichworte, die Schneider darüber hinaus behandelt. Im Kapitel „Die Welt wird erobert" beschreibt er die Anfänge der Globalisierung (u.a. die Expedition des Kolumbus und die Industrialisierung), um zu zeigen, dass die Globalisierung kein Gegenwartsphänomen ist. Das Buch hat aufgrund der großen Fülle an Informationen, die es auf vergleichsweise wenig Raum zur Sprache bringt, Lexikoncharakter. Hier liegt auf der Hand, dass vieles knapp gehalten werden muss. Die Art und Weise, wie die Informationen aufbereitet werden, zeugt hingegen von dem Wunsch nach Abwechslung: Infokästen mit Zitaten und Bildmaterial (s/w) lockern die Texte auf. Sie sind in unterschiedlichen Tonlagen gehalten, sodass Anekdoten neben argumentativen Passagen stehen:

> „Nutzen Konzerne der Textil- und Sportartikelindustrie die Menschen, die für sie in Entwicklungs- und Schwellenländern arbeiten, schamlos aus? Diese Frage kann man ziemlich eindeutig mit Ja beantworten. Andererseits argumentieren Befürworter der Globalisierung immer wieder, dass in einheimischen Betrieben in Asien und Lateinamerika die Arbeitsbedingungen oft noch entsetzlicher sind als in den Filialen europäischer Firmen. Europäische Großkonzerne bekommen häufig Waren von Zulieferern vor Ort. Über die Arbeitsbedingungen dieser einheimischen Firmen haben sie keine Kontrolle. Das ist keine Entschuldigung, sagen wiederum viele Globalisierungsgegner. Dass es anderswo gleich schlecht oder noch schlechter ist, ist noch kein Grund, sich bei den Ausbeutern einzureihen. Die Multis seien verpflichtet, die Arbeitsbedingungen in Zulieferbetrieben zu überprüfen und jenen, in denen die Verhältnisse inakzeptabel sind, die Zusammenarbeit aufzukündigen. Doch was passiert dann wiederum mit den Arbeitern dort, die dann vielleicht entlassen werden?" (Schneider 2008, 99ff.)

Diese Form, Pro und Contra plakativ gegenüberzustellen, illustriert pointiert das Globalisierungsdilemma von „Nutzen und Schaden" (ebd., 7). In dieser (letztlich jedoch fast) kommentarlosen Gegenüberstellung und der knappen Darstellung kausaler Zusammenhänge, kann man das Anliegen erkennen, die Informationen neutral zu vermitteln und es dem Leser zu überzulassen, sich eine Meinung zu bilden. Erneut gilt auch hier, dass die reduktive Darstellungsweise – die sich auch in der relativen Unverbundenheit der Einzelkapitel zeigt – dies wiederum erschwert. Für *Globalisierung* gilt daher Ähnliches wie für *Wenn die Welt ein Dorf wäre ...*: Es bietet überblicksartiges Basiswissen in kompakter Form, das jedoch an vielen Stellen aufgestockt werden will. Da es jedoch anders als *Wenn die Welt ein Dorf wäre ...* für die individuelle Lektüre angelegt ist, bleibt offen, inwieweit der appellative Charakter Resonanz findet.

Zeichnet sich Schneiders Buch durch eine im Kern globalisierungskritische Tendenz aus, gilt das nicht für die *Welt der Wirtschaft kinderleicht. Globalisierung*. Für das Buch zeichnet ein Autorenkollektiv verantwortlich, das Beiträge aus der Reihe „Kinderleicht" der *WELT* vereint. In die *Welt der Wirtschaft kinderleicht. Globalisierung* zeichnen elf Kapitel Firmen- oder individuelle Porträts verschiedener *Globalisierungsteilnehmer*. Das gibt dem Buch eine persönliche Note und spricht wie auch der mündliche Umgangston, das poppige Layout und die Bildauswahl, jugendliche Leser an und hilft ihnen, die Bezüge zur eigenen Alltagsgegenwart herzustellen: Fabian wohnt in einem „total globale[n] Jugendzimmer" (Globalisierung 2011, 12f.) voller Ivar-Regale, Puma-Turnschuhen und einem iPod. Zwar ist ihm „egal" (ebd., 12), woher die Dinge kommen, dennoch wird im Folgenden beschrieben, wie und wo diese Dinge entwickelt und produziert werden – und warum. Hierbei spielen Faktoren wie Rentabilität und Gewinn in der Darstellung und der Bewertung der Prozesse die entscheidende Rolle, sodass Auswahl und Aufbereitung der Informationen klar durch den ökonomischen Blinkwinkel gesteuert werden. Dass dieser durchaus eingeschränkt ist, zeigt das Kapitel „Plackerei statt Schule", in dem es um Kinderarbeit geht. Hier räumen die Autoren zwar ein, dass Kinderarbeit immer noch ein großes Problem darstellt und leider nur „bisweilen entbehrlich" ist (ebd., 44). Als Positivbeispiel führen sie allerdings den 13-jährigen Xichun aus China an: Er kann in die Schule gehen und muss nicht, wie viele seiner Altersgenossen schuften (vgl. ebd., 43). Ist dies zweifelsohne erfreulich, erstaunt doch die unkritische Darstellung Chinas: „Xichun und seine Freunde lernen heute sehr viel über das Ausland, ihre Bücher und Lernhefte sind viel reichhaltiger [als die seiner Eltern, Anmerkung I.G.] – und das ist auch der Globalisierung zu verdanken" (ebd., 42). Sicher sind Xichuns Lehrbücher differenzierter als jene aus der Zeit der Kulturrevolution, doch man findet kein Wort zur Zensur. Vielmehr wird suggeriert, dass Lehrmittel- und Bildungsfreiheit herrsche.

Artikulieren die Autoren zu Beginn, dass sie „zeigen, wie Finanz- und Handelskonzerne sich neue, fremde Märkte erschließen, und [sich] […] den gängigen (Vor)Urteilen über die Globalisierung [widmen]" (ebd., 7), wird deutlich, wie stark sie von einer globalisierungsfreundlichen Perspektive geleitet werden. Obwohl Argumente der Gegenseite vorgebracht und Bilder präsentiert werden, auf denen arbeitende Kinder abgebildet sind, kommen nur Menschen zu Wort, die von der Globalisierung profitieren. Da die Ausgewogenheit fehlt, scheint das Buch ziemlich tendenziös. Dennoch bietet der Text (ungewollte?) Überraschungsmomente. So antwortet Henkel-Manager Kaspar Rorsted in einem Interview mit Jugendlichen auf die die Frage „Was halten Sie denn persönlich von der Globalisierung?"

Globalisierung als Traum vom Reichtum (Cover © Würzburg: Arena, 2008)

„Deine Schuhe sind wahrscheinlich in China hergestellt und in Deutschland verkauft worden. Das ist ein Beispiel für die Globalisierung. Globalisierung ist also ein Teil unseres Alltags. Und gerade wir in Deutschland haben viel davon, wir sind Exportweltmeister. Viele unserer Jobs hängen von der Globalisierung ab, wir profitieren davon. Ohne die Globalisierung könnest du im Winter bei uns keine Erdbeeren aus Ägypten kaufen. […] An der Globalisierung führt kein Weg vorbei" (ebd., 24f.).

Hier stutzt ein kritischer Leser, fällt ihm doch auf, dass weder die Frage beantwortet wird, noch klar wird, welche zwingende Notwendigkeit besteht, im Winter Erdbeeren aus Ägypten zu essen. Die Frage nach dem Warum drängt sich förmlich auf. So kritisiert der Text – unbeabsichtigt – das ökonomische Konsumstreben und bekommt eine fast schon subversive Dimension, die die den globalisierungsbefürwortenden Ton, der dem Buch zugrunde liegt, unterwandert. Inwieweit das jedoch schon die intendierte Zielgruppe durchschaut, bleibt offen. Verbindendes Merkmal der drei gerade vorgestellten Bücher ist ihr Bestreben, die Komplexität der Globalisierung zu komprimieren. Die Titel, die nun präsentiert werden, zeichnen sich hingegen durch ihren Wunsch nach einer umfassenden Darstellung aus.

Globalisierung für Fortgeschrittene

Die Bücher für Fortgeschrittene richten ihre Augenmerk entweder auf die Globalisierung *in toto* oder diskutieren einzelne Aspekte. Sie wenden sich in erster Linie an Jugendliche mit hinreichender Lese- und Welterfahrung.

Das Buch *André Fourçans erklärt die Globalisierung* macht den Versuch, so viele Facetten der Globalisierung wie möglich aus verschiedenen Blickwinkeln zu beleuchten. In 21 Kapitel unterteilt, geht es in den einzelnen Abschnitten nicht nur auf die historische Entwicklung (beispielsweise die Auswirkungen der Industrialisierung oder der beiden Weltkriege) ein, sondern auch auf Globalisierung der Kultur sowie auf ökologische oder demografische Probleme (vgl. Fourçans 2008, 88ff., 15ff. und 174ff.). Das Buch zeichnet sich durch einen direkten Adressatenbezug aus: Fourçans richtet seine Erklärungen an seine Tochter Claire, die als Stellvertreterin des realen Lesers gilt. Mit ihr führt er einen imaginären Dialog, bei dem sie zwar nur indirekt zu Wort kommt, aber als sein Gegenpart auftritt.

Fourçans, ein französischer Wirtschaftswissenschaftler, glaubt an die selbstregulierenden Kräfte des Marktes und lehnt staatliches Eingreifen ab. Trotzdem ist sein Buch kein eindimensionales Plädoyer für den Neoliberalismus, da die Nachteile der Globalisierung – Ausbeutung, Unterdrückung – nicht verschwiegen werden. Letztlich fällt das Fazit jedoch oft zugunsten der Vorteile aus. Fourçans ist der Überzeugung, dass die Globalisierung in letzter Konsequenz allen nützt. Dass er zu diesem Schluss kommt, liegt nicht zuletzt daran, dass er die diachrone Perspektive auf die Prozesse der Globalisierung immer im Blick hat. Wenn man sie nicht nur ausschnitthaft und gegenwartsbezogen betrachtet, mündet der weltweite Austausch und Wettbewerb vielfach in einer Verbesserung der Lebensumstände (vgl. besonders Fourçans 2008, 24ff.).

Auch wenn Fourçans von den Segnungen der globalen Vernetzung überzeugt ist, macht er klar, dass sich niemand seinem Urteil anschließen muss. Der Grundtenor des Buch ist nicht belehrend und bevormundend, vielmehr möchte Fourçans seinem Leser auf Augenhöhe begegnen und – das ist entscheidend – ihn zum Nachdenken auffordern: „Darüber muss man nachdenken" heißt es oft (z.B. ebd., 74). Die Reflexion befördert zweifelsohne Fourçans essayistischer Stil, der eine Melange aus mündlichem Umgangston, einer Vielzahl rhetorischer Fragen, pathetischer Ausrufe und Fachterminologie ist. Er reichert trockene *hard facts* mit Anekdoten an und macht so viele abstrakte Prozesse konkret und greifbar. Weil Fourçans die Komplexität seines Gegenstandes immer im Blick hat, reißt er oft Aspekte an, ohne sie in dem Moment weiter auszuführen: „Wir werden uns in einem späteren Kapitel darüber unterhalten. An dieser Stelle bitte ich dich zunächst um ein wenig Geduld" (ebd., 37). Diese Strategie behindert eine stringente Argumentation, da das Sprunghafte überwiegt und die Struktur fragmentiert. Zugleich ist sie wiederum ein Zeichen für Fourçans' ausgezeichnete Kenntnis der Materie und illustriert die Vielschichtigkeit des Gegenstands.

Absolut positiv zu sehen ist die Offenheit, mit der Fourçans sich zu seiner eigenen Position bekennt. Er ist nicht subtil tendenziös, sondern ist im Gegenteil trotz seiner Überzeugung ernsthaft bestrebt, differenziert zu argumentieren, um dem komplexen Gegenstand gerecht zu werden. Gerade aus diesem Grund fordert das Buch einen kompetenten Leser, der selbst Stellung beziehen kann und will und sich hier auch gern gegen Fourçans' Meinung stellen darf. Wer allerdings schnell Informationen sucht, hat es schwer, da *André Fourçans erklärt die Globalisierung* nicht als klassisches Sachbuch oder gar Lexikon konzipiert ist. So verfügt es weder über ein Glossar noch ein Register, auch eine Bebilderung fehlt. Lässt man sich jedoch auf die „Bleiwüste" ein, bekommt man eine anregende und sehr informative Zusammenstellung zum Themenkomplex Globalisierung, die keine vorschnellen Schlüsse zieht. Weil *André Fourçans erklärt die Globalisierung* nicht allein auf die aktuelle Debatte fokussiert, sondern durch die historische Perspektive eine Kontextualisierung leistet, kann die gegenwärtige Diskussion in einem anderen Licht erscheinen, obwohl Fourçans es nicht versäumt, auch die gegenwärtige Dialektik der Globalisierung ausführlich zu erörtern.

Die Form des Zwiegesprächs, das André Fourçans in seinem Buch gewählt hat, charakterisiert auch Jean Zieglers *Wie kommt der Hunger in die Welt* (2002). Wie Fourçans hat Ziegler ein wissenshungriges Gegenüber vor Augen, nämlich seinen Sohn Karim, den er jedoch nicht – wie Fourçans seine Tochter – von seinem Anliegen überzeugen muss. Vielmehr hat Karim zunächst einmal die Funktion eines Stichwortgebers, der die Ausführungen seines Vaters befeuert. Allerdings fließen im Gesprächsverlauf zunehmend auch Karims eigenen Überlegungen ein. Das Buch ist in Kapitel unterteilt, die jedoch primär dazu dienen, den Rede- bzw. Lesefluss durch diese Pausen zu strukturieren. Die gleiche Aufgabe haben auch Karims Nachfragen, durch die Wichtiges noch einmal aufgegriffen und paraphrasiert wird. Jean und Karim Zieglers Gespräch über den Hunger entwickelt sich *organisch* mit fließenden Grenzen zwischen den einzelnen Aspekten, die zur Sprache kommen. Trotzdem werden die Gründe, warum der Hunger immer noch nicht ausgerottet ist, unverkennbar herausgestellt. Ausgehend von der Tatsache, dass der Westen im Überfluss lebt, während in vielen anderen Teilen der Erde bittere Armut herrscht, erläutert Ziegler sehr ausführlich, wie und warum diese Ungleichheit bis heute nicht aufgehoben ist, sondern, im Gegenteil, immer aufs Neue zementiert wird. Angesprochen werden viele Punkte des Globalisierungsdiskurses: Die Mechanismen des weltweiten Warenhandels, die politische Protektionspolitik des Westens, das koloniale Erbe Afrikas, aber auch dessen heutige regionalen politischen Strukturen und Machtbestrebungen. Zieglers Standpunkt ist dem des an die Kräfte des freien Markts glaubenden Neoliberalen Fourçans diametral entgegengesetzt, was bereits ein Brecht-Zitat, das Ziegler seinem Buch voranstellt, zeigt. Als (ehemaliger) Sonderberichterstatter für das Recht auf Nahrung der UN ist Ziegler ein ausgewiesener Experte, der nicht nur am Schreibtisch arbeitet, sondern oft in den ärmsten Regionen der Erde unterwegs ist. Er hat viel gesehen – und seine Schilderungen sind drastisch:

> „Vor dem Aufnahmelager sortierte ein junger äthiopischer Krankenpfleger unter den Hilfe Suchenden aus, eine dramatische, aber unvermeidliche Operation. […] Die Überlebenden dieser langen Märsche, die im Lager von Agordat eintrafen, benötigten in der Regel Spezialnahrung und intensive Pflege. Diese Nahrung aber war nur in begrenzten Mengen verfügbar. Der einheimische Pfleger musste entscheiden, wer eine Chance zu überleben hatte oder wer angesichts seines Zustandes wahrscheinlich in Kürze sterben würde. […] Ich hatte solche Bilder schon zuvor im Fernsehen gesehen. Um mich dagegen immun zu machen, hatte ich mir eingeredet, der Tod durch Verhungern sei ein sanfter Tod […]. Nun, das ist nicht wahr!" (Ziegler 2002, 35f.).

Nicht nur, dass diese Beschreibung an andere, grausame Selektionsszenarien erinnert – auch die Wahl der rhetorischen Mittel wie der emphatische Ausruf, der Empörung, Hilflosigkeit und Wut zum Ausdruck bringt, potenzieren die Drastik, die diesem Tatsachenbericht ohnehin innewohnt. Zieglers persönliche Betroffenheit wirkt authentisch und glaubwürdig und rüttelt den Leser auf. Erreicht Fourçans, der die Situation aus der Distanz analysiert, seine Leser primär über den Intellekt, appelliert Ziegler an das Mitgefühl und die Empathie seiner Leser. Wie Fourçans verschleiert Ziegler seine Position nicht. Sein Ärger und seine Verzweiflung ob der Hoffnungslosigkeit werden ebenso klar wie sein fortgesetzter Wunsch, die Situation trotz allem zu verbessern. Ziegler präsentiert Arbeitsweisen und Lösungsansätze verschiedener internationaler Nicht-Regierungsorganisationen (vgl. ebd., u.a. 51f.), allerdings erscheinen ihre Bemühungen wie ein aussichtsloser Kampf gegen Windmühlen. Warum das so ist, macht Ziegler sehr gut deutlich: Die Gründe dafür, dass jede Hilfe nur punktuell und kurzfristig Symptome lindern kann, liegen in einer westlichen Protektionspolitik, die permanent die Verfestigung von Wettbewerbs- und Standortvorteilen auf Kosten der armen Regionen forciert. Wenn darüber hinaus die Strukturen in den armen Ländern selbst eine wirkungsvolle Anti-Hunger-Politik verhindern, da sowohl das Erbe der Kolonialzeit – ein aufgeblähter Staatsapparat, der allein durch Korruption funktioniert – als auch Stammesfehden und Machtansprüche einzelner Gruppen eine effektive Vorgehensweise gegen die Armut ins Leere laufen lassen (vgl. ebd., 126ff.), scheinen letztlich alle nationalen und internationalen Hilfsmaßnahmen sinnlos zu sein (vgl. ebd., 55f.). Ziegler zeigt damit, dass es neben mächtigen äußeren Faktoren auch die internen mangelhaften Voraussetzungen der armen Länder sind (fehlende Infrastruktur, autokratische oder diktatorische Regime), die nicht nur eine existenzielle Grundsicherung, sondern auch eine Partizipation an Globalisierungsprozessen verhindern und die Ungleichheit zwischen Arm und Reich verstärken. Indem Ziegler alle diese Faktoren und ihre Zusammenhänge erörtert, zeichnet er nicht nur ein vielschichtiges, sondern, trotz des leidenschaftlichen Duktus', auch ein pessimistisches und deprimierendes Bild. Denn er suggeriert, dass die Einflussnahme des Einzelnen auf die Verteilungsprozesse im Angesicht der großen, undurchsichtigen Netzwerke gering ist. Ungeachtet des hoffnungslosen Grundtenors ist *Wie kommt der Hunger in die Welt* dennoch ein Buch, das dank seines hohen Informationsgehalts und der persönlichen Darstellungsweise zum Nachdenken und Diskutieren anregt.

Antworten auf die Frage nach dem Hunger (Cover © München: cbt, 2002)

Auch Klaus Werner-Lobo verfolgt mit *Uns gehört die Welt* das Ziel, Debatten anzustoßen. Er konzentriert sich auf den wirtschaftlichen Aspekt und sieht in ihm nicht nur die treibende Kraft hinter der globalen Vernetzung, sondern versteht das Streben nach Profitmaximierung als Ursache für „Armut und Krieg, Rassismus und Umweltzerstörung, Sozialabbau und Diskriminierung" (Werner-Lobo 2008, 8). Das Buch ist durch eine klare Struktur charakterisiert, die den Aufbau der einzelnen Kapitel ebenso wie die Gesamtstruktur prägt: Nach der Beschreibung des Status quo wird in den einzelnen Kapiteln dargelegt, unter welchen ungerechten, zum Teil grausamen Bedingungen Dinge – Kleidung, Schuhe, Elektroartikel – entstehen, die wir in unserem Alltag mehr oder minder gedankenlos benutzen. Nachdem dem Leser die Augen geöffnet worden sind, werden Handlungsalternativen und Forderungen formuliert. Ein Anhang, in dem pointiert der Kontrast zwischen Image und Produktionswirklichkeit deutlich wird, führt das *greenwashing* von Multis wie Apple, McDonalds oder Nestlé vor.

Wie Fourçans und Ziegler bezieht Werner-Lobo klar Position: Er versteht sich als Anwalt der Entrechten; sein Buch ist zutiefst globalisierungskritisch, sodass man über mögliche positive Voraussetzungen und Effekte der Globalisierung nichts findet. Werner-Lobo räumt ein, dass es „keine endgültigen Wahrheiten" gibt (ebd., 9). Doch das ist taktische Koketterie, denn er will schließlich überzeugen. Deshalb lässt er die gut recherchierten Fakten und Zahlen und die visuelle Aufbereitung nicht einfach für sich sprechen, sondern setzt auf argumentative Strategien: So kommt er seinen Kritikern zuvor, indem er ihre möglichen Einwände vorwegnimmt, den Spieß umdreht und sie für seine eigene Argumentation fruchtbar macht:

> „Viele werden behaupten, dieses Buch sei radikal und einseitig. Das Wort ‚radikal' kommt vom lateinischen *radix* (Wurzel), und ich versuche tatsächlich, die Dinge von der Wurzel her anzupacken. [...] Und einseitig: Vielleicht ist es auch das. Weil es sich auf die Macht der Schwächeren schlägt, derer, die unter der Macht der Konzerne und der reichen Eliten zu leiden haben. Die wirtschaftlich Mächtigen dominieren ohnehin die öffentliche Meinung. Daher will ich über Dinge reden, die man in der Werbung, in den Medien und in der Schule nur selten hört." (ebd., 9)

Werner-Lobo will aufklären und den Leser zum Handeln animieren. Deshalb holt er ihn dort ab, wo er steht: „Wenn wir von globaler Ungerechtigkeit und den Zusammenhängen zwischen Weltwirtschaft und Politik hören, fühlen wir uns oft machtlos: ‚Das ist viel zu kompliziert', denken wir und: ‚Da kann ich nichts machen'" (ebd., 7). Dass dem nicht so ist, zeigt Werner-Lobo auf den knapp 300 Seiten seines Buchs. Er stellt den Zusammenhang von Markenkleidung, MP3-Playern und Mobiltelefonen mit Krieg, Armut und Ausbeutung her und will so den Leser aufrütteln und zu einem kritischen Konsumenten erziehen. Außerdem geht es darum, Handlungsgrundlagen zu schaffen: Während Ziegler in seinem Buch ein schreckliches, aber letztlich in der Ferne liegendes Problem thematisiert und nahelegt, dass der aufgrund von undurchsichtigen Netzwerken wenig Einfluss nehmen kann, ist Werner-Lobos Ansatz ein anderer. Sein Credo lautet: *Gemeinsam sind wir stark*. Das konsequent inkludierende *Wir* führt zu einer Solidarisierung zwischen Autor und Leser gegen *die da oben* – und dieser Strategie kann man sich kaum entziehen. Obwohl Werner-Lobo Globalisierungsexperte ist, erfolgt die Erziehung nicht mit dem erhobenen Zeigefinger. Vielmehr führt Werner-Lobos Verbrüderungstaktik dazu, dass die Überzeugung des Autors förmlich auf den Leser *überspringt*. Werner-Lobo appelliert daher nicht nur an das Gewissen eines jeden, ethische, moralische und ökologische Grundsätze nicht für ein neues Paar Turnschuhe zu opfern. Vielmehr setzt er auf das Gefühl, dass man gemeinsam etwas erreichen kann, wenn man Resignation, Lethargie oder Gleichgültigkeit hinter sich lässt. Man kann Werner-Lobo die Einseitigkeit seiner Argumentation vorwerfen. Allerdings präsentiert sich das Buch so fundiert recherchiert, dass man kaum umhinkommt, seinen Darstellungen Glauben zu schenken.

Fundierte Recherche charakterisiert insbesondere auch Pietra Rivolis *Reisebericht eines T-Shirts* (2006). In Form eines *storytellings* erzählt die amerikanische Wirtschaftsprofessorin, wie, wo und unter welchen Umständen ein T-Shirt entsteht. Die Idee, Globalisierungsprozesse anhand eines Kleidungsstücks zu illustrieren, ist beliebt; sie liegt ebenfalls Wolfgang Korns *Die Weltreise einer Fleeceweste* (2008) und Birgit Praders und Birgit Antonis Bilderbuch *Das himmelblaue T-Shirt ... und wie es entsteht* (2009) zugrunde. Während das Bilderbuch bereits jüngeren Lesern nahebringt, unter welchen oft miserablen Bedingungen Kleidung entsteht und dass man sich daher für ein fair gehandeltes T-Shirt entscheiden sollte, richten sich *Die Weltreise einer Fleeceweste* und *Reisebericht eines T-Shirts* an Jugendliche. Beide Bücher haben die gleiche Grundstruktur, mit der anhand des Wegs eines Kleidungsstücks von seinen Anfängen bis zum Altkleidercontainer (und darüber hinaus) illustriert wird, auf welche Weise die Welt vernetzt ist und welche Risiken und Zwänge, jedoch auch Chancen dieses Zusammenspiel birgt. Die Bücher ähneln sich in Vielem, unterscheiden sie sich aber auch: Obwohl Korns Buch in seiner tagebuchartigen Form Ähnlichkeit mit einem dokumentarischen Bericht hat, ist die Geschichte, obwohl sie sich genau so abgespielt haben könnte, erfunden. Sie basiert auf eingehender Recherche, ist aber kein Augenzeugenbericht. Die narrative Überformung schlägt sich sowohl in der Komposition nieder, wo in einer selbstreflexiven Rahmenhandlung Ideenfindung und Schreibprozess thematisiert werden, als auch in der Erzählhaltung. In den einzelnen Episoden auf dem Weg der Weste liegt das Augenmerk auf den einzelnen Personen, die mit der Weste zu tun haben. Hier wird die personale Erzählform angewandt, um Gedanken und Gefühle deutlich zu machen und das identifikatorische Potenzial der Figuren herauszuarbeiten. Diese literarästhetischen Verfahren entfernen Korns Buch von dem Status eines *reinen* Sachbuchs, schmälern aber nicht seinen informativen Gehalt.

Zu Beginn des *Reiseberichts* äußert sich Rivoli zu den Beweggründen für ihr Buch: Es sind die Proteste von Globalisierungsgegnern, die den Kapitalismus und die Ausbeutung anprangern. Rivoli fragt sich, ob die Sache so einfach sei, und beschließt nachzuforschen, wie ein T-Shirt entsteht. Sie macht sich auf die Reise und folgt dem Weg des T-Shirts vom Baumwollanbau in Texas, über die Produktion in Shanghai und den Verkauf und die Entsorgung in den Altkleidercontainern der USA bis zu dessen Verschiffung nach Daressalam in Tansania.

Obwohl das Buch als Sachbuch konzipiert ist, weist es eine narrative Form auf, bei der der Weg des T-Shirts die *Erzählung* strukturiert. Dadurch unterscheidet sich Rivolis *Reisebericht* von Fourçans', Zieglers und Werner-Lobos Büchern, verfügt das Buch doch mit dem T-Shirt über eine Art *Protagonisten*, der es wie ein roter Faden zusammenhält. Ist das T-Shirt der Hauptakteur von Rivolis Geschichte, ist es zugleich auch nur ein *Instrument*, um die Mechanismen der Textilwirtschaft und des globalen Handels zu veranschaulichen. Allerdings geht es Rivoli wiederum auch nicht allein darum, die Kräfte eines undurchsichtigen und anonym bleibenden Markts zu zeigen. Sie richtet ihr Augenmerk auf die Menschen, die an diesen Prozessen beteiligt sind, seien es der Baumwollfarmer in Texas, die Garnspinnerin in Shanghai oder der Altkleiderverwerter in New York. Rivoli fragt sie nach ihren Motivationen, ihren Ängsten und ihren Wünschen. So kann sie zeigen, was die *große Globalisierung* für jeden Einzelnen bedeutet – mögen sie das Wort auch nicht benutzen.

Rivoli lässt sich nicht allein von diesen punktuellen Momentaufnahmen leiten, sondern untermauert ihre empirischen Beobachtungen durch den Rekurs auf eine Vielzahl an Studien aus den Bereichen Geschichte, Politik, Soziologie oder Ethnologie. Dank dieses vielschichtigen Rechercheansatzes bringt sie auch vermeintlich sichere Auffassungen über die Globalisierung ins Wanken, indem sie beispielsweise zeigt, dass – obwohl der Ausbeutergedanke dank langer Arbeitszeiten und niedriger Löhne faktisch unbestritten sein mag – die Arbeiter und Arbeiterinnen selbst eine andere Sicht auf die Dinge haben (können).

Besonders die in den Textilmanufakturen tätigen chinesischen Arbeiterinnen schätzen ihre Arbeit, die sie immer dem Leben auf dem Land vorziehen würden. Die Arbeit macht sie selbstbewusst, sie fühlen sich unabhängig, weil sie „ihr eigenes Schicksal […] bestimmen und dem von ihren Eltern für sie festgelegten Lebensplan […] entfliehen" können (Rivoli 2007, 148).

Deutlich wird hier, welche Folgen die auf der Ökonomie basierenden Entwicklungen im soziologischen, politischen und kulturellen Bereich haben. Auch um sie näher zu betrachten, bricht Rivoli die lineare Reisestruktur auf. Exkurse werden eingeflochten, um Kontextualisierungen zu ermöglichen. Diese beziehen sich vielfach auf historisches Hintergrundwissen, das detailliert dargestellt wird, um die aktuelle Situation zu erklären. Rivoli arbeitet so u.a. die Rolle der Sklaverei bei der bis heute starken Stellung der USA auf dem Baumwollweltmarkt heraus (vgl. ebd., 37ff.). Oder sie erläutert das Prinzip vom „Wettlauf nach unten" (ebd., 116), der dafür sorgt, dass Produktionsstät-

Ein T-Shirt als Symbol der Globalisierung (Cover © Berlin: Ullstein, 2007 [dte. EA 2006])

ten ständig weiterziehen, weil sich der Markt sich immer die besten (= billigsten) Bedingungen sucht. Durch ihre diachrone Perspektive kann sie illustrieren, dass das, was heute für China gilt, dem ähnelt, was sich im 18. Jahrhundert in Großbritannien abgespielt hat. Neben diesem historischem Blickwinkel fokussiert Rivoli auf die enge Verknüpfung von Ökonomie und Politik und zeigt, dass die führende Rolle der USA in der Baumwollproduktion mitnichten allein auf marktwirtschaftlichen, sondern zu einem Großteil auf handelspolitischen Größen basiert (vgl. ebd., 209ff.).

Dank der facettenreichen und ausführlichen Auseinandersetzung mit den Prozessen der Globalisierung ist *Reisebericht eines T-Shirts* einer der differenziertesten Beiträge zum Thema, der viele Punkte der Beck'schen Begriffspräzisierung auszuleuchten vermag. Schließlich ist Rivoli stets darauf bedacht, überaus balanciert zu argumentieren, da sie sich gegen eine Entweder-Oder-Haltung verwahrt. Rivolis in der Form eines *storytellings* dargebotene Mischung aus persönlichen Begegnungen, empirischer Forschung und der Kontextualisierung durch tiefergehende Sekundärliteratur machen den *Reisebericht eines T-Shirts* zu einem umfassenden, gut verständlichen, nicht zuletzt sehr spannenden Buch über die Globalisierung.

Fazit

Betrachtet man die drei Einführungsbücher zur Globalisierung, wird deutlich, dass die zentrale Schwierigkeit, ein Buch für Einsteiger zu konzipieren, in dem verhandelten Gegenstand selbst liegt. Seine Komplexität und seine zwiespältige ideologische Besetzung erschweren eine ausgewogene Behandlung – zumal bereits die Themenauswahl eine tendenziöse Aussage implizieren kann. Entscheidet man sich, die Globalisierung durch den Fokus auf individuelle Akteure konkret werden zu lassen, birgt dies die Gefahr – oder kann so intendiert sein –, dass sie als Repräsentanten für letztlich sehr vielschichtige und ambivalente Phänomene gelten und Allgemeingültigkeit suggerieren, wo es sie nicht gibt. Ist für ein Einführungsbuch die Vereinfachung auch unvermeidlich, zeigt sich doch, wie doppeldeutig sie sein kann. Einerseits kann sie, wenn sie metonymisch funktioniert wie in *Wenn die Welt ein Dorf wäre ...*, Komplexität sinnvoll reduzieren. Andererseits können Simplifizierungen auch Verkürzungen bedeuten, wenn Sachverhalte mangelhaft dargestellt und so zu versteckt ideologisch grundierten Aussagen führen. Daher besteht die Herausforderung, die Globalisierung Einsteigern zu erklären, darin, ausgewogen, ausführlich genug, aber weder zu detailliert noch unverständlich zu argumentieren.

Die Beiträge zur Globalisierung von Fourçans, Ziegler, Werner-Lobo und Rivoli suchen ebenfalls einen persönlichen Zugang, um Prozessen, die zeitlich oder räumlich weit entfernt von der Lebenswirklichkeit der Leser liegen, ein Gesicht zu verleihen. Auch die gewählten Kompositionsmuster tragen dazu bei, die Brücke zum Leser zu schlagen. Werner-Lobo verringert die Distanz zwischen Autor und Leser durch dessen Inklusion. Fourçans und Ziegler wählen hingegen eine Dialogform, bei der das Gegenüber sowohl als gleichwertiger Gesprächspartner als auch Antagonist besetzt ist und klassische Textformen der Wissensvermittlung aus der Antike oder der Aufklärung fortsetzt. Zugleich ist ihre Diktion sehr essayistisch und zeichnet sich durch den häufigen Gebrauch stilistischer Mittel wie rhetorischer Fragen oder Exklamationen aus. Rivoli hingegen wählt ein abwechslungsreiches *storytelling*, das der Leserfreundlichkeit entgegenkommt und literarästhetische Verfahrensweisen ins Sachbuch transponiert, was die Grenzen zwischen *Facts and Fiction* aufweicht, aber nicht auflöst. Alle vier Autoren verfolgen das Ziel, zu informieren und aufzuklären und zum Nachdenken sowie zum Handeln anzuregen. Fourçans und Rivoli versuchen, das Phänomen *in toto* zu beleuchten, und sind bestrebt, neben der ökonomischen und politischen Seite auch kulturelle und soziale Aspekte einzubeziehen, die sie unter Berücksichtigung historischer wie gegenwärtiger Parameter diskutieren. Demgegenüber konzentrieren sich Ziegler und Werner-Lobo auf Teilaspekte, obwohl auch bei ihnen größere Zusammenhänge deutlich werden.

Auch was den ideologischen Standpunkt betrifft, sind die Autoren unterschiedlicher Meinung: Die beiden Ökonomen sind letztlich Befürworter der Globalisierung, da in ihren Augen langfristig die positiven Folgen überwiegen. Dagegen treten Ziegler und Werner-Lobo offen als Globalisierungskritiker auf. Dass alle vier ihre Position nicht verheimlichen und nicht unter einem Deckmantel vermeintlicher Objektivität versteckt ideologisch argumentieren, ist ein großes Plus, da der Leser so weiß, woran er ist. Dennoch fordern alle vier Bücher nicht nur einen interessierten, sondern auch kompetenten Leser. Appellieren Fourçans und Rivoli aufgrund ihrer Komplexität und ihres *Erzählstils* primär an den Intellekt und Ziegler mit seinen drastischen Augenzeugenberichten an die Emotionen, hat Werner-Lobos Stil mündlicher, kraftvoller Stil das Potenzial, den Leser unmittelbar zur Aktion zu bewegen.

Primärliteratur
Fourcans, André / Olöiver Weiss: André Fourçans erklärt die Globalisierung. Frankfurt/M: Campus, 2008
Korn, Wolfgang / Birgit Jansen (Illl.): Die Weltreise einer Fleeceweste: Eine kleine Geschichte über die große Globalisierung. Berlin: Bloomsbury Verlag, 2008
Lekuton, Joseph Lemasaolai: Facing the Lion. 2. Auflage. Wuppertal: Hammer. 2007
Philipps, Carolin: Made in Vietnam. Wien: Ueberreuter, 2009
Prader, Birgit / Birgit Antoni (Ill.): Das himmelblaue T-Shirt: ... und wie es entsteht. Wien: Betz, 2009
Rivoli, Pietra: Reisebericht eines T-Shirts. Ein Alltagsprodukt erklärt die Weltwirtschaft. Berlin: Ullstein, 2007
Schneider, Gerd: Globalisierung. Würzburg: Arena, 2008 (Arena Bibliothek des Wissens)
Smith, David J. / Shelagh Armstrong: Wenn die Welt ein Dorf wäre... 4. aktualisierte Neuauflage. Wien: Jungbrunnen, 2009
Tan, Shaun: Ein neues Land. 3. Auflage. Hamburg: Carlsen, 2008
Welt der Wirtschaft kinderleicht. Globalisierung. München: Hanser, 2011
Werner-Lobo, Klaus: Uns gehört die Welt! Macht und Machenschaften der Multis. München: Hanser, 2008 (Taschenbuchausgabe: München: dtv, 2010)
Ziegler, Jean: Wie kommt der Hunger in die Welt? Ein Gespräch mit meinem Sohn. Um ein Nachwort erweiterte Neuausgabe. München: cbt, 2002

Sekundärliteratur
Kessler, Johannes: Der Mythos vom globalen Dorf. Zur räumlichen Differenzierung von Globalisierungsprozessen. In: Johannes Kessler / Christian Steiner (Hgg.): Facetten der Globalisierung: Zwischen Ökonomie, Politik und Kultur. Wiesbaden 2009, 26-77
Kessler, Johannes / Christian Steiner: Facetten der Globalisierung: Zwischen Ökonomie, Politik und Kultur. In: Johannes Kessler / Christian Steiner (Hgg.): Facetten der Globalisierung: Zwischen Ökonomie, Politik und Kultur. Wiesbaden 2009, 17-25
Schulz, Günther: Globalität als Funktionalität oder Wertorientierung? In: Ludger Kühnhardt / Tilman Mayer (Hgg.): Die Gestaltung der Globalität. Annährung an Begriff, Deutung und Methodik. [Bonn 2010] (ZEI Discussion Paper C 198, 2010), 41-44
Beck, Ulrich: Was ist Globalisierung? Frankfurt/M 2007

Caroline Roeder
Die Weltreise eines Sachbuchs
Globalisierung als Thema oder Globalisierung
der aktuellen Kinder- und Jugendliteratur?

„Liebe Frau Roeder,

hier kommen nun meine ersten Ergebnisse in Sachen „Weltreise eines Sachbuchs", das ehrlich gesagt weniger global ist, als sich vermuten ließe. Zumindest wurde es von Autor Wolfgang Korn in Hannover geschrieben, von einem Literaturagenten aus München vermittelt, in Berlin lektoriert, in Köln illustriert und schließlich in Ulm gedruckt. Ein gutes Beispiel deutscher Wertarbeit würde ich meinen.

Aber natürlich liest sich die Liste der vergebenen Auslandslizenzen an Spanien, Griechenland, Korea (Süd), China, Ägypten (Arabische Weltrechte) und Brasilien schon etwas internationaler. Wegen der Papierwahl bemüht sich die Herstellung um Recherche. Herauszufinden, wo genau nun die Zellstoffe herstammen, nimmt etwas mehr Zeit in Anspruch (Anfang nächster Woche versprach der Kollege mehr zu wissen). Bloomsbury ist natürlich ein global agierendes Unternehmen. Auch die verwendete Schrift Gill Sans ist international. Aber mehr ist mir bisher noch nicht eingefallen, das zu Ihrem Artikel beitragen könnte.

Bei Rückfragen melden Sie sich doch bitte jederzeit gern.

Erst einmal herzliche Grüße" (Blatnik 2011, E-Mail vom 14. April 2011)

Ein Sachbuch macht sich auf die Reise

Wie nähert man sich den komplexen Themen *Globalisierung* und *Sachbuch*? Ein möglicher Versuch ist eingangs zu lesen. Er dokumentiert, angeregt durch die Lektüre von Wolfgang Korns *Die Weltreise einer Fleeceweste* (2008), eine Recherche zu diesem Titel. Die Vorgehensweise des Buches, Fahrtenschreiber eines globalisierten Gegenstands zu sein, wird dabei aufgegriffen und nachgestellt, um die Landkarte des Korn'schen Sachbuchs zu erstellen und die Kilometer zusammen zu addieren. Wichtige Hilfestellung leistete bei dieser Versuchsanordnung Meike Blatnik, Pressereferentin von *Bloomsbury Kinderbücher & Jugendbücher*. Sie machte sich auf die Anfrage, wie viele Kilometer denn eigentlich der erfolgreiche Jugendsachbuchtitel selbst auf dem Buckel habe, beherzt an die Arbeit[1] und lieferte so eine weitere Episode zur *kleine(n) Geschichte über die große Globalisierung*.

---

1 Das Ergebnis aus der Herstellung folgte schnell: „Gesendet: Freitag, 15. April 2011 11:59. An: Meike Blatnik. Betreff: Fleeceweste Papier.
Liebe Meike, das Papier für die HC-Ausgabe der Fleeceweste ist leicht holzhaltig und heißt Munken print Cream 90g/qm 1,8-fach Vol. Das Papier ist FSC-zertifiziert (FSC Mix), also aus nachhaltig bewirtschafteten Baumbeständen. Mehr Infos unter:http://www.arcticpaper.com".

Die Erde ist rund

Wie schreibt man über Globalisierung bzw. wie findet man Globalisierung auf dem aktuellen Buchmarkt der Kinder- und Jugendliteratur? Durchgesehen wurden hierfür die Programme im Segment Sachbuch zu den neuesten Titel und Veröffentlichungen. Die Entwicklungen, die hier zu beobachten sind, werden untersucht, wobei exemplarisch Wolfgang Korns eingangs erwähnter Titel ausführlicher behandelt wird, um eine klassische Sachbuch-Erzählung vorzustellen. In einem zweiten Schritt richtet sich der Fokus auf Titel, die selbst von der Globalisierung gekennzeichnet sind. In einer kleinen Systematik werden die wichtigsten Merkmale dieser Entwicklung herausgearbeitet und die Frage gestellt, inwieweit diese Titel einen Gewinn für den Buchmarkt bedeuten. Schließlich wird ein Blick auf Bücher geworfen, die andere Formate im Bereich Sachbuch darstellen, bisher ungewöhnliche Formen der Darstellung und Narration aufweisen und damit neue Perspektiven eröffnen. Abschließend wird der Reisebericht eines modernen Bilderbuch-Klassikers gegengelesen: Rereading Andersen. – Doch erst einmal in aller Kürze: Was kennzeichnet ein Sachbuch?

Rund um Regeln und vom Welt-Wissen - Gattungsbestimmung

Rüdiger Steinlein liefert eine grundlegende Betrachtung des Kinder- und Jugendsachbuchs, wobei er die Gattung sowohl in ihrer historischen Entwicklung als auch unter dem Aspekt der Fiktionalität bzw. Nicht-Fiktionalität ausgeleuchtet. (Steinlein 2010) Bezugnehmend auf die einschlägige Sachbuchforschung[2] diskutiert er die Gattungsdominanten und nennt als „[d]en kleinsten gemeinsamen Nenner aller systematische-begriffslogischen Bemühungen […] dessen >Sachbezug<." (Steinlein 2010, 30) Ebenso verweist er auf die Aufgabe des Kinder- und Jugendsachbuchs des delectare und prodesse und sieht in dessen Doppelfunktion des Belehrens und Unterhaltens die „ästhetische Zentralforderung" (ebd., 31) der Gattung.

Neben dieser grundlegenden Bestimmung stellt in der Sachbuchforschung der Fiktionaliätsgehalt eine bedeutsame Kategorie dar. Häufig findet man die vereinfachende Unterscheidung Sachbuch und Belletristik, die am Grad der Nicht-Fiktionalität (Faktualität) bzw. am Grad der Fiktionalisierung unterschieden wird, jedoch erweist sich diese Herangehensweise bei genauerer Betrachtung als wenig sinnvoll. Steinlein weist auf diese Problematik vor dem Hintergrund verschiedener Forschungsansätze hin und zeigt die Grenzen hinsichtlich der Konkretisierbarkeit auf. Zeichentheoretisch gesprochen, zeigt er, dass

> „Fiktionale Literatur ein in seinen vielfältigen Facetten *ästhetisches Wirkungspotential* [hat], das auf Wirklichkeitsgenerierung eigener Ordnung beruht und dessen Logik gehorcht. Sachliteratur hat ein auf die Wirklichkeit bezogenes *Wissengenerierungs-* bzw. *–vermittlungskonzept*, zu dessen Realisierung sie sich auch literarästhetischer Mittel bedient." (Ebd., 37)

---

2 Steinlein bezieht sich auf die grundlegende Forschungsarbeiten von Doderer (1961) bis zu aktuellen Publikationen Josting / Stenzel (2004); Steitz-Kallenbach (2006); ganz aktuell erschienen ist zum Thema Sachbuch: Zur Sache kommen. Sachbücher und Sachtexte als KJL (kjl&m 11.2).

Steinleins Ausführungen lassen sich zusammenfassend folgende drei gattungsbestim-
mende Kategorien entnehmen:

1. Der informierende Gehalt

„Kernstück eines jeden KJS [Kinder- und Jugendsachbuch; cr] ist und bleibt jedoch der informie-
rende Bericht über die jeweiligen Sachverhalte, gleich welcher Art diese sein mögen: naturwis-
senschaftlich-technisch, geschichtlich-kulturgeschichtlich etc. Um ein Sachbuch handelt es sich
also nur dann, wenn die informierenden-berichtenden Teile als solche dominieren." (Ebd., 33)

Abgrenzend zu dieser Gattungsbestimmung nennt Steinlein fiktionale Formate wie
Abenteuer- oder historische Romane, Erzählungen über Entdeckungen im naturwissenschaftlichen Bereich.

„Diese [fiktionalen Formate; cr] zeichnen sich dadurch aus, dass die narrative Präsentation
vor allem mit szenischen Elementen vorherrscht – also die verlebendigende Rekonstruktion
im imaginären Bereich der Vorstellung anstelle des faktenzentrierten Sachberichts." (Ebd.)

2. Delektare

Der Unterhaltungscharakter des Sachbuchs wurde bereits genannt, ebenso wie die
Formate, die sich in dieser Hinsicht besonders eignen.

3. Problematisierungs- und Darstellungsniveau

Wesentlich erscheinen als Qualitätskriterien als drittes Merkmal die Qualitätskriterien,
die *Richtigkeit* der vermittelten Sachverhalte sowie die Qualität der Präsentation dieser Sachverhalte, d.h. die gelungene didaktische Vermittlung:

„Gemessen am Problematisierungs- und Darstellungsniveau müssen die thematisierten
Sachverhalte also realitätsreferentiell >richtig<, d.h. mindestens nach dem durchschnittlich
erreichten und gesicherten Stand der Forschung wiedergegeben werden." (Ebd.)

Ergänzend zu diesen wesentlichen Überlegungen soll noch die Arbeit von Stephan
Porombka (2005) herangezogen werden, der eine weiter gefasste Sachbuchdefinition
vertritt und begrifflich dafür plädiert von Sachliteratur zu sprechen. Ohne auf die poin-
tierten Thesen weiter Bezug zu nehmen zu können, sei an dieser Stelle v.a. auf die Systematik verwiesen, die der Autor entwickelt. Auch Porombka bezieht sich auf die historische Gattungsentwicklungslinie und beschäftigt sich grundlegend mit den Formen der
Fiktionalisierung. Unter dem Aspekt der „Funktionsleistung" der Gattung bestimmt er
drei Kategorien: Die Vermittlung des Regelwissens, die Vermittlung von Weltwissen und
die „Vermittlungs- und Orientierungsleistung in Hinblick auf Gegenwart".

„Die Kulturfunktion, die die Sachliteratur übernimmt, lautet deshalb: Ereignisse, Geschehh-
nisse, Neuigkeiten, Fakten in kohärente vorläufige Geschichten zu integrieren, über die der
Weltlauf als sinnhafter Zusammenhang vorläufig erschlossen werden kann. Sachliteratur liefert das, was Lyotard die ‚großen Erzählungen' genannt hat, allerdings im kleinen Format
und nur für die Gegenwart." (Porombka 2005, 15)

Interessant erscheint auch seine spezifische Betrachtung des Verwandtschaftsver-
hältnis' von Sachliteratur und (Kultur-) Journalismus. Porombka sieht einen Paradigmenwechsel im 19. Jahrhundert im Bereich der Sachliteratur hinsichtlich der Einschätzung, selbst Wissenschaft zu sein. Der Abschied von der Wissenschaft führt zu einer
Veränderung und neuen Aufgaben:

„Als journalistische Literatur übernimmt sie jetzt die Aufgabe aus den verschiedensten Bereichen der Kultur (so auch der Wissenschaft) und von den verschiedensten Ereignissen zu berichten und diese Berichte in Erzählungen zu verpacken, die den Lesern Regel- und Weltwissen gleichermaßen übermitteln und so probeweise, auf die Gegenwart bezogen, ihr Weltbild ordnen. Für den Buchmarkt übernimmt die Sachliteratur all das, was den Journalismus definiert." (Ebd., 18)

Deutlich wird, dass hier Steinleins Forderung eines angemessenen Problematisierungs- und Darstellungsniveaus unter einer anderen Prämisse erscheint und zwar im Diskurs einer (neuen) Wissensvermittlung.

„Die Textform oder das Niveau der Sachliteratur sind mit dieser Definition der Kulturfunktion ebenso wenig festgelegt wie der Grad der Literarisierung." (Ebd., 18)

Porombkas Thesen leiten in die Mediengesellschaft und liefern weiterführende Kriterien für die Sachliteratur und ihre Bewertung.

Globalisierung über Globalisierung erzählen

Uns gehört die Welt! Macht und Machenschaften der Multis (Werner-Lobo 2010), *Zukunft 2015. Wie wir schon heute die Zukunft erfinden* (Eberl 2011), *Globalisierung. Welt der Wirtschaft kinderleicht.* (Gersemann / Eigendorf 2011) – auf dem aktuellen Buchmarkt findet man zahlreiche Titel zu dem Thema. Der Gerstenberg Verlag *labelt* mit *global* sogar eine eigene kleinformatige Sachbuchreihe. Die oben genannten Titel aus den aktuellen Produktionen stellen traditionell den Stoff dar und buchstabieren die wirtschaftlichen Grundbedingungen darin mehr oder weniger differenziert aus. Eine Auseinandersetzung mit diesen in der Qualität recht unterschiedlichen Titeln kann hier leider nicht erfolgen; vielmehr soll exemplarisch Wolfgangs Korns *Die Weltreise eine Fleeceweste. Eine kleine Geschichte über die große Globalisierung* (2008) herangezogen werden, um darzustellen, wie über Globalisierung in einem klassischen Sachbuchformat *informiert* und *erzählt* wird. Korns Sachbuch ist solide gearbeitet, lehrreich und zugleich anschaulich zu lesen. Mit einer kurzen persön-

Korn: Die Weltreise einer Fleeceweste (Cover © Berlin: Bloomsbury, 2008)

lichen Geschichte führt Wolfgang Korn die LeserInnen an Bord seines Jugendsachbuchs:

„Die Idee zu diesem Buch kam so: Mein Verlag wollte ein Buch über Globalisierung, ich hatte schon lange eine gute Idee, mir fehlte nur noch der passende Hauptdarsteller. Um alle zu beruhigen, verkündete ich: Bis Weihnachten habe ich die Hauptperson meiner Geschichte! Einen Gegenstand, der uns in rasantem Tempo durch die weite Welt führt: Asien, Europa, Afrika, Schiffsfahrten über Ozeane. " (Korn 2008, 8)

In dieser Einleitung werden nicht allein die Arbeitsbedingungen eines freien Autors offenbar, sondern verrät Korn auch Details zur Ideenfindung seines Buch-Projektes. Vor allem aber inszeniert er gleichsam als Aufmacher eine spannungsvolle Geschichte, die er als roter (Fleece)faden durch das Sachbuch legt. So ist zu lesen, dass der Autor beim abendlichen Fernsehen einer Reportage-Sendung über boat people aus Afrika plötzlich seinen *Hauptdarsteller* auf dem Bildschirm entdeckt:

> „Über sechzig Personen waren zehn Tage lang auf einem kleinen Boot zusammengequetscht, bei Wind und Wetter und zum Schluss ohne Trinkwasser. Dramatische Bilder, von einem Touristen mit einer Videokamera festgehalten: Die Flüchtlinge sacken am Strand zusammen. Eine kurze Nahaufnahme: Ein Junge in einer knallroten Weste. Eine rote Weste – in meinem Kopf ertönt ein lauter Gong. Moment mal! War das vielleicht meine knallrote Fleeceweste? Denn genau so eine Weste habe ich vor einigen Monaten in den Altkleidercontainer bei uns in Hannover gesteckt." (Ebd., 11)

Medial geschult, zoomt der Erzähler an sein Sujet heran und zeigt in der Nahaufnahme die Details der Weste, die sich als die seine herausstellen (könnten). Und zugleich rückt er mit dieser Nahaufnahme den Gegenstand in den Bildmittelpunkt, den er fortan auch einnehmen soll. Der dramaturgisch gekonnte Kniff, das persönliche Kleidungs-stück plötzlich auf dem Monitor zu identifizieren, kann man dem Motiv-Repertoire von Kriminalgeschichten zuordnen. Und so beginnt mit diesem außerordentlichen Ereignis spannungsvoll das Buch über die wirtschaftlichen und politischen Zusammenhänge der Globalisierung und man wird auf eine abenteuerliche Weltreise eingeladen.

Der journalistische Stil Wolfgang Korns ebenso wie die (scheinbar) persönliche Be-zugnahme dieser einführenden Passage erinnern an Erich Kästners Vorworte, die zum Markenzeichen des bekannten Kinderbuchautors wurden. In Kästners kinderliterari-schen *Intros*, um die Korn'sche Terminologie fortzuführen, stellt Kästner nicht nur die Figuren und die Thematik seines jeweiligen Romans vor, sondern konfrontiert seine jungen LeserInnen mit poetologischen Fragen z.B. über den Wirklichkeitsgehalt seiner Romane. Auch Korn stellt die Frage nach der Fiktionalität und gibt sich zugleich als un-zuverlässiger Erzähler zu erkennen. Trotz der einführenden Story bekennt er bezüglich seiner *Hauptperson*: „Ich will nicht unbedingt wissen, ob das meine alte Fleeceweste ist oder nicht. Entscheidend ist der Gedanke: Es könnte meine Weste sein." (Ebd., 12) Und damit ist das Geschichte anstiftende *was wäre, wenn* inthronisiert und kann die literarische Verfolgungsjagd beginnen.

Indem Korn das Spiel anstößt Teil der eigenen Fiktionalisierung zu sein, schafft er eine packende und emotionalisierende Story und bezieht seine LeserInnen in die von ihm entwickelte Odyssee mit ein. An den einzelnen Stationen dieser Verfolgungsjagd erfährt man viel Wissenswertes über wirtschaftliche und politische Zusammenhänge so z.B. über die Auswirkungen und Auswüchse der sogenannten globalisierten Welt, und wird trotz dieses sachlich-trockenen Themas bestens *unterhalten*.

Korn lehnt sich in der von ihm gewählten Form an einen Klassiker der Globalisie-rungsliteratur an: Bereits 1993 war im Magazin der der Wochenzeitschrift DIE ZEIT eine Reportage über einen Erdbeer-Joghurt zu lesen, die *nachhaltig* Aufsehen erregte. Denn der Autor dieser klug konzipierten Recherche wertete den Fahrtenschreiber dieses Pro-dukts aus und kam zu einem erstaunlichen Ergebnis. Nachgewiesen wurde, dass der Be-cher nebst Inhalt zusammengenommen rund 9.000 Kilometer auf dem Deckel hatte, bis er im Kühlregal eines Supermarktes landete. Das journalistische Duo Hoppe und Gross verfolgte bei ihrer Recherche alle Wege und alle Bestandteile des Lebensmittels – von seinem Anbau bis zur Verarbeitung – ebenso wie alle Bestandteile seiner Verpackung bis zum Vertrieb. *Ein Joghurt kommt in Fahrt* (1993), war das journalistisches Paradestück betitelt und lieferte durch die einfache, aber meisterlich konzipierte Herangehensweise eine Masterstruktur, die Globalisierungs-Themen erzählbar macht.[3]

Globalisierte Sachbücher

Neben den Büchern über Globalisierung findet man auf dem aktuellen Kinder- und Jugend-buchmarkt auch Titel im Segment Sachbuch, die man als *globalisiert* bezeichnen könnte. Was ist damit gemeint? Die Rede ist nicht von Büchern, die sich inhaltlich mit dem Thema Globalisierung auseinandersetzen, sondern die Titel, um die es hier gehen soll, sind selbst von der Globalisierung maßgeblich geprägt: In der thematischen Auswahl wie in der Ge-staltung und Ausstattung, in der Narration ebenso wie in der Herstellung und Distribution. Diese *globalisierten* Titel tauchen vornehmlich im Bereich Sachbuch auf, lassen sich aber nicht über inhaltliche Schwerpunktsetzung ermitteln. Vielmehr ist nahezu das gesamte The-menspektrum des Sachbuchmarktes vertreten. So findet man Bücher zu historischen Ereig-nissen wie zu biologisch-medizinischen Themen oder zu philosophisch-weltgeschichtlichen.

Das bedeutsamste Kennzeichen dieser Titel ist ihr standardisiertes Format; es ist so gearbeitet, dass es *international kompatibel* ist. Mit diesem Kennzeichen ist in erster Linie ein Verkaufsmerkmal gemeint, ein Gesamtdesign, das hinsichtlich von Wirt-schaftskriterien und Marketingansprüchen maßgeschneidert wurde. Diese Vorgabe der weltweiten Verkaufbarkeit und Vertreibbarkeit der Produkte bezieht sich auf *alle* Bereiche des Buches. Im Folgenden soll eine kleine Systematik erstellt werden, um das Profil dieser Titel anschaulich zu machen.[4]

Transnationale Relevanz (Thematisches)

Das Thema eines *globalisierten* Titels kann nur eines sein, das nicht nur nationales Interesse erweckt, sondern das einen großen Aufmerksamkeitswert und eine erkenn-bare Medienrelevanz möglichst auf dem Welt-Markt hat. (Als Beispiel könnte man das historische Ereignis der Wende 1989 anführen. Das Interesse in Deutschland und den ehemaligen Ländern des Ostblocks ist sicherlich nicht mit dem auf dem nord-amerikanischen Markt oder Frankreich, Spanien vergleichbar.) D.h. die Themen für die beschriebenen globalisierten Sachbücher müssen transnationale Relevanz haben, wobei diese internationale Ausrichtung natürlich nicht bedeutet, dass nur mehr Bü-cher produziert werden, die für den gesamten Weltmarkt rentabel erachtet werden. Wesentlich erscheint, dass diese Formate maßgeschneidert sind und an kulturellen und gesellschaftlich relevanten Ecken abgeschliffene Konzepte bedingen.

---

3 Das Bilderbuch *Das himmelblaue T-Shirt ... und wie es entsteht* (Prader 2009) greift ebenso wie Korn das bewährte Kilometer-Verfahren auf; interessant wäre alle Titel zu sammeln und zu vergleichen, die sich zu dieser Masterstruktur finden lassen.

4 Absichtsvoll seien hier keine einzelnen Titel genannt. Man findet sie vornehmlich in einigen Verlagen des Marktes, in der Regel sind diese wiederum an internationale Konzerne angeschlossen, bei denen nicht nur Marketing und Vertriebswege zentralisiert und grenzüberschreitend organisiert werden.

Kulturelle Toleranzraster (Gesellschaftliches, Kulturelles)

Der oben skizzierte Mainstream der inhaltlichen Darstellung misst sich an Toleranz-grenzen, beispielsweise gegenüber sexueller Freizügigkeit einer Gesellschaft oder Kul-tur. (Vergleicht man fotografische Abbildungen von Kindern und Jugendlichen, lassen sich diese Toleranzgrenzen ausloten. Auch am Umgang mit Nacktheit könnte man eine eigene Landkarte erstellen. Nimmt in Westeuropa z.B. an einem kurz berockten Girlie oder einem nackten Baby-Po niemand Anstoß, dürfte dies für den nord-amerikani-schen Markt ein erkennbares Problem geben.) Grundsätzlich dürfen die ausgewählten Themen also auch keine Inhalte kommunizieren, die in anderen Gesellschaften, Kul-turen, Religionen und/oder politischen Systemen inakzeptabel erscheinen. Diese Vor-gabe der *sauberen* Themenbereiche und ihrer Darstellbarkeit bezieht sich im Bereich Sachbuch nicht nur auf textliche, sondern ebenso auf bildliche Inhalte.

United Colours of political correctness (Multikulturalität des Weltmarkts)

Die ProtagonistInnen in diesen Büchern bilden regelhaft alle Hautfarbentypen der Welt ab. Die Kinder und Jugendlichen in den Sachbüchern werden stereotyp und alle Ethnien vertretend *besetzt* – ein schwarzes afrikanisches Mädchen, ein schwedisch-blonder Kalle, ein verschmitzt knopfäugiger kleiner Gigolo, ein zartes Mädchen mit indischen Zügen ... Behauptet wird mit diesen united colours of political correctness weniger, in einer multikulturellen Gesellschaft zu leben und dieses Miteinander auch unterstützend zu verbreiten, vielmehr bildet sich in diesen werbebanner-generierten Besetzungslisten der Weltmarkt und seine harten Marketinggesetze ab.

Mediale und international verbreitete Formate

Und schließlich werden die Inhalte in konventionellen, aber vor allem in medialen Formaten präsentiert. Am dominantesten ist hier der Illustrierten-Stil, der Magazin-Charakter, der erlaubt mit Kästen und viel Bildmaterial mit dem Blick über die Seiten zu scrollen und in kleinen Happen das Welt-Wissen darzubieten. Der Aufbau dieser Werke ist journalistisch-medial und erlaubt problemlos das Zappen und vor- und zu-rückblätternde Lesen. Durch diese Vorgaben müssen die Seiteninhalte sehr verknappt und vereinfacht werden, durch das Fehlen des Aufeinanderaufbau-Prinzips sind alle Informationen kleinformatig angelegt und im *Hier und Jetzt* konsumierbar und reprä-sentieren in der oft opulenten Ausstattung dieser Bände ein schmuckes Einerlei.

Legt man Steinleins Kriterien für gute Sachbücher an diese Titel an, so wird man schnell feststellen, dass sie diese Vorgaben weder in der Vermittlung von Wissen noch in der Unterhaltung auch nur annähernd befriedigend erfüllen. Zieht man ebenfalls Porombkas Thesen hinzu, findet man zwar weitere Analysekriterien gegenüber diesen Formaten, eine bessere Gesamtnote dürfte nicht zu erwarten sein. Das Weltwissen, wie Porombka es beschrieben hat, wird vielmehr umdefiniert zu einem globalisierten Welt-Wissen. Der Be-griff des Welt-Wissens wird solcher Art einer Metamorphose unterzogen, er wird umde-finiert in einen Markt-Aspekt. Das Regelwissen, dass das Sachbuch weitergab, verkommt zu Stereotypenbildungen, das Kulturwissen wird einer *MacDonaldisierung* unterworfen. Zusammenfassend kann man festhalten: Die Sachbücher dieser Art schleifen konsequent alles Kulturelle und Individuelle ab. Sie präsentieren damit keine spannende Auswahl aus den Archiven des Wissens, sondern bedeuten einen zwar gut gefüllten, aber nur wenig qualitätvoll bestückten Warenkorb unserer Konsumgesellschaft. (Vgl. Roeder 2007)

Jonas Bendiksen: So leben wir. Menschen am Rande der Megacitys (Abbildung © Jonas Bendiksen. München: Knesebeck, 2008)

So leben wir - neue Perspektiven

Neben diesen weniger erfreulichen Entwicklungen kann man aber auch Bewegung auf dem Sachbuchmarkt bzw. bei der Bewertung, *was* ein Sachbuch ist, erkennen. Auch hier kann nur beispielhaft die neue Sichtweise skizziert werden, zwei Beispiele werden herausgegriffen. Genannt werden sollen in diesem Zusammenhang zum einen eine aktuelle Empfehlungsliste, die von der Studien- und Beratungsstelle STUBE in Wien herausgegeben wurde. Betitelt ist sie *Wie wir leben (wollen). Nachhaltigkeit als Thema der Kinder- und Jugendliteratur* (2011). Interessant ist diese Titel-Zusammenstellung, weil an der hier vorgenommenen Auswahl ein verändertes Verständnis ablesbar wird. In dem Vorwort wird die Auswahl wie folgt begründet:

> „Literatur kann und will zwar kein Patentrezept für die Lösung universeller Probleme sein, vermag aber zu sensibilisieren hinsichtlich der Bedürfnisse allen Lebens. Manche der ausge-wählten Bücher tun dies ganz explizit, andere wiederum sehr subtil und unkonventionell. [...] Immer aber werden persönliche oder globale Entwicklungschancen auf einem hohen literarischen und illustratorischen Niveau dargestellt." (Wie wir leben [wollen], 2011, 1)

Blättert man durch die Broschüre, wird deutlich, dass nicht allein Sachbücher aufge-nommen werden, die Globalisierung in wirtschaftlich, politischer Hinsicht vorstellen (einige dieser einschlägigen Titel wurden in diesem Beitrag bereits genannt), sondern ebenfalls hinzugezogen werden Sachbücher, die mit religiös-philosophischen Frage-stellungen Schöpfung thematisieren oder Bücher die *Die Eine Welt* für das Heraus-geberteam vorstellen. In diesen Kapiteln findet man auch Titel, die parabolisch die Thematik darstellen, d.h. kleine Bilderbuch-Weltumrunden abbilden oder nachdenk-liche Fragen über die Thematik des *Ich und die Welt* bedeuten. Bei dieser offenen Herangehensweise werden auch Bücher aufgenommen, die dezidiert nicht zum Sach-buch zu rechnen sind. Nikolaus Heidelbachs Bilderbuch-Königin Gisela (2007) findet man beispielsweise in dem Kapitel, das mit „machtgierig – machtlos" überschrieben wird. Heidelbachs Protagonistin verletzt alle Reise-Regeln des Anstands, kennt kein Maß gegenüber ihren charmanten Erdmännchen-Gastgebern, sondern verhält sich, wenngleich in der kindlichen Egozentrik deutlich verortbar, wie ein spanischer Con-quistador aus Kolonialzeiten.

Zusammenfassend kann man an dieser Zusammenstellung eine veränderte (wissen-schaftliche) Perspektive auf das Sachbuch feststellen. Das Vermittlungspotential von Wissen wird hier nicht allein im Sachbuch vermutet, sondern ebenso in Titeln ange-nommen, die *rein* fiktionalen Formaten zuzuordnen sind.

Diese veränderte Sichtweise auf das Sachbuch findet man auch in anderen Bereichen des Kinder- und Jugendbuch-Marktes. Auf der Nominierungsliste des Deutschen Jugendliteratur Preises stand 2009 der Titel *So leben wir* – ein Foto-Buch des bekannten Magnum-Fotografen Jonas Bendiksen. Die Jury des Deutschen Jugendliteraturpreises wählte mit diesem Buch einen Titel aus, der sowohl nicht in einem einschlägigen Kinder- und Jugendbuchverlag erschienen ist (auch wenn Knesebeck eine entsprechende Reihe hat, war dieser Titel hier nicht platziert) und auch nicht gängigen Sachbuchformaten entspricht. Dennoch lässt sich ohne Frage dieser Titel als ein Buch beschreiben, das alle Kriterien eines qualitätvollen und gelungenen Sachbuchs aufweist.

Jonas Bendiksen: So leben wir. Menschen am Rande der Megacitys (Abbildung © Jonas Bendiksen. München: Knesebeck, 2008)

Das Buch mit seinen hochwertigen, qualitätvoll-künstlerischen Aufnahmen erzählt von Lebensräumen von Menschen, die am *Rande von Mega-Citys* (über-)leben. Der Band dokumentiert die Lebensbedingungen dieser Ärmsten der Armen und lässt sie selbst zu Wort kommen. Der aufwendig gestaltete Band – die 360-Grad-Aufnahmen liefern Panoramen und sind zum Teil doppelseitig ausklappbar zu betrachten. Sie erzählen Lebens-Geschichten, denen die Globalisierung eingeschrieben ist. Das *Wissen*, das hier vermittelt wird, beruht auf der klug konzipiert Ausstattung des Bandes, der den BewohnerInnen der Slums in Nairobi, Mumbai, Jakarta und Caracas den Platz eingeräumt, den sie in ihrem Alltag selten einnehmen dürfen. Jugendliche BetrachterInnen und LeserInnen werden durch die unmittelbare Konfrontation mit diesen Lebensformen informiert, angesprochen und auch aufgeklärt. Die Welt, wie wir sie kennen, wird ergänzt durch die Bilder, die normalerweise in unserer Hochglanzwelt ausgespart werden. Das journalistisch-künstlerische Format entspricht dem der Dokumentation bzw. dokumentarischen anverwandte Formen. (Vgl. hierzu auch Steinlein 2010, 37 Anm. 17)

Porombkas Plädoyer für Sachliteratur greift hier nicht im begrifflichen Sinne, aber in der Verortung der journalistischen Form. Der Kultur-Transfer, der hier geleistet wird, wird durch die künstlerisch herausragenden Bilder wesentlich befördert. Somit ist dieser Band Dokument und Kunst-Katalog, Reportageband und persönliches Reise-Journal, politisches Statement und fotografisches Meister-Album.

Ausblick: Rereading Andersen

Mit einer Welt-Reise im Bilderbuch schließt sich das Reisemotiv, das eingangs des Beitrags aufgenommen wurde. 1996 brachte der Schweizer Illustrator Jörg Müller eine Märchen-Adaption des standhaften Zinnsoldaten auf den Markt. Der Text liegt dem Band separat anbei; Müller erzählt seine Märchen-Geschichte ohne Text auf doppelseitigen Illustrationen. Die Seiten führen zu den Stationen, die die Spielzeug-Figur durcheilt, aber Müller kontextualisiert sie in der Konsumgesellschaft Ende des 20. Jahrhunderts. Der Zinnsoldat in seiner Sicht ist ein Protagonist, der die Überflussge-

Menschen am Rande der Megacitys (Cover © München: Knesebeck, 2008)

sellschaft veranschaulicht und seine Reise führt um die ganze Welt und gipfelt in einer Müllhalde im fernen Kontinent Afrika, wo die Spielzeugfigur in die Hand eines müllsammelnden Kindes gerät. Ohne weiter auf diese eindrücklich verfasste Geschichte eingehen zu können, führt Müller den Zinnsoldaten schließlich wieder zurück in die westliche Welt und dort in ein Museum, wo der Zinnsoldat ausgestellt wird. – Deutlich wird in diesem musealen Kontext, dass er nicht zu erzählen vermag, was er erfahren hat. Seine Reise wird dem Betrachter aber in den Bildern verdeutlicht und führt den Lebens-Weg vor Augen. Dieses mit eindrücklichen fotorealistischen Illustrationen ausgestattete Bilderbuch überzeugt durch seine kompromisslose und zugleich nachhaltige Botschaft. Es ist heute so aktuell wie vor 15 Jahren. Die Bilder-Folgen berichten von der *Wiederkehr des Müll-Soldaten*. In diesem Sinne kann man Müllers bildnerische Adaption als ein Rereading von Andersen lesen. Wie das alte Märchen rührt sie zu Tränen, wie die große textliche Vorlage besticht sie durch die bestechende illustrative Form und führt die kunstvoll ersonnene Spielzeugreise in globale Kontexte, eröffnet neue Welt-Sichten.

Primärliteratur

Bendiksen, Jonas: So leben wir. Menschen am Rande der Megacitys. Mit einer Einführung v. Philip Gourevitch. Aus dem Engl. v. Lizzie Gilbert. München: Knesebeck, 2008

Eberl, Ulrich: Zukunft 2015. Wie wir schon heute die Zukunft erfinden. Weinheim: Beltz, 2011

Gersemann, Olaf / Jörg Eigendorf: Globalisierung. Welt der Wirtschaft kinderleicht. München: Hanser, 2011

Korn, Wolfgang: Die Weltreise einer Fleeceweste. Die kleine Geschichte der großen Globalisierung. Berlin: Bloomsbury, 2008

Müller, Jörg / Hans Christian Andersen: Der standhafte Zinnsoldat. Aarau: Sauerländer, 1996

Prader, Birgit / Birgit Antoni (Ill.): Das himmelblaue T-Shirt ... und wie es entsteht. Wien: Betz, 2009

Werner-Lobo, Klaus: Uns gehört die Welt! Macht und Machenschaften der Multis. München: dtv 2010

Sekundärliteratur

Hoppe, R. / P. Gross: Ein Jogurt kommt in Fahrt. In: ZeitMagazin (1993) H. 5, 14-17 vom 29.01.1993

Josting, Petra / Gudrun Stenzel (Hgg.): Wieso, weshalb, warum ... Sachliteratur für Kinder und Jugendliche. Weinheim 2004 (Beiträge Jugendliteratur und Medien. 15. Beiheft)

Porombka, Stephan: Regelwissen und Weltwissen für die Jetztzeit. Die Funktionsleistungen der Sachliteratur. Berlin u. Hildesheim 2005 (Reihe Arbeitsblätter für die Sachbuchforschung, Forschungsprojekt „Das populäre deutschsprachige Sachbuch im 20. Jahrhundert")

Roeder, Caroline: Blick zurück nach vorn. Rede anlässlich der Bekanntgabe der Nominierungen des Deutschen Jugendliteraturpreises am 23. März 2007 auf der Leipziger Buchmesse. In: JuLit 33 (2007) H. 2., 41-46

Steinlein, Rüdiger: Fiktionalität und Nicht-Fiktionalität im Kinder- und Jugendsachbuch. Überlegungen zur Bestimmung eines vielgestaltigen Genres. In: Sachtexte für Kinder und Jugendliche. Non Fiktion. Arsenal der anderen Gattungen, 5. Jg. (2010) H. 1/2, 29-44

Steitz-Kallenbach, Jörg: Sachbuch. In: Kliewer, Heinz-Jürgen / Inge Pohl (Hgg.): Lexikon Deutschdidaktik. Bd. 2. Baltmannsweiler 2006, 646-649

Wie wir leben (wollen). Nachhaltigkeit als Thema der Kinder- und Jugendliteratur. Wien: Stube 2011

Zur Sache kommen. Sachbücher und Sachtexte als KJL. kjl&m 11.2

Internetquellen

www.sachbuchforschung.de

Hannelore Daubert

Das Internationale Kuratorium für das Jugendbuch (IBBY) im Zeichen der Globalisierung

Wie eine internationale Institution der Kinder- und Jugendliteratur von den Mechanismen der Globalisierung nicht nur profitiert, sondern in diesem Prozess auch zunehmend globale Verantwortung übernimmt, zeigt sich an der Entwicklungs- und Erfolgsgeschichte des *International Board on Books for Young People (IBBY)*, des Internationalen Kuratoriums für das Jugendbuch.

Wie alles begann

IBBY verdankt seine Entstehung der Vision einer engagierten politischen Journalistin, Autorin und Übersetzerin: Jella Lepmann (1891–1970). Aufgewachsen in einem jüdisch-liberalen Elternhaus in Stuttgart, emigrierte sie 1936 mit ihren beiden Kindern nach England, wo sie für die BBC und die ABSIE (*American Broadcasting Station in Europe)* arbeitete. 1945 kehrte sie als Beraterin der US-Armee für Frauen- und Jugendfragen nach Deutschland zurück. Jella Lepmann sah die Kinder als Hoffnungsträger für eine bessere und friedliche Zukunft und war überzeugt davon, dass Bücher das beste Mittel seien, die Kinder zu Weltoffenheit, Toleranz und Friedensliebe zu erziehen. So legte sie nun den Schwerpunkt ihrer Arbeit auf die Förderung von Kinder- und Jugendliteratur.

1946 organisierte sie die erste internationale Kinder- und Jugendbuchausstellung, die 1949 zur Gründung der Internationalen Jugendbibliothek (IJB) in München führte. Bis 1957 leitete Jella Lepmann als Direktorin die IJB. Ihre Hoffnung und Überzeugung, dass Kinder- und Jugendliteratur (KJL) einen wichtigen Beitrag zu Völkerverständigung und Frieden leisten könnte, setzte sich nach dem zweiten Weltkrieg auch bei Autoren und Kinderbuchexperten zunehmend durch. 1951 organisierte Jella Lepmann eine Konferenz zum Thema *International Understanding through Children's Books*. Ziel der Konferenz war die Gründung einer internationalen Organisation zur Förderung der Kinder- und Jugendliteratur. Anstelle der erwarteten 60 Teilnehmer nahmen 250 Gäste aus 26 Nationen an der Konferenz teil und repräsentierten die unterschiedlichsten Bereiche der Produktion und Distribution von KJL: Autoren, Illustratoren, Verleger, Bibliothekare, Lehrer und Vertreter unterschiedlichster Jugendorganisationen. Die Vorträge dieser Tagung (das Einführungsreferat hielt der spanische Philosoph Ortega y Gasset) fanden in den internationalen Medien weite Beachtung. Ein Gründungsausschuss wurde damit beauftragt, die Vorarbeit zu leisten und entwickelte 1952 eine Satzung. Vorsitzender des Gründungsausschusses war der Schweizer Verleger Hans Sauerländer. Zu den weiteren Gründungsmitgliedern gehörten Repräsentanten aus

Österreich, der Schweiz, Deutschland, den Niederlanden, Norwegen und Schweden. Diese Vorarbeiten führten 1953 zur Gründung des *International Board on Books for Young People*, einer internationalen, nicht staatlichen, gemeinnützigen Organisation mit Sitz in Basel. Die erste Mitgliederversammlung fand im Rahmen des ersten Kongresses im Oktober 1953 in Zürich statt. Zu den Gründungsmitgliedern zählten bekannte und international renommierte Persönlichkeiten wie die Autoren Erich Kästner, Lisa Tetzner, Astrid Lindgren, Jo Tjenford, Fritz Brunner und Pamela Travers, die Schweizer Illustratoren Alois Carigiet und Hans Fischer, die Verleger Hans Sauerländer und Bettina Hürlimann und der Leseforscher Richard Bamberger (Österreich).

Das Signet von IBBY (Abbildung © IBBY, Basel)

Die damals begründete Tradition der alle zwei Jahre weltweit stattfindenden Kongresse hat sich bis zum heutigen Tag fortgesetzt. Die internationalen Kongresse gewannen zunehmend an Bedeutung als Treffpunkt und wichtige Begegnungsstätte für den Austausch unter Experten, eine Chance, die auch zur Zeit des kalten Krieges grenzübergreifend genutzt wurde.

IBBY heute: Organisation und Ziele

Organisation
Das internationale Kuratorium für das Jugendbuch ist eine gemeinnützige Dachorganisation von zurzeit 72 Mitgliedsnationen mit dem Ziel, die internationale Verständigung durch Kinder- und Jugendliteratur zu fördern. Dies geschieht durch vielfältige Bemühungen, den Heranwachsenden den Zugang zu qualitätsvoller Kinder- und Jugendliteratur zu ermöglichen.
Die 72 Mitgliedsnationen repräsentieren sowohl Länder mit hochentwickelten Verlags- und Literaturprogrammen als auch solche, in denen sich erst wenige engagierte Fachleute um den Aufbau zufriedenstellender Bedingungen für KJL bemühen. IBBYs nationale Sektionen sind in unterschiedlichen Organisationsformen auf nationaler, regionaler und internationaler Ebene tätig. Einzelmitgliedschaft bei IBBY ist nur dann möglich, wenn es im betreffenden Land keine Nationale Sektion gibt. Die deutsche IBBY Sektion ist der *Arbeitskreis für Jugendliteratur e.V.* (AKJ), der Dachverband der KJL in Deutschland mit Sitz in München. Der/die Vorsitzende des AKJ ist qua Amt gleichzeitig Präsident/in der deutschen IBBY Sektion.
Mitglieder der nationalen Sektionen sind Frauen und Männer aus verschiedenen Berufen und Bereichen der KJL: Autoren und Illustratoren, Verleger, Lektoren, Übersetzer, Journalisten und Kritiker, Kindergärtner und Lehrer, Hochschulprofessoren und

Studenten, Bibliothekare und Buchhändler, Sozialarbeiter und Eltern. Die Planung und Durchführung von IBBYs Aktivitäten wird vom Vorstand (Exekutivkomitee) bestimmt, dessen Mitglieder alle zwei Jahre in der Generalversammlung während des IBBY-Kongresses von den nationalen Sektionen gewählt werden. Er besteht aus dem Präsidenten und zehn Vorstandsmitgliedern aus verschiedenen Ländern. Die Geschäftsführung liegt beim IBBY Sekretariat in Basel. Die Jahresbeiträge der nationalen Sektionen bilden das einzige regelmäßige Einkommen von IBBY. IBBY ist deshalb auf zusätzliche Finanzierung für seine Aktivitäten angewiesen.

Als nichtstaatliche Organisation mit offiziellem Status bei UNESCO und UNICEF ist IBBY in die Vorbereitung politischer Entscheidungen einbezogen und wirkt als Anwalt des Kinder- und Jugendbuchsektors. IBBY fühlt sich den Grundlagen des Internationalen Abkommens über die Rechte der Kinder verpflichtet, das 1990 von den Vereinten Nationen ratifiziert wurde. Eine der wichtigsten Forderungen dieser Konvention ist das Recht des Kindes auf umfassende Erziehung und Ausbildung und unmittelbaren Zugang zu Informationen. Dank einer Initiative von IBBY richtet dieses Abkommen auch einen Appell an alle Nationen, sich für die Veröffentlichung und Verbreitung von Kinder- und Jugendbüchern einzusetzen.

IBBY pflegt weltweit enge Kontakte mit zahlreichen anderen internationalen Organisationen und Kinderbuch-Institutionen. Alljährlich ist IBBY auf der internationalen Kinderbuchmesse in Bologna vertreten und nimmt auch an anderen internationalen Buchmessen teil.

Ziele

IBBY formuliert auf seiner Homepage (www.ibby.org) folgende Ziele. Sie orientieren sich an dem grundlegenden Recht eines jeden Kindes zum Leser zu werden:
- Internationale Verständigung durch Kinderliteratur
- Kindern weltweit den Zugang zu Büchern mit literarischem und künstlerischen, Anspruch zu ermöglichen
- Schaffung der Voraussetzungen für die Veröffentlichung und Verbreitung qualitätsvoller Kinder- und Jugendbücher, vor allem in Ländern, in denen die Bedingungen dafür noch nicht ausreichend vorhanden sind
- Unterstützung und Weiterbildung für alle an Kinder- und Jugendliteratur Interessierten
- Anregung zur wissenschaftlichen Befassung mit KJL
- Diesen Zielsetzungen entsprechend konzentrieren sich IBBYs Projekte und Aktivitäten im Wesentlichen auf drei Bereiche:
- Auszeichnung und Präsentation von international ausgewählten hochwertigen Kinder- und Jugendbüchern aus den Mitgliedsländern;
- Planung und Realisierung von Projekten und Modellen der Leseförderung;
- Ausrichtung von internationalen Kongressen, sowie von Seminaren und Workshops zu Fort- und Weiterbildung

Internationale Aktivitäten und Projekte von IBBY: Einige Beispiele für die Auszeichnung und Förderung qualitätsvoller Kinder- und Jugendliteratur

Hans Christian Andersen Preis

Im Zweijahresabstand verleiht IBBY den Hans Christian Andersen Preis an je einen lebenden Autor und Illustrator, dessen Gesamtwerk einen wichtigen Beitrag zur Entwicklung der Kinder- und Jugendliteratur geleistet hat. Der Hans Christian Andersen Preis gilt als die höchste internationale Auszeichnung für Autoren und Illustratoren von Kinder- und Jugendbüchern. Die Schirmherrschaft hat Königin Margarethe II von Dänemark übernommen. Die Nominierungen erfolgen durch die Nationalen Sektionen von IBBY. Die Preisträger werden von einer hochkarätigen internationalen Jury, bestehend aus Fachleuten der Kinder- und Jugendliteratur, ermittelt und im festlichen Rahmen der zweijährig stattfindenden IBBY Kongresse verliehen.

Der Autorenpreis wird seit 1956 verliehen, der Illustratorenpreis seit 1966. Der Preis besteht aus einer Goldmedaille und einem Diplom. Eine spezielle auf die Preisverleihung bezogene Ausgabe von IBBYs Zeitschrift *Bookbird* präsentiert alle Nominierten und dokumentiert das Procedere der Auswahl. Der Hans Christian Andersen Preis 2010 ging an den englischen Autor David Almond und die deutsche Illustratorin Jutta Bauer.

IBBY Ehrenliste

Ebenfalls im Zweijahresabstand wird die IBBY Ehrenliste erstellt. Sie enthält ausgewählte und besonders empfehlenswerte Neuerscheinungen von Autoren, Illustratoren und Übersetzern aus den Mitgliedsländern, die durch die Aufnahme in die Ehrenliste ausgezeichnet und bekannt gemacht werden sollen. Die Ehrenliste (*IBBY Honour List*) bietet einen informativen Überblick auf qualitätsvolle Bücher aus internationalen Produktionen und dient gleichzeitig als wichtige Auswahl- und Orientierungshilfe für mögliche Lizenzen und Übersetzungen.

Die Auswahl der Titel erfolgt durch die Nationalen Sektionen, die für jede der drei Kategorien ein Werk nominieren können. Für Länder mit einer ständigen Produktion von Kinder- und Jugendbüchern in mehr als einer Sprache können in den Kategorien Autor und Übersetzer zusätzlich bis zu drei Werke in diesen weiteren Sprachen aufgenommen werden. Die Bücher der Ehrenliste repräsentieren herausragende Produktionen des jeweiligen Landes und ermöglichen Einblicke in die unterschiedlichen kulturellen, politischen und sozialen Gegebenheiten, in denen Kinder leben und heranwachsen. Sie bieten wichtige Informationen für alle, die mit der Entwicklung von Erziehungsprogrammen oder Initiativen zur Alphabetisierung und Leseförderung befasst sind und ist außerdem eine wertvolle Grundlage für die Zusammenstellung internationaler Buch-Kollektionen.

Die Ehrenlisten-Diplome werden im Rahmen des IBBY Kongresses überreicht, wo auch der Katalog und die Bücher erstmalig öffentlich präsentiert werden. Später zirkulieren sieben parallele Sets der Ausstellung weltweit und werden im Rahmen von Konferenzen und Buchmessen gezeigt. Permanente Kollektionen der IBBY Ehrenliste finden sich in der Internationalen Jugendbibliothek in München, dem Schweizerischen Institut für Kinder- und Jugendmedien in Zürich, der Bibiana in Bratislava, der Japanischen IBBY Sektion in Tokio und in der Bibliothek der Northwestern University in Evanston, Illinois.

Leseförderung

In der fast 60-jährigen Geschichte von IBBY wuchs die Zahl der Mitgliedsstaaten bis zum heutigen Tag an auf 72 Nationen aus allen Erdteilen. Diese zahlreichen nationalen Sektionen bilden in ihrer Vielfalt und Unterschiedlichkeit ein beeindruckendes und wertvolles Netzwerk zur Realisierung der selbstgesteckten Ziele. Die unmittelbaren Erfahrungen, die durch neue Sektionen in Schwellenländern gewonnen werden können, ermöglichen es, auf die realen Bedürfnisse und Gegebenheiten vor Ort ganz praktisch zu reagieren.

Die Tatsache, dass der Zugang zu Büchern und Bildung weltweit recht ungleich verteilt ist, bedeutet für IBBY eine permanente Herausforderung und hat besonders in den letzten Jahren zu einer Verlagerung der Aktivitäten geführt. Zunehmend sieht sich IBBY in der Verantwortung, sich besonders für die Kinder zu engagieren, die in unterprivilegierten Regionen oder in Krisengebieten aufwachsen und keinen Zugang zu Büchern und Bildung haben. Besonders auch mit Blick auf Kriege und Naturkatastrophen wurden z.B. bibliotherapeutische Projekte entwickelt, um Kindern bei der Verarbeitung traumatischer Erfahrungen zu helfen.

Alle Aktivitäten und Projekte von IBBY orientieren sich an seinen Zielsetzungen und sind nicht zuletzt abhängig von zusätzlichen finanziellen Zuwendungen. Die Ausgangsbasis für alle Bemühungen zur Förderung der Literatur und des Lesens ist das Recht eines jeden Kindes zum Leser zu werden und Zugang zu Büchern zu erhalten. Dabei sollen die Bücher zwei Funktionen erfüllen: Sie sollen Spiegel sein, aber auch Fenster nach draußen. Sie sollen den jungen Lesern ermöglichen, etwas über sich selbst und die Welt zu erfahren, aber auch Informationen über die Welt draußen und die Situation von Gleichaltrigen in anderen Ländern zu erhalten. Das setzt voraus, dass Kinder neben den übersetzten Büchern aus dem internationalen Fundus auch Zugang zu Büchern haben, die in ihrer Sprache geschrieben sind und ihnen auch etwas über ihre eigene, besondere kulturelle Lebenswelt erzählen. Kinder aus Nationen mit einem entwickelten Verlagswesen haben Zugang zu qualitativ hochwertigen Büchern. Kinder in Schwellenländern ohne eigenes Verlagssystem müssen oftmals auf Bücher als *Spiegel* verzichten. Diese unterschiedlichen Ausgangsbedingungen zeigen, dass das Recht der Kinder zu Lesern zu werden, ganz unterschiedliche Maßnahmen erfordert. Über Alphabetisierungsprogramm in Schwellenländern und die Förderung einer originalen, nationalen (manchmal auch regionalen) Produktion von Lesestoffen bis hin zu *bibliotherapeutischen* Projekten für Kinder in krisenhaften Lebensumständen.

IBBY-Asahi Leseförderungspreis

Der IBBY-Asahi Leseförderungspreis wurde 1986 eingerichtet und wird vom japanischen Zeitungsunternehmen Asahi Shimbun unterstützt. Im Zweijahresabstand werden zwei gemeinnützige Gruppen oder Vereinigungen ausgezeichnet, die auf Grund ihrer außergewöhnlichen und innovativen Aktivitäten mit ihren Programmen einen nachhaltigen Beitrag zur Leseförderung für Kinder und Jugendliche leisten. Beispiele sind:

- der Aufbau von Bibliotheken in ländlichen Regionen Afrikas, verbunden mit Leseförderungsprogrammen für Kinder und ihre Eltern (Asahi Preis 2010),
- Bücherfeste mit *Eventcharakter* in Problemvierteln von Medellin (Kolumbien), durch die Einrichtung einer mobilen Bibliothek in der Mongolei (2006), die Kinder in abgelegenen Gegenden auf unkonventionelle Weise mit Büchern versorgen (z.B. durch den Transport mit Kamelen oder Hubschraubern)

• eine weit verbreitete Medienkampagne in Polen für das Vorlesen (*All of Poland Reads to Kids),* in der Prominente aus den unterschiedlichsten Berufsfeldern an das Fernsehpublikum appellieren, den Kindern vorzulesen (2006).

Die Nominierungen erfolgen durch die nationalen Sektionen von IBBY, die Projekte aus aller Welt vorschlagen können. Die Jury besteht aus Mitgliedern des IBBY Exekutivkomitees. Der Preis ist mit 10.000,- US-$ dotiert. Preissumme und Diplome werden im Rahmen des IBBY Kongresses überreicht. Die für den Preis vorgeschlagenen Projekte zeigen ein beeindruckendes Spektrum von originellen, kreativen Aktivitäten der Leseförderung weltweit. Sie wenden sich an Kinder in unterprivilegierten Lebens-

Abbildung von der IBBY-Seite im Internet

situationen und leisten – nicht zuletzt dank des großen Engagements der beteiligten Personen - einen Beitrag zur Verbesserung der Bildungs- und Zukunftschancen benachteiligter Kinder.

Seminare und Workshops

Mit den von IBBY und seinen nationalen Sektionen veranstalteten Seminaren und Workshops soll ein Beitrag zur Entwicklung beruflicher Fertigkeiten von Autoren, Illustratoren, Übersetzern, Bibliothekaren, Lehrern und Lektoren von Kinder- und Jugendbüchern geleistet und die Zusammenarbeit mit dem Buchhandel unterstützt werden. Seit 1987 wurden entsprechende Veranstaltungen in Afrika, Asien, Lateinamerika und Osteuropa mit finanzieller Unterstützung durch die UNESCO organisiert. Diese haben in Costa Rica, Kenia, Argentinien, Mexiko, Ghana, Kolumbien, Mali, Thailand, Ägypten, Bulgarien, Slowakei und Österreich stattgefunden.

Der 29. IBBY Kongress, veranstaltet 2004 in Kapstadt (Südafrika), hat die Grundlagen für das IBBY Projekt *Books for Afrika, Books from Afrika* gelegt. Die Tsunami Katastrophe am 26. Dezember 2004 im Indischen Ozean hat IBBY zu einem Projekt angeregt, das dazu beitragen soll, die durch die Flutwelle verursachte Not zu lindern. Das Projekt „Reading to Recovery" (Gesunden durch Lesen) knüpft an die Erfahrungen ähnlicher von IBBY bereits unternommener Projekte an, wie *Read to Live* (Lesen um zu leben) durchgeführt durch *Banco del Libro* nach der Flutkatastrophe in Venezuela. Auch zukünftig wird IBBY mit weiteren Projekten bemüht sein, allen Kindern, bevorzugt jenen in den Ländern der Dritten Welt, die notwendige Unterstützung angedeihen zu lassen, vor allem dann, wenn entsprechende staatliche Unterstützungen nicht ausreichen.

Children in Crisis-Programm

Das Ziel dieses therapeutischen Programms ist es, Hilfe für die Kinder bereitzustellen, deren Lebensbedingungen sich durch Kriege oder Naturkatastrophen dramatisch verschlechtert haben. Dieses bibliotherapeutische Konzept möchte durch den Umgang mit ausgewählten, der Situation angemessenen Kinderbüchern und durch das Erzählen von Geschichten in einer sicheren Umgebung den traumatisierten Kindern helfen, das Erlebte zu verarbeiten. Unter anderem wurden in folgenden Ländern Programme für Kinder in Krisensituationen durchgeführt:
• 2007 im Libanon für Kinder als Opfer bewaffneter Konflikte
• 2008 in China (nach dem Erdbeben)
• 2008 in Kolumbien (Einrichtung von Bibliotheken und Leseclubs für Kinder und Jugendliche als Opfer bewaffneter Konflikte
• 2008 in Gaza (Einrichtung von Bibliotheken in besetzten Gebieten)
• 2009 in Haiti und Afghanistan
• 2010 in Chile und Haiti (nach dem Erdbeben)

IBBYs Zukunft

IBBY hat als internationale Organisation seit seiner Entstehung von den Mechanismen der Globalisierung profitiert. Die zunehmende Verflechtung und Vernetzung sowie die rapide digitale Entwicklung haben zu einem enormen Informationszuwachs geführt und zu einer Verbesserung der Kooperation und Kommunikation auf allen (auch Erdteil bezogenen, *regionalen*) Ebenen beigetragen. Andererseits hat die Konzentration der Kinder- und Jugendbuchproduktion auf wenige internationale Medienkonzerne dazu geführt, eine originäre, muttersprachliche Buchproduktion in Regionen der dritten Welt obsolet erscheinen zu lassen. Getreu seinem Motto „The Childs Right to Become a Reader" hat IBBY das Ziel fest im Blick, allen Kindern weltweit den Zugang zu Büchern und Bildung zu ermöglichen, dazu gehört auch das Anliegen, den Aufbau einer eigenen nationalen Lesekultur in der jeweiligen Muttersprache zu ermöglichen. Das *Children in Crisis*-Programm soll fortgeführt und ausgebaut werden, ebenso wie alle erfolgreichen Programme und Workshops zur Leseförderung. Der Ausbau und die Stärkung des internationalen Netzwerkes der nationalen Sektionen werden nicht zuletzt durch die Internetnutzung, durch die *digitale Revolution*, entscheidend erleichtert und vorangebracht.

IBBY hat seinen Partnern viel zu bieten, vor allem Expertenschaft und Erfahrung in den Bereichen Leseförderung, unabhängige Auswahlhilfen für qualitativ hochwertiger Bücher, Bücher für Minderheiten, muttersprachliche Bücher, Zugang zu einem weltweiten Netzwerk von Experten der Literatur- und Leseförderung. Fortbildungsprogramme gibt es in folgenden Bereichen: Verlegen von KJL, Schreiben und Illustrieren von KJL, Programme für Babys, Bibliothekswesen (vor allem Aufbau, Einrichtung und Führung von Bibliotheken), Leseförderung, bibliotherapeutische Arbeit mit Kindern in post-traumatischen Situationen.

Weitere Informationen zu den zahlreichen Projekten finden sich auf der Homepage des *International Board on Books for Young People*: www.ibby.org, der auch einige Sachinformationen zu diesem Beitrag entnommen wurden.

Christiane Raabe
Die Vermittlung von internationaler Kinder- und Jugendliteratur in der globalisierten Gegenwart
Positionen und Projekte der Internationalen Jugendbibliothek

Die Internationale Jugendbibliothek ist der Förderung internationaler Kinder- und Jugend-literatur durch Sammlung, Erschließung und Vermittlung verpflichtet. Die Bewahrung kultureller Vielfalt, wie sie sich in den Literaturen der ganzen Welt manifestiert, bestimmt das Selbstverständnis und die Arbeit der Bibliothek. Mit dieser Auffassung steht die Bibliothek in einem Spannungsverhältnis zu einer immer uniformer werdenden westlich geprägten Kultur. Unabhängig von kommerziellen Marktstrategien werden Kinder- und Jugendbücher aus aller Welt gesammelt. Amerikanische Bestseller stehen also neben Kinderbüchern aus Indien, der Mongolei, Kenia oder Mexiko, die es schwer auf den internationalen Buchmarkt schaffen werden. Mit einem enzyklopädischen Anspruch und dem Blick auf literarische Qualität sowie auf länder- und kulturspezifische Ausprägungen wird der Aufbau des Buch-bestands betrieben. Mittlerweile sind die Sammlungen auf knapp 600.000 Bücher in 130 Sprachen angewachsen. Das Sammeln von Büchern ist jedoch nicht der einzige Zweck der Internationalen Jugendbibliothek. Ihr Hauptanliegen ist die Vermittlung der Kinder- und Jugendliteratur nach Maßstäben der ästhetischen und literarischen Qualität und Grundsätzen der kulturellen Bildung.[1] Wie sich diese Aufgabe unter den Bedingungen einer sich zunehmend globalisierenden Welt darstellt, soll Gegenstand der folgenden Ausführungen sein.

Globalisierung und kulturelle Vielfalt

Globalisierung ist ein komplexer, umfassender Begriff, der ökonomische, politische, gesellschaftliche, kulturelle und kommunikative Prozesse umfasst. Für die Arbeit einer Kultur- und Bildungseinrichtung, wie sie die Internationale Jugendbibliothek ist, sind vor allem die Folgen der Globalisierung für die kulturelle Orientierung und Weltaneignung, gerade von Kindern und Jugendlichen, in den Blickpunkt zu nehmen. Globalisierung wird oft als weltweite Harmonisierung der Kulturen beschrieben, die zu einer von westlichen Werten geprägten Einheitskultur verschmelzen. Denkt man den Prozess einer Verwestlichung der Kultur konsequent zu Ende, hätte das den allmählichen Verlust eines kulturellen Reichtums zufolge, den die Menschheit in ihrer Geschichte hervorgebracht hat.

Durch die globale Grenzenlosigkeit, die mit der postnationalen Gesellschaft einhergeht, hat allerdings gleichzeitig das Regionale als Bezugspunkt kultureller Identität einen Aufschwung bekommen. Das Ende der identitätsstiftenden Polarisierung der Ideologien hat die Regionalisierung zusätzlich befördert. Während der globale Egalisierungsprozess von Kräften eines deregulierten, kapitalistischen Marktes, etwa von

---

1 Die Bundesvereinigung Kulturelle Kinder- und Jugendbildung e.V. (bkj) hat 2011 ein Positionspapier vorgelegt, das einen Überblick über die Handlungsfelder kultureller Bildung gibt.

mächtigen international agierenden Kulturunternehmen, gesteuert wird, [2] werden gleichzeitig partikulare Kulturräume (wieder)entdeckt und als besonders schützens- und zu fördernswert erkannt. Dies geschieht nicht nur auf lokaler Ebene, sondern wird auch von internationalen Organisationen wie der UNESCO als weltweite Verpflichtung im Kampf gegen eine wachsende Monopolisierung von Kultur erachtet. So hat die UNESCO im Jahr 2005 eine Konvention zum Schutz der Vielfalt kultureller Ausdrucksformen verabschiedet, die bis heute von mehr als 100 Staaten ratifiziert worden ist.[3] In „der global vernetzten, aber extrem ungleichen Welt", so die deutsche UNESCO-Kommission in ihren Handlungsempfehlungen zur Umsetzung der Konventionsziele, müssen

> „auch ökonomisch weniger entwickelte und auf den globalen Kulturmärkten bisher kaum präsente Länder in die Lage versetzt werden, ihre vitalen kulturellen Ausdrucksformen zu entfalten und in das globale Gespräch über Kulturelle Vielfalt einzubringen." (UNESCO 2009, 3)

Diese Aufgabe sei auf eine Kulturförderpolitik angewiesen, die der „vielfältigkeitsgefährdenden Wirkung einer rein marktlichen Bereitstellung von Kulturgütern" (ebd.) entgegenwirke. Die deutsche Kulturpolitik folgt dem Leitbild *Kulturelle Vielfalt*, indem sie sich ausdrücklich hinter die UNESCO-Konvention gestellt hat und auf eine stärkere interkulturelle Ausrichtung der öffentlich geförderten Kultureinrichtungen drängt.[4] Globalisierung und Regionalisierung im Sinne einer Bewahrung partikularer Kulturräume vollziehen sich demnach gleichzeitig. Die Internationale Jugendbibliothek, ein Associated Project der UNESCO und institutionell von der Bundesregierung gefördert, verfolgt seit ihren Anfängen den interkulturellen Dialog mit Kinder- und Jugendbüchern und setzt sich für die Bewahrung kultureller Vielfalt ein. Durch die kulturpolitischen Positionen der UNESCO und des Bundes zur Globalisierung wird sie in ihrer Arbeit bestärkt, die im Licht der globalisierten Moderne unverändert gesellschaftliche Relevanz besitzt.

Auswirkungen der Globalisierung auf die Kinder- und Jugendbuchproduktion

Was bedeutet der Prozess der Globalisierung für die Kinder- und Jugendliteratur und für ihre Vermittlung? Kinder- und Jugendliteratur spielt in dem Geschäft der weltweiten kommerziellen Vermarktung von Unterhaltungsformaten nur eine untergeordnete Rolle, da die Gruppe der Konsumenten relativ klein ist. Leser, allemal junge Vielleser, sind in der Gesellschaft schon immer eine Minderheit gewesen. Selbst globale Bestseller wie *Harry Potter* können mit der Rezeption von Filmen, PC-Spielen oder Musikvideos nicht mithalten. Eine Dominanz der angloamerikanischen Literatur ist dennoch auch für den Literaturbetrieb nicht zu übersehen. Das gilt für die Belletristik ebenso wie für die Kinder- und Jugendliteratur. Kinder- und Jugendbücher aus ande-

---

2 Genannt seien internationale Medienunternehmen, etwa in der Film- und Musikbranche, die weltweit ihre Formate erfolgreiche positionieren. Die Sendung *Wer wird Millionär* oder *Die Simpsons* sind Formate, die in einer wachsenden Zahl von Ländern auf allen Kontinenten ausgestrahlt werden.

3 Vgl. http://www.culturelink.org/publics/joint/diversity01/Obuljen_Unesco_Diversity.pdf.

4 Vgl. dazu den Schlussbericht der Enquete-Kommission des Deutschen Bundestages „Kultur in Deutschland" vom 11.12.2007. Im *Kinder- und Jugendplan des Bundes*, aus dem die Internationale Jugendbibliothek finanziert wird, ist die Förderung kultureller Vielfalt als Ziel ebenfalls vorgegeben.

ren Sprach- und Kulturkreisen, man denke etwa an den osteuropäischen, asiatischen oder arabischen Raum, finden schwer internationale Verbreitung. Der angloamerikanische Markt ist gegenüber fremdsprachiger Literatur weitgehend unaufgeschlossen, während bildungshungrige Länder wie Korea, Japan oder China westliche Kultur *wie ein Schwamm aufsaugen* und auf den internationalen Buchmessen zu den wichtigsten Lizenzeinkäufern zählen.

Der deutsche Kinderbuchmarkt mit derzeit einem Anteil von etwa 75% deutschsprachiger Titel, 17% Übersetzungen aus englischsprachigen Ländern und 8% Übersetzungen aus anderen, vornehmlich europäischen Sprachen[5] positioniert sich vergleichsweise international. Qualitativ hochwertige Titel von ausländischen Autorinnen und Autoren bereichern die deutsche Kinder- und Jugendliteratur, geben neue Impulse und öffnen den Blick auf andere Wirklichkeiten, Lebens- und Denkweisen. Gleichwohl trifft auch für den deutschen Buchmarkt zu, dass Kinder- und Jugendbücher aus Osteuropa, Lateinamerika, Afrika oder Asien kaum übersetzt werden. Der verlegerische Spielraum der Literaturvermittlung ist aufgrund der Marktgegebenheiten nur begrenzt aufnahmebereit für Unbekanntes.

Positionen der Internationalen Jugendbibliothek

Die Internationale Jugendbibliothek kann frei von kommerziellem Druck – lediglich beschränkt durch ihre finanzielle und personelle Ausstattung – die sprachliche und ästhetische Vielfalt von Kinder- und Jugendliteratur veranschaulichen. Sie stellt sich dabei in den Dienst des Schutzes und der Förderung der kulturellen Vielfalt.

> „Kulturelle Vielfalt schafft eine reiche und vielfältige Welt und stärkt dadurch Demokratie, Toleranz, soziale Gerechtigkeit und gegenseitigen Respekt. Kulturelle Vielfalt ermöglicht die Wahlmöglichkeiten, bereichert die menschlichen Fähigkeiten und Werte und ist deshalb Hauptantriebskraft nachhaltiger Entwicklung."[6]

Diese Aussage, die dem Weißbuch *Kulturelle Vielfalt gestalten* der deutschen UNESCO-Kommission vorangestellt ist, deckt sich weitgehend mit dem Auftrag, den sich die Internationale Jugendbibliothek seit ihrer Gründung 1949 selbst gestellt hat. Die Bibliotheksgründerin Jella Lepman hatte nach dem Zweiten Weltkrieg die Vision von einer *Kinderbuchbrücke* entwickelt. Kinderbücher aus aller Welt sollten den deutschen Kindern, die durch den Krieg traumatisiert und durch die Rassenideologie indoktriniert waren, Fenster in die Welt öffnen, ihre Fantasie anregen und ein Bewusstsein für Frieden, Demokratie, Humanität und Toleranz fördern. Mit Kinder- und Jugendbüchern sollten Brücken zwischen Kulturen und Nationen gebaut und Respekt vor dem Fremden und Neugierde auf das Andere vermittelt werden. Jella Lepman äußerte die Hoffnung: „Wenn der Krieg wirklich zu Ende ist, wenn man an ein friedliches Zusammenleben der Völker glauben darf, so werden die Kinderbücher die ersten Friedensboten sein!" Damals sprach man von *Völkerverständigung*, die durch die Lektüre fremdsprachiger Bücher befördert würde. Heute ist an die Stelle das Konzept vom interkulturellen Dialog

---

5 Die Zahlen sind aus dem Bericht des Börsenvereins des Deutschen Buchhandels für das Buchhandelsjahr 2009 entnommen. Der Anteil an Übersetzungen ist in den letzten Jahren kontinuierlich zurückgegangen. 1993 betrug der Anteil der Übersetzungen in der Kinder- und Jugendliteratur noch 30%. Vgl. auch Heidtmann 1993.
6 Vgl. oben UNESCO 2009.

oder auch vom *Dialog der Kulturen*[7] getreten, in das sich die Förderung kultureller Vielfalt einfügt. Im Kern hat sich das Selbstverständnis jedoch nicht geändert.

Anders als in der Nachkriegszeit, als die Internationale Jugendbibliothek gegründet wurde, hat das Buch seine Monopolstellung im kulturellen System an die neuen Medien abgegeben. Trotzdem kann Literatur gerade im Gloablisierungsdiskurs eine wichtige Rolle zur Förderung kultureller Vielfalt spielen. Wie die Künste im Allgemeinen, besitzt Literatur eine weltaufschließende Kraft, indem sie innere und äußere Welten mit Sprachbildern beschreibt. Die Fantasie, die zur Imagination von Lebenswirklichkeiten außerhalb der eigenen nötig ist, wird durch Sprachbilder anders gefordert und gefördert als durch massenmedial vermittelte Lebensmodelle und Wirklichkeiten. Neue Medien wie Privatfernsehen, PC, Internet, Spielkonsolen etc., die dem Einfluss einer globalen, vor allem amerikanischen Kulturdominanz unterworfen sind, vermitteln oft uniforme Weltbilder. Literatur hingegen kann, sofern sie keine schablonenhafte Gebrauchsliteratur ist, gängige, massenmedial geprägte Weltsichten aufbrechen. Sie interpretiert die Welt und ihre Zeit subjektiv, vielfältig und mit stilistischer und ästhetischer Varianz, hinterfragt gängige Sichtweisen und kann kognitive und emotionale Bindungen in einem regionalen Bezugsrahmen herstellen.

Reprint des wegweisenden Buches von Jella Lepmann (Cover © Frankfurt/M:Fischer Verlag, 1964 / München: IJB, 1999)

In diesem Zusammenhang bekommt auch die Illustration ein neues Gewicht. Die Medienerfahrung von Kindern und Jugendlichen ist von einer Allgegenwart der Bilder, vor allem von bewegten Bildern, geprägt. Erfolgreiche Zeichentrickserien oder digitale Spiele vermitteln eine Einheitsästhetik der Figuren- und Landschaftszeichnung. Die ästhetische Sozialisation im bildvermittelten digitalen Zeitalter hat eine globale Dimension. Der Kinder- und Jugendbuchmarkt hat auf den Bedeutungszuwachs der Bilder mit neuen Formaten wie etwa den Graphic Novels, den Manga oder All-Age-Bilderbüchern reagiert. Zu kurz kommt allerdings oft die bildnerische Vielfalt. Doch gerade im Zeitalter einer globalen Massenästhetik ist es besonders wichtig, dem Reichtum bildnerischer Ausdrucksformen Raum zu geben, denn das Lesen von Bildern befähigt ebenso wie das von Texten zur kritischen, wertenden und gestaltenden Teilhabe an der eigenen Kultur und zum Verständnis für fremde Kulturen.

---

7 Der *Dialog der Kulturen* ist ein Gegenentwurf zum populistischen Konzept vom *Kampf der Kulturen*, das u.a. durch die Sarrazin-Debatte neu aufgelebt ist.

Gesellschaftliche Relevanz gewinnt diese Aufgabe schließlich auch mit Blick auf die als Folge der ökonomischen Globalisierung eingeleiteten Migrationsprozesse. Durch sie werden geschlossene Gesellschaften und Kultursysteme aufgebrochen. Eine Vielfalt kultureller Hintergründe, Ausdrucksformen und Lebensformen setzt sich an ihrer Stelle durch. Das Zusammenleben ist damit unübersichtlicher geworden, ein Verständnis für die Pluralität der Lebensgestaltung wird erforderlich. Dazu kann eine literarische und ästhetische Vermittlungsarbeit beitragen, die auf kulturelle Vielfalt setzt und damit die Bildung von eigenständigem Urteils- und Differenzierungsvermögen verfolgt. Die Internationale Jugendbibliothek mit ihren Beständen in 130 Sprachen besitzt für eine so verstandene Vermittlungsarbeit besonders gute Voraussetzungen.

Projekte der Internationalen Jugendbibliothek

Nachdem ich allgemeine Überlegungen zu Aufgaben und Zielen der Internationalen Jugendbibliothek im Kontext globaler Prozesse und Prägungen angestellt habe, möchte ich im Folgenden anhand von drei Projekten erläutern, wie sich das Konzept der *kulturellen Vielfalt* in der Bibliotheksarbeit konkretisiert. Es soll nicht darum gehen, die verschiedenen Arbeitsfelder der Bibliothek im Spiegel der Globalisierung vollständig zu beleuchten. Das würde den vorgegebenen Rahmen sprengen. So werde ich nicht auf die Dienstleistungen der Bibliothek, etwa auf die Nutzung professioneller Online-Netzwerke, durch die Bibliotheksbestände weltweit recherchierbar werden, oder auf die Mitarbeit an digitalen Bibliotheken eingehen. Auch werde ich das internationale Forschungsprogramm und die weltweite wissenschaftliche Vernetzung, die das vom Auswärtigen Amt finanzierte Stipendiatenprogramm der Bibliothek anstößt, außer Acht lassen. Ich beschränke mich auf drei Projekte, die ich stellvertretend für die Öffentlichkeitsarbeit der Internationalen Jugendbibliothek ausgewählt habe. Es handelt sich um zwei Ausstellungen und eine Publikation, die sich aus meiner Sicht besonders gut für den Globalisierungsdiskurs eignen.

„Als das Wünschen noch geholfen hat" - Grimms Märchen in Bildern aus aller Welt
Die Märchen der Brüder Grimm zählen zum Kanon der Weltliteratur, das Handexemplar der *Kinder- und Hausmärchen* aus dem Jahr 1812 ist von der UNESCO zum Weltdokumentenerbe ernannt worden. Seit dem 19. Jahrhundert wurden die Märchen in unzählige Sprachen übersetzt, doch an der anhaltenden internationalen Erfolgsgeschichte hatte vor allem die Verfilmung und Vermarktung etlicher Märchen durch die Walt Disney-Studios einen erheblichen Anteil. Der Zeichentrickfilm *Schneewittchen und die sieben Zwerge* aus dem Jahr 1937 zählt weltweit zu den erfolgreichsten Filmen, die jemals gedreht wurden. Bis heute werden die Walt-Disney-Zeichentrickklassiker nach Vorlagen der Brüder Grimm im Fernsehen oder auf DVD gezeigt, die Anzahl neuerer Zeichentrick- und Animationsfilme in der Tradition Walt Disneys ist unüberschaubar. Die Märchenadaptionen aus den Walt-Disney-Studios gewinnen durch die massenmediale Vermarktung eine Präsenz, die einer globalen Vereinnahmung der Grimmschen Texte nahekommt.

Vor diesem Hintergrund erarbeitete die Internationale Jugendbibliothek eine Ausstellung, die im Herbst 2007 unter dem Titel *Als das Wünschen noch geholfen hat.*

Grimms Märchen in Bildern aus aller Welt eröffnet wurde. Die Idee der Ausstellung war es, den vorherrschenden, marktgängigen Bildern, mit denen die Grimmschen Märchen belegt sind, die Vielfalt bildnerischer Interpretationsmöglichkeiten entgegenzusetzen. Die Bibliothekslektoren wählten aus der großen Sammlung nationaler und internationaler Grimmausgaben 120 illustrierte Märchenbücher aus den Jahren 1995 bis 2007 aus, wobei sie sich auf wenige, besonders bekannte Märchen wie *Schneewittchen*, *Rotkäppchen*, *Hänsel und Gretel* oder *Aschenputtel* beschränkten. Diese Märchen wurden in der Ausstellung mit Bildern nacherzählt, indem zu jedem Textabschnitt eine Illustration ausgestellt wurde. Die Konzeption griff das Prinzip der Bildergeschichte auf mit einem wesentlichen Verfremdungseffekt: Die Bilder stammten nicht aus der Hand eines Illustrators, sondern jede Szene wurde mit der Illustration eines anderen Künstlers mit einem eigenen Illustrationsstil bebildert. Konventionelle Bildauffassungen und Gefälliges standen neben avantgardistischen Experimenten, Expressives und Farbenfrohes neben Zartem und Lyrischem, cartoonartige Zeichnungen und respektlose Provokationen neben tiefenpsychologischen Interpretationen. Da die individuelle Handschrift der Illustratoren von der eigenen Herkunft und kulturellen Prägung beeinflusst wird, zeigten sich zudem regionale Besonderheiten in der Darstellung der Landschaften, Figuren oder Kleidung. In Korea beispielsweise macht man sich ein anderes Bild vom „deutschen Wald" als in Spanien oder Amerika. Hexen müssen nicht nur bucklig, abstoßend und alt aussehen, sondern können auch als Verführerinnen auftreten. Der Märchentext blieb das einzig Verbindende für die Vielfalt der Bilder und lieferte den Schlüssel zu ihrem Verständnis. Daher fiel die Entscheidung, welche Märchen als Bildergeschichten erzählt werden sollten, auf die bekanntesten Märchen, da man davon ausgehen kann, dass die Besucher – ob Kinder oder Erwachsene – die Handlung kennen.

Die Ausstellung war ein Publikumserfolg. Wie sich jedoch herausstellte, war das ungewöhnliche Lesen der Märchen in Bildern für viele Besucher, eine Herausforderung. Stilbrüche innerhalb der Bilderfolgen sorgten für andauernde Irritation, so dass der Zusammenhang mit dem Märchen immer wieder hergestellt werden musste. Gleichzeitig machte die intellektuelle Anstrengung das Überraschende und Erfrischende unterschiedlicher bildnerischer Umsetzung besonders bewusst. Das erzählte Märchen wurde zur Grundlage, auf der sich die stilistische Vielfalt ausbreitete.

Arche Kinder-Kalender

Unter dem Titel *Mit Gedichten um die Welt* gibt die Internationale Jugendbibliothek seit 2011 in Kooperation mit dem Arche Kalender Verlag einen Kinderlyrik-Kalender heraus, der 53 illustrierte Gedichte enthält. In der ersten Ausgabe wurden Texte und Bilder aus 30 Ländern veröffentlicht. Die Vermittlung von lyrischen Formen spielt in der Internationalen Jugendbibliothek seit Jahren eine wichtige Rolle, nachdem die Bibliothek die Nachlässe von Michael Ende, James Krüss und die Erich-Kästner-Sammlung bekommen und damit auch eine Verpflichtung zur Auseinandersetzung mit Lyrik übernommen hat. Dichtende eignen sich im zweckfreien Spiel der Wörter und Klänge, im Überschreiten von Sprachnormen und mit einer Freiheit des Subjektiven die Welt durch Sprache an. Sie geben Stoffen mit Spiel und Sprache einen eigenen Ton. Kinder haben besondere Freude an Sprache und Wörtern und benutzen lyrische Formen lange, ehe sie den Sinn oder gar die moralische Bedeutung von Texten verstehen. Das gilt in Deutschland ebenso wie im Iran, in Japan, Brasilien, Kanada, Polen oder sonst wo auf der Welt. Somit hat Kinderlyrik ein hohes interkulturelles Potential. Dennoch wird Kinderlyrik, von wenigen Ausnahmen abgesehen, so gut wie nicht übersetzt, weder in Deutschland noch in anderen Ländern. Eine gängige Erklärung dafür ist, dass Kinderlyrik eher schwer verkäuflich ist und, wie Lyrik überhaupt, als *schwierig* und eigentlich nicht übersetzbar gilt. Hinzu tritt das Phänomen, dass Kindergedichte meistens illustriert werden. Kinderlyrik und Illustration ist wie ein Paar, das eine Einheit und im optimalen Fall einen Sinnzusammenhang bildet. Gleichzeitig ist die Bilderbuchillustration so wenig international wie die Kinderlyrik. Somit präsentiert sich Kinderlyrik in der Text- und Bilderauswahl vornehmlich national.

Nach den Erfahrungen mit Sprach- und Dichtwerkstätten für Grundschüler in der Internationalen Jugendbibliothek haben Kinder meist einen unmittelbaren, unverstellten Zugang zu Gedichten, Reimen, Klängen, Rhythmen und Sprachbildern. Gedichte ausländischer Autoren können daher einen direkten, sinnlichen Zugang zu anderen Literaturen, Sprachen und Kulturen öffnen. Vor diesem Hintergrund zeigte die Bibliothek 2009 eine Ausstellung mit bereits veröffentlichten illustrierten Kindergedichten aus aller Welt, die Grundlage für eine Zusammenarbeit mit dem Arche Kalender Verlag wurde. Gemeinsam entstand die Idee zur Herausgabe eines literarischen Wochenkalenders mit 53 illustrierten Gedichten aus möglichst vielen Ländern. Jedes der 53 Blätter zeigt ein Gedicht in der Originalsprache und in deutscher Übersetzung sowie die Illustration, mit der das Gedicht in der fremdsprachigen Originalausgabe bebildert ist. In dem Kalender sind Gedichte und Bilder unterschiedlichster Provenienz gleichberechtigt nebeneinandergestellt. Entstanden ist ein vielsprachiger, abwechslungsreicher Kalender, der nicht nur ein Beispiel für den Reichtum kultureller Vielfalt ist, sondern auch einen Nerv unserer multikulturellen Gesellschaft getroffen zu haben scheint. Er wurde von der Kritik durchweg lobend besprochen[8] und erreichte Verkaufszahlen, die für Lyrikbände ungewöhnlich sind.

Wie wir aus Zuschriften wissen, hängt der Kalender nicht nur in Kinderzimmern, sondern wird auch in die Kinder- und Grundschularbeit eingebunden, für die er sich aufgrund seiner Mehrsprachigkeit besonders gut eignet. Erkenntnisse der Migrationsforschung haben das integrative Potential von Mehrsprachigkeit erkannt, und auch die europäische Sprachenpolitik verfolgt die Bewahrung und Förderung sprachlicher Vielfalt.[9] Trotzdem wird Anderssprachigkeit in unserer Gesellschaft oft noch als ein Defizit erachtet, das nur durch die Einübung der deutschen Sprache überwunden werden kann. Der kulturelle Wert von Sprache wird dabei ebenso missachtet wie das verbürgte Recht auf die eigene Sprache. Die Muttersprache ist für die individuelle und kulturelle Identitätsbildung des Menschen eines der wichtigsten Faktoren. Die Akzeptanz oder Ablehnung der Muttersprache hat daher auf das Selbstbild jedes Einzelnen erheblichen Einfluss. So haben Migranten in Deutschland nicht nur die Pflicht, Deutsch zu lernen, sondern auch das Recht zum Erhalt und zur Weiterentwicklung ihrer Muttersprache. Sprachen dürfen nicht unterdrückt werden. Es ist Aufgabe einer kulturell heterogenen Gesellschaft, Mehrsprachigkeit als Bereicherung zu verstehen und zu fördern. Der *Arche Kinder-Kalender* leistet dazu einen Beitrag.

---

8 Der *Arche Kinder-Kalender* ist in fast allen großen Tageszeitungen positiv besprochen worden, erhielt im Dezember 2010 den LUCHS und wurde in der Literatursendung Die Vorleser besprochen.

9 Vgl. etwa die Europäische Kommission Mehrsprachigkeit: http://ec.europa.eu/education/languages/index_de.htm.

Guten Tag, lieber Feind! Bilderbücher für Frieden und Toleranz

Das dritte Projekt steht stellvertretend für die thematischen Wanderausstellungen, die die Internationale Jugendbibliothek seit vielen Jahren konzipiert und international verbreitet. Zu den großen Themen der Menschheit gehören Krieg und Frieden. Obwohl Deutschland seit mehr als 60 Jahren in Frieden lebt, ist Krieg für deutsche Kinder kein abstrakter Begriff. Bilder von Gewalt, Zerstörung, Kämpfen und Sterben beherrschen die Nachrichten in den Medien und tragen den Krieg als öffentliches Ereignis in den Alltag. Flüchtlingskinder aus Kriegs- und Krisengebieten, die schon in jungen Jahren traumatische Erfahrungen mit Gewalt und kriegerischer Zerstörung gemacht haben, wachsen mit Gleichaltrigen deutschen Kindern auf. Sie gehören ebenso zu unserer Gesellschaft wie die in Wohlstand und Sicherheit hineingeborenen deutschen Kinder. Aber auch viele von ihnen haben Familiengeschichten, die mit Krieg, Schuld, Flucht, Zerstörung, Tod oder Verfolgung verbunden sind. Erinnerungen an den gefallenen Großvater oder Großonkel im Zweiten Weltkrieg, an die Fluchtgeschichte der Großeltern oder manchmal auch die Verfolgung von Verwandten gehören zu den Erzählungen, die sich in die individuellen Familiengeschichten eingeschrieben haben. Kinder werden dadurch auf vielfache Weise mit dem Thema Krieg konfrontiert: als Zuhörer, Beobachter aber auch als Opfer.

Publikation der IJB zur Ausstellung *Guten Tag, lieber Feind!* (Cover © München: IJB, 1998)

Unverändert bedrohen Krieg und Gewalt, Hass und Intoleranz den Frieden in der Welt. So hat die Idee von Jella Lepman, mit Kinderbüchern Brücken zwischen Menschen, Ländern und Kulturen zu bauen, nichts an ihrer Bedeutung verloren. Ganz im Gegenteil: Die Globalisierung hat die Kluft zwischen der Verteilung von Armut und Reichtum in der Welt vergrößert und damit neue Konflikte und Verteilungskriege ausgelöst. Durch die Omnipräsenz der Massenmedien werden Kriegsbilder und -berichte selbst in entlegene Winkel der Welt gebracht. Kinder kann man davor kaum schützen. Die Konfrontation mit Kriegsberichten und Bildern aus Kriegs- und Krisengebieten werfen bei ihnen Fragen auf. Sie empfinden Angst, können diese Empfindung aber oft noch nicht reflektiert einordnen, sodass sie in der kindlichen Fantasie zu einem Gefühl der Hilflosigkeit und Bedrohung wachsen. Bilderbücher können ein Ort sein, an dem Kinder Antworten auf ihre Fragen und Trost bekommen.

Mit der Ausstellung *Guten Tag, lieber Feind! Bilderbücher für Frieden und Toleranz* hat die Internationale Jugendbibliothek versucht, einen solchen Bilderbuch-Ort für Kinder zu schaffen. Die Ausstellung wurde 1998 zum ersten Mal gezeigt und ist seither zwei Mal überarbeitet worden. Sie umfasst 80 Titel in 120 Ausgaben aus 20 Ländern, die sich dem Thema Frieden und Toleranz auf ganz unterschiedliche Weise nähern. Enthalten sind realistische Geschichten über historische Ereignisse und Alltagsgeschichten, zeitlose Märchen, und Tierfabeln. Es werden ernste und fröhliche, stille und schrille Töne angeschlagen. Die Palette reicht von Klassikern wie Erich Kästners *Konferenz der Tiere* und Munro Leafs *Ferdinand der Stier* über Bücher bekannter Namen wie David McKee, Tomi Ungerer oder Roberto Innocenti bis zu aktuellen Beispielen von jungen, noch zu entdeckenden Autoren und Illustratoren.

Wenige Bücher thematisieren unmittelbar die Schrecken des Krieges. Die Mehrzahl befasst sich mit den Hintergründen: Intoleranz, Fremdenhass, Vorurteilen gegen Andersartigkeit, Machtmissbrauch, Unterdrückung und Gewalt. Die Künstler nutzen das Medium Bilderbuch als Möglichkeit, in kraftvollen, farbigen Bildern Gefühle in den Lesern zu wecken und sie zu motivieren, sich einem existentiellen Thema zu öffnen und bestenfalls dem Lesen ein Handeln im Alltag folgen zu lassen. Toleranz, so die Botschaft vieler Bücher, ist die Voraussetzung des friedlichen Miteinanders der Kulturen und Völker.

Die Ausstellung *Guten Tag, lieber Feind! Bilderbücher für Frieden und Toleranz* ist die erfolgreichste Wanderausstellung der Internationalen Jugendbibliothek. Sie wurde an mehr als 100 Orten in 19 Ländern weltweit gezeigt, der Ausstellungskatalog ist ins Englische, Japanische und Spanische übersetzt worden. In Deutschland wurde und wird die Ausstellung von Stadtbibliotheken, Jugendämtern, Schulen, Museen und Buchmessen ausgeliehen und in der interkulturellen Bildungsarbeit eingesetzt. Sie war auf der US-BBY-Konferenz 2007 und auf dem südkoreanischen NamBook-Festival 2010 zu sehen, reiste durch Japan, Indien, die USA, Russland, Aserbeidschan und wird voraussichtlich in diesem Jahr in einer spanischen Ausgabe durch Lateinamerika touren.

Die Ausstellung stößt in Ländern, in denen Krieg und Gewalt zum Alltag der Kinder gehört, auf besonders große Resonanz. Der Deutsche Botschafter in Baku berichtete beispielsweise von der „hohen politischen Bedeutung"[10], die der Ausstellung 2009 in Aserbeidschan zukam, wo der gewaltsame Konflikt mit Armenien um die Region Bergkarabach das Land bewegt und erschüttert. Das habe sich insbesondere daran gezeigt, dass der Titel der Ausstellung *Guten Tag, lieber Feind!* in einer Bibliothek auf solchen Widerstand stieß, dass man sie nur zeigen konnte, nachdem der Titel abgeändert worden war. Der Gedanke, dem Feind (Armenien) „Guten Tag zu sagen", sei undenkbar. Die Mitarbeiter der deutschen Botschaft nahmen diesen Fall zum Anlass, bei der Ausstellungseröffnung und in Workshops mit Kindern über eingefahrene Feindbilder zu diskutieren. Auch in Mexiko, wo die Ausstellung im Herbst 2010 in einer aufwendig inszenierten Schau eröffnet wurde, hat sie für Aufsehen gesorgt. Die Stiftung Fundación SM México organisierte in Zusammenarbeit mit dem Museo Interactivo de Economía (MIDE) in Mexiko-Stadt auf der Grundlage und Konzeption von *Guten Tag, lieber Feind!* eine Ausstellung mit dem Titel *Hola, querido enemigo.* Der Katalog wurde ins Spanische übersetzt, alle Bücher der Ausstellung neu angeschafft und die Buch-Ausstellung um Installationen und interaktive Elemente erweitert. Der Besucherandrang war so groß, dass die Ausstellung um vier Wochen verlängert wurde. 14.000 Besucher und eine Berichterstattung im Nachrichtensender des mexikanischen Staatsfernsehens zeugen von der hohen Bedeutung, die das Thema in Mexiko besitzt.

---

10 Ich zitiere aus einem Brief des Deutschen Botschafters Dr. Peer C. Stanchina an mich vom Januar 2010.

Kindern Zugang zu Bildung und Kultur zu ermöglichen, wird nicht nur bei uns, sondern besonders in Schwellenländern und Ländern der Dritten Welt immer wichtiger. Bildung und Teilhabe an Kultur ist dort oft der einzige Weg, der aus der wirtschaftlichen und sozialen Verarmung herausführt. Mit Wanderausstellungen wie *Guten Tag, lieber Feind!* oder *Kinder zwischen den Welten. Interkulturalität in Kinder- und Jugendbüchern* versucht die Internationale Jugendbibliothek, existentielle Themen im Spiegel der internationalen Kinder- und Jugendliteratur zu behandeln, die nicht nur von allgemeinem, transnationalem Interesse sind, sondern auch der Aufklärung und Sensibilisierung für Unrecht und Intoleranz dienen sollen. Sie leisten einen Beitrag zu der globalen Aufgabe, Kinder zum Leben in einer zunehmend komplexeren, ungerechteren und übersichtlicheren pluralistischen Gesellschaft zu befähigen.

Resümee

Mit den oben beschriebenen Projekten sind drei Wege beschritten worden, globalen Herausforderungen mit inhaltlichen Konzepten zu begegnen, die der Bewahrung und Förderung kultureller Vielfalt dienen. In der Ausstellung *Als das Wünschen noch geholfen hat* wurde der reiche Kosmos der internationalen Märchenillustration ausgebreitet. Im Miteinander von bekannten und unbekannten Bildern entfaltete sich die Deutungsvielfalt, die globale Texte wie die Grimmschen Märchen weltweit hervorgebracht haben. Der Blick sollte auf die Möglichkeiten ästhetischer Ausrucksformen jenseits der marktgängigen Bilder gelenkt werden. Der *Arche Kinder Kalender* enthält illustrierte Kindergedichte aus vielen Ländern in der Originalsprache und in deutscher Übersetzung und wirbt für das Bereichernde von Mehrsprachigkeit und bildnerischen Vielfalt. Die Ausstellung *Guten Tag, lieber Feind!* schließlich widmet sich einem existentiellen Thema, das in Zeiten globaler Verteilungskämpfe und Kriege hoch aktuell bleibt. Dieses Beispiel zeigt zudem, dass die Internationale Jugendbibliothek ihre öffentliche Verantwortung für die Förderung eines interkulturellen Dialogs nicht nur als Aufgabe vor Ort begreift, sondern eine durchaus auch politisch verstandene internationale Vermittlungsarbeit betreibt.

Die Bemühungen, die sich mit den genannten Projekten verbinden, gehen dahin, sich für eine Wertschätzung des Fremden und Andersartigen einzusetzen, Offenheit für eine pluralistische Welt zu fördern und allen Literaturen, den großen anerkannten und den bedrohten kleinen, einen Ort zu geben, an dem sie bewahrt, geschätzt und vermittelt werden. Diese Aufgabe gewinnt in der globalen Moderne neues Gewicht.

Sekundärliteratur
Börsenverein des Deutschen Buchhandels (Hg.): Buch und Buchhandel in Zahlen 2010. Frankfurt/M 2010
Bundesvereinigung Kulturelle Kinder- und Jugendbildung (Hg.): Kultur öffnet Welten. Mehr Chancen durch Kulturelle Bildung. Remscheid 2011
Heidtmann, Horst: Kinder- und Jugendbuchmarkt – Entwicklungen, Probleme, Prognosen. In: Beiträge Jugendliteratur und Medien 45 (1993) H. 3, 146-170
UNESCO: Kulturelle Vielfalt gestalten. Handlungsempfehlungen aus der Zivilgesellschaft zur Umsetzung des UNESCO-Übereinkommens zur Vielfalt kultureller Ausdrucksformen (2005) in und durch Deutschland. Weißbuch Version 1.0. Ein Projekt der Bundesweiten Koalition Kulturelle Vielfalt. Bonn 2009

Mladen Jandrlic
Kinder- und Jugendliteratur auf internationalen Buchmessen
Der Gesichtspunkt der Globalisierung

Kinder- und Jugendliteratur zwischen Nutzen und Vergnügen

Seit ihren Anfängen bewegt sich die Kinder- und Jugendliteratur (KJL) wie kaum ein anderes Medium im Spannungsfeld zwischen Nutzen und Vergnugen. Je nach sozialem, politischem und erziehungswissenschaftlichem Rahmen und je nach sozialpädagogischen Begleiterscheinungen schlug das Pendel mal auf die eine, dann auf die andere Seite aus. Doch selbst in Zeiten, in denen das eine Extrem zu überwiegen schien, handelte es sich bloß um eine vermeintliche Vorherrschaft. Die KJL muss zu viel leisten, zu viele Erwartungen erfüllen (oder bewusst und auffällig ignorieren), als dass sie sich den Status einer nach rein literarischen Maßstäben zu untersuchenden Gattung hätte erkämpfen können. Außerdem ist eine der herausragendsten Eigenschaften des Kinderbuchs seine Verbundenheit mit der Kultur, der Mentalität und dem Weltverständnis der Nation, in der es entstanden ist. In einem ungleich höheren Maße als es das Buch für Erwachsene je vermöchte, spiegeln sich gerade im Kinderbuch Prioritäten und Tabus, Erziehungsmaximen und Widersprüche einer Kultur wider. Das macht es zu einem interessanten Thema für Untersuchungen über den internationalen Buch- und Kulturbetrieb im Zeitalter der Globalisierung.

Zu diesen mit der Geschichte und dem Wesen der KJL untrennbar verbundenen Komponenten hat sich in den letzten 15 bis 20 Jahren noch eine weitere gesellt: eine äußerst starke Kommerzialisierung. Das Kinderbuch wurde als eine Warengruppe entdeckt, die sowohl Innovationen als auch Nostalgie verträgt und somit geeignet ist, für kurzlebige Trends zu taugen oder auch für eine starke Backlist. Dass der Buchbranche in dieser Zeit mit dem Anfang der *Harry Potter*-Serie (engl. EA 1997) ein Welterfolg gelungen ist, dürfte zum einen ebenfalls auf den generellen Aufschwung zurückzuführen sein, zum anderen aber mit einem Phänomen zusammenhängen, das immer noch zu verzeichnen ist. Während noch vor knapp 200 Jahren Kinder und Jugendliche gezwungen waren, in Ermangelung geeigneter Bücher Literatur für Erwachsene zu lesen, so lesen heute Erwachsene Bücher, die mehr oder weniger unmissverständlich als Kinder- oder Jugendliteratur deklariert sind. Ob dies im deutschsprachigen Raum auf den oft beschworenen Mangel an gut erzählten, unterhaltsamen Geschichten für Erwachsene zurückzuführen ist, soll hier nicht näher untersucht werden. Es ist jedoch nicht zu leugnen, dass der Erfolg der *Harry Potter*-Serie einen Boom ausgelöst hat: Verlage begannen, einschlägige neue Labels zu gründen, beeilten sich, *Potter*-Nachfolger in Auftrag zu geben, Autoren griffen beherzt in die Tasten, um diesen seltenen Moment nicht zu verpassen, in welchem die Erwartung des Publikums scheinbar einfach zu deuten und die Forderung des Buchhandels scheinbar einfach zu befriedigen waren. Das Resultat war eine Fülle von Büchern, die von besonderen Kindern in schwierigen Missionen erzählten. Die meisten dürften ihre Leser ohne Schwierigkeiten gefunden haben.

Wenn Bücher quietschen: Mehrwert gegen Profil

Beim Bilderbuch fehlt der *Harry Potter*-Effekt. Im Bestreben, ihren Kindern einen möglichst guten Start in die Schule zu ermöglichen, greifen Eltern zunächst nach Sachbüchern, dann verstärkt nach Lernhilfen oder aber sie drücken ihren Kindern, kaum dass
diese lesen gelernt haben, Erstlesebücher in die Hand – als Ersatz für das vermeintlich
weniger anspruchsvolle und somit für den schulischen Erfolg bedeutungslose Bilderbuch. Die Verlage reagieren mit Büchern, die einen *Mehrwert* bieten oder vortäu-
schen, je nach Ehrgeiz und Einschätzung der Geschmacksraffinesse auf Seiten der
Kundschaft. Bilderbücher, die quietschen oder brummen, mehr oder weniger lustige
Antworten auf mehr oder weniger relevante Fragen liefern. Bilderbücher mit Löchern
und Klappen, Mähnen und Fellen, Animationseffekten und akustischen Gags. Bücher,
die verhältnismäßig teuer zu produzieren und vergleichsweise billig zu verkaufen sind,
daher hohen Umsatz und tiefen Ertrag generieren. Das ist zwar nicht restlos erfreulich,
es hat allerdings einen interessanten Effekt auf das Lizenzgeschäft – und somit auch die
Präsentation der Kinder- und Jugendliteratur auf den internationalen Buchmessen. Da
Verlage weniger auf das eigene Profil, dafür mehr auf den kurzlebigen Trend bedacht
sind, beginnen sich die Bücher immer stärker zu ähneln – und das nicht nur auf dem
heimischen Markt. Der interessierte Messebesucher und mit der üblichen Berufsneu-
gier ausgestattete Lizenzagent stellt mit einigem Erstaunen fest, dass sich die Auslagen
in der Frankfurter Halle 5 weniger von jenen in der Halle 3 unterscheiden, als es noch
vor einigen Jahren der Fall war. Wer in Frankfurt/M auf der Suche nach Mainstream
ist, findet ihn selbst an Orten, wo früher kunstvoller Anspruch und unverwechselbarer
Übermut herrschten. Sind Stände mit Kinder- und Jugendbüchern weniger spannend
und Buchmessen daher weniger attraktiv geworden? Nicht unbedingt. Vermutlich ist
es nur etwas schwieriger geworden, das Besondere, Originelle, Mutige oder auch nur
Andersartige aufzuspüren.

Globalisierung und die Suche nach der Lücke: Die KJL auf lateinamerikanischen Buchmessen

In Lateinamerika gibt es drei relevante internationale Buchmessen: Die in Guadalajara
ist die größte, die in Buenos Aires die längste und die in São Paolo die widersprüch-
lichste. An allen drei spielt das Kinderbuch eine bedeutende Rolle. Die Präsentationen
zeigen, zu was für spannenden Resultaten ein paar für europäische Verhältnisse un-
denkbare Probleme führen können. Auf der einen Seite stehen die großen und größten Verlage, deren Stände nicht immer funktionell, dafür aber umso repräsentativer
aussehen. Für das einzelne Buch ist es nicht einfach, aufzufallen, insbesondere wenn
es nicht von übergroßen Porträts der Autoren unterstützt wird. Überhaupt scheint in
Lateinamerika der Name auf dem Cover – oder das Gesicht auf dem dazugehörenden
Poster – eine weitaus größere Rolle zu spielen als anderswo. Der gute Name garantiert
ein gutes Buch, sodass dieses sich nicht selten ein wenig ehrgeiziges Layout und eine
noch weniger ehrgeizige Verarbeitung erlauben kann. Auch die Art der Präsentation
erstaunt: Bücher auf Stapeln, die das Stöbern erschweren, dafür umso leichter zur
Seite kippen und zu verlegenen Entschuldigungen führen. Bücher in Kisten, sodass nur

wenig informative und weniger attraktive Buchrücken sichtbar sind. Der Fachbesucher aus dem Ausland könnte bald am Willen der einheimischen Aussteller zu zweifeln beginnen, Bücher oder Lizenzen zu verkaufen.

Der Grund für diese für unsere Begriffe lieblos wirkende Präsentation liegt im besonderen Vertriebssystem für Kinder- und Jugendbücher. In vielen Ländern Lateinamerikas fehlt nämlich ein funktionierendes Netz von Buchhandlungen und ein effizienter Buchvertrieb. Viele Verlage legen viel mehr Hoffnung in Regierungsprogramme zur Förderung des Lesens (SEP = Secretario de educación pública). So wählt etwa der mexikanische Staat Jahr für Jahr an die 800 Titel aus, lässt sie in großen Auflagen dru-

Authentizität in Lateinamerika (Foto © Mladen Jandrlic, Zürich 2010)

cken und verteilt sie dann gratis an Schulen und Bibliotheken. Es erstaunt nicht, dass viele Verlage darin ein besseres Geschäft sehen, als etwa im freien Verkauf über den Buchhandel, und sowohl ihre Programme wie auch ihre Präsentationen an Buchmessen entsprechend gestalten.

Sehr interessant ist in dieser Hinsicht das Verhältnis zwischen großen und kleinen Verlagen. Die Kleinen sind in der Regel sehr klein. Nicht selten teilen sich zwei Verlage einen Stand von der Größe einer Telefonkabine. Auch die Kleinstverlage richten ihre Anstrengungen auf das erwähnte Regierungsprogramm zur Leseförderung. Für sie ist es unter Umständen noch wichtiger, die eigenen Bücher dort unterzubringen. Doch im scheinbaren Widerspruch zur ökonomischen Logik versuchen sie es nicht durch Annäherung an den Massengeschmack, sondern durch eine überaus konsequente, in ihrer Kompromisslosigkeit beeindruckende Originalität. Wo die *Größtverlage* ihre Fühler – auch über die Grenzen des eigenen Sprachraumes – nach Allgemeingültigem und Allgemeingefälligem ausstrecken, leisten sich die Kleinstverlage den Luxus, anders zu sein. Wer – etwa in Guadalajara oder São Paulo – vorbei an den Luxusständen der Großen den Weg bis zu den Nischen der Kleinen nicht scheut, wird genau jene Überraschungen finden, die in Frankfurt inzwischen etwas seltener geworden sind.

Der Gegensatz zwischen großen und kleinen Verlagen bzw. die aus den jeweiligen Verlagsstrategien resultierenden Unterschiede im Messeauftritt wirken sich nicht nur auf die Ausstellung in Guadalajara, sondern auch auf die *Bienal do livro* in São Paulo sehr belebend aus. Dank der Kinderbuchverlage wirkt die Messe größer als sie tatsächlich ist, es entsteht ein Eindruck von Lebendigkeit, Intensität, Freude an der Innovation. Die bereits erwähnte

Verwaister Stand eines arabischen Kinder- und Jugendbuchverlages (Foto © Mladen Jandrlic, Zürich 2010)

Angleichung der Programme – auf internationalem Kinderbuchmarkt eine Folge der Globalisierung – ist hier weniger ausgeprägt als anderswo, ganz so, als hätten die Kleinstverlage die Strategie *Jetzt erst recht!* gewählt. Sie nehmen an der globalen Nivellierung nicht teil, um – und das dürfte der springende Punkt sein – von ihr indirekt zu profitieren. Denn wenn sich Produkte auf dem globalen Markt immer stärker ähneln, wird das Einzigartige, Besondere, in kein Schema Passende früher oder später auch international Erfolg haben. Das Attribut *schwierig* könnte schon bald das Image eines Killerarguments verlieren und sich in Messegesprächen in ein Qualitätsmerkmal verwandeln.

In einem anderen Teil der Welt, in Abu Dhabi, sieht der reelle wie der ideelle Kontext, in welchem das Kinderbuch präsentiert wird, signifikant anders aus. Die Messe ist sehr luxuriös, Mini-Stände, die von Mini-Verlagen belegt und geteilt werden, sucht man hier vergeblich. Einheimische Verlage, auch die kleineren unter ihnen, trumpfen eher mit Aufwändigem als mit Ausgefallenem auf.

Schulklassen, die – ein Detail, über welches der messeerfahrene Besucher immer wieder schmunzeln muss – genauso übermütig wie ziellos durch die Halle rennen, wie auf allen anderen Buchmessen, sollen unter dem strengen Blick ihrer Lehrerinnen die ausgestellten Bücher genauer anschauen und dazu schlaue Fragen stellen. Das alleine macht aber zu wenig Spaß, darum gibt es auf der Messe mit dem so genannten *Crea-*

tivity Corner eine Einrichtung, wo sich Kinder mit Zeichnen, Lesen, Erzählen, Basteln und auch Kuchenessen beschäftigen sollen. Dazu kommen zahlreiche Veranstaltungen mit Kinderbuchautorinnen und –autoren und anderen Fachleuten aus der Branche. Auf der Website dieser Buchmesse (http://www.adbookfair.com/cms/programme-en/childrens-programme) wird das Angebot so beschrieben:

> The Creativity Corner is an area designed for the young visitors of the Abu Dhabi International Book Fair to take some time out and enjoy the world of books. Activities (in Arabic and English) touch on all the aspects of books, from reading to illustration, writing to attitudes about reading. This is a fun, educational area to remind all of our guests that reading is FUN!

Das Angebot in der arabischen Welt (Foto © Mladen Jandrlic, Zürich 2010)

Das wichtigste Ziel ist, die Neugier am Buch zu wecken. Prunkvolle Stände, akrobatisch anmutende Bücherstapel, bunte Ballons über dem Tisch im *Creativity Corner*, das alles soll zeigen, dass Bücher mindestens genauso spannend und lustig sind wie Filme oder Computerspiele.

Während die Globalisierung bzw. die Überwindung ihrer Schattenseiten an lateinamerikanischen Buchmessen sich eher in einer – immer noch lediglich potentiellen – Emanzipation des künstlerisch Originellen niederschlägt, so stellt die Buchmesse in Abu Dhabi die Attraktivität des Kinderbuches *an sich* in den Mittelpunkt. Anders als in Lateinamerika wird der internationale Erfolg nicht in der Anbindung an das Landes- oder Kulturtypische gesucht, sondern vielmehr in der Kompatibilität mit den allgemeinen Kriterien und auch Bedürfnissen der Gesamtbranche. Arabische Verlage publizieren nicht nur auf Arabisch. Die gebildete Oberschicht, die den wichtigsten Käuferkreis stellt, lässt ihre Kinder englisch lesen, und das schon sehr früh. Das bringt zwar gewisse Vorteile für das Lizenzgeschäft. Es ist aber gleichzeitig ein weiteres Argument gegen die Originalität und die Authentizität in einem Segment, das wie kaum ein anderes vom Zusammenspiel verschiedener Kunstgattungen lebt.

Globalisierung als Chance zur Öffnung: Der Austausch mit dem Iran

Die Präsenz und die Präsentation von Kinderbüchern an der *Tehran International Bookfair* (TIBF) orientieren sich an anderen Bedürfnissen. Die iranische Bevölkerung ist jung (im Durchschnitt 22 Jahre), gebildet und lesebegeistert, wie kaum eine andere. Da der Zugang zu ausländischen Büchern sehr schwierig ist, bietet die TIBF die einzige Möglichkeit, sich über die Buchproduktion im Ausland zu informieren und den in dieser Branche so wichtigen Erfahrungsaustausch zu pflegen. Das Kinder- und Jugendbuch spielt dabei eine zentrale Rolle. Im Bestreben, die politisch bedingte Isolation zu überwinden, sucht das junge und hochgebildete Publikum Anschluss an die internationalen Standards – thematisch, ästhetisch und auch in Bezug auf das internationale Copyrightabkommen WIPO bzw. die Berner Konvention. Dass der Iran diesen Gremien immer noch nicht beigetreten ist, erschwert den Lizenzhandel, macht ihn aber auch – indirekt – spannender. Viele Verlage betonen ihr Interesse, Buchrechte im Einklang mit den internationalen Normen zu erwerben, und bringen auch auf diese Weise ihre Bereitschaft zum Ausdruck, ihre Programme tatsächlich und langfristig zu öffnen. Wegen der bereits erwähnten Nähe zur Kultur und zu den Ansichten über die Erziehung ist diese Öffnung am Beispiel der Kinderliteratur am auffälligsten. Zurzeit beträgt der Anteil der Übersetzungen an der iranischen KJL-Produktion gut 20%. Das Interesse, diesen Anteil zu vergrößern, wäre an einer anderen Buchmesse in einem anderen Land am ehesten kommerziell zu begründen. An der TIBF hingegen ist es ein politisches Zeichen gegen die Isolation und für eine starke internationale Verankerung der heimischen Buchproduktion. Dieses unmissverständlich zur Schau gestellte Interesse am globalisierten Kinderbuch ist einer der Faktoren, welche die TIBF zur wichtigsten und spannendsten Buchmesse in Zentralasien und im Mittleren Osten gemacht haben.

Groß, größer, global: Der Kinderbuchmarkt in China

In China machen Kinder und Jugendliche ein Fünftel der Bevölkerung aus. Das sind ganze 263 Millionen Menschen, für die im Jahr 2005 genau 9583 Titel produziert wurden. Fast alle chinesischen Verlage beteiligen sich an dieser Produktion: 91% von ihnen geben Kinder- und Jugendliteratur heraus. Die Anzahl der Titel wächst, doch die Qualität stagniert: Knapp 70% der vermeintlich neuen Titel sind Nachdrucke.[1] Das Interesse an Lizenzen aus dem Ausland ist groß. Chinesische Verlage suchen ausländische Bestseller, dazu Sachbücher und Publikationen mit einem schulisch-edukativen Hintergrund. Dem Lesen wird allgemein sehr viel Bedeutung beigemessen. Allerdings – und das ist nur einer der Widersprüche in diesem Zusammenhang – ist die Buchbranche einer der am striktesten überwachten Industriezweige des Lande. Die nahezu allmächtige GAPP (General Association of Press and Publication) kontrolliert auch die Abwicklung von Lizenzgeschäften mit dem Ausland. Glücklicherweise scheint aber der Druck in den letzten Jahren etwas nachgelassen zu haben, sodass sich chinesische Verlage inzwischen leichter am Markt orientieren können. Für ausländische Kinderbuchverlage sind Geschäfte mit China finanziell nicht profitabel. Die Ladenpreise sind

---

1   Statistische Angaben gemäß der Studie der Frankfurter Buchmesse: Zusammenarbeit deutscher und chinesischer Verlage im Lizenzbereich 2006-2007, BIZ Peking.

zu tief, die Verkaufskonditionen dementsprechend wenig attraktiv. Doch die BIBF, die Beijing International Bookfair, gilt inzwischen als einer der wichtigsten Termine für die Kinder- und Jugendliteratur in Asien.

In einer Studie über die Zusammenarbeit zwischen deutschen und chinesischen Verlagen, von der Frankfurter Buchmesse in Auftrag gegeben und vom Buchinformationszentrum in Peking durchgeführt, ist nachzulesen, dass „trotz des fehlenden ökonomischen Erfolgs [...] die Mehrheiten der befragten deutschen Kinderbuchverlage Lizenzgeschäft in China ausbauen möchten". Auch glaubt eine Mehrheit von ihnen weiterhin an „den Wert des Zukunftsmarkts China". Dieser Glaube wird sicher auch durch den Umstand genährt, dass chinesische Verlage sehr wenig Erfahrung mit der Entwicklung von eigenen Kinderbuchprogrammen haben und in diesem Segment nicht nur aktuell auf Lizenzkäufe, sondern längerfristig auch auf Beratung und Vermittlung von Know-how angewiesen sind. Der chinesische Markt ist riesig, die Nachfrage nach guten Kinderbüchern ist stark und es besteht nicht nur die Bereitschaft zur Öffnung gegenüber den im Ausland entwickelten, kommerziell wie qualitativ erfolgsversprechenden Projekten, sondern auch ein unmissverständlich geäußertes Bedürfnis danach. Das erklärt, warum an der BIBF nicht die Innovation, sondern das Bewährte im Mittelpunkt steht. Mit einer konservativen Haltung hat das nichts zu tun. Die chinesische Verlagsbranche sieht in der Globalisierung ihre große Chance, einem dynamischen Markt genau das zu liefern, was es braucht: gute, verkäufliche, allseits taugliche Kinder- und Jugendbücher. Der erwähnte Glaube an den Wert des Zukunftsmarkts China ist im Grunde der Glaube an den Erfolg der globalen Kriterien – wie der künstlerischen, so auch der kommerziellen.

Das Fazit: Globalisierung als Widerspruch

Das Kinder- und Jugendbuch ist auch an anderen Buchmessen prominent vertreten und soll von Moskau bis Barcelona, von Göteborg bis Kapstadt das Lizenzgeschäft beleben und das Publikum begeistern. Seine enge Verbindung zur Kultur einerseits und seine vordergründige, wenig prätentiöse Attraktivität anderseits lassen es als Ausstellungs- und Handelsobjekt immer wichtiger werden. Das zeigt sich vor allem dort, wo neue Märkte entstehen oder traditionelle nach Anschluss an das globale Geschäft streben. Wo sich Buchmärkte öffnen, tun sie es übers Kinderbuch. In keinem Marktsegment ist die Globalisierung so deutlich präsent wie im Kinderbuch, und zwar sowohl mit ihren Sonnen- wie auch mit ihren Schattenseiten. Mal zwingt sie die Verlage, Nischen fürs Andersartige zu suchen, mal ermöglicht sie den Verlagen, die unter Andersartigkeit leiden, Anschluss an das Allgemeingültige zu finden. Wir dürfen gespannt sein, wie der globale Kinderbuchmarkt in Zukunft mit diesem Widerspruch klarkommen wird.

Teil III

Zur Praxis des Umgangs mit Kinder- und Jugendmedien in einer globalisierten Welt

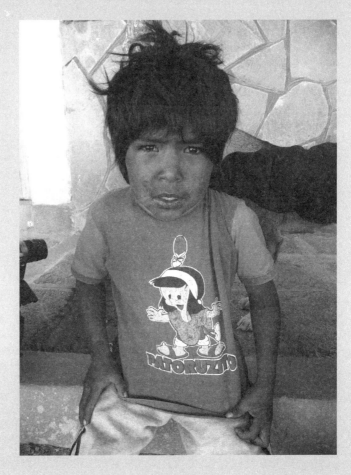

Joachim Schulze-Bergmann
Einwanderungsland Deutschland
Anmerkungen zu Schullektüre
und Migrationshintergrund

Demografische Ausgangslage

Die Globalisierung äußert sich wesentlich und spürbar auch als Immigration in den
EU-Bereich. Man schätzt, dass etwa 40 Millionen Personen in der EU leben, die zu-
gewandert sind, das sind mehr als 10 Prozent der EU-Bevölkerung, die derzeit wohl
375 Millionen Menschen beträgt. Die Tatsache, dass in allen Schulformen Deutschlands Schüler mit ausländischen Wurzeln vertreten sind, muss auch für das Kernfach
Deutsch Konsequenzen haben. Dabei soll es im Folgenden nicht um den Erwerb der
deutschen Sprache als Zweitsprache gehen, sondern der Fokus auf mögliche Probleme
gerichtet werden, die sich aus dem Wirkungspotenzial der Schullektüre für Kinder
und Jugendliche mit einem anderen kulturellen oder religiösen Hintergrund ergeben.
Die Ausgangslage zu dem hier anstehenden Themenfeld ist belegt: Es leben derzeit etwa 16 Millionen Menschen in Deutschland, die einen sogenannten Migrationshintergrund haben. Davon haben etwa 3 Millionen Menschen einen türkischen
Hintergrund, 1,5 Millionen stammen aus dem Bereich des ehemaligen Jugoslawiens.
Hier wird davon ausgegangen, dass diese 4,5 Millionen Menschen überwiegend einer
muslimisch geprägten Kultur und dem entsprechenden Glauben angehören (Statistisches Bundesamt 2010). Außerdem wird unterstellt, dass Rezeptionsprobleme von
Schullektüren vorrangig in dieser Gruppe auftreten.

Integrationsmodelle

Die derzeit erneut und verschärft entfachte Diskussion um eine deutsche Leitkultur,
die unter anderem durch die Veröffentlichungen von Sarrazin und Heisig angestoßen
worden ist (Sarrazin 2010; Heisig 2010), deutet auf – wenn auch in unterschiedlicher
Fokussierung – ein bisher ungelöstes Problem hin: die Integration von Menschen mit
Migrationshintergrund, im Besonderen aus dem muslimischen Kultur- und Glaubens-
bereich. Lawrence Kohlberg berichtet im Vorwort zur Aufsatzsammlung *Readings in
Moral Education* (1978), dass die USA vor vergleichbaren Problemen standen und
stehen und die Diskussion dort zu drei unterscheidbaren Auffassungen über den rich-
tigen Weg zur Integration führte. In allen drei Fällen geht es um Ansätze der Werteerziehung. Die wertbezogene Unterrichtung erfolgte in Form von Indoktrination durch
einen literarischen Kanon, der erwünschte Verhaltensformen am Beispiel von kindlichen oder jugendlichen Protagonisten vorführt. Gegen diesen Ansatz wendet sich
der sogenannte *Value-clarification-approach*, mit dem zwar erwünschte soziale Werte

im Unterricht genannt und begründet werden, letztendlich aber es jedem einzelnen Schüler überlassen wird, welche der Werte er für sich für richtig hält. Dieser Ansatz führte zu einem Werterelativismus, der seinerseits die Orientierung an den Werten der US-Verfassung verfehlen kann. Der kognitiv-entwicklungsbasierte Ansatz, der von Lawrence Kohlberg seit den 1960er-Jahren vertreten wurde, geht von einer Entwicklungslogik der moralischen Urteilsfähigkeit aus. Diese wird einerseits und notwendig von der Entwicklung der Kognition getragen, andererseits durch lebensweltliche Rahmenbedingungen gefördert und entfaltet oder aber in ihrer Entwicklung gehindert. Kohlberg geht von sechs Entwicklungsstufen aus, die sich strukturell deshalb unterscheiden, weil sie auf der Grundlage unterschiedlich qualitativer Denkoperationen Reversibilität und Perspektivenübernahme sichern und im Bezug auf Fairness und Gerechtigkeit die Verallgemeinerbarkeit von Handlungen prüfen. Dies gelingt dem heranwachsenden Individuum zunächst nur in konkreten sozialen Beziehungen, später aber auch in Situationen, die sich als denkmöglich zwischen dem Ich und allen anderen nur vorstellbaren Personen ergeben. Dienen für die Orientierung in konkreten sozialen Situationen noch Gebote und Verbote, so werden diese zur Regulierung allgemeinerer Beziehungen zunehmend durch Gesetze ersetzt und unter dem Aspekt ihrer Universalisierbarkeit prinzipiengeleitet begründet.

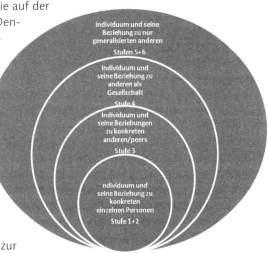

Abbildung 1: Wahrnehmung sozialer Beziehungen und Stufen des moralischen Urteils

Pädagogisch praktisch angewendet wurde dieses Entwicklungsmodell durch Moshe Blatt Ende der 1960er-Jahre, der als erster versuchte, mit Diskussionen zur Lösung von hypothetischen moralischen Dilemmata die moralische Urteilsfähigkeit von Schülern anzuheben (vgl. Kohlberg 1978, 5ff.). Bereits nach kurzer Zeit wurde erkennbar, dass dieser Ansatz zwar Erfolge zeigte, dass die nachhaltigere Bindung an Werte aber wesentlich durch reale Beteiligungsmöglichkeiten im Schulleben bzw. im Rahmen einer Institution gefestigt wird (ebd., 11ff.). Die daraufhin eingeleiteten Versuche führten zu demokratischen Beteiligungsmodellen, die den Schülern in unterschiedlichem Ausmaß Partizipation an institutionellen Entscheidungssituationen ermöglichten. Die sogenannten *just community-Modelle* wurden nicht nur in den USA mit Erfolg erprobt sondern auch z.B. in Nordrhein-Westfalen Ende der 1980er-Jahre (vgl. auch Landesinstitut für Schule NRW 1991). Zusammenfassend kann festgehalten werden, dass dieser Ansatz bis heute die größte pädagogische Wirksamkeit gezeigt hat. Er ist deshalb auch Grundlage einiger amtlicher Konzepte zur Sozialerziehung geworden (siehe z.B. Schulze-Bergmann 2002) bzw. beeinflusst wesentlich Vorstellungen, die im Bund-Länder-Modellversuch *Demokratie - leben und lernen* (vgl. www.blk-demokratie. de) dargestellt und erprobt worden sind.

Deutschunterricht und Moral

Jürgen Kreft bezeichnete die Fähigkeit, welche das Individuum in der Interaktion mit und seinen entwicklungsbedingten Kompetenzanteilen aktiviert, um die eigene Bedürfnisinterpretation zu artikulieren und diese erfolgreich zum Aufbau der eigenen Identität zu nutzen, als ästhetische Kompetenz (Kreft 1977). Teil dieser Kompetenz ist auch die moralische Urteilsfähigkeit, deren pädagogisch geleitete Entwicklung nach Kreft Aufgabe des Deutschunterrichts sei. Was damals noch Programmaussage war, wird von Anita Schilcher in ihrer Dissertation zu einer literaturdidaktischen Konzeption der Werterziehung verdichtet (Schilcher 2001, 257ff.). Sie formuliert die Begründung für ihren Ansatz wie folgt (ebd., 259):

> „Richtlinien und Lehrpläne in Deutschland verweisen allesamt auf die Wichtigkeit (sic!) der Erziehung zur Demokratie und der damit korrelierenden Werte und Normen. Dazu soll eine Methodik entwickelt werden, die die Entwicklung des moralischen Denkens der Schüler und Schülerinnen unterstützt und verdeutlicht, dass die Freiheit des Individuums nur im Rahmen eines freiheitlichen und gerecht gestalteten Gemeinwesens gewährleistet ist."

Schilcher favorisiert einen Literaturunterricht, in dem Schüler anhand literarischer Vorbilder lernen, Wertbezüge auszuwählen, diese vor dem Hintergrund der eigenen Lebenspraxis zu überprüfen und nach dem individuell gewählten Wert zu handeln. Mit dieser Zielvorstellung verliert sie aber den (vgl. oben) Bezug zur Wichtigkeit demokratischer Normen. Denn diese Normen sind nicht nur im alltagssprachlichen Sinn wichtig, es sind die einzigen, die universalisierbar sind und von nur diesem Merkmal ihre Legitimation erhalten. Zu Recht verweist Schilcher auf die im Literaturunterricht eher schwach ausgebildete Möglichkeit, über die Lektürebehandlung hinaus auch noch praktisches moralisches Handeln anzubieten (ebd. 290). Deshalb favorisiert sie als unterrichtliche Methode die Werte-Diskussion und stützt sich dabei auf Linds Konstanzer Dilemma-Diskussion (engl.: *Konstanz method of moral discussion*; im Folgenden als KMDD zitiert; ebd., 279). Obwohl Schilcher davon ausgeht, dass zwischen den literarischen Werten und denen des Lesers Diskrepanzen auftreten können, sieht sie gerade in dieser Diskrepanz „einen idealen Ausgangspunkt für eine kognitiv-strukturelle Auseinandersetzung" (ebd., 272). Im Sinne Kohlbergs und seiner experimentellen Daten ist diese Vermutung insofern berechtigt, als ein Individuum auf eine moralische Anregung positiv reagiert, die strukturell über seinem eigenen Entwicklungsniveau liegt. Unbeachtet aber bleibt bei Schilcher, wie ein Individuum auf fremde, konkurrierende Werte und deren Geltungsansprüche reagiert.

Individuelle Dissonanzen muslimischer Schüler

Die nachfolgende Diskussion geht davon aus, dass junge Migranten in ihren realen Lebenswelten normativen Diskrepanzen ausgesetzt sind, die sie als kognitive und affektive Dissonanzen erleben. Diskrepanzen ergeben sich aus den Geltungsansprüchen der Verhaltensgebote der islamischen Kultur, den dort zu befolgenden Imperativen der sozialen Rollen, welche mit den Normen und Werten westlicher und christlicher Prägung konkurrieren und welche mit einer anderen Begründung erlernt werden. Diese Vermutungen lassen sich durch aktuelle Untersuchungen, wie zum Beispiel den

Religionsmonitor der *Bertelsmann Stiftung* (2010b), gut konkretisieren. Danach nimmt die religiöse Orientierung bei jungen Muslimen im Vergleich zu älteren Muslimen sogar zu, muslimische Gebote werden relativ strikt befolgt und bilden eine wesentliche Grundlage für die Ausbildung der persönlichen Identität. Herausragende private Lebensereignisse (Geburt, Initiation, Heirat, Tod) werden religiös ritualisiert erlebt und ausagiert. Solche wertbezogenen Bindungen fungieren auch als Auswahlkriterium für den Ehepartner und sie sind Grundlage elterlicher Erziehungsstile. Diese Einstellungen finden ihre Zuspitzung in dem Bekenntnis, wonach 57 Prozent der befragten Muslime in der Religiosität den Sinn des Lebens sehen.

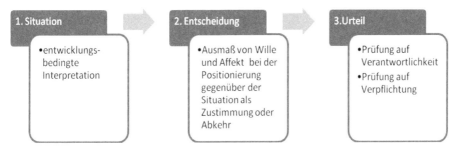

Abbildung 2: Orientierung in moralisch relevanten Situationen (nach Kohlberg / Candee 1984 / 1996)

Die ggf. krisenhaften Erfahrungen dieser Bevölkerungsgruppe werden aktuell und zunehmend Gegenstand soziologischer Forschung (vgl. z.B. Boos-Nünning 2005; Wensierski u.a. 2007; Munsch u.a. 2007). Diese Veröffentlichungen bestätigen die Annahme, dass aus der Auseinandersetzung mit deutschen Rechtsgrundsätzen und deren gelebter Praxis Muslime in Entscheidungsdilemmata geraten können. Im Lektüreunterricht sehe ich die Wirkung von drei normsetzenden Instanzen am Werk: der individuell-biografische Ge- und Verbote-Hintergrund jedes einzelnen Individuums, die Handlungsimperative der Schule, die Wertewelt der Lektüre. Werden die real lebensweltlichen Erfahrungen, so die Hypothese, durch die Schullektüre infrage gestellt, kann es zu folgenden, hier in Rede stehenden Problemen für die Schüler kommen. Hier werden zunächst im Rückgriff auf Kohlberg und Candee (1984 / 1996) die generell möglichen Verhaltensweisen und Orientierungsleistungen eines Individuums dargestellt, mit einem Wertkonflikt umzugehen.

Interpretation der Situation

Das Individuum orientiert sich in der Situation im Sinne seiner entwicklungsbedingten Möglichkeiten. Es ist zunächst denkbar, dass der Wertekonflikt nicht erkannt wird, folglich würde das Individuum keine der Situation entsprechende Reaktion zeigen. Es ist auch möglich, dass die Situation in ihrer Komplexität nicht voll erfasst wird. Daher gibt es einen Korridor von mehr oder weniger treffenden situativen Interpretationen. Empfindet oder erkennt das Individuum einen Entscheidungsbedarf, so kann es diesen annehmen oder ablehnen. Es kann die Situation verlassen, um sie nicht beachten und ertragen zu müssen. Schließlich kann der Fall eintreten, dass das Individuum versteht, was in der Situation als moralisches Gebot gilt und welche Handlung zur Erfüllung des Gebotes erfolgen soll, es will aber bewusst nicht handeln, oder aber es empfindet gegenüber der gefährdeten Norm eine Handlungsverpflichtung und ist bereit, im Sinne dieses Geltungsanspruchs zu handeln. Welche moralischen Orientierungsleistungen Schüler mit muslimischem Hintergrund im Umgang mit den literarisch gestalteten Handlungsoptionen in Schullektüren vollziehen, ist offen, hierzu liegen keine mir bekannten Daten vor. Deshalb wird im Folgenden aus unterschiedlichen Aspekten nur hypothetisch die Frage beantwortet, wie Schüler womöglich auf kulturell bedingte Dilemmata reagieren könnten.

Dissonanzen zwischen Lesern und Text

Grundsätzlich können Kinder und Jugendliche jeder Schulstufe und Schulform Probleme mit den in einer Schullektüre dargestellten Werten haben. Die interkulturell bedingten Probleme brechen dort auf, wo ein und dieselbe Situation unterschiedliche Handlungsoptionen ermöglicht und literarische Protagonisten bestimmte bereits ausgewählt haben. Dieser Wahl kann der Leser zustimmen oder er kann sie ablehnen. Aus der Fülle solcher Entscheidungen bauen sich Lesegenuss oder Zurückweisung der Lektüre auf. Nun ist es in der Regel so, dass Autoren vermeiden, eine soziale Norm explizit zu nennen, vielmehr können sie mehrere indirekte Ausdrucksmöglichkeiten nutzen:
- Sie können die Gefühlslagen beschreiben, die bei der Verteidigung oder Übertretung einer Norm begleitend auftreten. Diese wiederum können eine entwicklungstypische, aber auch an die Person gebundene Ausprägung – Angst oder Mut, Disziplin oder Glauben – erhalten (power of will).
- Sie können das moralische Urteil, das gefällt wird, explizit nennen.
- Sie könne die jeweilige Begründung für diese Handlung – monologisch oder dialogisch gestaltet – anführen.
- Sie können die moralische Entscheidungssituation beschreiben und berichten, welche Sichtweise dazu ein Protagonist hat, d.h. welchen Inhalt er zum Gegenstand seines Urteils macht und wie sich diese Situation aus der Sicht eines anderen Teilnehmers ggf. kontrovers darstellt.
Auf diese literarischen Gestaltungsmöglichkeiten ist zu achten, um von ihnen auf relevante Bindungen und moralische Urteilsstrukturen textintern zu schließen.

Beispiel: Moralisches Handeln im Text

Die literarischen Figuren wählen in moralischen Situationen solche Inhalte aus, die sie vor dem Hintergrund ihres erreichten Entwicklungsniveaus als relevant ansehen. Dazu ein Beispiel aus dem Buch Ronja Räubertochter von Astrid Lindgren (dte. EA 1982). Als Ronja das erste Mal auf Birk trifft, beleidigt Birk die Räubertochter. Er sagt

„Nein, hier gibt es nur rechtschaffene Borkaräuber. Aber da drüben, wo du wohnst, da ist es knüppelvoll von Hosenschissern, das hat man ja immer gehört."

So, also das hatte man immer gehört! Was für eine unglaubliche Unverschämtheit! Es begann in ihr zu kochen. Aber es sollte noch schlimmer kommen.

„Im Übrigen", sagte Birk „ ist das hier nicht länger eine Nordburg. Von heute Nacht an heißt sie die Borkafeste. Versuch dir das zu merken."

Ronja schnappte nach Luft, so fuchsteufelswild war sie. Die Borkafeste! Das war doch wahrhaftig, um daran zu ersticken! Was für Schurken sie waren, diese Borkaräuber! Und dieser Lümmel, der dort saß, und grinste, war einer von ihnen!" (Lindgren 2007, 33f.)

Lindgren nennt nicht die verletzten Normen, sondern verweist durch die Beschreibung von Ronjas Empörung indirekt auf die verletzten Regeln, wobei sie dem Leser überlässt, sich die Frage zu beantworten, wie er in dieser Situation empfunden hätte und folglich deren Bindung an die nicht explizit geäußerte Norm und die affektive Reaktion als angemessen nachvollziehen kann. Die verletzten Normen sind:

- Das Betreten der Mattisburg ist für Fremde verboten. Dies gilt besonders für Borkaräuber.
- Es ist verboten, einen Mattisräuber zu beleidigen. Dies gilt besonders für Borkaräuber.

Entwicklungsgemäß ist Ronjas Reaktion insofern, als ihre starke emotionale Regung die unbedingte Bindung an die Wahrung dieser Verbote erkennen lässt. Durch diesen noch ohne Zweifel und ohne Zögern empfundenen Zorn verfügt Ronja nur über diejenige Handlungsoption, die ihr durch Erziehung und Bindung an die Eltern und durch Zugehörigkeit zur Sippe und deren Normen zunächst noch als Natur erscheint. Ein Ansatz zur Perspektivenübernahme – hier also die Sicht der Borkaräuber - ist nicht zu erkennen. Anhand dieser drei Merkmale – intensive Gefühle, einsträngige, auf die verletzte Norm bezogene Reaktion, fehlende Perspektivenübernahme - ergibt sich die Struktur des moralischen Urteils. Diese Struktur kann ihrerseits einer Entwicklungsstufe zugeordnet werden. Es handelt sich um die Stufe 1 nach Kohlberg. Die im Weiteren geschilderte Überwindung der familialen konkreten Gruppennormen, nach denen jeglicher Kontakt zwischen den Jugendlichen verboten wäre, tritt vollends ein, als Birk von Ronjas Vater gefangen und als Mittel benutzt wird, mit dem die Borkaräuber zum Verlassen der Burg gezwungen werden sollen. In dieser Situation gibt sich Ronja den Borkaräubern als Geisel und erreicht, dass Birk freikommt. Zugleich aber sieht Mattis die Verletzung seiner Guppenmoral durch die Tochter als so schwerwiegend an, dass er die Beziehung zu ihr abbricht. Wut, Empörung und Trauer begleiten seine Krise affektiv.

Die Überwindung gegebener und die Entwicklung neuer Verhaltensnormen ist für beide Protagonisten notwendig, weil sie von ihren Familien nicht die Erlaubnis erhalten, sich zu befreunden. Sie verlassen ihre Familien und leben gemeinsam einen Sommer lang in einer Bärenhöhle. Die Verletzung elterlicher Gebote und die affektive Belastung, die mit dem Verlust der Eltern verbunden ist, drängen nach einer Lösung. Lindgren gestaltet Ronjas Gedanken an den trauernden Vater in einem Traumbild und erweitert Ronjas Affektlage durch eine angstvolle Vision, nach der die Jugendlichen den nahen Winter in der Höhle nicht überleben werden. Die zwischen Tochter und Vater bestehenden Gebote werden zunächst nicht genannt:

- Freunde lassen sich nicht im Stich
- Eine einseitig Aufkündigung einer Beziehung muss durch eine Entschuldigung des Aufkündigenden widerrufen werden
- Eltern sollen die Freunde der Kinder akzeptieren.
- Kinder haben die elterlichen Werte zu befolgen

In der Befolgung bzw. Übertretung dieser Gebote sind textintern Entscheidungssituationen angelegt, die zunächst zu schwersten Konflikten führen, andererseits aber nach erfolgter Versöhnung im Bezug auf diese Werte zu veränderten Haltungen führen. So geht es auf der Seite der Eltern um die Aufrechterhaltung der Gruppenidentität und der mit ihr verbundenen Gebote und Verbote. Eines dieser Verbote bezieht sich auf den Kontakt mit der verfeindeten Räuberbande. Da die beiden Kinder sich aus den Bindungen an die jeweiligen Gruppennormen gelöst haben, setzen sie die von ihnen selbst definierten Gebote als die höherwertigen an. Die gestörte Beziehung zu den Eltern lässt sich nur wieder herstellen, weil die Eltern das Gebot gegenseitiger Feindschaft aufgeben, also das Kontaktverbot fallen lassen, eine neue Gruppenidentität für sich und die Kinder finden und den Kindern zubilligen, ihre eigenen zukünftigen Wege zu gehen, was heißt, eigene neue Gebote zu formulieren und in ihrer Befolgung eine neue konsistente Identität zu erlangen.

Kontroverse Rezeption der literarischen gestalteten Wertewelt

Aus Sicht muslimischer Leser kann weder die hier geschilderte soziale Rolle der Kinder bzw. Jugendlichen akzeptiert werden, noch der Aussage des Textes zugestimmt werden, wonach es im Verlauf der Pubertät oder Adoleszenz um die Überwindung von Gruppennormen geht. Diese Einschätzung wird durch aktuelle Studien des BMFSFJ (2010a) gestützt. Ergebnis dieser Studien ist, dass die bekundete Gewaltbereitschaft der muslimischen Jugendlichen eng mit religiösen Einstellungen korreliert (ebd. 21ff.). Diese Hinweise stützen sich darauf, dass in der muslimischen Kultur zwischen Kindern und Eltern konkrete Ge- und Verbote herrschen, deren Einhaltung auch mit Züchtigungen erzwungen werden kann (BMFSFJ 2010a, 10ff.). Bis zur Geschlechtsreife ist die väterliche Autorität unumstößlich, die Rechtfertigung der hierarchischen Verhältnisse erfolgt im Rückgriff auf den Koran. Diese Legitimationsfigur ist nicht hintergehbar. Die Anerkennung der elterlichen Autorität wird zudem ergänzt durch eine „gewaltlegitimierende Männlichkeitsnorm" (ebd. 31), mit der die Überwachung jener Ge- und Verbote verteidigt wird, die die Familienehre ausbalancieren. Der Umgang mit dem feindlichen Anderen lässt nicht zu, in die Feindesgruppe hinein soziale Beziehungen zu pflegen. Die Übertretung dieses Verbots belastet die *Ehre* der Familie, welche nur – ganz nach dem Prinzip von *Auge um Auge* – durch einen aggressiven Gegenschlag wieder hergestellt werden kann. Die Sicherung der Keuschheit der Frauen durch die Männer der Familie ist für südeuropäische EU-Länder belegt, wobei der Türkei eine dominante Rolle zukommt. Eine deutliche Bindung an traditionelle Rollenbildmerkmale der Frau belegt auch die Umfrage der Bertelsmann Stiftung (vgl. Dezember 2010a). Vor diesem Hintergrund kann ein muslimischer Schüler mit Ronja und Birk wegen deren zahlreichen Übertretungen von Verboten keine Sympathie haben. Dies gilt auch für die zwischen Birk und Ronja zunehmende körperliche Nähe. Es trifft zu für die Hilfeleistungen für verfeindete Gruppen gegen die Interessen der eigenen Familie und die Abkehr von den familialen Werten. Vorbehalte dürfte es auch gegenüber der gemeinsamen Zukunftsvision der beiden Jugendlichen geben, denn gerade muslimische Jugendliche und junge Erwachsene sprechen sich deutlich gegen eine interreligiöse Beziehung aus (vgl. BMFSFJ 2010b, 40ff.).

Integrieren – moralisch argumentieren?

Die Frage nach der Lösung dieser durch den Unterricht evozierten Dissonanzen ist deshalb praktisch noch nicht entschieden, weil zahlreiche Bundesländer über Lehrpläne oder Aufgabengebiete die Auffassung vertreten, dass jede Indoktrination vermieden und Toleranz gegenüber Minderheiten geübt werden solle. Da der postulierte Toleranzbegriff nicht operationalisiert wird, noch eine Vorstellung vom Erwerb von moralischen Prinzipien dargelegt wird, führen diese Positionen zu Formen des Werterelativismus einerseits, oder zu einer indoktrinierenden Tugendlehre andererseits. Hierzu finden sich zahlreiche Belege. Beispielhaft sei das Handbuch Toleranz und Anerkennung in der Schule mit dem Untertitel Keiner will ausgegrenzt werden, aber dauernd und überall geschieht es (Grundmann u.a. 2003) genannt. Außerdem ist abzuklären, ob die hier behauptete Wirkung der Schullektüre eintritt. Die Diskussion schwankt nach wie vor zwischen eher optimistischen Einschätzungen und pessimistischen Haltungen. Beide Positionen können aber ihre Sichtweise schlecht belegen, da der unterstellte Wirkungszusammenhang sich einem ausgewählten Messverfahren entzieht (siehe z.B. Weber 1993, 11-18). Diese Einschätzung betonen auch Christman / Groeben:

„In Bezug auf die Wirkung literarischer Texte ist der Forschungsstand durch ein erhebliches Ungleichgewicht zwischen theoretischer Breite und empirischer (Schmalheit der) Fundierung gekennzeichnet. […] Das Problem besteht darin, dass die meisten diesbezüglichen Wirkungsdiskussionen aus der Tradition der hermeneutischen Literaturwissenschaft stammen, für die es im Vergleich dazu [zur Forschungslage über die Wirkung von pragmatischen Texten; jsb] nur relativ wenige empirische Belege gibt. Und auch in Bezug auf mehr oder minder systematisch empirisch gesicherte Daten ist vor allem vor einer (hermeneutischen) Überinterpretation zu warnen. So kann man wegen der kognitiven Konstruktivität der Rezipient/innen z.B. aus der – ideologiekritischen – Inhaltsanalyse von (literarischen) Texten gerade keine zwingende n Schlüsse auf die – kognitive und konative – Wirkung dieser Texte ableiten" (Christman / Groeben 2006, 177).

Diese Einschätzungen zum eher schwachen Wirkungspotenzial von Texten stehen allerdings solche gegenüber, die auf deutliche Wirkungseffekte verweisen. So nennen Christmann / Groeben selbst die Studie von Bilsky (1989), der nachweisen konnte, dass „die Lektüre von Kurzgeschichten mit moralischen Dilemmata bei Jugendlichen zur Sensibilisierung in Richtung auf prosoziale Einstellungen beizutragen vermag" (ebd. 178). Die von Lind und anderen gefundenen Belege, wonach Schüler an einer gerechten Schule interessiert sind und sich Formen der Partizipation wünschen (Lind 2000), belegen diese Hinweise. In der schulischen Praxis muss demnach die Möglichkeit geschaffen werden, den weiter oben modellhaft erläuterten moralischen Urteilsprozess im Rahmen eines begründeten Verfahrens einzuüben und als Instrument fortlaufenden Urteilens zunehmend selbstständig auch gegenüber literarischen Inhalten anzuwenden. Zur methodischen Umsetzung vgl. die Diskussion theoretischer Dilemmata im Sinne von Kohlberg und Blatt, die Konstanzer-Dilemma-Diskussion nach Lind und Methoden aus dem Philosophieunterricht. Kohlberg und seine Mitarbeitergruppe haben hypothetische Dilemmata entwickelt und diese unterschiedlichen Altersgruppen zur begründeten Beurteilung vorgelegt. Aus der Wahrnehmung der im Dilemma angelegten Inhalte und der Begründung für ein bevorzugtes Handeln leiteten Blatt und Kohlberg ab, welche Entwicklungsstufe des moralischen Urteilens der jeweilige Proband verwendete. Das inzwischen international bekannte Heinz-Dilemma soll hier nicht noch einmal vorgestellt werden, vielmehr soll ein Dilemmatext bevorzugt werden, der für die Schüler der Primar- und Sekundarstufe geeignet ist.

> Peter ist ein 14 Jahre alter Junge, der sehr gern an einem Ferienlager teilnehmen wollte. Sein Vater hatte ihm versprochen, dass er mitmachen dürfte, wenn er sich das Geld dafür selbst sparen würde. Also strengte sich Peter in seinem Freizeitjob tüchtig an und sparte sich das Geld zusammen. Aber kurz bevor das Ferienlager begann, änderte der Vater seine Meinung. Einige seiner Freunde wollten nämlich eine größere Kegeltour machen, und er war zu knapp bei Kasse, um das bezahlen zu können. Also sagte er zu Peter, er solle ihm das Geld geben, was er sich mit seiner Arbeit verdient hatte. Peter wollte das Ferienlager aber nicht aufgeben und überlegte, ob er sich weigern sollte, seinem Vater das Geld zu geben.

1. Sollte Peter sich weigern, seinem Vater das Geld zu geben? 2. Gibt es irgendeinen Grund, der den Vater berechtigt, seinem Sohn zu befehlen, er solle ihm das Geld geben? 3. Was sollte ein guter Vater in der Beziehung zu seinem Sohn vor allen Dingen beachten? 4. Was sollte ein guter Sohn in der Beziehung zu seinem Vater vor allen Dingen beachten? 5. Warum sollte man ein Versprechen halten? 6. Was ist so unangenehm daran, wenn ein Versprechen nicht gehalten wird? (Nach L. Kohlberg)

Die Antworten auf dieses Dilemma fallen zur Frage 1 in den jüngeren Jahrgängen bei deutschen Schülern in der Regel so aus, dass dem Vater das Geld gegeben wird, ältere Kinder aber wollen das Geld behalten. Ausländische Kinder und Jugendliche geben das Geld in der Regel an den Vater ab. An diesem Beispiel lässt sich die Orientierung an kulturell vermittelten Geboten und Verboten gut nachweisen, denn in den Begründungen für ihre Entscheidungen beziehen sich die Schülern explizit auf die von ihnen beachteten Gebote (d.h. Kinder müssen dem Vater gehorchen, ein Vater hat mehr Rechte als ein Kind). Antworten zu den Fragen 5 und 6 werden bei deutschen Schülern eher mit dem Verweis auf die Bedeutung von einzuhaltender Reziprozität beantwortet (d.h. ein Versprechen muss von jeder Person gehalten werden, jeder hat das Recht über selbstverdientes Geld nach eigenem Ermessen zu verfügen). Entsprechend fallen die Vorstellungen zu den Fragen 3 und 4 signifikant anders aus: Den eher an konkreter Verteilungsgerechtigkeit orientierten Antworten der deutschen Kinder stehen solche Vorstellungen gegenüber, die sich an einem muslimisch traditionellen Vater-Rollen-Bild orientieren, das vom guten Sohn Unterordnung gegenüber dem Vater verlangt. Der Austausch über die Richtigkeit dieser Geltungsansprüche kann dahin abgleiten, dass einzelne Schüler aggressiv gestimmt auf andere zugehen und mit Hilfe von Beleidigungen versuchen, die jeweils andere Position mundtot zu machen. Der Sinn dieses Vorgehens ist, die bei sich selbst empfundene unangenehme affektive Erregung, die durch die Störung normativer Strukturen in Gang gesetzt wird, zu beseitigen. Mit diesem Vorgehen wird zugleich Macht ausgeübt, der Meinungsbildungsprozess wird abgebrochen. Um die Frustrationstoleranz zu erhöhen, muss in die Diskussion ein Kriterium für ein rechtes und gutes Maß eingeführt werden, mit dem die divergierenden Urteile bewertbar werden und das den Schülern nicht immer oder sogleich zur Verfügung steht. Dieses Kriterium soll aus der Sicht der jüngeren Schüler die Meinung der Lehrperson sein, das aber wäre falsch. Das Kriterium findet sich als Antwort auf die Frage, ob das von einer Regel abgeleitete und befürwortete Verhalten verallgemeinerbar und für den Betroffenen ebenso wünschbar sei wie für alle nur denkbaren Anderen.

Wenn eine Lehrperson sich entschließt, eine Diskussion über zunächst nur vermutete Dilemmata zu eröffnen, so gehört zur Vorbereitung, dass ein Text vorliegt, der mindestens zwei miteinander konkurrierende, verhaltenssteuernde Normen erkennen lässt. Die Themen des Dilemmas und die mit der Dilemma-Situation gegebenen Normen sollen zunächst explizit von den Schüler benannt werden, z.B. es geht um Eigentum, Gesetze, Menschenleben, Einbruch, Diebstahl, Körperverletzung. Diese Phasen werden bei Schilcher als Begriffsklärungs- und Wertklärungsphase bezeichnet (2001, 288ff.). Sodann müsste die Lehrperson versuchen, entlang der Stufen des moralischen Urteilens zu antizipieren, wie die Wahrnehmung des Konflikts und die Urteilsbildung der Schüler ausfallen wird. Hierzu ein Beispiel:

Dilemma-Situation

Sharons Problem ist, dass sie Zeuge von einem Kaufhausdiebstahl wurde, den ihre beste Freundin begangen hat. Sie, Sharon, wurde festgehalten und soll nun den Namen der Freundin preisgeben. Die Antworten der Schüler könnten folgende Aspekte stark machen und entsprechend unterscheidbaren Stufen des Urteilens zugeordnet werden.

Inhaltlicher Aspekt 1: Staatliche Ordnung und Gesetze
Inhaltlicher Aspekt 2: Eigentum / Schutz-Vertrag
Inhaltlicher Aspekt 3: Freundschaft / Hilfe

Stufe 4
- Man muss sich an Gesetze halten, auch gegen seine Interessen: Namen verraten.
- Wenn alle sich so verhalten würden, würde die Gemeinschaft gefährdet, also muss man den Namen sagen.

Stufe 3
- Ein Mensch, der zur Welt der Erwachsenen gehören will, muss sich an deren Spielregeln halten: Namen verraten.
- Ein guter Mensch / Erwachsener achtet das Eigentum des anderen, auch ich will so sein: Namen verraten.
- Ein guter Freund verrät den Freund nicht: Also nichts sagen

Stufe 2
- Orientierung an konkretem Austausch: Das Kaufhaus ist reich und wir sind nicht so reich. Wir wollen aber unseren Teil haben. Es entsteht kein wesentlicher Schaden: Namen verweigern.
- Gleiches mit Gleichem bedienen: Sharon hat schon einmal Hilfe von ihrer Freundin erhalten, jetzt muss sie sich helfend verhalten: nichts sagen.

Stufe 1
- Orientierung an Angst vor Strafe und an Belohnung. Eigentum wird nicht beachtet, es droht Strafe von Eltern: Namen preisgeben.
- Lob von den Eltern, wenn man den Namen nennt: Namen preisgeben.
- Angst vor dem Verlust der Freundin/vor Strafen durch die Freundin: nichts sagen.

Wenn einzelne dieser Einschätzungen Entwicklungsniveaus der Lerngruppe treffen, werden die entsprechenden unterschiedlichen Begründungen für die Lehrperson nicht überraschend sein, obwohl sie ggf. von ihrer eigenen Überzeugung deutlich abweichen. In literarischen Texten finden sich zahlreiche moralische Entscheidungssituationen, auch Dilemmata. Die Gestaltung solcher Entscheidungssituationen legt nicht immer die konkurrierenden Werte offen, sodass der Unterricht den Schülern ggf. durch eine verdeutlichende Umgestaltung der Textpassage behilflich sein muss bei der Reflektion über die textinterne moralische Urteilsbildung. Mit einer Textpassage aus *Die Brüder Löwenherz* (Lindgren 1974) soll dies exemplifiziert werden. Zugleich werden Fragen an den Text gerichtet, die in ausgewählten Diskussions- oder Schreibsituationen beantwortet und in der Lerngruppe nach vereinbarten Regeln veröffentlicht werden:

Astrid Lindgren: Die Brüder Löwenherz (Kapitel 1)

In einer kleinen Stadt in Schweden leben die Brüder Karl und Jonathan Löwe. Karl ist neun Jahre alt und todkrank und er ist so schwach, dass er sein trauriges Leben nur noch auf einem einfachen Bett in der Küche der kleinen Wohnung verbringen kann. Eines Tages kehrt der ältere Bruder Jonathan von der Schule zurück. In der Ferne sieht er ein brennendes Haus. Er begreift, dass es sich um sein Elternhaus handelt, in dem sein Bruder Karl allein liegt. Jonathan läuft zum Haus und erkennt, dass das Haus nicht mehr zu löschen ist. Niemand macht irgendwelche Versuche, noch einmal in das Haus einzudringen, bevor es vollends abgebrannt ist. Offenbar gehen alle davon aus, dass das Haus leer ist. Jonathan aber dringt in das Haus ein, findet seinen kranken Bruder und stürzt sich mit diesem aus einem Fenster der oberen Etage, da die Treppe bereits in Flammen aufgeht. Karl überlebt, aber Jonathan stirbt.
   Folgende Fragen können sich anschließen:
* **Fragen zur Begriffsklärung:** Was versteht ihr unter Hilfe in Not, Fürsorge, Lebensrettung, Mut, Bruderliebe?
* **Fragen zur Wertklärung:** Welche Ge- oder Verbote sind in diesem Text zu erkennen? Welches Verhalten ergibt sich aus den Ge- oder Verboten? Hat Jonathan sich richtig verhalten? Warum oder warum nicht? Muss ein guter Bruder ein solches Verhalten zeigen? Warum oder warum nicht?
* **Fragen zur Perspektivenübernahme:** Kann ein Todkranker einen solchen Einsatz für sein Leben erwarten? Warum oder warum nicht? Wie würdest Du an Jonathans Stelle handeln? Begründe Deine Entscheidung! Welches Verhalten und welche Gebote oder Verbote, die in der o.g. Situation handlungsleitend sein können / sollen, sind für das Verhalten einer Familie, einer Schulgemeinschaft oder aller Menschen an deinem Wohnort zu verlangen? Begründe deine Meinung!

Durchführung der KMDD

Nun ist zu klären, ob diese Methode pädagogisch begründet einsetzbar ist. Erstens haben Lind und andere diese Methode im Unterricht aller Schulformen und in fast allen Schulstufen erprobt und als durchführbar erfahren und entsprechend dokumentiert. Zweitens wurden die Effekte dieser Methode für die Entwicklung der moralischen Urteilsbildung gemessen und als unerwartet groß belegt. Drittens nimmt die Methode systematisch Merkmale des bei Kohlberg bzw. Rest (1999) entwickelten Modells der moralischen Urteilsbildung auf und arbeitet im Rahmen einer provozierten und gelenkten Kommunikation mit möglichen Effekten, die von der Begriffsklärung zur Wertklärung zur Perspektivenübernahme und schließlich zur Prüfung der Reziprozität von Geltungsansprüchen und der bewusst erlebten Affektlagen ausgehen können. Die Diskussionsform, um die es hier geht, folgt drei Prinzipien:
* dem Prinzip der Gleichwürdigkeit aller Teilnehmer; dieses Prinzip kann nur eingelöst werden, wenn prinzipiell alle Schüler einer Schulgemeinschaft und nicht nur Delegierte an Willensbildungsprozessen beteiligt sind (Lind 2003);

- dem konstruktivistischen Prinzip; damit ist gemeint, dass jeder Einzelne für sich mit seiner Umwelt in Kontakt tritt und diese verarbeitet, damit ist aber auch gemeint, dass Verhaltensformen, die wahrgenommen werden, erst durch das Urteil moralisch werden. Diese Urteile stehen nun nicht isoliert nebeneinander, sondern sind sozial und kulturell entlang der einzelnen Biographien miteinander vernetzt. Der gemeinsame Bezugspunkt sind die demokratischen Grundwerte und die zu ihrer Durchsetzung eingeführten Verfahren, mit denen die Beteiligten Fairness und Gerechtigkeit für einander sichern können;
- dem Prinzip der Affektregulierung, damit nimmt der Diskussionsmoderator die Emotionen, die Werturteile begleiten, ernst und versucht, Phasen der Erregung im Wechsel mit Phasen der Beruhigung erleben zu lassen. Gelingt dieser Wechsel, so entsteht ein günstiges Erregungsniveau, das als Lernfenster wirken kann (Lind 2003).
  Diese Hinweise gehen davon aus, dass das komplexe Konstrukt einer Dilemma-Diskussion aus beschreibbaren Anteilen besteht, welche ihrerseits als Fähigkeits- bzw. Fertigkeitsmerkmale verstanden werden können. Fragt man, ob diese Anteile in einer begründbaren Reihenfolge erworben werden, so ist es plausibel, vom Einfachen zum Komplexen fortzuschreiten, d.h. mit der Einübung der Begriffsklärung zu beginnen, die Wertklärung anzuschließen, die Perspektivenübernahme zu thematisieren und schließlich eine komplexe Gesprächsform durchzuführen. Andererseits sind nach Lind bereits Grundschüler in der Lage, Dilemma-Diskussionen durchzuführen. Es ist deshalb sinnvoller davon auszugehen, dass die Orientierungsleistung auf den einzelnen Fähigkeitsebenen zunimmt und deshalb als Entwicklungsgang vom Novizen zum Experten zu beschreiben ist. Je nach Entwicklungsprofil der Lerngruppe kommen dem Moderator unterschiedliche Aufgaben zu, einerseits bei der Auswahl von Aufgaben, andererseits bei der konkreten Moderation der Dilemma-Diskussion. Die Didaktik und Methodik des Philosophieunterrichts bietet eine unterrichtliche Tradition, die hier weiterhilft. Es geht darum, die vier Phasen der Auseinandersetzung mit dem moralischen Dilemma, also Begriffsklärung, Wertklärung, Perspektivenübernahme und Dilemmadiskussion methodisch und curricular zu verorten:

Phase 1: Begriffsklärung
In dieser Phase soll mit der Lerngruppe abgeklärt werden, welche treffenden Begriffe für die literarisch gestalteten Handlungen, personalen Eigenschaft, Gefühlslagen der literarischen Figuren gefunden werden können. Barbara Brüning beschreibt dazu unterschiedliche Vorgehensweisen (Brüning 2003, 43ff.), die hier alle zum Zuge kommen können. Schon diese Phase ist von besonderer Bedeutung für Schüler mit Migrationshintergrund, weil die oft umgangssprachliche Verwendung bestimmter Wörter hier eine klärende Differenzierung erhalten.

Phase 2: Wertklärung
In dieser Phase soll erarbeitet werden, welche konkreten Gebote oder Verbote, Gesetze oder Prinzipien das literarisch gestaltete Handeln leiten. Diese Aufgabe ist nur zu lösen, wenn von den textimmanenten Hinweisen auf Handlungsmotive und deren ggf. vorhandenen Begründungen auf eine Handlungsregel geschlossen wird. Durch diese Arbeit entsteht eine kognitive Figur, die als *logische Geografie* bezeichnet werden kann (Brüning 2003, 56). Sie hat eine Struktur, die den von Toulmin vertretenen Schemata zur philosophischen Argumentation entspricht. Demnach würden die in

unserem Zusammenhang auftauchenden Argumentationsformen als die einer *substantiellen Argumentation* zuzuordnen sein (ebd., 60f.). Die Wertklärung könnte auch im Rahmen eines sokratischen Gesprächs erfolgen und damit im Rahmen einer Tradition stehen, die nach Brüning von Kant ausgeht, von Nelson vor etwa 100 Jahren wieder aufgenommen wurde und nach dem 2. Weltkrieg erneut von G. Heckmann in den Philosophieunterricht eingebracht wurde (ebd., 68f.). Brüning kommt abschließend zu einer das sokratische Gespräch kennzeichnenden Verfahrensstruktur, die der hier empfohlenen Dilemma-Diskussion schon sehr ähnlich ist (ebd., 73f.).

Phase 3: Perspektivenübernahme

In dieser Phase soll geklärt werden, welche Qualität die Struktur der Perspektivenübernahme der literarischen Figuren erreichen. Wie bereits K. Spinner in seinem Artikel *Entwicklung des literarischen Verstehens* (Spinner 1993) zu Recht betont, ist die Fähigkeit des Lesers, die Wahrnehmung, die Gedanken und Gefühle von fremden Personen nachzuvollziehen, für das literarische Verstehen wichtig. Perspektivenübernahme meint nicht die Übernahme sozialer Rollen, sondern die bewusstseinsmäßige Vergegenwärtigung anderer Perspektiven bzw. deren gegenseitige Verschränkung (ebd. 60). Spinner stützt sich auf die Arbeiten von Flavell und Selman, die um 1980 in deutschen Übersetzungen vorliegen und die auf eine gestufte Entwicklung der Perspektivenübernahme verweisen.

Phase 4: Dilemmadiskussion

In dieser Phase werden die Gesprächsrollen und Gesprächsregel der Dilemma-Diskussion eingeübt. In von Lind genauer beschriebenen Schritten entwickelt sich die Diskussion um die Klärung des Dilemmas. Die für die Lösung eines Dilemmas zu aktivierenden Teilaspekte können in einzelnen Segmenten eingeübt und zunehmend ausdifferenziert werden. In diesen Prozess fließen die kulturell und religiös bestimmte Handlungsimperative und deren Begründungsfiguren ein und werden ggf. zum Gegenstand der unterrichtlichen Klärungsversuche. Zugleich wird die Intensität der diese Diskussionen begleitenden Affekte ein Hinweis auf die Bindung der Beteiligten an die Geltungsansprüche der Ge-und Verbote sein. Werden diese Bindungen als nicht hintergehbar erlebt und argumentativ entsprechend vorgetragen, so sind sie für eine diskursive Auseinandersetzung nicht mehr zugänglich. Bevor Schüler diese emotionale Belastung und kognitive und sprachliche Herausforderung annehmen, haben sie die Möglichkeit, die Auseinandersetzung zu verweigern. Sie veröffentlichen dann ihren Standpunkt nicht, erfüllen aber die schulischen Leistungsanforderungen durch taktisches Verhalten mehr oder weniger erfolgreich.

Fazit

Die Frage, ob Schullektüren Schülern mit Migrationshintergrund zumutbar sind, ist unter bestimmten Bedingungen zu bejahen. Es ist davon auszugehen, dass kognitive und affektive Dissonanzen durch die Schullektüren ausgelöst werden können. Zu diesen Bedingungen gehört auch, dass die Lehrkraft mit geschultem Blick die literarisch vermittelten Werte zunächst benennt und auf mögliche durch den kulturellen Hintergrund der Schüler bedingte Dilemmata befragt. Dazu bedarf es einer zumindest grundlegenden Kenntnis von tradierten und religiös begründeten Wertvorstellungen (z.B. der muslimischen Kultur). Die hier ausgebrachte Empfehlung, inhaltliche Aspekte in methodisch aufbereiteten Phasen im Unterricht zu trainieren, führt schließlich zur Anwendung der KMDD oder Formen des sokratischen Gesprächs. Diese Bemühungen finden allerdings dort ihre Grenzen, wo die Urteilsbegründungen der Teilnehmer nicht dem Kriterium der Verallgemeinerbarkeit unterworfen werden können, sondern ihre Letztbegründung durch einen göttlichen Auftrag erhalten.

Primärliteratur
Lindgren, Astrid: Ronja Räubertochter. Hamburg: Oetinger, 2007 [dte. EA 1982]
Lindgren, Astrid: Die Brüder Löwenherz. Hamburg: Oetinger, 1974

Sekundärliteratur / Quellen
Bertelsmann Stiftung: Vereinbarkeit von Familie und Beruf. Gütersloh 2010a
Bertelsmann Stiftung: Religionsmonitor. Gütersloh 2010b
Bilsky, W. Angewandte Altruismusforschung: Analyse von Texten über Hilfeleistungen. Bern 1989
BMFSFJ: Gewaltphänomene bei männlichen, muslimischen Jugendlichen mit Migrationshintergrund und Präventionsstrategien. Berlin 2010a
BMFSFJ: Jugendliche Migranten-muslimische Jugendliche. Berlin 2010b
Boos-Nünning, Ursula / Yasemin Karakasoglu: Viele Welten leben. München 2005
Brüning, Barbara: Philosophieren in der Sekundarstufe. Methoden und Medien. Weinheim 2003
Christman, Ursula / Norbert Groeben: Psychologie des Lesens. In: Franzmann u.a. (Hgg.): Handbuch Lesen. Baltmannsweiler 2006, 145-223
Grundmann, Kerstin u.a.: Handbuch Toleranz und Anerkennung in der Schule. Brüssel 2003
Heisig, Kirsten: Das Ende der Geduld. Freiburg 2010
Kohlberg, Lawrence: Foreword. In: Peter Scharf (Hg.): Readings in Moral Education. Minneapolis 1978, 2-15
Kohlberg, Lawrence / D. Candee: Die Beziehung zwischen moralischem Urteil und moralischem Handeln. In: Lawrence Kohlberg: Die Psychologie der Moralentwicklung. Frankfurt/M 1996, 373-494 [engl. EA 1984]
Kreft, Jürgen: Grundprobleme der Literaturdidaktik. Heidelberg 1977
Landesinstitut für Schule und Weiterbildung: Schule und Werteerziehung. Ein Werkstattbericht. Soest 1991
Lind, Georg. Ist Moral lehrbar? Berlin 2000
Lind, Georg. Moral ist lehrbar. München 2003
Munsch, Gemende u.a.: Eva ist emanzipiert, Mehmet ist ein Macho. Weinheim 2007
Rest, J. R.: Die Rolle des moralischen Urteilens im moralischen Handeln. In: Wolfgang Althof u.a. (Hgg.): Moralisches Urteil und Handeln. Frankfurt/M 1999
Sarrazin, Thilo. Deutschland schafft sich ab. München 2010
Schilcher, Anita: Geschlechtsrollen, Familie, Freundschaft und Liebe in der Kinderliteratur der 90er Jahre. Frankfurt/M 2001
Schulze-Bergmann, Joachim: Aufgabengebiet Sozial- und Rechtserziehung. Herausgegeben von Behörde für Bildung und Sport (BBS) Hamburg. Hamburg 2002
Spinner, Kaspar: Entwicklung des literarischen Verstehens. In: Ortwin Beisbart u.a. (Hgg.): Leseförderung und Leseerziehung. Donauwörth 1993, 55-64
Statistisches Bundesamt 2010: www.destatis.de [Hier finden sich unter dem Stichwort Migration die entsprechend ausdifferenzierten aktuellen Daten.]
Weber, Albrecht: Lesen: Grundlagen - Voraussetzungen – Abläufe. In: Ortwin Beisbart u.a. (Hgg.): Leseförderung und Leseerziehung. Donauwörth 1993, 11-18
Wensierski, Hans-Jürgen von u.a. (Hgg.): Junge Muslime in Deutschland. Opladen 2007

Ulrike Eder

Mehrsprachige Kinder- und Jugendliteratur für den Fremd- und Zweitsprachenunterricht

oder: „Ja sam ja und du bist du"

Ein intensiver Fachdiskurs zur Bedeutung der lebensweltlichen Mehrsprachigkeit für das Erlernen von Sprachen führte in den letzten Jahren dazu, dass sich viele Lehrerinnen und Lehrer bewusst den Herausforderungen ihrer jeweiligen multilingualen Lehr- und Lernkontexte stellen. An die Stelle eines *monolingualen Habitus* (Gogolin 1994) treten immer öfter Konzepte, die den sprachlichen Reichtum der Schülerinnen und Schüler als Ressource für den Unterricht nützen. In diesem Zusammenhang steigt auch die Nachfrage nach geeigneten Unterrichtsmaterialien. Mehrsprachige Kinder- und Jugendliteratur bietet sich hier schon aufgrund ihrer eigenen Plurilingualität an. Die folgenden Ausführungen präsentieren die unterschiedlichen Formen literarischer Mehrsprachigkeit und zeigen anhand ausgewählter Literaturbeispiele und Didaktisierungen Möglichkeiten der Verwendung mehrsprachiger Kinder- und Jugendliteratur im Unterricht. Der Begriff *mehrsprachige Literatur* wird hier - wie auch sonst in der Fachliteratur üblich - als Überbegriff für zwei- und vielsprachige literarische Texte verwendet (vgl. Eder 2009, 13f.). Parallel dazu habe ich von Heinz Kloss den Begriff *Plurilingualität* übernommen, der sich an der englischsprachigen Terminologie orientiert (vgl. Kloss 1976, 322).[1] Es gibt verschiedene Möglichkeiten, Mehrsprachigkeit in literarischen Texten zu realisieren. Zunächst sind dabei zwei Grundformen zu unterscheiden: Parallele Mehrsprachigkeit und Sprachmischung.

Parallele Mehrsprachigkeit

Parallel mehrsprachige Texte geben den Text parallel in verschiedenen Sprachen wieder, wobei schon die räumliche Nähe die verschiedensprachigen Textteile zueinander in Beziehung setzt. Wenn dabei zugleich die Sinn-Zeilen-Einheit konsequent eingehalten wird, ermöglichen diese Texte einen genauen Vergleich zwischen Sprachen. Sprachvergleich spielt etwa im Rahmen des Unterrichtskonzepts der *Language Awareness* eine wichtige Rolle (vgl. Eder 2009, 55ff.).

Übersetzung

Die meisten parallel mehrsprachigen Texte entstehen, indem ein ursprünglich einsprachiger Text nachträglich – zumeist von einer professionellen Übersetzerin oder einem professionellen Übersetzer – in eine andere Sprache übertragen und diese Übersetzung dann parallel zum Ursprungstext abgedruckt wird. Diese Form der Parallelität hat in der Kinder- und Jugendliteratur eine lange Tradition. Vor allem lateinische und französische Texte wurden bereits im 15. Jahrhundert bisweilen mit einer gegenübergestell-

---

1 Englischsprachige Terminologie: Plurilingualism (Mehrsprachigkeit), Multilingualism (Vielsprachigkeit).

ten deutschen Übersetzung und zum Teil auch mit weiteren Übersetzungen (etwa ins Tschechische) abgedruckt (vgl. Eder 2006, 43ff. und 2009, 17ff.; Pausch 2004; Wegehaupt 1979, 70ff.). Aktuell veröffentlichen einige renommierte Kinderbuchverlage ihre zunächst einsprachig erschienenen Bilderbuchklassiker auch in parallel mehrsprachigen Ausgaben. Meistens wird dabei in etablierte Schulfremdsprachen wie Englisch, Französisch oder Spanisch übersetzt, zum Teil aber auch in Nachbar- und Minderheitensprachen. So erschien etwa im vergangenen Jahr im Wiener Jungbrunnenverlag das bekannte Bilderbuch *Das kleine Ich bin Ich* von Mira Lobe und Susi Weigel (Erstausgabe 1972) in einer viersprachigen Ausgabe - mit Übersetzungen in die Sprachen Kroatisch, Serbisch und Türkisch (Lobe/Weigel 2010).[2] Das Buch wurde nicht nur durchwegs positiv rezensiert, sondern auch vom Lesepublikum erstaunlich gut angenommen. Nach Angabe von Hildegard Gärtner, der Geschäftsführerin des Verlages, übertrifft der Absatz die Erwartungen deutlich und es wird daher im Verlag bereits eine weitere mehrsprachige Printausgabe des *kleinen Ich bin Ich* angedacht.

Das kleine ich bin ich (Cover © Wien: Jungbrunnen, 2010)

Einer der ersten deutschsprachigen Verlage, die in den 1970er-Jahren die durch Arbeitsmigration bedingte lebensweltliche Mehrsprachigkeit der Kinder in Kinderbüchern sicht- und lesbar machten, war der österreichische Kinder- und Schulbuchverlag *Jugend & Volk*. Hier erschienen bereits ab 1972 parallel mehrsprachige Kinderbücher (vgl. Eder 2009, 98ff.). Im Moment veröffentlicht der Verlag *Jugend & Volk* zwar selbst keine mehrsprachigen Kinderbücher, übernimmt aber den österreichischen Vertrieb zahlreicher zweisprachiger Kinderbücher des türkischen Schulbuchverlags *Anadolu* und reicht jedes Jahr die zweisprachigen Neuerscheinungen des Kooperationspartners beim österreichischen Unterrichtsministerium zur Approbation ein.[3] Einige der aktuellen türkisch-deutschen Kinderbücher des Verlags *Anadolu* wurden so in die Österreichische Schulbuchliste für den *Muttersprachlichen Unterricht Türkisch* aufgenommen (vgl. den vom österreichischen Bundesministerium jährlich aktualisierten *Auszug aus der Schulbuchliste für Deutsch als Zweitsprache und den*

---

2 Davor hatte der Verlag Jungbrunnen selbst nur ein einziges mehrsprachiges Bilderbuch produziert, das aber seit 2003 nicht mehr lieferbar ist: *Ein Elefant mit rosaroten Ohren / Jedan slon sa roza ušima* (Resch / Harranth 1993). Aufgrund von Lizenzvergaben an andere österreichische Verlage und Institutionen nimmt der Jungbrunnenverlag aber innerhalb der mehrsprachigen Kinder- und Jugendliteraturproduktion Österreichs seit den 1980er-Jahren eine Schlüsselposition ein (vgl. Eder 2009, 108ff.). So erschien etwa bereits 1988 im Kärntner slowenischen Verlag Mohorjeva / Hermagoras die erste zweisprachige Ausgabe von *Das kleine Ich bin Ich* in den Sprachen Slowenisch und Deutsch.

3 Im Bereich der mehrsprachigen Kinder- und Jugendliteratur sind solche und ähnliche Verlagskooperationen kein Einzelfall, vgl. dazu Eder 2009, 135.

Muttersprachlichen Unterricht = Informationsblatt des Referats für interkulturelles Lernen, Nr. 4). Tülay Demir, Michaela König und Monika Wegerer erarbeiteten außerdem die Bücherbox *Kitap* (= türkisch für *Buch*), die 2011 vom Österreichischen Buchklub der Jugend herausgegeben wird. Sie enthält vier parallel mehrsprachige Bilderbücher und ein Bildwörterbuch aus dem Verlag *Anadolu* sowie ein Benutzerhandbuch mit Didaktisierungsvorschlägen und Kopiervorlagen, die dabei helfen, diese mehrsprachigen Bücher im zweisprachigen Leseunterricht in der Volksschule (= Grundschule) einzusetzen. Das Benützerhandbuch enthält zunächst zahlreiche bekannte *Warm up*-Übungen, die für den mehrsprachigen Unterricht adaptiert wurden. Manche davon nützen die mehrsprachigen Bücher der Bücherbox, etwa die Übung *Pantomime*, bei er Kinder dazu angeleitet werden, pantomimisch dargestellte Wörter aus dem türkisch-deutschen Wörterbuch zweisprachig zu erraten (vgl. Demir / König / Wegerer 2011, 4). Zahlreiche weitere Übungen regen ebenfalls zur zweisprachigen Auseinandersetzung mit den *Kitap*-Büchern im Grundschulunterricht an. Und manche unterstützen die türkischsprachigen Kinder gezielt beim Aufbau des für den Schulalltag notwenigen Fachwortschatzes, beispielsweise ein Memory zum Thema *Geometrische Formen und Farben*, das mathematische Termini festigt (Demir / König / Wegerer 2011, 11ff.).

Parallelschöpfung

Die einzelnen, jeweils monolingualen Textteile eines parallel mehrsprachigen Textes können auch durch den Autor oder die Autorin selbst verfasst sein. In diesem Fall handelt es sich um eine Eigenübersetzung bzw. um eine Parallelschöpfung (vgl. Eder 2009, 16f.). Am häufigsten findet man diese Form paralleler Mehrsprachigkeit in lyrischen Texten für Erwachsene (vgl. Kucher 2003, 143ff.; Rösch 1995, 83f., 90f.; Wintersteiner 2006, 174). Ein Prosawerke für Erwachsene, das ebenfalls in die Kategorie *Parallelschöpfung* passt, ist der türkisch-deutsche Roman *mavi mask / Die blaue Maske*, für den die Autorin Aysel Özakin zwei parallele Fassungen verfasst hat, die sich nicht nur sprachlich, sondern auch inhaltlich voneinander unterscheiden (vgl. Rösch 2010, 1575). Es gibt auch Kinderbücher, die als Parallelschöpfung bezeichnet werden können, z.B. das portugiesisch-deutsche Bilderbuch *caminos..von wegen* (Gschwendtner 1998). Es entstand 1998 im Rahmen eines durch die Europäische Union geförderten LINGUA E-Schüleraustausches[4]. Die AutorInnen sind in diesem Fall portugiesische und österreichische Schülerinnen und Schüler. Sie gestalteten gemeinsam dieses parallel zweisprachige Reise-, Spiel- und Erzählbuch mit Fotos und Kurzgeschichten aus beiden Ländern (vgl. Eder 2009, 16).

Ein mögliches Problem, das bei der Arbeit mit parallel mehrsprachiger (Kinder- und Jugend) Literatur auftreten kann ist, dass einige Leserinnen und Leser die eine Sprache ignorieren, weil die andere Sprache ausreicht, um den Text vollständig zu verstehen. Bei mehrsprachig aufwachsenden Kindern ist die überlesene Sprache sehr oft die Sprache mit dem geringeren gesellschaftlichen Prestige (vgl. Eder 2009, 49f.). Hier werden begleitende pädagogische Maßnahmen notwendig, die die Aufmerksamkeit und das Interesse auf die marginalisierte Sprache lenken. Dabei ist die Sensibilität der Lehrkräfte in höchstem Maße gefordert. Unbedingt sollte vermieden werden, dass einzelne Kinder gegen ihren Willen

---

4 LINGUA E ist eine Aktion des EU-Bildungsprogramms SOKRATES, bei der mindesten zwei Partnerschulen aus verschiedenen EU-Ländern an einem gemeinsamen Thema arbeiten. Im Rahmen des Projektes besuchen einander die Schulklassen gegenseitig. Neben der Intensivierung des Schülerinnen- und Schüleraustausches innerhalb der EU-Mitgliedsstaaten besteht das primäre Ziel von LINGUA E darin, Jugendliche zum Erlernen von Fremdsprachen zu motivieren.

im Unterrichtskontext zu Minderheitensprachenvertreter(inn)en ernannt oder gar als Repräsentantinnen und Repräsentanten einer – wie auch immer imaginierten – anderen Kultur vorgeführt werden. Der Fokus der Aufmerksamkeit sollte auf die Sprache selbst gelenkt werden und nicht auf ihre Sprecherinnen und Sprecher in der jeweiligen Klasse.

Die Autorinnen und Autoren der parallel mehrsprachigen, österreichischen Grundschulzeitschrift *Trio. Lesen & Lernen in drei Sprachen*[5] versuchen etwas die Neugierde der Kinder auf andere Sprachen dadurch zu wecken, dass die verschiedensprachigen Texte zum Teil unterschiedliche Informationen enthalten. Somit wird Interaktion zwischen den Kindern in verschiedenen Sprachen notwendig und zugleich die Gleichwertigkeit der drei Sprachen im Unterrichtskontext betont (vgl. Eder 2009, 46f.). Das Kindermagazin orientiert sich thematisch am österreichischen Grundschullehrplan. Ergänzend kann über die Homepage der Zeitschrift die Broschüre *Trio im Unterricht* bezogen werden, die sich sowohl an mehrsprachige Lehrerteams als auch an einsprachig unterrichtende Lehrkräfte richtet. Deutschsprachige Lehrende, die die anderen Trio-Sprachen nicht verstehen, können hier auch eine komplette deutsche Version als pdf herunterladen.

Mehrsprachige Bildwörterbücher

Eine besondere Form parallel mehrsprachiger Bilderbücher sind mehrsprachige Bildwörterbücher. Sie spielen im Rahmen der zu Lehr- und Unterrichtszwecken für Kinder und Jugendliche verfassten Literatur schon seit dem 17. Jahrhundert eine wichtige Rolle. Bereits 1658 erschien in Nürnberg das Buch *Orbis sensualium pictus* des tschechischen Pädagogen Johann Amos Comenius. Comenius veröffentlichte dieses Bildwörterbuch zunächst in den Sprachen Latein und Deutsch, später auch in Kombination mit Tschechisch und anderen Sprachen. Es wurde vielfach kopiert und begründete schließlich sogar eine eigene enzyklopädische Form der Kinder- und Jugendliteratur, die so genannten *Orbis-pictus-Bücher* (vgl. Eder 2009, 22).

In den letzten Jahren fällt eine vermehrte Publikation von mehrsprachigen Bildwörterbüchern für Kinder auf. Als Beispiel sind hier etwa die bunten Wörterbücher in verschiedenen Sprachkombinationen zu nennen (Beaumont 2004). Doris Kurtagic-Heidl, Dzenita Özcan und Ercan Özcan erstellten dazu im Rahmen einer Kooperation des Österreichischen Buchklubs der Jugend mit der ARGE Migrantenkinder des BMBWK Projektkassetten für die 1. bis 4. Schulstufe. Diese mehrsprachigen Unterrichtsimpulse zu den Wörterbüchern waren unentgeltlich erhältlich und sollten nichtdeutschsprachigen Kindern die Alphabetisierung in ihrer Erstsprache und in der Zweitsprache Deutsch ermöglichen. Deshalb wurden die in Österreich am häufigsten gesprochenen Migrationsminderheitensprachen Türkisch, Bosnisch / Kroatisch / Serbisch und Albanisch berücksichtigt (Buchklub der Jugend o.J.). Besonders der direkte Bezug der einzelnen Unterrichtsimpulse zum *Lehrplan der Volksschule für Deutsch, Lesen, Schreiben - Grundstufe 1* und zum *Lehrplan-Zusatz Deutsch für Schülerinnen und Schüler mit nichtdeutscher Muttersprache* (vgl. Lehrplanbe-

---

5 Sprachen: Bosnisch / Kroatisch / Serbisch (BKS), Türkisch, Deutsch. BKS und Türkisch sind die von den österreichischen Schulkindern am häufigsten gesprochenen Erstsprachen. Insgesamt sprechen in der Grundschule etwa 40.000 Kinder diese Sprachen. Auch zwischen den Sprachen Bosnisch, Kroatisch und Serbisch wird in Trio differenziert: Im Inhaltsverzeichnis gibt es jeweils einen Vermerk, der anzeigt, in welcher dieser drei Sprachen der jeweilige Text verfasst ist: Im Heft Nr. 11 vom März 2011 sind etwa 3 Gedichte zum Thema Telefon abgedruckt: Das türkische Gedicht Telefon von Azis Sivaslioglu, das kroatische Gedicht *Telefon* von Kuzman Landeka und das deutschsprachige Gedicht *Telefonitis* von Ernst A. Ekker (vgl. Trio 2011, 4f.).

stimmungen 2010, 5ff.) motivierte zur direkten Umsetzung der *Bunte Wörter*-Materialien im Unterricht. Es fanden sich darin etwa - entsprechend den im *Lehrplan-Zusatz* geforderten spezifischen Unterrichtsschwerpunkte für Schülerinnen mit Deutsch als Zweitsprache - in der Projektkassette auch Anregungen zum Aufbau und zur Erweiterung des für die Bewältigung verschiedener Unterrichtsaufgaben notwendigen Fachwortschatzes in der Zweitsprache (vgl. Lehrplanbestimmungen 2010, 10; Unterrichtsimpulse und Kopiervorlagen für Arbeitsblätter zum Fachwortschatz in: Österreichischer Buchklub der Jugend o.J., 5ff. und 16ff.) und zum sinnerfassenden Lesen, bei dem die Lernenden „den wesentlichen Sinn eines Textes auf Grund der bereits bekannten Wörter und Strukturen, aber auch der Einbettung in einen verbalen/sprachlichen oder/und nonverbalen/nicht sprachlichen (illustrationsunterstützten) Kontext erschließen" sollten (Lehrplanbestimmungen 2010, 12; die entsprechenden Unterrichtsimpulse und Kopiervorlagen sind abgedruckt in: Österreichischer Buchklub der Jugend o.J., 15ff.). Einige Unterrichtsideen wie etwa der Vorschlag zur Erstellung eines mehrsprachigen Memory regten die Kinder zur bewussten Auseinandersetzung mit ihren verschiedenen Sprachen an (vgl. Österreichischer Buchklub der Jugend o.J., 14 und 24; Furch o.J., 4) Gleichzeitig wurde durch differenzierte Übungen mit den mehrsprachigen Wörterbüchern auch der gezielte Umgang mit Nachschlagewerken geübt (vgl. Lehrplanbestimmungen 2010, 12; Österreichischer Buchklub der Jugend o. J., 7ff.).[6] Leider sind die bunten Wörterbücher im Moment vergriffen. Der Fleurus-Verlag Deutschland wurde an den Verlag Tandem verkauft, der wenig Interesse zeigt, eine weitere Auflage zu publizieren. Aufgrund dieser Unsicherheiten überlegt das Österreichische Bundesministerium nun, eigene mehrsprachige Bildwörterbücher aufzulegen, was allerdings ein sehr langfristig angelegtes Projekt ist. Bis die weitere Publikation gesichert ist, werden nun auch die didaktischen Begleitmaterialien nicht mehr aufgelegt (vgl. Auskunft von Elfie Fleck, bm:ukk, Abt. I/5a, Referat für Migration und Schule vom 26. Mai 2011). Dieses Beispiel aus der Praxis zeigt einmal mehr, wie wichtig die Kooperation zwischen Verlagen, Schulen und Ministerien gerade im Kontext der Publikation und Etablierung mehrsprachiger Kinder- und Jugendliteratur und ihrer Didaktisierung ist (vgl. Eder 2009, 136f.). Wenn zu mehrsprachigen Texten adäquate Unterrichtsmaterialien erstellt werden sollen, die erfolgreich im Unterricht eingesetzt werden können, so muss zunächst sichergestellt sein, dass diese Bücher nicht aufgrund kurzfristiger Verlagsinteressen plötzlich wieder vom Markt verschwinden.

Sprachmischung

Die Begriffe *interlingualer Text* und *Sprachmischung* bezeichnen innertextlich plurilinguale Texte, also Texte, in denen einzelne Text*elemente* in verschiedenen Sprachen verfasst sind (vgl. Eder 2009, 22ff.). Während es bei parallel mehrsprachigen Texten möglich ist, anderssprachige Textteile zu übergehen, konfrontieren Sprachmischungen die Lesenden in jedem Fall direkt mit anderen Sprachen. Wollen die Lesenden den Text bis ins Detail verstehen, so müssen sie „sich durch den fremdsprachigen Teil hindurchkämpfen" (Butzkamm 1989, 210). Auch Sprachmischungen gibt es in der Kinder- und Jugendliteratur bereits sehr lange: schon um 1500 wurde vereinzelt Kinder- und Jugendliteratur mit mischsprachigen Passagen publiziert (vgl. Eder 2009, 24ff.).

---

6 Für umfassende Informationen zur Arbeit mit Wörterbüchern im Unterricht DaF/DaZ vgl. Kühn 1994.

Weitgehend einsprachige Literatur mit Textelementen in anderen Sprachen

Um auch Lesenden, die andere, in mischsprachigen Texten verwendete Sprachen (noch) nicht verstehen, die Möglichkeit zu geben, dem Text Sinn zu entnehmen, ist in interlingualer Kinder- und Jugendliteratur der Haupttext meist weitgehend sprachlich homogen und nur einzelne Wörter oder Wendungen werden in (einer) anderen Sprache(n) wiedergegeben.

Das Bilderbuch *Hilfe! Help! Aiuto!* von Basil Schader und Jürg Obrist (1999) ist ein Beispiel dafür: Einzelne Wörter und Höflichkeitsformen in diversen Migrationsminderheitensprachen sowie in den Sprachen, denen Kinder bereits in der Volksschule im Rahmen des frühen Fremdsprachen-lernens begegnen, sind in den Text integriert. Zudem befindet sich im didaktischen Beiheft der gesamte Text in allen Sprachen, die neben Deutsch im Buch vorkommen (Albanisch, Bosnisch / Kroatisch / Serbisch, Englisch, Französisch, Italienisch, Portugiesisch, Spanisch und Türkisch). Der Sprachdidaktiker Basil Schader konzipierte diesen Erstlesetext als *Language-Awareness*-Bilderbuch für die Grundstufe. Entsprechend gibt bereits das Bilderbuch selbst Anregungen für einen aufmerksamen, bewussten und kreativen Umgang mit Sprachen und Varietäten (z.B. begrüßen die ProtagonistInnen einander jeden Tag in ihren Erstsprachen und sie sammeln Hundewörter in verschiedenen Sprachen). Diese Anregungen greift Schader in einem ausführlichen didaktischen Be-

Hilfe! Help! Aiuto! (Cover © Zürich: Orell Füssli, 1999)

gleitheft auf und macht auch darüber hinaus zahlreiche Vorschläge zur Arbeit mit seinem Buch (vgl. etwa Schader 1999, 20f. und 26f.). Seine methodischen Hinweise betreffen einerseits die adäquate Förderung von Lesefreude, Sprachbewusstheit und Sprachreflexion, andererseits die Unterstützung eines elementaren Deutscherwerbs bei Kindern mit geringen Deutschkenntnissen sowie Überlegungen zum sinnvollen Einsatz der Übersetzungen im Unterricht. Wie das folgende Textbeispiel zeigt, ist *Hilfe! Help! Aiuto!* in der Schweizer Standardvarietät der deutschen Sprache verfasst:

Als Fi in die Schule kam,
verstand sie nicht alle Kinder.
Jedes brachte
besondere Wörter mit.
Flo sagte dem Apfel Öpfu.
Luca sagte dem Buch Libro.
Und Mirko sagte dem Tisch sogar Stol. (Schader / Obrist 1999, 5)

Deutsche und österreichische Autorinnen und Autoren würden diesen Satz anders formulieren: Der bundesdeutschen und österreichischen Standardvarietät der deutschen Sprache entsprechend würden sie schreiben „Flo *nannte den* Apfel Öpflu" oder „Luca sagte *zum* Buch Libro". Lehrkräfte können anhand dieses Bilderbuchs die Plurizentrik von Sprachen ansprechen. Schader selbst aber thematisiert in seiner umfangreichen Didaktisierung zu diesem Buch zwar die innere Mehrsprachigkeit des Deutschen und geht in diesem Zusammenhang auf verschiedene Schweizer Dialekte ein, die hier zitierte und nur im Schweizer Standarddeutsch gebräuchliche grammatikalische Form erwähnt er in diesem Zusammenhang aber mit keinem Wort. Dabei eignen sich Texte, in denen die innere Vielfältigkeit einer Sprache auf unterschiedlichen Sprachebenen (Standardvarietäten, Umgangssprachen, Dialekte, Soziolekte, Ethnolekte ...) erlebbar wird, m.E. ausgesprochen gut dazu, die oftmals als selbstverständlich betrachteten Annahmen über die eigene(n) Sprache(n) kritisch zu hinterfragen und sich auf diesem Weg einer aufmerksamen und bewussten Auseinandersetzung mit Sprache(n) im Sinne einer kritischen *Language Awareness* (vgl. Luchtenberg 1998, 141) zu nähern.

Durchgängig mehrsprachig konzipierte Literatur

Wird auf Leserinnen und Leser mit ausreichenden rezeptiven Sprachkenntnissen in mehreren der verwendeten Sprachen fokussiert, so können Sprachmischungen auch so konsequent erfolgen, dass keine der verwendeten Sprachen den Text dominiert. Die entsprechenden Texte sind damit durchgängig mehrsprachig konzipiert (vgl. Eder 2009, 24ff.; Wintersteiner 2006, 180).

1983 veröffentlichten Emer O'Sullivan[7] und Dietmar Rösler[8] mit *I like you – und du?* das erste genuin zweisprachige Jugendbuch der Reihe *Rowohlt Rotfuchs*. Es erschien 2007 in seiner 31. Auflage und gehört zu den erfolgreichsten Büchern dieser Rowohlt-Reihe. Bis zum Februar 2007 wurden nach Auskunft von Pia Mortensen (Verlag Rowohlt) 250.000 Exemplare dieses Jugendliteratur-Bestsellers verkauft.[9] Inzwischen ist dazu auch ein zweisprachiges Hörbuch erschienen (Jumbo 2007). Das folgende Textbeispiel aus *I like you - und Du?* macht die Ausgewogenheit der beiden Sprachen im Text deutlich, wobei allerdings die deutsche Sprache durchwegs die Handlung trägt: Der irische Junge Paddy zieht mit seiner Mutter nach Deutschland. An seinem ersten Schultag wird er vom Klassenvorstand aufgerufen und seiner neuen Klasse vorgestellt:

> „Ich habe gehört, wir haben einen Neuen hier aus Irland. Wo ist er denn?" Paddy stood up.
> „Hoffentlich wirst du dich bei uns wohlfühlen. Wie heißt du denn?" „Paddy O'Connor, sir."
> Paddy couldn't help it. You always answered questions with sir – unless a priest had asked.
> Then you said brother or father. Alle lachten. „Der Mache kommt sich jetzt bestimmt wie
> ein englischer Lord mit ‚nem Schloss vor", rief Theo. „A cup of tea, Sir Mache?" (O'Sullivan
> / Rösler 2007, 35f.)

Das Jugendbuch *I like you – und du?* wurde nicht als Schullektüre für den Fremdsprachenunterricht konzipiert und es gibt daher auch keine Vokabellisten und Lehrerhandreichungen dazu. Dennoch wird das Buch aber vielfach als Unterrichtslektüre

---

7 Wie Paddy O'Connor und seine Mutter in *I like you – und Du?* stammt auch O'Sullivan aus Irland. Neben ihrer Tätigkeit als Autorin arbeitet sie als Professorin für Englische Literaturwissenschaft am Institute of English Studies der Universität Lüneburg. Ihre Habilitationsschrift schrieb sie über *Kinderliterarische Komparatistik* (O'Sullivan 2000).

8 Dietmar Rösler ist Professor an der Justus-Liebig-Universität Gießen, Mitglied des Beirats der Deutschen Gesellschaft für Fremdsprachenforschung, Mitglied der Redaktion *Info DaF* und Mitherausgeber der *Gießener Beiträge zur Fremdsprachendidaktik*.

9 Leider informierte mich der Verlag Rowohlt nicht über die aktuellen Verkaufszahlen.

verwendet (vgl. Eder 2009, 41). Jörg Knobloch erstellte etwa für eine 9. Hauptschulklasse einen Unterrichtsvorschlag zur fächerübergreifenden Erarbeitung des Buches in den Unterrichtsfächern Deutsch und Englisch, der sich an den didaktischen Konzepten des Projektunterrichts und der Freiarbeit orientiert. Er gliedert in diesem Didaktisierungsvorschlag die Auseinandersetzung mit dem Text in drei Arbeitsphasen: Die Jugendlichen lesen den Text zunächst selbständig und fassen dann einzelne Kapitel erzählend zusammen.[10] In der zweiten Phase kommentieren und diskutieren sie den Text. Knobloch greift dabei bewusst die bereits von O'Sullivan und Rösler hervorgehobenen, durch die Lektüre ganz selbstverständlich ins Bewusstsein gerückten Kontexte des Fremdverstehens und der vergleichenden Landeskunde auf: Interkulturelle Aspekte werden herausgearbeitet und die Jugendlichen durch gezielte Fragen (z.B.: „Wie wäre es, wenn nicht Paddy in Berlin, sondern du in Wicklow, Dublin oder London diese Situation erleben würdest?") zu Perspektivenwechsel und Empathie angeregt. In der abschließenden Arbeitsphase verfassen die Lernenden arbeitsteilig Zusammenfassungen der einzelnen Kapitel und illustrieren die Geschichte. Texte und Bilder werden in Klassenstärke kopiert und zu einem Buch zusammengefasst. Knoblochs Unterrichtsvorschläge beziehen sich zwar auf die 9. Schulstufe; er betont aber, dass die Lektüre des Buches *I like you – und du?* in Schulen mit intensivem Englischunterricht bereits ab der 6. Schulstufe erfolgen kann (Knobloch o.J., o.S; vgl. auch Butzkamm 1989, 208; Huth 1997, 135). Schon nach wenigen Jahren Englischunterricht können deutschsprachige Jugendliche die englischsprachigen Textpassagen problemlos verstehen.[11] Sie lesen sich sozusagen „durch die englischen Teile hindurch" (Butzkamm 1989, 208). Allerdings ist diese Verständlichkeit nur in eine Richtung gegeben, weshalb der Text sich für englischsprachige Jugendliche, die Deutsch als Fremdsprache lernen, nicht in gleicher Weise als Lektüre eignet. Die deutschen Textteile sorgen dafür, dass die deutschsprachigen Leserinnen und Leser den Faden nicht verlieren, auch wenn ihnen bisweilen einzelne englische Wörter oder sogar längere Textpassagen unverständlich bleiben. In den Dialogen sprechen die Figuren oft in ihren jeweiligen Erstsprachen und praktizieren damit konkret jene rezeptive Mehrsprachigkeit, die im Zusammenhang mit der Mehrsprachigkeit Europas in den letzten Jahren vielfach postuliert wurde (vgl. Eder 2009, 43). Wenn die dargestellten Personen die Ideen ihrer Gesprächspartner in authentischer Weise wieder aufnehmen, hilft dieser zugleich stilistische, sprachenpolitische und sprachdidaktische Kunstgriff den deutschsprachigen Jugendlichen, die englischen Textpassagen besser zu verstehen. Die Leserinnen und Leser können deutschenglische Äquivalenzen im Text erkennen, ohne dass diese explizit übersetzt werden müssten (vgl. Butzkamm 1989, 209f.).

Literarische Sprachmischungen, die in so authentischer und reflektierter Weise zwischen den Sprachen wechseln wie die Jugendbücher von Emer O'Sullivan und Dietmar Rösler, eignen sich hervorragend als Lektüre für Sprachenlernende. Schon sehr früh (Niveaustufe A2-B1) können sie dazu beitragen, die Freude der Jugendlichen an fremdsprachigen literarischen Texten zu wecken. Leider gibt es bisher keine entspre-

---

10 Einige lektürebegleitende Arbeitsblätter für die Freiarbeit mit *I like you – und du?* sind abgedruckt in Knobloch o.J., o.S.

11 Auch die bei Langenscheidt erscheinende Serie *Krimis für Kids* richtet sich an Lernende nach ca. zwei Jahren Englischunterricht (vgl. Zang 2005). Allerdings sind die hier erscheinenden Bücher (etwa durch Übersetzungen sinntragender Wörter auf den einzelnen Seiten) deutlicher auf die Zielgruppe der Sprachlernenden hin ausgerichtet.

chenden, durchgängig mehrsprachig konzipierten Texte in den prestigeschwächeren (Migrantions)minderheitensprachen. Dabei wären diese Texte ideal für den Deutsch als Zweitspracheunterricht und für den Unterricht in den Muttersprachen. Meist verfügen die DaZ-Lernenden bereits über die hier notwendigen Sprachkenntnisse in der L2 und könnten diese durch die Lektüre mischsprachiger Texte ausbauen. Erst- und Zweitsprache würden dabei gleichermaßen gefördert und die Lernenden zum Lesen in beiden Sprachen motiviert.

Schlussüberlegungen

Es gibt noch immer beinahe keine literaturwissenschaftlichen Untersuchungen mehrsprachiger Kinder- und Jugendliteratur. Und auch die Erforschung ihres fremd- und zweitsprachendidaktischen Potentials wurde bislang vernachlässigt. In den letzten Jahren sind aber erste Ansätze einer theoretischen Auseinandersetzung mit diesen wichtigen Themenbereichen zu bemerken. Im Juni 2011 fand an der Universität Mannheim ein zweitägiger Workshop zum Thema *Kinderliteratur und Mehrsprachigkeit* statt. Er trugen zur Verankerung der Thematik im Fachdiskurs bei und gab wichtige Impulse für weitere Untersuchungen zu den Verwendungsmöglichkeiten für plurilinguale literarische Texte im Erst-, Zweit- und Fremdsprachenunterricht. Theoretische Überlegungen nützen aber bekanntlich wenig, wenn sie nicht in der Praxis ankommt. In Mannheim wurde mehrfach die Notwendigkeit einer fundierten (universitären) Aus- und Fortbildung von Lehrkräften betont, die diese auf die adäquate Arbeit mit mehrsprachigen Kinderbüchern vorbereitet. Für einen Einstieg kann ich in diesem Zusammenhang auf meine Monographie *Mehrsprachige Kinder- und Jugendliteratur für mehrsprachige Lernkontexte* verweisen, die 2009 publiziert wurde und der auch die meisten der hier vorgestellten Beispiele entnommen sind.

Primärliteratur
Beaumont, Emilie (Hg.): Dein buntes Wörterbuch Deutsch-Türkisch (mit österreichischen Begriffen). Köln 2004
Comenius, Johann Amos: Orbis sensualium pictus. (...) Noribergae: Michaelis Endter, 1658
Demir, Tülay / König, Michaela / Wegerer, Monika: Benutzerhandbuch zur Buch-Box Kitap. Wien 2011
Gschwendtner, Ruth (Hg.): ... caminhos ... von wegen ... Ein Reise-, Spiel- und Erzählbuch zwischen Österreich und Portugal. Dornbirn: o.V., 1998
Lobe, Mira/Weigel, Susi (Ill.): Das kleine Ich bin Ich in 4 Sprachen: Deutsch – Kroatisch – Serbisch –Türkisch. Ins Kroatische übersetzt von mate a. ivandić. Ins Serbische übersetzt von Tijana Tropin. Ins Türkische übersetzt in den Übersetzungswerkstätten von Akşit Kültür-Denk- und Literaturhaus. – Wien: Jungbrunnen, 2010
O'Sullivan, Emer / Rösler, Dietmar: I like you – und du? Eine deutsch-englische Geschichte. – Hamburg: Rowohlt, 1983 (31. Auflage 2007)
O'Sullivan, Emer / Rösler, Dietmar: I like you – und du? Eine deutsch-englische Geschichte. Ort? Jumbo, 2007 (Hörbuch)
Resch, Barbara / Harranth, Wolf: Ein Elefant mit rosaroten Ohren. / Jedan slon sa roza ušima. – Wien [u.a.]: Jungbrunnen, 1993
Schader, Basil / Obrist, Jürg (Ill.): Hilfe! Help! Aiuto! – Zürich: Orell Füssli, 1999
Trio. Lesen & Lernen in drei Sprachen (2011) 11
Zang, Nina: Panik am Set. – Berlin/München: Langenscheidt, 2005

Sekundärliteratur

Auszug aus Schulbuchliste für das Schuljahr 2011/12. Deutsch als Zweitsprache (DaZ), Muttersprachlicher Unterricht, Zweisprachige Wörterbücher für den muttersprachlichen Unterricht. Wien: bm:ukk, 2011 (Informationsblätter des Referats für Migration und Schule, Nr. 4)

Butzkamm, Wolfgang: Psycholinguistik des Fremdsprachenunterrichts. Natürliche Künstlichkeit – von der Muttersprache zur Fremdsprache. Tübingen 1989 (UTB für Wissenschaft: Uni-Taschenbücher; 1505)

Eder, Ulrike: Auf die mehrere Ausbreitung der teutschen Sprache soll fürgedacht werden. Deutsch als Fremd- und Zweitsprache im Unterrichtssystem der Donaumonarchie zur Regierungszeit Maria Theresias und Josephs II. Innsbruck 2006 (Theorie und Praxis. Österreichische Beiträge zu Deutsch als Fremdsprache, Serie B, Bd. 9)

Eder, Ulrike: Mehrsprachige Kinder- und Jugendliteratur für mehrsprachige Lernkontexte. Wien: 2009

Gogolin, Ingrid: Der monolinguale Habitus der multilingualen Schule – Münster [u.a.] 1994 (Internationale Hochschulschriften)

Huth, Manfred (Hg.): Hits für den Unterricht. Lehren und Lernen interkulturell/antirassistisch. Baltmannsweiler 1997

Kloss, Heinz: Über Diglossie. In: Deutsche Sprache – Zeitschrift für Theorie, Praxis, Dokumentation 4 (1976); 313-323 Heft oder Jahrgang? Vgl. Formatvorgaben!

Knobloch, Jörg: Emer O'Sullivan / Dietmar Rösler: I like you – und du? In: Dahrendorf, Malte / Peter Zimmermann (Hgg.): Rotfuchs im Unterricht. Ideen und Materialien für Lehrerinnen und Lehrer - o.J. (http://www.rowohlt.de/fm/140/Sullivan_like.pdf)

Kucher, Primus-Heinz: Literarische Mehrsprachigkeit/Polyglossie in den deutschen Literaturen des 19. und 20. Jahrhunderts. In: James, Allen (Hg.): Vielerlei Zungen. Mehrsprachigkeit + Spracherwerb + Pädagogik + Psychologie + Literatur + Medien. - Klagenfurt-Celovec 2003, 129-156

Kühn, Peter: Lernwörterbuch und Wortschatzarbeit: Anregungen aus der Werkstatt eines Wörterbuchschreibers. In: FLuL – Fremdsprache Lehren und Lernen 23 (1994); 235-254

Lehrplanbestimmungen für Deutsch als Zweitsprache (DaZ) – Fachlehrpläne für den muttersprachlichen Unterricht – Unterrichtsprinzip „Interkulturelles Lernen". Wien: bm:ukk, 2010 (Informationsblätter des Referats für Migration und Schule, Nr. 6)

Luchtenberg, Sigrid: Möglichkeiten und Grenzen von Language Awareness zur Berücksichtigung von Mehrsprachigkeit im (Deutsch-) Unterricht. In: Kuhs, Katharina / Steinig, Wolfgang (Hgg.): Pfade durch Babylon. Konzepte und Beispiele für den Umgang mit sprachlicher Vielfalt in Schule und Gesellschaft. Freiburg 1998, 137-156

Österreichischer Buchklub der Jugend (Hrsg.): Bunte Wörter. Eine mehrsprachige Bücherkassette für die 1. bis 4. Schulstufe mit Unterrichtsimpulsen. Wien: Buchklub, o.J.

O'Sullivan, Emer: Kinderliterarische Komparatistik. - Heidelberg: Winter, 2000

Pausch, Oskar: Imperator – Kaiser – Cyesar. Die dreisprachigen Vokabulare für Ladislaus Postumus und Maximilian I. Wien 2004

Rösch, Heidi: Interkulturell unterrichten mit Gedichten. Zur Didaktik der Migrationsforschung. Frankfurt/M 1995 (Werkstatt-Berichte – Interkulturelle Forschungs- und Arbeitsstelle, Fachbereich Erziehungs- und Unterrichtswissenschaften, Technische Universität Berlin, Nr. 7)

Rösch, Heidi: Migrationsliteratur im Deutsch als Fremd- und Zweitsprache-Unterricht. In: Krumm, Hans-Jürgen [u.a.] (Hgg.): Deutsch als Fremd- und Zweitsprache. Ein internationales Handbuch. Berlin [u.a.] 2010, 1571-1577 (HSK - Handbücher zur Sprach- und Kommunikationswissenschaft, Bd. 35.2)

Schader, Basil: Begegnung mit Sprachen auf der Unterstufe. Didaktisches Begleitheft zur Geschichte *Hilfe! Help! Aiuto!* Mit weiterführenden Ideen und Informationen zu Sprachprojekten und zum interkulturellen Unterricht. Zürich 1999

Wegehaupt, Heinz: Alte deutsche Kinderbücher. Bibliographie 1507-1850. Zugleich Bestandsverzeichnis der Kinder- und Jugendbuchabteilung der Deutschen Staatsbibliothek zu Berlin. Hamburg 1979

Wintersteiner, Werner: Poetik der Verschiedenheit. Literatur, Bildung, Globalisierung. Klagenfurt-Celovec 2006 drava Diskurs 4)

Melanie Rossi
Kinder- und Jugendbücher über die Kreuzzüge
Globalisierung im Mittelalter?

Globalisierung – eine historische Perspektive

Mittelalter und Globalisierung – Annäherung an einen Antagonismus

Mehr als eine Dekade wird das Phänomen *Globalisierung* in Offentlichkeit und Wissenschaft diskutiert und beschrieben – und dennoch, der „Versuch, es zu fassen, gleicht dem Versuch, ,einen Pudding an die Wand zu nageln'" (Ulrich Beck in Exenberger / Cian 2006, 36). Den Begriff auch noch mit der Epoche des Mittelalters zu verbinden erscheint darüber hinaus geradezu als abwegig, wird das Mittelalter doch meist mit einer rückschrittlichen, *finsteren* Zeit assoziiert, in der noch nicht einmal alle Kontinente (wieder) entdeckt waren. Gerade diese Widersprüche aber lassen den Blick auf die Globalisierung auch als historisches Phänomen ebenso reizvoll erscheinen wie deren Aufnahme in die historische Jugendliteratur.

Infolge der zahlreichen Veröffentlichungen zum Thema *Globalisierung* ist „die Zahl der verschiedenen Ansätze [...] inzwischen so groß, dass es zur Bewältigung der Fülle ,Pfadfinderschrifttum' bräuchte" (Exenberger / Cian 2006, 27). Zur Diskussion im vorliegenden Kontext muss daher die erste Überlegung sein, dass ein Verständnis von Geschichte nur dann möglich ist, wenn man sich um der jeweiligen Epoche angemessene Konzepte bemüht und nicht einfach gegenwärtige Vorstellungen auf sie überträgt. Begriffe wie Wirtschaft, Kultur oder Politik sind heute kategorisierende Hilfsbegriffe – einem Menschen des Mittelalters wären sie vermutlich unverständlich (vgl. Exenberger / Cian 2006, 9). Das bedeutet, dass der Begriff der Globalisierung hier konsequent historisch diskutiert werden muss, wenn die Geschichte einen Beitrag zur Orientierung leisten soll, um aus der Vergangenheit Denkanstöße zur Beantwortung von Fragen für die Zukunft zu finden.[1] Daher sei auf eine Definition zurückgegriffen, die Globalisierung versteht als

> „transdimensionales (also nicht nur wirtschaftliches) Phänomen mit Prozesscharakter [auffassen], das verstärkte Interaktionen von Menschen über größere Distanzen erfordert und zu verstärkter Interdependenz zwischen den davon betroffenen Räumen und Bereichen führt." (Exenberger / Cian 2006, 43)

Indem sie den übergreifenden Prozesscharakter von Globalisierung sowie ihre Wirkung auf Interaktionen gerade auch über größere Entfernungen betonen, formulieren Exenberger / Cian zwar eine weite Definition, die aber gerade einen historischen Kontext schlüssig erfasst, wird doch zumindest im kulturellen Bereich die „Neigung des Mittelalters zu etwas [deutlich], das man eine ,globalisierte Welt' nennen könnte" (Exenberger / Cian 2006, 144). Während das Mittelalter kulturelle Gemeinsamkeiten

---

1 Zur Orientierungsfunktion von Geschichte durch Sinnbildung über Zeiterfahrung im Erzählen vgl. Rüsen 1982, 133ff.

prägten – man denke z.B. an die grenzübergreifende Ausprägung von Baustilen –, existierten im politischen Bereich allenfalls Ansätze zu Vereinheitlichungen, ein gesamteuropäischer Markt bildete sich nicht. Das Beispiel der Hanse zeigt, dass es zwar überregionale Vernetzungen von Geld, Gütern und Menschen gab, von einer gesamteuropäischen Wirtschaft zu sprechen, ist aber allein schon mangels eines Zentrums problematisch (vgl. Exenberger / Cian 2006, 139 und 143). Von einer Weltwirtschaft kann schon deshalb nicht gesprochen werden, weil es den „Globus als erfahrbare Realität nicht gab" (Exenberger / Cian 2006, 25). Menschliches Handeln als Prozess bewirkte also auch im Jahrtausend zwischen 500 und 1500 n.Chr. Veränderungen in allen menschlichen Lebensbereichen, wobei Teilprozesse nicht immer synchron verliefen (vgl. Osterhammel / Petersson 2007, 111).

Selbst wenn sich die – im Übrigen neuzeitliche – Idee des *finsteren Mittelalters* durch die teils ekstatische Religiosität oder die Funktionalisierung von Kunst, Kultur und Wissenschaft der Antike rechtfertigen lässt (vgl. Exenberger / Cian 2006, 11), fällt rasch auf, dass in den Jahrhunderten zwischen dem Sturz des letzten weströmischen Kaisers und der Ankunft des Kolumbus in Amerika die Basis für vieles gelegt wurde, was der Menschheit Fortschritt gebracht hat. Mit Ertl lässt sich feststellen:

> „Grundlagen der Globalisierung, also der wirtschaftlichen, kulturellen und kommunikativen Verflechtung der Welt, wurden nicht gelegt, als Christoph Columbus seinen Fuß auf amerikanischen Boden setzte, und auch nicht, als das erste Glasfaserkabel durch den Atlantik verlegt wurde, sondern als Seefahrer aus Südostasien die Banane nach Afrika brachten und italienische Handwerker mit chinesischen Techniken der Schwarzpulververwendung experimentierten." (Ertl 2008, 7)

Kaufleute wurden so zu einer den mittelalterlichen Globalisierungsprozess wesentlich charakterisierenden Erscheinung, ihr Wirken durch den Handel und damit verbundene Interaktionen war sogar langfristig prägender, als Regierungen oder Auseinandersetzungen von Kaisern und Päpsten, trugen sie doch beispielsweise entscheidend zum Wiederaufstieg von Städten bei, die bis heute die topografische Gestalt unserer Landkarten sowie den Lebensraum einer Mehrheit von Menschen prägen. Der Horizont dieser Kaufleute war weit. Für Unterhalt und Ausbau ihrer Handelsverbindungen blickten sie nicht nur in die nächste Stadt, sondern schauten, die bekannten Kontinente übergreifend, auch in die entlegensten Winkel menschlicher Besiedlung. Zugleich trieben sie damit eine Entwicklung voran, die in engem Zusammenhang mit der Globalisierung steht (vgl. Exenberger / Cian 2006, 7). Bezogen auf den hier fokussierten historischen Zeitraum ist sie „die im Sinne einer ‚bekannten Welt' weltweite Vernetzung ökonomischer Aktivitäten [...] in den Bereichen des Waren-, Kapital- und Arbeitsmarktes" (Exenberger / Cian 2006, 136). Die wirtschaftliche, kulturelle und kommunikative Verflechtung der Welt ist damit erkennbar kein neuzeitliches Phänomen, vielmehr waren „die angeblich als charakteristisch für ein gegenwärtiges Zeitalter der Globalität zu verstehenden Muster schon in früheren Zeiten verfügbar" (Osterhammel / Petersson 2007, 109). Thomas Ertl folgert daraus, dass der „Sache nach [...] Globalisierung im Mittelalter stattgefunden [hat], ob man den Begriff dafür verwenden will, ist zweitrangig" (Ertl 2008, 140). Geschwindigkeit und Ausmaß aktueller Veränderungen sind es v.a., die heute die Sicht auf die historische Dimension des Verflechtungsprozesses versperren. Deutlich ist auch, dass Globalisierung und Modernisierung in engem Zusammenhang stehen, und es „strukturbildende Fernverflechtungen [...] schon in vormoderner Zeit [gab]" (Osterhammel / Petersson 2007, 112).

Kreuzzüge und vormoderne Globalisierung – eine didaktische Skizze

Wo Migrationen, auch z.B. die antike Völkerwanderung, bereits die Vorzeichen für eine Globalisierung setzten, behinderte auch der zu Beginn des Mittelalters in Europa einsetzende Verfall bekannter Verkehrswege Menschen nicht in ihrer grenzüberschreitenden Mobilität.[2] Aus dem Glauben motiviert waren Pilger ebenso unterwegs wie Bettler und Kranke in der Hoffnung auf Heilung, Vagabunden aus Abenteuerlust, Seefahrer auf der Suche nach neuen Welten sowie Kaufleute im Rahmen ihrer Handelstätigkeit. Sie entwickelten v.a. im 13. Jahrhundert ein System wechselseitiger Beziehungen, das den kulturellen Austausch ebenso wie den weltweiten Handel zwischen Nordwesteuropa und China umfasste und dabei viele Gesellschaften integrierte. Zu Angelpunkten dieses hochmittelalterlichen Welthandelssystems wurden der Nahe und Mittlere Osten (vgl. Ertl 2008, 68f.). Zwar war die Welt damit noch lange kein „globales Dorf" (Ertl 2008, 70) mit standardisiertem Konsumverhalten, aber entstandene Subsysteme standen in Wechselbeziehungen. Die Nachfrage nach Handelswaren entwickelte sich so zum entscheidenden Element für die Integration eines Marktes an Waren, an denen Menschen aus allen sozialen Schichten Bedarf hatten. Wenn auch viele Historiker noch darüber uneins sind, wann der Aufstieg des Westens zum wirtschaftlichen und militärischen Zentrum der Welt begann (vgl. Ertl 2008, 136), so sind doch historische Entwicklungen erkennbar, die diesem Teilprozess entscheidende Anstöße gaben und Europa zum Gewinner im damaligen Globalisierungsprozess machten. Dank seiner „Partner in Asien und Afrika befand sich Europa auf der Überholspur" (Ertl 2008, 140).

Einen wesentlichen Schub erhielt diese Entwicklung durch die Verbreitung des Islam ab dem 8. Jahrhundert (vgl. Osterhammel / Petersson 2007, 30), der auch die islamische Besetzung der heiligen Stätten im Nahen Osten umfasste. Nach dem Aufruf zur Befreiung Jerusalems durch Papst Urban II. (1095 n. Chr.) entwickelte sich zwei Jahrhunderte lang eine rege, den ganzen Mittelmeerraum umfassende militärische Mobilität. Diese endete zwar 1291 mit dem Fall Akkons, sie besaß aber eine zeitlich weit darüber hinausgehende Bedeutung. Im Gefolge der Kreuzfahrten öffneten italienische Handelsstädte, wie z.B. Genua und Venedig, ihre Häfen für die Märkte der Levante. Mit den Handelswaren und -kontakten gelangten bis heute dort verbliebene Lehnworte aus dem Arabischen in die europäischen Sprachen. Eigene Schulen der Buchmalerei und Bildhauerei entwickelten sich, Errungenschaften im naturwissenschaftlichen Bereich wurden übernommen, zudem fand ein Kulturtransfer in den Bereichen von Medizin und Burgenbau statt (vgl. Jaspert 2004, 158).

Diese umfassende Wirkung begründet u.a. das didaktische Potenzial von Jugendliteratur über die Kreuzzüge. Die vielleicht weitreichendste Folge der Kreuzzüge bestand weniger im Bereich der Rezeption und des Transfers von Wissen, Kultur- und Handelsgut, als vielmehr darin, dass die Begegnung mit dem Islam durch die Fremdwahrnehmung im Westen ermöglichte, dass „die Begegnung mit andersartigen Kulturen weniger zu einem größeren Verständnis für das Fremde als vielmehr zu einer genaueren Kenntnis des Eigenen führte" (Jaspert 2004, 160).

Historische Jugendliteratur zum Thema der Kreuzzüge ist daher als Unterrichtsgegenstand in mehrfacher Hinsicht qualifiziert. Mit Blick auf das Ziel der Vermittlung von Alteritätserfahrung auch im Rahmen von Identitätsbildung kann sie erstens, geleitet

---

2 Vgl. Osterhammel / Petersson 2007, 30 sowie hinsichtlich der Darstellung dieser Mobilität in der historischen Jugendliteratur Rossi 2010, 148ff.

durch Protagonisten als Identifikationsfiguren, auf Augenhöhe mit ihren Lesern in die Vergangenheit versetzen und am historisch möglichen Geschehen fiktiv Erfahrungen sowie den Umgang mit Problemen demonstrieren (vgl. dazu auch Zimmermann 2005, 59ff.). Zweitens sind die Kreuzzüge als historisches Phänomen im kollektiven Bewusstsein noch immer bzw. – seit dem 11. September 2001 – wieder verankert, wobei v.a. ihr Charakter als brutale und ausbeuterische Kriegszüge in den Fokus gerückt sind (vgl. Jaspert 2004, 160), deren Opfer auf islamischer Seite „die schönste Blüte des älteren Islam" (Frischler 2002, 374) wurde: die Toleranz. In Europa dagegen ließ sich das enge Weltbild des frühen Mittelalters nicht mehr aufrecht erhalten, und es war nur noch eine Frage der Zeit, bis es zerbrach – und der Renaissance Platz machte (vgl. Frischler 2002, 376). Der durch die Kreuzzüge mit langfristiger Wirkung ausgelöste geistige Innovationsschub verbindet das mittelalterliche Phänomen der Globalisierung mit der im 21. Jahrhundert insofern, als Innovationsfähigkeit ein Rückgrat wirtschaftlichen Lebens bis heute darstellt. Damit kann – drittens – ein Unterricht, der sich mit den Kreuzzügen befasst, die Möglichkeit vielschichtiger, auch langfristiger Wirkungen von Ereignissen bewusst machen und so die Fähigkeit zur Identifikation komplexer Kausalitätszusammenhänge – einem Wesensmerkmal globaler Prozesse – auch über lange Zeiträume schulen. Die Koexistenz beider Religionen heute würde so als Gleichzeitigkeit von „struktureller Globalisierung und kultureller Fragmentation" (Tibi 2001, 133) deutlich. Damit wird gezeigt, dass kein direkter Weg von den Kreuzzügen zum Djihad führt, vielmehr stellen beide verschieden motivierte Versuche gegenseitiger Beherrschung dar.[3] Mit Blick auf die intendierte Zielgruppe hat historische Jugendliteratur hier die Aufgabe und Möglichkeit, am fiktiven Beispiel Chancen und Grenzen von Begegnungen zu verdeutlichen, die zwischen den sich aus verschiedenen Religionen entwickelnden Kulturen stattfanden.

Historische Kinder- und Jugendliteratur zum Thema Globalisierung

Waldtraut Lewin: *Der Fluch* – personifizierte Begegnung zweier Kulturen

In ihrem Roman *Der Fluch* (2003) - der Titel wird zur Lektüre ab ca. 14 Jahren empfohlen - personifiziert Waldtraut Lewin im Kontext der Krönung Friedrichs II. zum König von Jerusalem 1229 am Beispiel des Tempelritters Vinzenz van Orck und der Beduinin Marjam als Protagonisten Symbiotik und Problematik in der Begegnung von Angehörigen zweier Glaubens- und Kulturkreise.

Vinzenz ist, als Sohn einer Muslimin und eines Franken, am Kaiserhof in Grosseto (Italien) aufgewachsen und „bester Agent der kaiserlichen Kanzlei [und] Hansdampf in allen Gassen" (Lewin 2003, 8). Als solcher ist er im Auftrag des Templerordens im Heiligen Land, um Friedrich II. vor einem Attentat zu schützen. Marjam dagegen stellt sich selbst als Überlebende eines Beduinenstammes vor, die als „einsame Jägerin [aus dem Osten kam], bereit, den Mord an einem ganzen Stamm, an [ihrem] Stamm, zu rächen, wo immer [sie] einen der Schuldigen fand" (Lewin 2003, 91). Ohne Kenntnis ihrer Vorgeschichte nimmt Vinzenz, seit einer Auseinandersetzung mit Derwischen am rechten Arm gelähmt, Marjam als Leibwächter Hassan in seine Dienste. Er kauft sie,

---

3 Zum Verhältnis von Kreuzzügen und Djihad vgl. Tibi 2001, 123. Während die christlichen Kreuzzüge als gerechter Verteidigungskrieg gegen die Heiden pazifistisch legitimiert wurden, war der Djihad ein offensiver Kampf zur Verbreitung des Islam; vgl. dazu Tibi 2001, 116.

die sich als Mann tarnt, in Damaskus einem Beduinen ab und lernt sie erst im Verlauf der Handlung als Frau kennen.[4] In dieser Anlage der Handlung sind bereits vielfältige Parameter aufgespannt, die zum Verständnis der inneren Zusammenhänge aufbereitet werden müssen. Dies betrifft die Frage nach Kultur und Lebensweise der Beduinen im Vorderen Orient ebenso sowie die Einführung Marjams als Mann in die Geschichte. Die dieser Anlage von Figuren und Handlung innewohnende Widersprüchlichkeit löst der Text zum Teil selbst auf, wie nachfolgend zwei Beispiele erläutern können.

Der Umgang mit den gesundheitlichen Problemen Vinzenz' verdeutlicht die Verschiedenheit im Zusammentreffen der Angehörigen zweier Kulturkreise. Durch einen Nadeleinstich im Kampf an den Nervenbahnen seines rechten Armes verletzt, ist Vinzenz von Schmerzen gepeinigt und kann daher oft nicht schlafen. Sein Leibwächter Hassan/Marjam verabreicht ihm deshalb ein wohlschmeckendes Mittel namens Abu el-Num, das Vinzenz den benötigten Schlaf bringt (vgl. Lewin 2003, z.B. 78ff. und 99f.) – jedoch als Opiat in die Abhängigkeit führt. Während der Gebrauch solcher Drogen als Schmerzmittel im Vorderen Orient der Zeit allgemein und insbesondere Hassan/Marjam auch Entzugserscheinungen bekannt waren (vgl. Lewin 2003, 174), geht Vinzenz unvoreingenommen und ohne Kenntnis der Gefahr mit dem Mittel um. Als Hassan/Marjam nach einem Überfall ihre *Apotheke* nicht mehr bei sich hat und unter heftigem Entzug leidet, ist Vinzenz erstmals mit einem solchen Zustand konfrontiert und besorgt ihr schließlich aus Mitleid bei einem jüdischen Arzt die benötigte *Arznei* (vgl. Lewin 2003, 188ff.). Kommt mit dem jüdischen Arzt ein gelehrter Mann in die Handlung, der am Rande noch den Blick auf einen dritten Kulturkreis eröffnet,[5] so wird die Unterschiedlichkeit im Umgang mit medizinischem Wissen und Praktiken besonders augenfällig, als es Marjam durch Akupunktur gelingt, Vinzenz von seiner Lähmung zu heilen: Sein rechter Arm wird wieder mit Gefühl und Leben erfüllt (vgl. Lewin 2003, 122ff. und 137ff.).

Vinzenz drückt wiederholt seine Freude über die Genesung aus, Marjam dagegen ist darüber betrübt, fürchtet sie doch, nach der Heilung von Vinzenz nicht mehr gebraucht zu werden. Traurig wird sie erst recht, als Vinzenz an seine Frau denkt, die er nördlich der Alpen zurückgelassen hat (vgl. Lewin 2003, 140f. und 179). Marjam und Vinzenz verlieben sich im Verlauf der Reise und beginnen eine intime Beziehung. Das darin gründende große Vertrauen macht letztlich Vinzenz' Mission erfolgreich: Friedrich II. wird 1229 während der Krönungszeremonie in der Grabeskirche in Jerusalem durch Marjam vor einem tödlichen Attentatsversuch gerettet. Nach diesem Erfolg will Vinzenz wieder ins Heilige Römische Reich zurückkehren. Da er Marjam schätzen und lieben gelernt hat, bietet er ihr an, ihn im Rahmen einer morganatischen Ehe zu begleiten (vgl. Lewin 2003, 303).[6] Im Wissen um die muslimische Herkunft der Mutter Vinzenz' beginnt Marjam eine Diskussion um die Problematik des Verhältnisses von Heimat und Fremdheit:

> „Deine Mutter, von der du so schwärmst, Vinzenz. Ich sehe sie vor mir, ein bunter Vogel in einem grauen Land, von allen begafft, von keinem verstanden [...]. War sie glücklich, deine

---

4 Zum Motiv der Verkleidung und des Rollenwechsels sowie seinen Ursachen vgl. Zimmermann 2004, 188ff. und Rossi 2010, 103ff.

5 Zur Bedeutung der Juden für die Medizin der Zeit sowie ihrer Darstellung in der historischen Jugendliteratur vgl. Rossi 2010, 213ff. und 231.

6 Die morganatische Ehe ist eine nicht standesgemäße Ehe zwischen einem adeligen Mann und einer nicht ebenbürtigen Frau, die – ebenso wie die aus der Ehe hervorgehenden Kinder – nicht erbberechtigt war und nicht in höhere Gesellschaftsschichten aufgenommen werden konnte; vgl. dazu Schott 2009, 1629.

Mutter, Vinzenz? [...]" – „Ich weiß nicht", sagte er [...] „Ich hab es als Kind zumindest nicht gemerkt. Ich dachte, sie wäre glücklich." [...] Plötzlich zog er mich an sich, aber nicht wie ein Mann, der seine Geliebte umarmt, sondern eher wie ein Junge, der in die Arme seiner Mutter flüchtet. „Wie soll das denn ohne dich gehen?", flüsterte er, den Kopf in meine Hals-beuge geschmiegt. „Wie soll das bloß gehen?" (Lewin 2003, 303f.)

Dieser Dialog offenbart nicht nur Verlust- und Zukunftsängste zweier Liebender, sondern beweist die Möglichkeit, auch über Kulturgrenzen hinweg zusammenzufinden, erfolgreich zusammenzuarbeiten – und am Ende gar nicht mehr voneinander lassen zu können. Fraglich bleibt jedoch, inwieweit diese Grenzen dauerhaft überschritten werden können. Marjams Frage zielt daher ins Zentrum einer Problematik, in der Fremdheit mit Einsamkeit eng verbunden ist und selten aus Sicht der jeweiligen Minderheit wahrgenommen wird. Marjam löst den Konflikt zwar nicht, aber entscheidet sich letztlich selbstständig:

„Mein Geliebter. Geh auch du. Geh zu der Frau, die dein Kind erwartet." [...] Wir trennten uns vor den Toren der Stadt: Ein fränkischer Ritter mir orientalischen Gesichtszügen, be-waffnet mit Schild und Langschwert, aber ohne den Mantel der Kreuzfahrer, und ein junger Beduine, den Kopf mit einem Tuaregschal verhüllt [...]. Der Ritter auf dem Weg nach Akkon, um sich ein Schiff zu suchen. Der Beduine bereit, sich der nächsten Karawane nordwärts anzuschließen, [...]." (Lewin 2003, 308)

Getrennt durch die Herkunft aus zwei Kulturkreisen, deren Verschiedenheit auch durch die engstmögliche emotionale Bindung nicht überwunden werden kann, endet die Geschichte Marjams und Vinzenz' auf der Handlungsebene dort, wo sie begann. Die Fortsetzung der menschlichen Entwicklung, die beide im Verlauf der Zeit an- und miteinander erlebt haben, bleibt eine literarische Leerstelle. Diese mag dazu anregen, die beiden Biografien fortzuschreiben oder die Figuren ihr Erlebtes erzählen zu lassen. Wichtiger erscheint jedoch die Aufarbeitung der Tatsache, dass weniger räumliche Entfernungen als vielmehr die innere Distanz in den Köpfen hier die Fortsetzung einer Beziehung unmöglich macht. Die Entscheidung Marjams verdient großen Respekt. Sie ist sich bei aller Verliebtheit bewusst, dass eine gelungene Existenz von einem gesell-schaftlichen Umfeld abhängt, in dem der Einzelne respektiert und akzeptiert ist – un-abhängig von Glauben und Herkunft. Dies allerdings schien in der skizzierten Situation nicht zu sein. Diskutierbar wäre damit, inwieweit die erheblich weiter entwickelte Globalisierung heute an dieser Stelle noch immer an Grenzen stößt, wie z.B. durch die Migrationsproblematik deutlich wird – womit deutlich würde, dass Globalisierung heute zwar differenzierter und intensiver stattfindet als vor 800 Jahren, aber eine Wei-terentwicklung für den Einzelnen noch immer immense Schwierigkeiten bergen kann.

Georges Duby: Die Ritter – ein Ritterleben als Exempel

Mit seinem literarischen Sachbuch *Die Ritter* (2005) - der Titel wird zur Lektüre ab 7 Jahren empfohlen - schuf Georges Duby zu einem bei Jugendlichen beliebten histo-rischen Thema ein Werk, das einem noch verhältnismäßig jungen Genre angehört.[7]

---

7 Vgl. dazu z.B. die Reihe *Arena Bibliothek des Wissens*, die sich an junge Leser ebenso wendet, z.B. Parigger (2010), wie an junge Erwachsene, z.B. Schneider 2008). Jeder Band der Reihe ist gegliedert in erzählende inhaltliche Kapitel, die das Schicksal eines fiktiven Protagonisten erläutern, und parallel er-läuternde Sachkapitel; am Ende liefern ein Glossar und eine Zeittafel notwendige Zusatzinformationen. Auf Pariggers Titel sei hier nur verwiesen, da sich die erzählenden Kapitel lediglich auf die Einnahme Jerusalems 1099 beziehen, während Duby an seinem Protagonisten das Phänomen Kreuzzüge umfas-send betrachtet und daher der Aspekt der Globalisierung deutlicher herauszuarbeiten ist.

Erzählend werden am Beispiel des Ritters Arnoul, der als Protagonist durch die Darstellung führt, Werdegang und Leben eines Ritters mit all seinen Schwierigkeiten und Sorgen geschildert. Im Kapitel „Der Kreuzzug" werden die in dieses literarische Sachbuch aufgenommenen Aspekte der Globalisierung vorgestellt.

Georges Duby lässt seinen jungen Protagonisten nicht direkt an einem Kreuzzug teilnehmen, sondern erklärt dieses Phänomen, indem er anlässlich der Kreuzzugsteilnahme von Arnouls Onkel Baudoin 1148 berichtet, der von dieser Unternehmung nicht mehr zurückkommt. Dafür gliedert Duby das Kapitel über die Kreuzzüge in mehrere Abschnitte, die zentrale politische wie praktische Aspekte der Kreuzfahrten erzählend erklären. Die Formulierung der Überschriften zeigt, dass es sich bei der Darstellung weder um eine rein historische Abhandlung handelt noch um eine nur fiktive Erzählung. Der Titel „Eine heilbringende Reise" (vgl. Duby 2005, 93f.) für den ersten Abschnitt gibt keine konkrete Information preis, sondern verweist nur vage auf ein mögliches Motiv für den Aufbruch zu einer Kreuzfahrt bzw. deren Charakter. In der Tat werden zunächst Motive für Kreuzzugsfahrten erläutert, bei denen die fromme Pilgerreise nach Jerusalem, „um dort zu sterben und beerdigt zu werden und sich auf diese Weise für den Tag der Auferstehung gut zu platzieren" ebenso eine Rolle spielt wie der „Wunsch ferne Länder zu sehen, aus denen Duftstoffe, Seide und Gewürze kamen" sowie der Glaube daran, „dass dort in den Ländern jenseits des Meeres das Leben sehr viel angenehmer war" (Duby 2005, 94).

Dubys literarisches Sachbuch über die Ritter (Cover © München: dtv, 2005)

Das Fremde anderer Kulturen wird somit – der historischen Situation entsprechend – zunächst als anziehend dargestellt, ehe im zweiten Abschnitt über „De[n] heilige[n] Krieg" die kulturelle Dimension bei der Erläuterung der Kreuzfahrten als Kriegszüge in den Hintergrund tritt. Georges Duby vermittelt hier eine Vorstellung von diesen Unternehmungen auch durch vergleichenden Rückgriff auf historische Prozesse späterer Zeit. Er stellt beispielsweise fest, dass „der erste Kreuzzug zur Errichtung einer europäischen Kolonie auf der orientalischen Seite des Mittelmeers geführt [hatte]" (Duby 2005, 96). Dieser begrifflich implizite Vergleich mit der Kolonialpolitik der Neuzeit verschafft zugleich mit der Vorstellung von der Größenordnung der Unternehmung und ihrer Wirkung auf die historischen Zeitgenossen auch eine Vorstellung davon, inwiefern die Kreuzzüge aus historischer Sicht eine kulturpolitisch relevante Besetzung von Territorium in der damals bekannten Welt außerhalb Europas darstellten. Zugleich legitimiert der Vergleich die Beschäftigung mit den Kreuzzügen mit Blick auf die Globalisierung.

Die beiden vorgestellten wie auch die weiteren Abschnitte nehmen immer wieder Motive auf, die im Umfeld eines Globalisierungsprozesses begleitend auftreten. Im Rahmen der Vorbereitungen wird beispielsweise auf mögliche Reiserouten ebenso verwiesen wie auf eventuelle Probleme durch sarazenische Seeräuber und deren mögliche Lösung u.a. durch Verbesserungen im Schiffsbau (Duby 2005, 97). Genauere technische Informationen bzw. solche zur Überwindung der Seeräuberproblematik bleiben außen vor. Allerdings erfährt der Leser von den praktischen Schwierigkeiten der Einschiffung und Bezahlung der Überfahrt – die pragmatische Seite der Umsetzung von Globalisierung durch den Einzelnen wird so in Verallgemeinerung grundsätzlicher Schwierigkeiten durch anonyme Personifikation anschaulich:

> „Wenn ein Kreuzfahrer schließlich an dem Ort angekommen war, wo er sich einschiffen wollte, schloss er nach mühsamen Diskussionen mit den Seeleuten einen Vertrag vor einem Notar. Für viel Geld kaufte er einen Platz für sich selbst, seine Pferde, seine Diener und sein Gepäck. [...] Ihm war schwer ums Herz, als er alle noch einmal sah, die er liebte. Er war alles andere als sicher, von einem solchen Abenteuer auch wieder zurückzukehren". (Duby 2005, 98)

Die hier angesprochenen zwischenmenschlichen Schwierigkeiten verbinden die Kreuzzüge als Form mittelalterlicher Globalisierung mit dem heutigen Prozess und vermenschlichen ihn für den jugendlichen Leser: die Trennung von geliebten Menschen oder die Unsicherheit der Rückkehr schaffen Verbindungslinien auf emotionaler Ebene – selbst wenn sicherheitsrelevante Fortschritte in der Verkehrstechnik heute nicht diskutiert werden müssen.

Im Abschnitt über *Templer und Hospitaliter* greift Georges Duby die kulturelle Dimension der Begegnung der europäischen Kreuzfahrer mit der Kultur des Vorderen Orient am deutlichsten auf. Auf die Kreuzzüge als Kriegszüge rekurrierend verweist er auf die Diskrepanz zum Entwicklungsstand der europäischen Kultur: „Beeindruckt von dem, was sie von der arabischen Kultur sahen, die weiter entwickelt war als ihre, begannen sie ihre Pilgerfahrt [und] waren überrascht von den Kampftechniken ihrer Feinde." (Duby 2005, 99) Der darauf folgende Hinweis auf die gesundheitliche Belastung, die das neue Klima und unbekannte Krankheiten verursachten, schafft einen Anknüpfungspunkt an den aktuellen Globalisierungsprozess und eröffnet durch diese Aktualisierung eine weitere Verständnisebene. Die abschließende Schilderung der Lebensweise und körperlichen wie geistigen Tugenden der Ritter (vgl. Duby 2005, 100) mündet im Abschnitt „Der weiße Mantel" schließlich in die Feststellung:

> „Wenn man sah, wie sie sich verhielten, konnte man sich vorstellen, was aus dem Orden der gesamten Ritterschaft in Europa werden könnte, wenn er solche Werte übernähme. Manche Kreuzfahrer ließen sich tatsächlich anstecken und entschieden sich, in den Templerorden oder den Hospitaliterorden einzutreten". (Duby 2005, 100)

Damit ist zum einen angesprochen, dass ein Transfer von Werten und Lebenshaltungen als Bereicherung bewertet werden kann. Zum anderen ist mit einem möglichen Ordenseintritt auf einen wesentlichen Aspekt der Globalisierung verwiesen: Sie eröffnet neue Lebensweisen. Allerdings geht damit nicht zwangsläufig eine Integration in den jeweils anderen Kulturkreis einher. Vielmehr verkörpert gerade der Eintritt in einen der genannten Orden die Notwendigkeit einer militärischen Verteidigung der eigenen Kultur in der Fremde und damit den Kulturkonflikt, den ein Globalisierungsprozess ebenfalls auslösen kann. Über die Diskussion zur Entstehung von Subkulturen durch Zuwanderung aus anderen Kulturkreisen auch in Deutschland führt hier eine Verbindungslinie in die Gegenwart.

Abschließend lohnt ein Blick auf die Bebilderung dieses literarischen Sachbuches, die im Gegensatz zu rein fiktiven Erzählungen für das Genre insofern konstitutiv ist, als die farbigen Darstellungen und dazu gehörende Sacherläuterungen die Ausführungen anschaulich ergänzen. Diese optische Aufbereitung erleichtert insbesondere jugendlichen Lesern die Entwicklung einer Vorstellung der verschiedenen Dimensionen eines historischen Phänomens wie z.B. den Kreuzzügen.

Ein Beispiel ist die Darstellung der Einnahme von Tarsus (vgl. Duby 2005, 96). Mehrere Details verweisen in der dargestellten Szene auf ein Zusammentreffen der Angehörigen zweier verschiedener Kulturkreise als Konfliktparteien. Ein Hinweis ist

Die Einnahme von Tarsus (Abbildung © München: dtv / Reihe Hanser, 2005)

die unterschiedliche Kleidung mit Turban bzw. Kettenhemd, ein weiterer die Darstellung von Elementen der Stadtbefestigung von Tarsus. Sie knüpft an Bekanntes an, indem sie auf mittelalterliche Städte Europas zurückverweist und zugleich eines der eher wenigen Beispiele des Kulturtransfers vom Abend- ins Morgenland darstellt. Im Zentrum der gesamten Situation steht allerdings die gewaltsame Konfrontation der Angehörigen der beiden Kulturkreise. Mit verschiedenen Waffen ausgerüstet stehen sich zwei Kriegsparteien kämpfend gegenüber, der linke der beiden Türme neben einem Tor durch die Stadtbefestigung ist bereits teilweise zerstört.

Insbesondere diese Anschaulichkeit verweist auf das didaktische Potenzial von Georges Dubys Buch *Die Ritter*. Sie besteht zunächst darin, dass der Titel eine Integration des Lernens und Umgangs mit Sachtexten in den Literatur- wie in den Geschichtsunterricht und damit Fächer übergreifendes Lernen ermöglicht. Die attraktive Bebilderung weckt dabei das Interesse der Zielgruppe und ermöglicht auf solider sachlicher Grundlage eine altersgemäße Einführung in ein Thema anhand eines fiktiven, aber sehr realitätsnah konzipierten Protagonisten. Damit ist auch die geschichtsdidaktische Forderung nach der Darstellung *gebrochener Figuren* an Stelle von personalisierten strahlenden Helden erfüllt (vgl. Sauer 2009, 85ff.).

Henryk Sienkiewicz: Die Kreuzritter – christliche Ritter in Europas Osten

Vor dem Hintergrund der Unterscheidung von personalisierter und personifizierter Darstellung von Geschichte sei mit Henryk Sienkiewicz' Roman *Die Kreuzritter* (vgl. u.a. 1981, 2006) - der Roman wird Lesern ab etwa 10 Jahren als Lektüre empfohlen - der Blick auf einen besonderen Titel geworfen. Er nimmt eine Facette des Themas *Kreuzzüge in der historischen Jugendliteratur* auf, die bei den seit etwa 1980 neu erschienenen noch erhältlichen deutschsprachigen Jugendromanen sonst keine Rolle spielt: die Tätigkeit des Deutschen Ordens im Rahmen der mittelalterlichen Ostsiedlung. Der Roman erzählt also keine Handlung im Heiligen Land, wie der Titel eigentlich erwarten ließe, sondern vom jungen, oft ungestümen polnischen Ritter Zbyszko und seinem Onkel Macko. Sie stehen im Sinne personifizierter Geschichte für die polnische Bevölkerung und bauen nach 1386, als Polen und Litauen unter Großfürst Jagiello vereint wurden, ihr heruntergekommenes Gut Bogdaniec wieder auf. Immer wieder ergeben sich Auseinandersetzungen mit Deutschordensrittern, die den Polen in herrisch-obrigkeitlicher Weise begegnen (vgl. Sienkiewicz z.B. 1981, 102ff.). Der jugendliche Protagonist Zbyszko bewährt sich in verschiedenen Situationen und hält – unter eher zweifelhaft starrer Berufung auf seine Ehre – an Danusia als seiner minderjährigen Frau fest, bis diese schließlich, durch Deutschordensritter entführt und brutal misshandelt nach ihrer Befreiung in seinen Armen stirbt, noch ehe sie nach ihrer Befreiung zu ihrem Vater gelangen kann, der ebenfalls durch Deutschordensritter brutal verstümmelt wurde (vgl. Sienkiewicz 1981, 161ff.).

Mit diesem Roman schuf der polnische Nobelpreisträger Henryk Sienkiewicz ein Werk, das – 1900 unter dem Titel *Krzyzacy* erschienen und seither in 25 Sprachen übersetzt – weniger als Leistung für die historische Jugendliteratur wahrgenommen denn als polnisches Nationalepos interpretiert wurde: Der Staat Polen existierte seit 1772 nicht mehr, sein Gebiet war mehrfachen Gebietsaufteilungen zwischen europäischen Großmächten und Annexionen (zuletzt durch Deutschland 1939) ausgesetzt. Nicht zuletzt um der sowjetischen Zensur zu entkommen, versetzte Sienkiewicz die Handlung seines Romans ins 14. Jahrhundert und gestaltete eine Handlung im Umfeld des Deutschen Ordens, der darin als brutaler und heimtückischer Antagonist zur einheimischen polnischen Bevölkerung erscheint. Entsprechend wurde der Roman eher vor dem Hintergrund der deutsch-polnischen Geschichte gelesen denn als fiktiver historischer Roman über ritterliches Leben und Kämpfe im 14. Jahrhundert interpretiert. Das Werk ist nicht unumstritten, da Sienkiewicz' Zeitgenossen zwar um die Zuordnung darin beschriebener Grausamkeiten zur russischen Seite wussten, das Buch jedoch nach 1945 als erstes in Polen neu gedruckt und zur politischen Agitation gegen Deutschland missbraucht wurde.[8] Diese gezielte politische Vereinnahmung ist jedoch

---

8   Dazu Janusz Majcherek: „Man muss daher endlich zugeben, dass Sienkiewiczs Buch [ein] rein propagandistische[s] Werke [ist] und der Film von Alexander Ford ein Beispiel für ein in heroisch-martyrologischem Ton gehaltenes nationalistisches Kino, das zu kommunistischen Zeiten in allen Ländern des Systems propagiert wurde". Allgemeiner zum Roman und seiner Bedeutung im Werk Sienkiewicz' vgl. Coronato auf der Informationsseite „Deutsche und Polen" zur gleichnamigen Dokumentationsreihe der ARD.

der veränderten historischen Situation geschuldet, wenngleich Sienkiewicz angesichts der Situation Polens um 1900 mit der Darstellung des Gegensatzes von polnischer Bevölkerung und Deutschordensrittern am historischen Beispiel den polnischen Lesern Mut machen wollte, sich gegen politische Unterdrückung zu wehren: Der Deutsche Orden erlitt 1410 in der Schlacht bei Tannenberg eine vernichtende Niederlage gegen ein vereintes Heer aus Polen, Litauern, Weißrussen und Tataren.

Im Kontext des Themas *Globalisierung in der historischen Jugendliteratur* erscheint dieses bereits selbst historische Beispiel als Bereicherung, da es entstand, als der Begriff *Globalisierung* zwar kaum bekannt bzw. verbreitet war, jedoch im Zuge von Imperialismus und Kolonialisierung sehr wohl Globalisierung stattfand. Der Roman nimmt Unterwerfung und Unterdrückung als Motive aus nationalhistorischer Perspektive auf, und Globalisierung wird rückversetzt am Beispiel Polens im 14. Jahrhundert an einem innereuropäischen Beispiel als Teilprozess im Verlauf der Christianisierung Osteuropas deutlich. Für diesen Prozess ist wiederum die konfrontative Begegnung von Kulturen konstitutiv: Aus dem Glauben motivierte Kulturkonflikte bleiben eine Verbindungslinie zu anderen Buchtiteln. Zugleich erscheint der Prozess auch als politischer Vorgang, da er grundlegend in die Selbstbestimmungsrechte der Menschen eingriff, die ihn deshalb ablehnten. Demgegenüber ist Globalisierung heute v.a. ein wirtschaftlicher Prozess, der allerdings in vielen Staaten mit Unterdrückung aus ökonomischen Gründen einhergeht. Der für die Handlung eines Romans in Polen ungewöhnliche Titel *Die Kreuzritter* verweist in diesem Sinne gewissermaßen auf Gewalt als tertium comparationis für Prozesse, im Laufe derer das Zusammentreffen von Kulturen mit territorialen Entwicklungs- und kulturellen Begegnungsprozessen begleitet ist. Eine solche Reflexion des historischen Werks Sienkiewicz' kann das bewusst machen und damit die Thematisierung von Globalisierung in der historischen Jugendliteratur um eine Perspektive erweitern.

Globalisierung in Literatur und Geschichte – fächerübergreifende Perspektiven

Kulturelle Bildung als Aufgabe des Deutschunterrichts

Im Kontext der weltpolitischen Diskussionen insbesondere seit dem 11. September 2011 werden die Kreuzzüge immer wieder als geeigneter Ort für einen Appell an Verständigung und Toleranz angesehen (vgl. Schmidt-Dumont 2007, 17). Ihre Behandlung im Unterricht kann daher ein Beitrag zu der in den Lehr- und Bildungsplänen aller Schularten als Ziel verankerten Erziehung zum Frieden bzw. zum gewaltfreien Zusammenleben sein (vgl. z.B. den Lehrplan für die sechsstufige Realschule in Bayern; 2001, 33). Indem die historische Jugendliteratur mit den Kreuzzügen das Thema *Kulturbegegnung* aufgreift, das in der Realität infolge der Schwierigkeiten im Zusammenleben verschiedener Kulturen häufig eher von seiner problematischen Seite wahrgenommen wird, ermöglicht ihre Lektüre eine kritische Auseinandersetzung: Historische Distanz verfremdet und erfordert für ein Verständnis von Zusammenhängen die präzise Betrachtung von Details, deren Erläuterung im Unterricht Verständnisebenen schafft. Historische Distanz fordert dabei vor dem Hintergrund neuer Einsichten zugleich zur Stellungnahme auf, ohne mögliche eigene Konflikte direkt ansprechen zu müssen. So kann Literatur über Identifikationsprozesse, z.B. mit den Sorgen, Nöten und Erfolgen

der Protagonisten, zur Hilfe im Verständnis des Eigenen und des Anderen werden –
historisches Verstehen bahnt so Fremdverstehen an (vgl. Abraham 1998, 144).

Ein Deutschunterricht, der dies berücksichtigt, leistet kulturelle Bildungsarbeit durch
das Erfassen der historischen Dimension eines aktuellen Themas: Globalisierung wird
als historischer Teilprozess in verschiedenen Teilen der Welt, auch zu verschiedenen
Zeiten bewusst. Indem sie zur Auseinandersetzung und Stellungnahme auffordert, wirkt
geschichtliche Jugendliteratur zugleich darauf hin, dass sich der jugendliche Leser als
Teil einer historisch gewachsenen Gesellschaft zu begreifen lernt. Reflexion von Geschichte in der Jugendliteratur wird so zum Bestandteil einer literarischen Sozialisation,
die nicht nur zum kompetenten Umgang mit Literatur führt, sondern im fiktiven Er-
fahrungsraum an die kulturellen Wurzeln einer Gesellschaft heranführt. Voraussetzung
dafür sind wissenschaftliche Korrektheit und Authentizität in der jugendliterarischen
Darstellung; diese fordert auch die Geschichtsdidaktik (vgl. Günther-Arndt 2000, 244).
Ohne diese Grundlagen ist die auch dem Literaturunterricht obliegende Aufgabe der
Erziehung zum korrekten Umgang mit Tatsachen der Vergangenheit nicht zu erfüllen.
Zudem ermöglicht erst die Unterscheidung von Fakten und Fiktion eine auf gegenwärtige Realitäten hin orientierte Auseinandersetzung mit Literatur. Der hier angeführten
historischen Jugendliteratur kann dabei attestiert werden, dass bekannte in die Handlung eingeflochtene historische Elemente nicht verfälschend dargestellt wurden (vgl.
dazu grundsätzlich Pleticha 2005, 446). Damit ist es möglich, im Sinne der geschichts-
didaktischen Forderung nach Multiperspektivität die Motive des Handelns der Figuren
aus ihrer je eigenen Perspektive zu beurteilen. Auf Augenhöhe mit den Protagonisten
kann so eine Problematik aus verschiedenen Blickwinkeln erschlossen werden. Zugleich
wird das Aufeinandertreffen von Kulturen im Zuge von deren räumlicher Verbreitung
als komplexes Zusammenspiel vielfältiger miteinander verschränkter Aspekte deutlich.

Leseförderung als fächerübergreifende Aufgabe

Wenngleich angesichts der Ergebnisse 2010 „Bildungsforscher, Lehrer und Politiker auf
die verbesserten Ergebnisse deutscher Schüler beim Pisa-Test [mit Erleichterung reagie-
ren]", bleibt daneben die Feststellung, dass „ausgerechnet im wichtigen Bereich ‚Re-
flektieren und Bewerten' von Texten [...] deutsche Schüler [...] über alle Schulformen
hinweg relativ schwach abgeschnitten [haben]" (vgl. FAZ.NET 2010). Im vorliegenden
Kontext steht jedoch nicht Ursachenforschung für die attestierte mangelnde Lesekompetenz, sondern vielmehr die Folgerung daraus im Mittelpunkt, dass also PISA die Lesefähigkeit zu einem biografischen Zeitpunkt zeigt, an dem wesentliche Weichenstellun-
gen in der Lesesozialisation gestellt sind. Die zum Zeitpunkt der Erhebung gemachten
Aussagen sind weitgehend endgültig für den Verlauf der Leseaktivitäten, was letztlich
dazu führt, dass nur für etwa ein Drittel der Erwachsenen Lesen alltägliche kulturelle
Praxis werden wird (vgl. Rosebrock 2003, 85). Angesichts der zunehmenden Bedeutung
von Lesekompetenz bedeuten diese Ergebnisse infolge der z.B. durch das Internet be-
reitgestellten Informationsfülle deshalb eine Aufforderung zu Fächer übergreifendem
Handeln: Erziehung zum kompetenten Leser ist mit Blick auf die vielfältigen Themen im
Alltag eine bewusst wahrzunehmende Aufgabe aller Fächer.

Dazu eignet sich die Globalisierung als Thema gerade auch vor dem Hintergrund ihrer historischen Dimension, da neben umfassenden Aktualitätsbezügen unter Rückgriff
auf die geschichtliche Jugendliteratur ein Lesestoff angeboten wird, der nicht automa-

tisch in den jugendlichen Interessensbereich fällt. Neugiermotivation kann so Antrieb zur selbstständigen weiteren Erschließung einer Thematik werden, bei der der Umgang mit epischen Texten wie auch dem Jugendsachbuch als ergänzende Informations-quellen gemeinsam erfolgen können. Neben verschiedenen Schreibhaltungen können so unterschiedliche Verfahren zur Auswertung des Informationsgehaltes von Texten erlernt werden. Solches über literarische Themen hinausgehendes Arbeiten realisiert fächerübergreifend kompetenzorientierten Unterricht. Die Globalisierung erfordert eine immanente Einbeziehung geografischer und wirtschaftlicher Aspekte, z.B. bei der Informationsgewinnung durch Statistiken, Bild- und Karteninterpretation Lese- und Methodenkompetenz, wodurch ein umfassenderes Verständnis literarischer Texte er-möglicht wird. Je mehr Vorwissen zu einem Thema verfügbar ist, umso umfassender wird in Handlungsbedingungen der Figuren, in Verweisen und Rückbezügen auch die innere Dichte epischer Texte bewusst. Ergänzende Informationen lassen Literatur zum erlesenen Erfahrungsraum werden: Je mehr der Leser weiß, umso mehr kann er Gele-senes deuten und erfahren.

Jugendliteratur über Kreuzzüge im Unterricht verschiedener Fächer – ein Fazit

Vorgestellte Beispiele historischer Jugendliteratur zeigen, wie *Globalisierung* Gegen-stand verschiedener Fächer mit unterschiedlichen Zielperspektiven sein kann, Wäh-rend der Geschichtsunterricht v.a. die Ausbildung von Geschichtsbewusstsein auf Grundlage der Vermittlung historischen Sachwissens beabsichtigt, ist zentraler Aufga-benbereich im Literaturunterricht das „Lehren und Lernen von Literatur in Lernkon-texten" (Zimmermann 2005, 57f.). Als solche *Lernkontexte* eignen sich in Anbetracht genannter Zielsetzungen gerade Themen, die bei aller Aktualität auch eine historische Dimension besitzen und so die Gewachsenheit unserer Kultur durch Erschließung von Verbindungslinien in die Vergangenheit verdeutlichen können.

Das Thema *Globalisierung* ermöglicht einen Rückgriff ins Mittelalter, dessen Ver-lauf insbesondere die durch die Kreuzzüge ausgelösten ökonomischen und kulturellen Entwicklungen bis in die Gegenwart reichende Verbindungslinien ziehen lässt. Dabei stellt die fiktive Literatur Aspekte der Globalisierung nicht explizit in den Mittelpunkt, sondern ist bemüht, jungen Lesern durch die auf Augenhöhe agierenden Protagonisten die der Zeit eigene politische, kulturelle und ökonomische Komplexität zu vermitteln. Literatur- wie Geschichtsunterricht müssen daher das Agieren der Figuren aus ihrer zeitlichen Bedingtheit erklären und daraus folgende, weiterreichende Verbindungsli-nien sichtbar und bewusst machen. Ein sich inhaltlich gegenseitig ergänzender Rück-griff auf Erzählungen wie Sachtexte ermöglicht zugleich die Aneignung methodischer Verfahren zur Erschließung fiktiver wie informativer Texte.

Eine hilfreiche Grundlage ist das literarische Sachbuch. Indem er Höhepunkte wie problematische Lebenssituationen einer fiktiven Figur darstellt und dabei ein histori-sches Thema am Beispiel eines Protagonisten bebildert veranschaulicht, schuf Geor-ges Duby in *Die Ritter* ein insbesondere für jüngere Leser gut zugängliches Buch, das wesentliche Aspekte ritterlichen Lebens darstellt und die Kreuzzüge v.a. als Kriegszü-ge charakterisiert. Demgegenüber personifiziert die fiktive Jugendliteratur – wie das Beispiel von Waldtraut Lewin zeigt – spezifische Probleme des Aufeinandertreffens von Kulturen im Rahmen der durch die Konfrontation von Religionen motivierten Auseinandersetzungen im Vorderen Orient. Gewaltausübung spielt hier eine konstante Rolle, im Vordergrund steht jedoch die sich zwischen einem Tempelritter und einer Beduinin entwickelnde persönliche Beziehung, die aufgrund der Verschiedenheit von Herkunft und kultureller Zugehörigkeit offen endet. Ganz anders dagegen das historische Beispiel Henryk Sienkiewicz': *Die Kreuzritter* stellt einen innereuropäischen Konflikt in den Mittelpunkt, der die Unterdrückung der im Laufe der Christianisierung polnischer Gebiete unterworfenen Bevölkerung thematisiert. Gewalt erscheint damit als Konstante im Aufeinandertreffen von Kulturen.

Indem die Texte durch Glaubens- bzw. Herrschaftskonflikte motivierte Handlungs- und Denkweisen in den Mittelpunkt stellen, werden die Konflikte selbst nur implizit als Teilprozess von Globalisierung deutlich. Zugleich verdeutlicht aber die Konzeption der literarischen Figuren Globalisierung in vormoderner Zeit authentisch: Größere Distanzen beeinflussen ihre Aktion und Entscheidungen ebenso wie ihren Umgang mit den eigenen Gefühlen angesichts von Abschied und Hoffnung auf Wiederkehr. Die Einnahme des Heiligen Landes durch Muslime und dessen Verteidigung durch Kreuzzugsteilnehmer aus Europa bildet den Handlungshintergrund, wodurch die Protagonisten Bestandteil eines machtpolitischen Prozesses werden, der die Grenzen des abendländischen Kulturraumes deutlich überschreitet. Historischen Tatsachen entsprechend spielt dabei in der fiktiven Literatur die Begegnung der Kulturen weniger im Transfer von Wissen und Kunst als in Kampfhandlungen eine Rolle. Die Leistungen von Kaufleuten, die trotz erheblicher verkehrstechnischer Probleme einen nicht mehr abgerissenen Handelsverkehr im Mittelmeerraum aufbauten, bleiben jedoch Nebensache. Dennoch: Wird Geschichte aus ihrer Zeit heraus verstanden und werden nicht moderne Konzepte auf frühere Epochen übertragen, eröffnet die Jugendliteratur über die Kreuzzüge einen Zugang zu einer Dimension von Globalisierung, die diese nicht nur als zeitgeschichtliches Phänomen versteht, sondern als gegliedert in politische, ökonomische und kulturelle Teilprozesse mit historischer Tradition aufzufassen hilft. Die Vermittlungsaufgabe von Unterricht besteht daher darin, historische Wurzeln unserer Kultur dort zu verdeutlichen, wo keine direkten Linien in die Vergangenheit führen. Literarisch motiviert wird so am aktuellen Thema *Globalisierung*, deren Spuren Jugendliche täglich begegnen, auch Identitätsbildung als historisch vermittelter Prozess deutlich: Indem das fiktive Beispiel Umgang und Begegnung mit anderen Kulturen vorstellt und historische Distanz verfremdet, werden in der Reflexion fiktiven Verhaltens Selbstverständlichkeiten auch der Kultur fragwürdig, in die der Jugendliche gerade hineinwächst.

Primärliteratur
Duby, Georges: Die Ritter. 3. Aufl. München: dtv, 2005 (Reihe Hanser) [dt. EA 1999]
Lewin, Waldtraut: Der Fluch. Ravensburg: Ravensburger Buchverlag, 2003 [EA 2000]
Parigger, Harald: Das Zeitalter der Kreuzzüge. Würzburg: Arena, 2010 (Arena Bibliothek des Wissens)
Schneider, Gerd: Globalisierung. Würzburg: Arena, 2008 (Arena Bibliothek des Wissens)
Sienkiewicz, Henryk: Die Kreuzritter. Wien [u.a.]: Breitschopf, 1981 [dte. EA 1907]

Sekundärliteratur

[ohne Autor]: FAZ.NET vom 07.12.2010. http://www.faz.net/s/RubFC 06D389EE76479E-9E76425072B196C3/Doc~E4EE000424D294001A26C560D3D0485C7~ATpl~Ecommon~Sc ontent.html (22.02.2011)

Abraham, Ulf: Übergänge. Literatur, Sozialisation und literarisches Lernen. Opladen 1998

Coronato, Petra [u.a.]: http://www.deutsche-und-polen.de/personen/person_jsp/key=henryk _sienkiewicz.html (18.02.2011)

Ertl, Thomas: Seide, Pfeffer und Kanonen. Globalisierung im Mittelalter. Darmstadt 2008 (Geschichte erzählt, Bd. 10)

Exenberger, Andreas / Carmen Cian: Der weite Horizont. Globalisierung durch Kaufleute. Innsbruck [u.a.] 2006 (Geschichte und Ökonomie)

Frischler, Kurt: Das Abenteuer der Kreuzzüge. Heilige, Sünder und Narren. 2. Aufl. München 2002

Günther-Arndt, Hilke / Janine Kemnitz: Schreiben um zu lehren? – Geschichtsdidaktische Kategorien in der historischen Jugendliteratur. In: Steinlein, Rüdiger / Carola Pohlmann (Hgg.): GeschichtsBilder: historische Jugendbücher aus vier Jahrhunderten. Wiesbaden 2000, 240-254

Jaspert, Nikolaus: Die Kreuzzüge. 2. Aufl. Darmstadt 2004 (Geschichte kompakt: Mittelalter)

Majcherek, Janusz: http://www.deutsche-und-polen.de/frames/popup_zitat_jsp/key=jamr_ 1999. html (18.02.2011)

Osterhammel, Jürgen / Niels P. Petersson: Geschichte der Globalisierung. Dimensionen, Prozesse, Epochen. 4. Aufl. München 2007

Pleticha, Heinrich: Geschichtliche Kinder- und Jugendliteratur. In: Lange, Günter (Hg.): Taschenbuch der Kinder- und Jugendliteratur, Bd. 1, 4. Aufl. Baltmannsweiler 2005, 445-461

Rosebrock, Cornelia: Wege zur Lesekompetenz. In: Beiträge Jugendliteratur Medien 55 (2003) H. 2, 85-95

Rossi, Melanie: Das Mittelalter in Romanen für Jugendliche. Historische Jugendliteratur und Identitätsbildung. Frankfurt/M [u.a.] 2010 (Kinder- und Jugendkultur, -literatur und –medien. Theorie – Geschichte – Didaktik)

Rüsen, Jörn: Geschichtsdidaktische Konsequenzen aus einer erzähltheoretischen Historik. In: Quandt, Siegfried / Hans Süssmuth (Hgg.): Historisches Erzählen. Formen und Funktionen, Göttingen 1982, 129-170 (Kleine Vandenhoeck-Reihe)

Sauer, Michael: Geschichte unterrichten. Eine Einführung in Didaktik und Methodik. 8. Aufl. Seelze-Velber 2009

Schmidt-Dumont, Geralde: Anmerkungen zur Darstellung der Kreuzzüge in der Kinder- und Jugendliteratur. Perspektiven, Aspekte der Interkulturalität und der historischen Authentizität. In: kjl&m 59 (2007) H. 2, 17-22

Schott, Clausdieter [u.a.]: Ehe. In: Bautier, Henri [u.a.] (Hgg.): Lexikon des Mittelalters, Bd. 3. Darmstadt [u.a.] 2009, Sp. 1616-1649 [unveränd. Nachdruck der Studienausgabe 1999]

Tibi, Bassam: Kreuzzug und Djihad. Der Islam und die christliche Welt. München 2001

Zimmermann, Holger: Geschichte(n) erzählen. Die geschichtliche Kinder- und Jugendliteratur und ihre Didaktik. Frankfurt/M [u.a.] 2004 (Kinder- und Jugendkultur, -literatur und –medien)

Zimmermann, Holger: Adoleszenz in Antike und Mittelalter? Die Funktion der Identifikationsfigur in der geschichtserzählenden Kinder- und Jugendliteratur der Gegenwart. In: Glasenapp / Wilkending (Hgg.): Geschichte und Geschichten. Die Kinder- und Jugendliteratur und das kulturelle und politische Gedächtnis, Frankfurt/M [u.a.] 2005, 57-72 (Kinder- und Jugendkultur, -literatur und –medien)

Lehrpläne

Bayerisches Staatsministerium für Unterricht und Kultus (Hg.): Lehrplan für die sechsstufige Realschule. Lehrplanebene 2. München 2001. http://www.isb.bayern.de/isb/download.aspx?Do wnloadFileID=e6ba113d1944a3d613d7f38dc7435489

Tanja Lindauer
Harry Potter als globales Phänomen der Kinder- und Jugendliteratur

Obwohl der letzte Band der *Harry Potter*-Reihe schon längst erschienen ist, greift das *Fieber* um diese Bücher immer noch um sich. Lange Zeit war es zwar etwas ruhiger um den Zauber-lehrling geworden, doch der Kinostart der letzten beiden Verfilmungen hat erneut zu einer *Pottermania* geführt. Auch die Mutmaßungen über einen achten Band heizten die Gerüchte-küche wieder an.[1] Dies nutzte der Londoner Verlag Bloomsbury auch direkt, um eine neue Auflage im sogenannten *signature look* am 01. November 2010,[2] pünktlich zum Start des *Kino-Events*, zu veröffentlichen. Autorin J.K. Rowling und Verlag verstanden es schon immer mit sorgfältig portionierten Häppchen sich und die *Harry Potter-Heptalogie* gut zu verkaufen. Doch worin genau ist der Erfolg begründet? Wieso wird *Harry Potter* rund um den Globus gelesen? Sicherlich gibt es auf diese Frage keine allgemeingültige Antwort, dennoch soll hier der Ver-such unternommen werden, dem globalen Phänomen *Harry Potter* auf den Grund zu gehen.[3]

Zahlen, Fakten und geschicktes Marketing

Mitternacht, viele kleine *Hexen* und *Zauberer* warten mit leuchtenden Augen vor Buchhandlungen in Deutschland, England oder den USA ... Jeder weitere Band wurde zu einem Event: Die Presse reißt sich regelrecht um Neuigkeiten, Fans auf der ganzen Welt fiebern den neuen Geschichten entgegen. Der Höhepunkt wurde dabei sicher-lich mit dem siebten und letzten Band erreicht, denn dieser erschien gleichzeitig in 90 Ländern (vgl. Karg / Mende 2010, 19).

> „Ein kluges Marketing, das weniger auf teure Werbung und mehr auf billige, dabei wirkungs-vollere Informationen im redaktionellen Teil der Medien gesetzt hat, hat [...] eine nicht unwesentliche Rolle gespielt" (Boie 2001, 84).

Allein schon J.K. Rowlings *rags-to-riches*-Geschichte liest sich wie ein Märchen von einer armen, alleinerziehenden Autorin, die die ersten Geschichten um ihren Helden auf Papierservietten in einem Café niederschrieb. Mit Kaffee versuchte sie sich dabei zu wärmen, denn die Heizungskosten in ihrem kleinem Appartement konnte sie sich nicht leisten (vgl. ebd., 84).

Von Beginn an waren derartige Marketingstrategien ausschlaggebend, so etwa auch bei der Präsentation des Namens der Autorin. Aus dem Vornamen Joanne wurde J.K. Rowling: „From its title, *Harry Potter and the Philosopher's Stone* looked like a boy's

---

1 Vgl. http://newsticker.sueddeutsche.de/list/id/1047635 (08.10.2010)..

2 Vgl. http://harrypotter.bloomsbury.com/books/harrypotter-boxset (28.12.2010).

3 Dabei darf man nicht vergessen, dass es sich um eine Vielzahl von Faktoren handelt, die für die Pottermania letztendlich verantwortlich sind.

book and Cunningham knew that boys prefer to read books by male rather than female writers" (Eccleshare 2002, 9).[4]

Merchandising-Produkte und die vielen Online-Communities haben ebenfalls zu diesem zauberhaften Erfolg beigetragen, ebenso wie die Tatsache, dass Rowling immer wieder Details preisgab, die aber nie zu genau waren, sondern lediglich neugierig machten. So sagte sie etwa in einem Interview, dass Dumbledore schwul sei. Und tatsächlich, die Medien und die Fans bissen an und Diskussionen wurden losgetreten.[5] Und vor Veröffentlichung des vierten Bandes verriet die Autorin, dass eine wichtige Figur sterben würde - und schon war „Harry Potter" erneut in aller Munde:

Harry Potter als globales Phänomen (Foto © R. Knobloch, Freising 2006)

„While still working on the fourth sequel, Rowling announced the death of one major character, thus heightening the pre-publication suspense and inspiring discussions among online communities, which have been central to the success of the series, in terms of reputation and of finance" (Schmid 2009).

Mit diesen gutportionierten *Informationen* wurde so weltweit immer wieder die Neugier geschürt und somit der Verkauf der Jugendbücher *angekurbelt*.

J.K. Rowling ist es zudem gelungen die Grenzen der Kinder- und Jugendliteratur zu durchbrechen, etwas was nur wenigen Autoren vor ihr vergönnt war.[6] Sowohl Kinder und Jugendliche als auch Erwachsene sind im Bann des Zauberlehrlings gefangen, und dies überall auf der Welt. Selbst in einem indischen Gefängnis forderten die Insassen, den letzten Band der Heptalogie lesen zu dürfen. Und tatsächlich, auch in der Strafvollzugsanstalt in Dehli wurden 15 Exemplare bestellt.[7] Das neue Zauberwort heißt

---

4 „Cunningham, an experienced and enthusiastic editor with a strong marketing background, was creating a small list of carefully chosen and distinctive books each of which was strongly promoted"(Eccleshare 2002, 7).

5 Vgl.: Spiegel Online: Zauber-Outing. Dumbledore ist schwul. 20. Oktober 2007, http://www.spiegel de/ kultur/literatur/0,1518,druck-512613,00.html (05.06.09). Man kann dabei Fenske beipflichten, dass es sich hierbei lediglich um „yellow press gossip" (Fenske 2008, 23) handelt und somit auch um eine Marketingstrategie, denn in keinem der sieben Romane werden solche Andeutungen bestätigt.

6 Einer der wenigen Autoren, dem dies ebenfalls gelang, ist Jostein Gaarder mit Sofies Welt.

7 Vgl.: http://www.sueddeutsche.de/panorama/indien-haeftlinge-zahlen-fuer-harry-potter-1.681335 (27.12.2010).

All-age-Literatur, ein Phänomen, das immer mehr Aufmerksamkeit auf sich lenkt. *Harry Potter* richtet sich also gezielt nicht nur an Jugendliche, sondern auch an Erwachsene. Aber da erwachsene Leserinnen und Leser nicht unbedingt mit einem Kinderbuch *ertappt* werden wollen, haben sich die Verlage auch für dieses Problem etwas einfallen lassen, indem sie eine *Erwachsenen-Version* publizieren. Das Prinzip dabei ist denkbar einfach: Der gleiche Inhalt wird in einem neuen Gewand präsentiert, so kann man auch als erwachsener Leser Harrys Abenteuer getrost in der Bahn oder im Café lesen.[8]

In der Folge infizierte eine *Pottermania* rund um den Globus Millionen von Menschen. Betrachtet man sich allein die Verkaufszahlen in Deutschland, so stellt man schnell fest, was man eigentlich auch schon längst wusste: Die Geschichte um den Zauberlehrling ist ein Verkaufsschlager, ein Bestseller. Allein von der deutschsprachigen Ausgabe wurden mehr als 30 Millionen Exemplare verkauft, weltweit sind es sogar mehr als 400 Millionen verkaufte Bücher.[9]

Band	Erscheinungstermin	Startauflage	Verkaufte Exemplare	Verkäufe am Erstverkaufstag
1	Juli 1998	8.000	5,5 Mio	
2	März 1999	25.000	4,3 Mio	
3	August 1999	30.000	4,2 Mio	
4	14. Oktober 2000	1.000.000	4,3 Mio	500.000
5	8. November 2003	2.000.000	4,4 Mio	720.000
6	1. Oktober 2005	2.000.000	3,6 Mio	1.000.000
7	27. November 2007	3.000.000	3,7 Mio	1.250.000
gesamt:			**30 Mio**	

Tabelle 1: *Harry Potter* in Deutschland – ein Verkaufserfolg in Zahlen (Stand Juli 2009). Quelle: http://www.carlsen.de/uploads/Presse/Harry_Potter_Pressemappe.pdf (11.10.2010)

Die Geschichte von Harry Potter und seinen Freunden wurde mittlerweile in 67 Sprachen übersetzt, betrachtet man sich diese Liste näher, liest sie sich wie ein Bericht über eine Reise um den gesamten Globus: Von A wie Albanisch über H wie Hindi bis V wie Vietnamesisch. Und sogar in Lateinisch oder Gälisch kam man die Abenteuer der Hogwartsschüler nachlesen.

Betrachtet man die Verkaufszahlen in Deutschland näher, fällt auf, dass zwar die Verkäufe am Erstverkaufstag stiegen, im Allgemeinen aber weniger Bücher verkauft wurden als es noch bei den ersten Bänden der Fall war. Woran liegt diese Entwicklung? Ist Harry Potter im Laufe der Jahre etwa doch unbeliebter geworden? Ganz im Gegenteil: Schaut man sich die amerikanische Ausgabe an, kann man hier einen enormen Zuwachs verzeichnen. Waren es bei *Harry Potter and the Goblet of Fire* noch 3 Millionen verkaufte Exemplare an ersten Verkaufstag, so stieg die beim letzten Band auf mehr als 8 Millionen.

---

8 Der Carlsen-Verlag bezeichnet diese Ausgabe als Belletristikausgabe, Bloomsbury als Adult Edition.
9 Leider erhält man auch auf Nachfrage keine genaue Auskunft von Bloomsbury hinsichtlich der Verkaufszahlen.

Band	Erscheinungstermin	Startauflage	Verkäufe am Erstverkaufstag
4	8. Juli 2000	3,8 Mio	3.000.000
5	21. Juni 2003	6,8 Mio	5.000.000
6	16. Juli 2005	10,8 Mio	6.900.000
7	21. Juli 2007	12,0 Mio	8.300.000

Tabelle 2: Startauflagen in den USA. Quelle: http://mediaroom.scholastic.com/hpdecade (11.10.2010)

Die Verkaufszahlen in Deutschland sind zwar rückgängig, doch die englischsprachigen Ausgaben verzeichnen einen enormen Zuwachs.[10] Der Grund ist einfach zu erklären, denn immer mehr Leser, seien es Jugendliche oder Erwachsene, greifen zur englischen Ausgabe, sie wollen nicht auf die deutsche Übersetzung warten, auf die sie hatten warten müssen. Denn Bloomsbury stellt den Übersetzern vor dem Erscheinen keine Exemplare zur Übersetzung zur Verfügung.

Sicherlich erklärt dies noch lange nicht die fantastische Beliebtheit, aber ein deutliches Globalisierungscharakteristikum wird hierbei erkennbar: Englisch als *Lingua Franca*, die Welt rückt immer näher zusammen und, sei es im Privaten oder im Job, oftmals dient Englisch als Verständigungssprache zwischen Nationen. Aber genau hier liegt auch die Crux, schaut man sich nun Übersetzungen der Geschichte um den Waisenjungen einmal genauer an, dann fällt auf, dass *Harry Potter* nicht gleich *Harry Potter* ist.

Harry Potter ist mittlerweile überall bekannt und in fast jedem Land gibt es regelrechte Fangemeinden. Aber ist Harry Potter auch immer der gleiche? Gibt es nur einen, den Harry Potter? Sicherlich nicht. Jeder Leser stellt sich, zumindest vor dem Erscheinen der Filme, seinen eigenen, persönlichen Harry Potter vor. Die Physiognomie und die Orte werden sich, je nach kulturellem Hintergrund, von einander unterscheiden. Die verschiedenen Cover-Illustrationen verdeutlichen dies schnell. Der Protagonist ist zwar immer derselbe, nämlich Harry Potter, und auch spezifische Merkmale, wie die Narbe, sind immer vorhanden, doch weicht sein äußeres Erscheinungsbild mal mehr, mal weniger von einander ab. Diese Differenzen können national, regional und auch bildungsmäßig geprägt sein (vgl. Tomkowiak 2002, 89). Zwar versucht das Medienunternehmen *Time Warner* die „Marke Harry Potter" zu vereinheitlichen, indem es das amerikanische Design und die filmische Inszenierung als Gestaltungsrichtlinie diktiert, doch konnte sich die Firma bisher nicht vollständig durchsetzen. Mit *Harry Potter and the Goblet of Fire* musste der Carlsen Verlag dann den Schriftzug von Scholastic übernehmen und auch die 30 verschiedenen Buchillustrationen sollten einer einheitlichen, amerikanischen Version weichen (vgl. Tomkowiak 2002, 91 ff.). Aber das „Ziel einer globalen Vereinheitlichung der bildlichen Gestaltung konnte der Konzern allerdings bisher nicht durchsetzen" (Tomkowiak 2002, 92), sodass den Lesern nach wie vor verschiedene Harry Potter Figuren von den Buchdeckeln entgegenblicken.

---

10 Da Bloomsbury die Verkaufszahlen nicht veröffentlicht, können zur britischen Ausgabe lediglich Mutmaßungen unternommen werden, da aber immer mehr Fans zur Originalausgabe griffen, kann man davon aber ausgehen, dass auch bei Bloomsbury ein Zuwachs zu verzeichnen sein müsste. Ferner sind auch die geografischen Größenverhältnisse von den USA und Deutschland für die Startauflagen relevant.

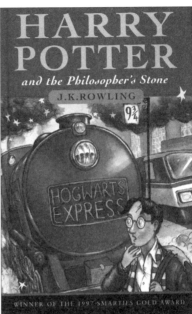

Verschiedene Gestaltung des ersten Bandes (Cover © London: Bloomsbury, 1997 / New York: Scholastik / Levine, 1998)

Zwar existieren so unterschiedliche Illustrationen, aber allen gemein ist ein Wiedererkennungswert. National sowie international, gehören die Leser einer Nation auch so automatisch zu einer internationalen Gemeinde. Denn erkennbar „ist stets ein Schema, das variiert ausgefüllt wird" (Karg / Mende 2010, 25).

„Lesern aller Nationen, in deren Sprachen die Romane übersetzt sind, wird Harry Potter auf dem Cover angeboten, teils als Bild, teils als Namenszug, immer aber gut platziert und leicht identifizierbar. Sie finden aber auch zugleich ihren Harry, mit dem ein Verlag bei seinen potentiellen Lesern bereits bestimmte Erwartungen erweckt oder aber Erwartungen, die er vermutet, bedient" (Karg / Mende 2010, 29).

So sind trotz Amerikanisierungsversuchen seitens Time Warner, wie etwa dem einheitlichen Schriftzug, unterschiedliche Gestaltungsprinzipien vorhanden. Aber allen Romanen, gleich welcher Nation sie angehören, sind dagegen spezifische Erkennungsmerkmale gemein. Sei es die Narbe auf der Stirn, Harrys Brille, ein Besen oder eine Eule, jeder Leser erkennt die Figur Harry Potter auch in einer fremdsprachigen Covergestaltung wieder.[11] Aufgrund des hohen Wiedererkennungswerts setzt sich die Heptalogie damit über sprachliche, geografische und politische Grenzen hinweg.

Aber nicht nur die Buchillustrationen sind unterschiedlich, auch der Inhalt kann vom britischen Original mitunter abweichen. „Die internationale Gemeinde, die durch Harry zusammenfindet, ist zwar eine faszinierende Erscheinung, doch lesen ihre Mitglieder, wenn sie *Harry Potter* lesen, mit Sicherheit nicht dasselbe" (Karg / Mende 2010, 104).

---

11 Die Belletristikausgaben und Adult Editionen folgen einem anderen Gestaltungsprinzip. So werden bei Bloomsburys Adult Edition auf dem Cover wichtige Gegenstände der einzelnen Bände präsentiert, wie etwa ein Stein oder ein Kelch. Die Figur Harry Potter erscheint hier dagegen nicht.

Verschiedene Gestaltung der Harry Potter-Bände (Cover © Hamburg: Carlsen, 1998 / 2003)

Ina Karg und Iris Mende erläutern dieses Phänomen anhand vieler Beispiele und vergleichen so etwa die deutsche Übersetzung mit der englischen Originalausgabe. Sie zeigen, dass ein Leser der deutschen Übersetzung nicht zwangsläufig dasselbe Bild vor dem geistigen Auge haben muss, wie ein Leser aus Großbritannien. Die englische Schafhaltung hat zum Beispiel das Landschaftsbild in Großbritannien stark geprägt, deshalb

> „begegnet man Gegenständen und entsprechenden Bezeichnungen, die in diesem Zusammenhang angesiedelt sind und nur aus ihm heraus verständlich sind: Sirius Black in der Gestalt eines Hundes wartet auf die Freunde an einem stile (IV, 451). Bei einem stile handelt es sich um eine Vorrichtung, die es Fußgängern ermöglicht, einen Weidezaun zu übersteigen. Ein stile kann eine kleine Holzleiter sein, die auf beiden Seiten des Zaunes angebracht ist; [...] Ein „Gatter" ist ein stile nicht. Ein deutscher Leser hat daher auch nicht den Eindruck von der Umgebung, die ein englischer Leser bekommt – abgesehen davon, dass er nicht unbedingt die Vorrichtung des stile kennt" (Karg / Mende 2010, 120).

In allen *Harry Potter*-Romanen können derartige kulturspezifische Erscheinungen gefunden werden, wie etwa das Schulsystem oder auch charakteristische, englische Speisen. Übersetzungen von spezifisch englischen Termini können dabei gelegentlich andere Assoziationen beim Leser hervorrufen, als es beim Ausgangstext geschehen würde. Man muss jedoch auch bedenken, dass die Welt der Zauberer von J.K. Rowling während der sieben Bände immer wieder beschrieben wird, sodass alle Leser, gleich welcher Herkunft, mit ihr vertraut gemacht werden. So erinnern zwar viele Bereiche und Gegenstände vor allem an die britische Kultur, doch müssen sich alle Leser auch mit völlig fremden, magischen Fakten vertraut machen, die aber mit britischen Gepflogenheiten verbunden werden. Durch die fortschreitende Globalisierung kann man auch typische britische Bräuche oder Objekte beim Leser als bekannt voraussetzen. Dem Film sei dank, sind beispielsweise Universitäten wie Oxford oder Harvard altbekannte Bilder und auch Weihnachtsbräuche sind außerhalb der christlichen Gemeinde nicht mehr eine unbekannte Größe. Dies bedeutet keineswegs, dass alle Bräuche oder Gegenstände geläufig sind. Ein Beispiel: Snapes Wohngegend, die im sechsten Band beschrieben wird, erinnert an die kennzeichnende Architektur der *Victorian working class houses*, ein Bild, das beim kundigen Leser sofort Assoziationen an vergangenen Glanz und Stolz aufkommen lässt.

> „Leser anderer kultureller Umgebungen werden, vor allem, wenn ihre Übersetzer die Feinarbeit kultureller Vermittlung nicht leisten oder nicht leisten können, die Passage eher als eine verzögernde Erzählweise wahrnehmen, mit der ein Rezipient eine Weile hingehalten wird, um sich ganz der Spannung auf das hinzugeben, was denn nun die Frauen mit Severus Snape zu besprechen haben. Die düstere Gegend wird allenfalls als vereinfachte Metaphorik wahrgenommen und dient als Symbol des Dunklen und Bösen" (Karg / Mende 2010, 161).

Aber auch innerhalb der englischsprachigen Ausgaben kann es schon zu Differenzen in der Wahrnehmung kommen. Der Verlag Scholastic hat die Originalausgaben für seine Leserschaft ebenfalls bearbeitet und amerikanisiert. „The aim is to avoid foreigness, since parents might not buy books when they are unfamiliar with words or items" (Schmid 2009). So wurde der Titel des ersten Bandes, *Harry Potter and the Philosopher's Stone,* in *Harry Potter and the Sorcere's Stone* geändert. Aber auch inhaltlich und gestalterisch sind Unterschiede zu verzeichnen. So hat die amerikanische Ausgabe bei jedem Kapitelbeginn eine kleine Illustration, die den Leser in das Geschehen einführt. Ferner wurden Sätze geändert oder hinzugefügt.

> „Occasionally, sentences are added, for example, when Harry undergoes the Sorting Ceremony on his arrival at Hogwarts. [...] The American edition not only enhances diversity at Hogwarts by adding an African American student, it also makes a mistake because as Ron is followed by one more student, the number 'three' of the British original should be changed into 'four' in Scholastic's version" (Schmid 2009).

Neben kulturellen Unterschieden sind also auch Übersetzungen für eine veränderte Wahrnehmung der Figuren und deren Umgebung verantwortlich. Die Zauberschule Hogwarts wird in der deutschen Ausgabe beispielsweise nicht übersetzt, in der französischen Version hingegen wird sie mit *Poulard* übersetzt. Auch viele weitere Begriffe wurden übersetzt und adaptiert. Der französische Leser muss sich so zwar nicht mit englischen Neologismen auseinandersetzen, aber es besteht die Gefahr, dass das System einer britischen Internatsschule nicht mehr verstanden wird. „When, in the fourth sequel, French pupils visit, the cultural frictions must be difficult to comprehend for the reader of the French translation" (Schmid 2009).[12] Harry Potter ist auf der sprachlichen Ebene damit einerseits ein globales Phänomen, auf der anderen Seite werden hierfür aber auch gewisse Adaptionen vorgenommen.

---

12 Die spanische Ausgabe hingegen verwendet häufig die englischen Bezeichnungen (vgl. Schmid 2009).

Bricolage und Intertextualität

Es wurde schon oftmals darauf hingewiesen, dass J.K. Rowling sich gerne bei bekannten Motiven und Themen der Weltliteratur für ihre Erzählungen bediente. Ist hier
vielleicht auch ein weiterer Grund für die allgemeine Akzeptanz und Beliebtheit des
jungen Zauberers begründet? Die Autorin versteht es immerhin die innerliterarischen
Grenzen zwischen verschiedenen Genres zu verbinden und aufzulösen. *Harry Potter*
liest sich wie eine Bricolage verschiedenster Gattungen: Internats- und Adoleszenz-
roman, fantastische Erzählung, Detektiv- oder Gespenstergeschichte, sie alle lassen
sich in den sieben Bänden wiederfinden und verbinden sich zu einem kunstvollen
Ganzem. „Rowling is a wizard herself at the magic art of bricolage: new stories crafted
out of recycled pieces of old stories" (Doniger 2000). Durch die Kombination verschiedener Genres gelingt der Autorin ein Kunstgriff, denn somit erreicht sie eine
große Leserschaft. Die

> „Mischung aus Internats-, Abenteuer-, Fantasy- und anrührender Familiengeschichte befrie-
> digen die vielfältigsten Leserbedürfnisse – ganz ähnlich, wie wir es heute von Vorabendse-
> rien kennen: Bloß nicht eine Zielgruppe ansprechen, damit nicht all die anderen womöglich
> abschalten" (Boie, 83).

Thematisch wird neben Mythen, Legenden und Märchen auch auf die Weltliteratur
zurückgegriffen.

> „Dabei ergeben sich Anleihen aus der antiken wie der keltischen Mythologie, international
> verbreiteter Folklore, Bestiarien, pharmazeutischer und okkultistischer Literatur, möglicher-
> weise über Enzyklopädien und Lexika vermittelt. Pate gestanden hat auch die phantastische
> Literatur, und bei der von Sprachwitz zeugenden Namensgebung ihrer Figuren, Tier, Ort
> und Gegenstände wie bei der Formulierung von Zaubersprüche hat Rowling sich neben
> englischer auch lateinischer, französischer und deutscher Worte und Wendungen bedient"
> (Tomkowiak 2002, 84).

Aber auch der Volksglauben ist ein wesentlicher Bestandteil, der Rowling häufig
beeinflusste. So etwa der Glaube an Magie oder auch an den Teufel.[13] So sind Bilder
und Geschichten in Rowlings Erzählungen wiederzufinden, die weltweit bekannt und
beliebt sind. Man muss jedoch bedenken, dass in der Kinder- und Jugendliteratur die
Intertextualität nicht den gleichen Bedingungen unterworfen ist. Ein junges Lesepublikum muss die Bezüge zu Fremdtexten nämlich nicht notwendigerweise als solche
identifizieren (vgl. Karg / Mende 2010, 171). Kinder und Jugendliche werden *Harry
Potter* sicherlich anders lesen und verstehen als ein erwachsener, literaturkundiger
Leser. Die Bezüge zur Artuslegende werden beispielsweise nicht jedem Leser auffallen.
Aber bereits in den Namen sind solch literarische Bezüge verborgen, denn Rowling
beschäftigt sich intensiv auch mit Onomastik. So kann man etwa im Namen des Schul-
direktors von Hogwarts, Albus Percival Wulfric Brian Dumbledore, direkte Bezüge zur
Artuslegende erkennen. Auch die Namen Arthur und Ginny Weasly sowie Lucius Mal-
foy verweisen hierauf. Aber nicht nur durch die Namen verweist Rowling auf Malorys
und Monmouths Erzählungen. Allein schon die Figur Dumbledore lässt viele Parallelen
zu Merlin erkennen und auch das Gryffindor Schwert, das Harry aus dem Hut zieht,
erinnert an die Geschichte um Artus und Merlin.

---

13 Die Tätowierung der Death Eater kann etwa als Teufelsmal interpretiert werden.

Allerdings lassen sich nicht nur Bezüge zur Artuslegende in der Heptalogie finden. Der Name Dumbledore kommt so beispielsweise auch in *The Hobbit* vor, denn Tolkien nennt hier so riesige Insekten. Auch Bezüge zu anderen Autoren der Weltliteratur, u.a. zu Kafka, Eschenbach und Travis, sind vorhanden. So erinnern *Bertie Bott's Every Flavour Beans* an Mary Poppins Medizin, die für jedes Kind anders schmeckt und die sprechenden Schachfiguren in *Harry Potter and the Philosopher's Stone* sind bereits bei Carrolls *Through the Looking Glass* vertreten. Auch Wolfram von Eschenbachs Figur des bösen Zauberers lässt sich in Voldemort durchaus wiedererkennen – und das nicht nur aufgrund der Körperlosigkeit. Ferner wird Kafkas *Strafkolonie* mit Dolores Umbridges Strafe adaptiert. Denn Harry muss mit einem magischen Füller immer wieder den Satz „I must not tell lies" auf seinen Handrücken ritzen (vgl. Karg / Mende 2010, 172). Auch Märchen sind in der Heptalogie immer wieder vertreten. Neben dem Aschenputtel-Thema, das durch Harrys Waisendasein thematisiert wird, kann man etwa *Schneewittchen* in den Erzählungen ausfindig machen.

> „Snow White's talking mirror appears, but Rowling transforms it both with humour (the mirror over the mantelpiece shouts at Harry, ‚Tuck your shirt in, scruffy!' and whispers, ‚You're fighting a losing battle there, dear,' when he attempts to plaster down his cowlick) and with something deeper: there is a mirror that shows you your heart's desire (Harry imagines his mother, ‚a very pretty woman ... her eyes are just like mine,' and his father, whose hair ‚stuck up at the back, just as Harry's did')" (Doniger 2000).

Sicherlich könnte man noch weitere Werke und Autoren aufzählen und weitere Bezüge nachweisen, jedoch soll hiermit lediglich gezeigt werden, dass die intertextuellen Bezüge ebenfalls zur globalen Akzeptanz und Beliebtheit von *Harry Potter* beigetragen haben. Und auch der Glaube an Magie, der schon so alt ist wie die Menschheit selbst, wird nicht ganz unschuldig an der *Pottermania* sein, denn sei es in Europa, Amerika, Afrika oder Asien, überall auf der Welt ist oder war die Magie ein integraler Bestandteil des Lebens. Wer wünscht sich nicht, ebenfalls über magische Kräfte zu verfügen? Zwar ist in der Kinder- und Jugendliteratur das Erkennen intertextueller Bezüge für die Sinnkonstitution nicht notwendig, aber es gestaltet die Lektüre für erwachsene Leser als eine kleine Herausforderung und ist äußerst attraktiv.

Fazit

Harry Potter hat buchstäblich die *Grenzen gesprengt*, und nicht nur die der verschiedenen Nationen, nein auch textimmanent hat sich Rowling scheinbar an keine Limitierung gehalten, denn auch Genregrenzen oder Altersgrenzen existieren nicht. Sicherlich wird auch die allgemeine Beliebtheit der Genres Fantastik und Fantasy zum Erfolg beigetragen haben. Dabei sind die

> „Harry-Potter-Romane [...] genuin englisch und sind es dennoch nicht geblieben, insofern sich eine internationale Gemeinde ihrer angenommen hat. Die Harry-Potter-Romane sind ein kultureller Text in interkultureller Funktion" (Karg / Mende 2010, 245).

Primärliteratur
Rowling, J.K.: Harry Potter and the Philosopher's Stone. London: Bloomsbury, 1997.
Rowling, J.K.: Harry Potter and the Chamber of Secrets. London: Bloomsbury, 1998.
Rowling, J.K.: Harry Potter and the Prisoner of Azkaban. London: Bloomsbury, 1999.
Rowling, J.K.: Harry Potter and the Goblet of Fire. London: Bloomsbury, 2000
Rowling, J.K.: Harry Potter and the Order of the Phoenix. London: Bloomsbury, 2003
Rowling, J.K.: Harry Potter and the Half-Blood Prince. Bloomsbury, 2005
Rowling, J.K.: Harry Potter and the Deathly Hallows. London: Bloomsbury, 2007

Sekundärliteratur
Boie, Kirsten: Anmerkungen zum Phänomen „Harry Potter". In: Jörg Knobloch (Hg.): „Harry Potter" in der Schule. Didaktische Annäherungen an ein Phänomen. Mülheim an der Ruhr 2001, 83–87
Eccleshare, Julia: A guide to the Harry Potter novels. London [u.a.] (2002):
Fenske, Claudia: Muggles, Monsters and Magicians. A Literary Analysis of the Harry Potter Series. Frankfurt/M 2008
Karg, Ina / Iris Mende: Kulturphänomen Harry Potter. Multiaddressiertheit und Internationalität eines nationalen Literatur- und Medienevents, Göttingen 2010
Tomkowiak, Ingrid: Vom Weltbürger zum Global Player. Harry Potter als kulturübergreifendes Phänomen. In Rolf Wilhelm Brednich / Ulrich Marzolph (Hgg.): Fabula. Zeitschrift für Erzählforschung (2002) H. 1/2, 79-96

Internetquellen
Doniger, Wendy: Spot the source: Harry Potter explained www.guardian.co.uk/books/2000/feb/10/londonreviewofbooks (11.10.2010)
Schmid, Susanne: Stunning or Ridiculous? The Marketing of Global Harry Potter. In: Erfurt Electronic Studies in English. http://webdoc.gwdg.de/edoc/ia/eese/artic29/schmid/1_2009.html (30.11.2010)
Spiegel Online: Zauber-Outing. Dumbledore ist schwul. 20. Oktober 2007. http://www.spiegel.de/kultur/literatur/0,1518,druck-512613,00.html (05.06.09).
http://harrypotter.bloomsbury.com/books/harrypotter-boxset (28.12.2010)
http://newsticker.sueddeutsche.de/list/id/1047635 (08.10.2010).
http://www.carlsen.de/uploads/Presse/Harry_Potter_Pressemappe.pdf (11.10.2010)
http://www.sueddeutsche.de/panorama/indien-haeftlinge-zahlen-fuer-harry-potter-1.681335 (27.12.2010)
http://mediaroom.scholastic.com/hpdecade (11.10.2010)

Christian Gänsicke
James Cook und die Entdeckung der Südsee
Didaktische Möglichkeiten in der Kunst- und Ausstellungshalle der Bundesrepublik Deutschland in Bonn

Das Zeitalter eines neuen Denkens wird interdisziplinär präsentiert

Drei Expeditionsreisen (1768–1779/80) in die damals noch unbekannten Weiten des Pazifischen Ozeans machten den britischen Seefahrer und Entdecker James Cook (1728–1779) berühmt. Kein Mensch war jemals zuvor so weit gefahren. Ihm gelang es erstmals, Neuseeland, Australien und die Inselwelt der Südsee zu kartografieren. Damit vervollständigte er unser neuzeitliches Bild von der Erde. Vor allem widerlegte die Vorstellung von einem mythischen Südkontinent.

Der Akzent der entsprechenden Ausstellung[1] lag auf einer europäischen Perspektive auf außereuropäische Welten. Es war ein zentrales Anliegen der Ausstellungsmacher, Ergebnisse aus den Forschungen zur Naturgeschichte, Seefahrtsgeschichte, Kunstgeschichte und der frühen Ethnologie miteinander im Geiste der Aufklärung des 18. Jahrhunderts zu verknüpfen und erstmals interdisziplinär zu präsentieren.

Mit dem Vordringen des Seefahrers und Kartografen James Cook in die Weiten der Südsee veränderte sich das abendländische Weltbild, mit ihm begann im Zeichen aufklärerischer Fortschrittsgläubigkeit ein Aufbruch in die europäische Moderne. Cook und den Naturforschern, Gelehrten und Zeichnern, die an seinen drei Reisen teilnahmen, verdanken die Europäer die ersten systematischen und verlässlichen Kartenwerke, die frühesten umfassenden Studien zum geologischen Aufbau der pazifischen Inseln und zu ihrer Flora und Fauna. Ferner wurden in einer vorher nicht gekannten Weise die Begegnungen mit den Menschen *am anderen Ende der Welt* minutiös beschrieben und bildlich dokumentiert. Durch seine Forschungsarbeit war James Cook auch einer der frühen Vordenker der Globalisierung.

Exponate aus aller Welt erzählen von Cooks Reisen

Die Ausstellung erzählt mit 550 Exponaten von den Reisen des James Cook und seines internationalen Wissenschaftlerteams[2]. Zum ersten Mal werden in Bonn die von den Cook-Reisen mitgebrachten ethnographischen und naturhistorischen Objekte aus verschiedenen pazifischen Kulturen wieder zusammengeführt, nachdem sie bereits Ende des 18. Jahrhunderts in völker- und naturkundliche Sammlungen ganz Europas

---

1 Bonn: 28.08.2009-28.02.2010, Wien: 11.05.2010.-13.09.2010, Bern: 07.10.2010-13.02.2011.
2 Mitglied in Cooks Team ist auch der junge Johann Georg Adam Forster, der als Zeichner an Cooks zweiter Weltumsegelung teilnehmen konnte (Nielsen 2009, 48). Vgl. dazu auch in diesem Band den Beitrag von Yomb May (2011, 52-62)..

verstreut worden waren. Für diese Ausstellung ist erstmals eine Kooperation zwischen den wichtigsten britischen Sammlungen in London, Oxford und Cambridge und entsprechenden Sammlungen im deutschsprachigen Raum – allen voran Göttingen, Wien und Bern – sowie anderen Museen der Welt gelungen.

Reiserouten und Reiseziele

Um die durch Cooks Reisen erstmals global abgebildete Welt für Besucher nachvollziehbar zu machen, haben die für die Ausstellung Verantwortlichen[3] eine Architektur entwickelt, durch die Reiserouten und Reiseziele Cooks erlebbar gemacht werden. Die Ausstellungsarchitektur bildet die zentralen Inseln und Kontinente des Pazifiks ab und ermöglicht dem Besucher das selbstständige Entdecken der ozeanischen Kulturen des 18. Jahrhunderts entlang der Reiserouten Cooks. Diese führten auf Empfehlung der Royal Society in London vornehmlich in jenen Teil der Südsee, der heute Polynesien (Vielinselwelt) genannt wird, aber auch in extreme Regionen wie die Antarktis im Süden und Alaska im Norden.

In Kooperation mit *epoc*, einem Periodikum aus dem Verlag Spektrum der Wissenschaft, wurde ein Sonderheft zur Cook-Ausstellung entwickelt, das neben wissenschaftlichen Beiträgen zu den unterschiedlichsten Facetten der Ausstellung, auch eine Doppelseite für Kinder im Comic-Format enthält. Diese Kommunikationsebene wurde bewusst gewählt, um eine kindgerechte Vermittlung anzubieten.

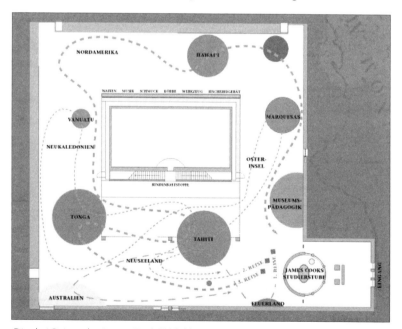

Die drei Reisen des James Cook (Abbildung ©:Kunst- und Ausstellungshalle der Bundesrepublik Deutschland, Ausstellungsplan SPACE4, Stuttgart 2009)

---

3 Vor allem die Kuratorin Adrienne Kaeppler, die Ausstellungsleiterin Henriette Pleiger und das Team der Kunstvermittlung/Bildung der Bundeskunsthalle, gemeinsam mit dem für die Ausstellungsarchitektur verantwortlichen Team von SPACE4 aus Stuttgart.

Bilder einer Ausstellung

Das Rahmenprogramm

Um den Besuchern aller Altersstufen zusätzliche Rezeptionsmöglichkeiten der Ausstellung anzubieten, wurde ein umfangreiches Rahmenprogramm entwickelt. Schwerpunkte wurden dabei besonders auf den Bereich der Wissensvermittlung an Kinder, Jugendliche, Lehrer und Schulklassen gelegt. Darüber hinaus bot das Programm Vorträge namhafter Wissenschaftler an, die in Kooperation mit der Alexander von Humboldt-Stiftung durchgeführt wurden. So gelang es, Professor Dr. Norbert Langer, den Inhaber der Alexander-von-Humboldt-Professur an der Universität Bonn, für einen Vortrag zum Thema der *Orts- und Zeitmessung: von James Cook bis heute* zu gewinnen. Professor Dr. Terry Healy, Research Professor of Coastal Environmental Science at the University of Waikato und Alexander von Humboldt-Preisträger, sprach über *Klima- und Umweltveränderung im Südwest Pazifik* und Professor Dr. Nicholas Evans, Sprachwissenschaftler am College of Asia and the Pacific, Australian National University, berichtete über *James Cook und Georg Forster in der Pazifischen Sprachenwelt*.

In Kooperation mit der Bonner Kinemathek wurde darüber hinaus ein umfangreiches Filmangebot entwickelt, das im Forum der Bundeskunsthalle begleitend zur Ausstellung gezeigt wurde. Dazu gehörten Kinder-, Spiel- und Dokumentarfilme. Auch eine Hula-Tanz-Performance mit Noenoelani Zuttermeister Lewis und ihrer Enkelin Kahula aus Hawaii, kommentiert von der Ausstellungskuratorin Dr. Adrienne Kaeppler, gehörte zum vermittelnden Rahmenprogramm. Die Bedeutung des Hula für die hawaiische Kultur kommt am besten in einem Wort von König David Kalakaua zum Ausdruck: „Hula ist die Sprache des Herzens und deshalb der Herzschlag des hawaiischen Volkes." (Wikipedia)

Mobilität als Erfolgsgeschichte

Die Lebensgeschichte James Cooks zeigt Mobilität auch als Erfolgsgeschichte und Geschichte des Kulturtransfers. Vor diesem Hintergrund bot die Ausstellung jungen Besuchern den Rahmen, in einen interkulturellen Dialog zu treten. Schüler mit Migrationshintergrund erleben in ihrem Alltag mehr oder weniger offene Diskriminierung, aber auch Konflikte mit der Herkunftskultur ihrer Eltern. Aber welchen Blick hatte Cook auf das Fremde und wie nehmen die Schüler selbst ihr Fremdsein wahr? Welche Migrationserfahrungen haben sie? Alle Führungen des Formats *Mobilität als Erfolgsgeschichte - Interkulturelle Führungen für Schulklassen* wurden im Tandem von zwei Kunstvermittlern durchgeführt, die über interkulturelle Kompetenzen verfügten.

Englischunterricht in der Ausstellung

James Cook ist für viele Briten einer der bedeutendsten 20 Menschen, die je gelebt haben. Karla Schlaepfer-Karst, muttersprachlich englisch sprechend, hat im Dialog mit den Kunstvermittlern der Bundeskunsthalle ein Angebot entwickelt, das unter dem Titel *ArtTalk in English - Discover the Explorer James Cook!* angeboten wurde. Schülerinnen und Schüler hatten so die Möglichkeit mehr über die Persönlichkeit Cooks, die englische Geschichte, über Artefakte und nautische Instrumente in der Ausstellung und über die Bedeutung von Cooks Entdeckungen für die heutige Zeit in englischer Sprache zu lernen. Dafür hat Karla Schlaepfer-Karst Materialien entwickelt, die den Lehren zur Vor- und Nachbereitung des Ausstellungsbesuchs im Unterricht dienten. Dieses Material wurde über die Homepage der Bundeskunthalle zum Download angeboten.

Reisen und Entdecken

In die Ausstellung konnte ein Raum zum Thema *Reisen und Entdecken - Ein Raum für spielerisches Lernen* integriert werden. Kinder, Jugendliche und Schulklassen hatten die Möglichkeit ihren Ausstellungsbesuch hier zu beginnen, zu unterbrechen oder zu beenden. Ausstellungsvermittler, Lehrkräfte und andere Erwachsene konnten die dort präsentierte Kinder- und Jugendliteratur[4] lesen oder vorlesen oder anhand von großen Wandbildern Cooks Entdeckerschiff, die Endeavour, und bedeutende Mitbringsel seiner Reisen entdecken und vermitteln. *Wasserbälle*, die ebenfalls in diesem Raum vorhanden waren und die unsere Erde und die Reiserouten, die James Cook befuhr, zeigen, dienten zusätzlich der spielerischen Erkenntnis.

Reisen und Entdecken. Ein Raum für spielerisches Lernen (Foto ©: Kunst- und Ausstellungshalle der Bundesrepublik Deutschland, Bonn 2009)

Workshops für Kinder, Jugendliche und Lehrkräfte, auch für andere Erwachsene, für Schulklassen, Gruppen und Kindergeburtstage

Zu jeder Ausstellung wird ein vielfältiges Workshop-Programm für unterschiedliche Altersstufen und Zielgruppen entwickelt. Dazu zählen auch mehrtägige Wochenend- oder Ferien-Programme. Künstler und Kunstpädagogen besuchen mit Kindern, Jugendlichen oder Erwachsenen die Ausstellung und bieten im Anschluss eine praktisch-bildnerische Auseinandersetzung mit den Ausstellungsinhalten an. Die Workshops bilden dann eine kreative Möglichkeit zum eigenständigen Verständnis der in den Ausstellungen gesehenen Werke. Zur James Cook-Ausstellung wurden unterschiedlichste Angebote entwickelt, von denen hier einige stellvertretend genannt werden sollen.

Schiffszwieback und Sauerkraut - Logbuch von Käpt'n Cook

Um für eine jahrelange Seefahrt mit der *Endeavour* Cooks gewappnet zu sein, musste vieles geplant und notiert werden. Kinder, Jugendliche und Erwachsene wurden in diesem Workshop aufgefordert sich vorzustellen, was von der Mannschaft eines Schiffes zusammengestellt werden musste, bevor man in See stach und bei Landgängen auf

---

4 Für Kinder- und Jugendliteratur speziell zum Thema Globalisierung vgl. in diesem Band den Beitrag von Ines Galling (2011, 106-119).

Ureinwohner traf, oder falls man mit dem Schiff in einen Sturm geriet. Wie bei einem Seefahrer sollte dann alles in einem Logbuch schriftlich und mit Zeichnungen festgehalten werden. Das Arbeitsergebnis wurde anschließend in einem Buch gebunden.

Am meisten dürfte die Workshop-Teilnehmer verwundert haben, dass James Cook 7.800 Pfund Sauerkraut an Bord nahm. Dahinter verbarg sich aber eine seiner Maßnahmen gegen die damals gerade bei Entdeckungsfahrten weit verbreitete Krankheit Skorbut. Besonders für seinen erfolgreichen Kampf gegen den Skorbut wurde Cook von der Royal Society ausgezeichnet und von König Georg III. in den Adelsstand erhoben (vgl. Nielsen 2009, 52).

Tattoo for you

Tattoos sind seit einigen Jahren in Mode, haben aber eine lange Geschichte. Sie dienen seit Urzeiten als Schmuck und können Auskunft über Rang, Status und Befindlichkeit des Trägers geben. In diesem Workshop erfuhren Kinder, Jugendliche und Erwachsene mehr über polynesische Kulturen, in denen sich die Menschen mit Zeichen schmückten, bevor die Teilnehmer selbst die Möglichkeit hatten ein Tattoo zu entwerfen und auf die Haut aufzubringen, selbstverständlich mit abwaschbaren Naturstoffen.

Ein Fernglas für Seefahrer

Ein Workshop nur für Kinder, in dem diese ein farbenfroh gestaltetes Fernrohr bauten und ganz nebenbei erfuhren, was es bedeutete, wie James Cook über die Meere zu fahren, mit Kompass und Sextant, nach Sternen und dem Stand der Sonne zu navigieren.

HulaHula!

Beim Hula-Tanz werden zu Musik über die Ausdrucksformen des Tanzes Geschichten erzählt. In diesem Workshop für Kinder und Erwachsene wurden Musikinstrumente wie Rasseln aus Flaschenkürbissen, Kokosnüssen und Raspeln aus Bambusstäben sowie verschiedenste Trommeln gebaut, die im Anschluss zum Einsatz kamen.

War einmal ein Bumerang

James Cook brachte 1770 einen australischen Bumerang von seiner ersten Reise an die Ostküste von Australien mit nach Europa. Ursprünglich diente er als Waffe und zur Jagd auf Vögel und Kleinwild. Inzwischen hat er sich zum gefragten Sportgerät entwickelt. Nach eingehender Betrachtung des exotischen Stücks in der Ausstellung wurde mit Kindern ab 9 Jahren ein Bumerang unter fachkundiger Anleitung gebaut und ausprobiert.

Mord an Bord?

Drei Gestalten klettern über die Bordwand eines englischen Schiffes. Mit ihren großflächigen Tätowierungen und den kunstvoll geschnitzten Keulen flößen sie den Matrosen Angst und Respekt ein. Einer der Männer nähert sich dem Kapitän und überreicht ihm ein Bündel. Der Engländer öffnet es. Seine Augen weiten sich vor Entsetzen …

Bücher zu James Cook (Cover ©: Kunst- und Ausstellungshalle der Bundesrepublik Deutschland,
Bonn 2009 / Hildesheim: Gerstenberg, 2009)

Wie die Geschichte ausgeht, haben Kinder und Jugendliche, für die dieser Workshop gedacht war, selbst in der Hand. Nach einem inspirierenden *Segeltörn* durch die Ausstellung
tauchten die Teilnehmer in die Schreibwerkstatt ab. Nathalie Martius-Weber, Ethnologin,
die mit Hilfe einer Krimikiste und sachdienlichen Hinweisen zum Hintergrund des Gesche-
hens um Cooks Tod informierte, lenkte die Neuautoren auf dem Weg zum Bestsellerautor.

Ergänzende Angebote

Lehrkräfte als Informationsvermittler
Zum Vermittlungskonzept einer jeden Ausstellung der Bundeskunsthalle gehören Angebote zur Lehrerfortbildung. Im Falle der Cook-Ausstellung war es einfach, Lehrer
dafür zu interessieren, da James Cook in Deutschland zum Lehrplan (Rahmenplan
Physik, gymnasiale Oberstufe, NRW, Themengebiete Astronomie und Mechanik, z.B.
grundlegende Kenntnisse wie Orientierung am Sternenhimmel/Navigation am Beispiel des James Cook) gehört.
    Dr. Corinna Erckenbrecht, Ethnologin mit den Forschungsschwerpunkten Kultur, Re-
ligion und Kunst der australischen Aborigines und der Südseevölker, hat an mehreren
Terminen mehr als 100 Lehrer mit dem Konzept der Ausstellung vertraut gemacht. Dabei lag der Schwerpunkt des Fortbildungsangebotes darauf, das Erwachsenwerden in
den komplex aufgebauten Gesellschaften der pazifischen Inselwelt zu vermitteln. Das
Programm für Schulklassen hieß dann folgerichtig *Bungee und Tattoo – Erwachsen werden in der Südsee*. In unserer Kultur sind Firmung oder Konfirmation, Volljährigkeit und
Führerschein wichtige Ereignisse auf dem Weg zum Erwachsen werden. Im Vergleich
dazu müssen die Jungen der Südseeinseln von haushohen Holztürmen springen. Jungen
und Mädchen müssen sich teilweise auch an ungewöhnlichen Stellen wie Kniekehlen

Bühnenbild mit den Arbeitsergebnissen der Kooperation, Aula der Drachenfelsschule, Königswinter, Dezember 2009 (Detail, Foto © Franziska Müller-Luhnau, Königswinter 2009)

oder Kinn tätowieren lassen. Tattoos belegen den sozialen Rang und die familiäre Herkunft und bleiben ein Leben lang erhalten. Anhand ethnografischer Ausstellungsobjekte
und ausgewählter Filmbeiträge konnten Schüler anschließend im Gespräch mit Dr. Co-
rinna Erckenbrecht erfahren, wie Gleichaltrige in der Südsee erwachsen werden.

Schule an einem außerschulischen Lernort: z.B. die Kooperation mit der Drachen-
felsschule

Die Drachenfelsschule ist eine Förderschule mit dem Schwerpunkt Lernen, in der Kinder und Jugendliche der Städte Königswinter und Bad Honnef und deren Einzugsge-
biet beschult werden. Mehr als 100 Schülerinnen und Schüler besuchen derzeit die
Schule, in der sie von 12 Lehrerinnen und Lehrern, 4 Lehramtsanwärterinnen und
-anwärtern und mehreren pädagogischen Fachkräften ausgebildet werden. Seit Sommer 2009 ist die Schule eine offene Ganztagsschule.

Die Direktorin der Schule, Franziska Müller-Luhnau, engagierte sich mit ihren Kolle-
ginnen und Kollegen, gemeinsam mit der Geschäftsführung der Bundeskunsthalle und
deren Team, für ein Schulprojekt, das begleitend zur Cook-Ausstellung realisiert wurde. Alle Jahrgangsstufen wurden im Unterricht auf das Ausstellungsthema vorbereitet,
bevor ein mehrwöchiges Projekt in der Bundeskunsthalle begann. Dazu wurden für
jede Jahrgangsstufe individuelle Angebote entwickelt, die immer aus dem Besuch der
Ausstellung, die unter einem bestimmten Blickwinkel erschlossen wurde, und einem
anschließenden, darauf bezogenen Workshop bestanden. Dazu gehörten Themen wie
Dschungel, Federn, Masken, Tattoo, Weben, Muscheln, Logbuch und Musikinstrumente. Beim Lernen am außerschulischen Lernort ging es dabei über die Vermittlung
von Ausstellungsinhalten mit dem anschließendem Workshop vor allem auch um die
Förderung der Wahrnehmungsebenen der Schüler, um die Erfahrung sozialer Kompetenzen, um ihre Bedürfnisse und Vorlieben. Am Ende der Kooperation stand ein

einzigartiges Bühnenbild, das selbst in einem Workshop hergestellt worden war und alle Werke zeigte, die von den Schülern während der Kooperationsphase erarbeitet worden waren – eine beeindruckende Leistung.

Ein Sachbuch über James Cook

Die mit mehreren Kinderbüchern hervorgetretene Autorin Maja Nielsen hat das Buch *James Cook. Die Suche nach dem Paradies* (2009) quasi mit Ausstellungsbeginn fertiggestellt. Damit bot sich eine wunderbare Gelegenheit, dieses Werk im Rahmen einer Familienveranstaltung, die unter dem Titel *James Cook. Vom Tagelöhner zum Entdecker* stand, zu präsentieren (vgl. Nielsen 2009).

Abschlussbetrachtung zur Besucherstruktur der Ausstellung *James Cook und die Entdeckung der Südsee*

Während der sechsmonatigen Laufzeit der Ausstellung in Bonn konnten ca. 120.000 Besucher begrüßt werden. Davon haben sich 467 Gruppen mit jeweils ca. 25 Teilnehmern je 60 Minuten durch die Ausstellung führen lassen. 380 Gruppen haben sich je 90 Minuten und 22 Gruppen sogar 120 Minuten führen lassen. 38 Gruppen reisten mit eigenen Ausstellungsführern an.

Besonders erfreulich ist die Bilanz bei der Betrachtung des Besuchs von Schulklassen, die sich durch die Ausstellung haben führen lassen. Insgesamt waren es Schulklassen aller Jahrgangsstufen und Schularten von 395 Schulen, von denen oft mehrere Schulklassen in die Ausstellung kamen, sodass wir zum Ausstellungsschluss davon ausgehen können, dass ca. 15.000 Schüler von uns betreut wurden. Hinzu kamen aber weitere Schulklassen, die durch ihre Lehrkräfte geführt worden sind.

Die Nutzung besonderer Vermittlungsangebote sah wie folgt aus. 18 Schulklassen nutzen das Angebot *ArtTalk* (Englischunterricht in der Ausstellung). 8 Schulklassen nutzten das Angebot *Bungee und Tattoo - Erwachsenwerden im Pazifik* und 16 Schulklassen das Angebot der *Interkulturellen Führung* (Migrationsprojekt). Allein im letzten Monat der Laufzeit der Ausstellung haben 457 Kinder und Jugendliche Workshops unterschiedlichster Formate besucht. Insgesamt also ein Erfolg, den sich wohl auch James Cook in seinen Träumen von einer globalisierten Welt nicht hätte vorstellen können.

Primärliteratur
Nielsen, Maja: James Cook. Die Suche nach dem Paradies. Hildesheim: Gerstenberg, 2009 (Kinder- und Jugendbuch, Reihe Abenteuer & Wissen)
Prinz, Alois: Das Paradies ist nirgendwo. Die Lebensgeschichte des Georg Forster. Weinheim [u.a.]: Beltz&Gelberg, 1997 (TB-Ausg. 2002, 2008)

Sekundärliteratur
Bödeker, H. E. [u.a.] (Hgg.): James Cook und die Entdeckung der Südsee. Katalog zur Ausstellung [...]. München 2009
Horwitz, Tony: Cook: Die Entdeckung eines Entdeckers. Aus d. Engl. von Heike Steffen. München 2009

Teil IV

Anhang

Verzeichnis der Autorinnen und Autoren

Bartsch, Wiebke: Doktorandin am Lehrstuhl Internationale Politik an der Universität Konstanz. In Ihrer Dissertation untersucht sie den Einfluss von Menschenrechtsverletzungen auf die Wirtschaftsbeziehungen zwischen den Staaten der Europäischen Union und der Afrikanischen, Karibischen und Pazifischen Gruppe.
Kontakt: wiebke.bartsch@uni-konstanz.de

Daubert, Dr. Hannelore: Studienrätin im Hochschuldienst am Institut für Jugendbuchforschung der Goethe-Universität in Frankfurt. Sie war von 2000 bis 2006 Vorsitzende des Arbeitskreises für Jugendliteratur e.V. und damit Präsidentin der deutschen IBBY Sektion. Von 2006 bis 2010 Mitglied im Vorstand von IBBY sowie Präsidentin des IBBY Reading Promotion Awards 2010.
Kontakt: daubert@em.uni-frankfurt.de

Demmer, Marianne: Von Beruf Lehrerin; war bis 1997 aktiv im Schuldienst tätig und hat an Grund- und Hauptschulen sowie Sonderschulen für Lernbehinderte unterrichtet. Seit 1997 gewähltes Mitglied des Geschäftsführenden Bundesvorstands der Gewerkschaft Erziehung und Wissenschaft (GEW), dort für den Bereich allgemein bildende Schulen zuständig. Seit 2005 ist sie stellvertretende GEW-Vorsitzende.
Kontakt: Marianne.Demmer@gew.de

Eder, Dr. Ulrike: Seit 1999 Universitätsassistentin und seit 2011 Senior Lecturer im Fachbereich Deutsch als Fremd- und Zweitsprache am Institut für Germanistik der Universität Wien. Lehr- und Forschungsschwerpunkte: Kinder- und Jugendliteraturforschung, Literatur im Deutsch als Fremd- und Zweitsprachenunterricht sowie Geschichte des Deutschen als Fremdsprache.
Kontakt: ulrike.eder@univie.ac.at

Gänsicke, Christian: Kunstwissenschaftler, Leiter des Unternehmensbereichs Kunstvermittlung / Bildung der Kunst- und Ausstellungshalle der Bundesrepublik Deutschland, Friedrich-Ebert-Allee 4, 53113 Bonn. In diesem Zusammenhang hat er die Ausstellung *James Cook und die Entdeckung der Südsee* vom 28. August 2009 bis 28. Februar 2010 in Bonn begleitet. Weitere Hinweise dazu vgl. www.bundeskunsthalle.de
Kontakt: gaensicke@bundeskunsthalle.de

Galling, Dr. Ines: Seit 2008 Lektorin für deutschsprachige und skandinavische Kinder- und Jugendliteratur in der Internationalen Jugendbibliothek (IJB) in München. Zuvor Studium der Nordischen Philologie, der Neueren und der Älteren Deutschen Literatur- und Sprachwissenschaft in Kiel, Oslo und Bergen, Promotion zu den Dramen Jon Fosses 2008. Publikationen zu deutschsprachiger und skandinavischer Kinder- und Jugendliteratur sowie zum skandinavischen Drama und Theater.
Kontakt: inesgalling@web.de

George, Friederike: Diplom-Bibliothekarin, Leitung verschiedener Bibliotheken, bis 2010 Leiterin der Stadtbibliothek in Freising.
Kontakt: friederike.george@weihenstephan.org

Jandrlic, Mladen: Gründer und Geschäftsführer der Lizenz- und Literaturagentur books&rights in Zürich. Literaturübersetzer, Dozent für Übersetzen, Literatur und Verlagskunde an der Schule für Angewandte Linguistik SAL, Zürich (Schwerpunkte u.a. Übersetzung, Literaturgeschichte, internationaler Buchmarkt). Mitarbeit an der Initiative zur Unterstützung des Bilderbuchs *Mit Bilderbüchern wächst man besser* (Stuttgart 2009). Unter dem Namen Karl Rühmann Autor zahlreicher Kinderbücher.
Kontakt: mladen.jandrlic@sal.ch

Knobloch, Dr. Jörg: Lehrer und Konrektor an Grund- und Hauptschulen, Lehraufträge für Kinder- und Jugendliteratur an der Universität München. Redaktionsmitglied der Zeitschrift *kjl&m - forschung.schule.bibliothek*, zahlreiche Publikationen zur Didaktik der Kinder- und Jugendliteratur. Ausgezeichnet durch das *Goldene LeseZeichen* der Stadt Göttingen und die *AusLese* der Stiftung Lesen. Weitere Hinweise: www.lesefoerderung.de
Kontakt: knobloch.j@gmx.de

Knobloch, Phillip Dylan Thomas: Pädagogik- und Sonderpädagogikstudium in Würzburg und Córdoba/Argentinien. Mehrjährige Aufenthalte in Lateinamerika. Promotion über den Zusammenhang von pädagogischer Theorie und Erziehungswirklichkeit in Argentinien. Mitarbeit am Lehrstuhl für Vergleichende Erziehungswissenschaft an der Universität zu Köln, wissenschaftlicher Mitarbeiter am Lehrstuhl für Allgemeine Pädagogik der Universität Bayreuth.
Kontakt: www.pedagogiaargentina.de

Lindauer, Tanja: Arbeitet als freie Journalistin für verschiedene Zeitungen und Fachzeitschriften und promoviert zurzeit über Hexen und Zauberer in der fantastischen Kinder- und Jugendliteratur an der Rheinischen Friedrich-Wilhelms Universität zu Bonn.
Kontakt: tanjalindauer@talibo.de

May, PD Dr. Yomb: Privatdozent für Neuere deutsche Literaturwissenschaft an der Universität Bayreuth, Lehrbeauftragter für Didaktik der deutschen Sprache und Literatur an der Universität München (LMU), außerdem Lehrer an einem Gymnasium in Bayreuth (Bayern).
Kontakt: yomb.may@gmx.de

Pantos, Regina: Studium der Germanistik und Literaturwissenschaft an der Freien Universität Berlin. Ab 1971 Dozentin in der Ausbildung von Erzieherinnen und Erziehern an der 1. Staatlichen Fachschule für Sozialpädagogik, seit 2007 freigestellt wg. Altersteilzeit. Zeitweise ehrenamtliche Vorsitzende der AG Jungendliteratur und Medien (AJuM) der GEW und des Arbeitskreises für Jugendliteratur (AKJ).
Kontakt: regina.pantos@web.de

Raabe, Dr. Christiane: Seit 2007 Direktorin der Internationalen Jugendbibliothek in München. Studium von Malerei sowie Geschichte, Philosophie und Pädagogik an der an der HBK und TU Braunschweig, anschließend wissenschaftliche Assistentin an der Freien Universität Berlin. Nach der Promotion in Geschichtswissenschaften 1993 Arbeit als Lektorin im K.G. Saur Verlag, ab 2003 als Lektoratsleiterin für geisteswissenschaftliche Editionsprojekte. Neben der Verlagstätigkeit Veröffentlichung von Büchern und kulturwissenschaftlichen Beiträgen.
Kontakt: direktion@ijb.de

Roeder, Dr. Caroline: Professorin am Institut für Sprachen, Fach Deutsch der Pädagogischen Hochschule Ludwigsburg, Leiterin der Arbeitsstelle für Kinder- und Jugendliteratur. Arbeits- und Forschungsschwerpunkte: Kinder- und Jugendliteratur nach 1945, Fantastik, DDR, Kritik, Literarisches Lernen, Raum-Theorie.
Kontakt: caroline.roeder@t-online.de

Rossi, Dr. Melanie: Studium der Geschichte und Germanistik für das Lehramt an der Ludwig-Maximilians-Universität München (LMU); seit 2000 Unterricht am Gymnasium, nach 2006 Lehraufträge an der LMU, seit 2008 Seminarlehrerin für das Fach Geschichte, 2009 Promotion zur Kinder- und Jugendliteratur (KJL) über das Mittelalter. Arbeits- und Forschungsschwerpunkte: KJL zu historischen Themen.
Kontakt: melanie.rossi@gmx.de

Schneider, Dr. Gerald: Professor für Internationale Politik an der Universität Konstanz sowie geschäftsführender Herausgeber der Zeitschrift *European Union Politics*. Er hat ausgiebig zu Entscheidungsprozessen in der Europäischen Union und den ökonomischen Ursachen von politischer Gewalt publiziert.
Kontakt: gerald.schneider@uni-konstanz.de

Schulze-Bergmann, Dr. Joachim: Fachreferent für Sozial- und Rechtserziehung bei der Schulbehörde Hamburg (1977-2002), Schulrat a.D. am Landesinstitut für Schule / Soest, Lehrbeauftragter für Sprach- und Literaturdidaktik von 1980 bis 2002 an der Universität Hamburg, ab 2006 bis heute Tätigkeit an der Universität Paderborn.
Kontakt: schulze-bergmann@t-online.de

Störiko-Blume, Ulrich: Verlagsleiter Kinderbuch des Hanser Verlages. Außerdem ist er seit 2010 Vorsitzender der avj (Arbeitsgemeinschaft von Jugendbuchverlagen e.V.), nachdem er längere Zeit im Vorstand der avj, aber auch des AKJ und des Verlegerausschusses im Börsenverein des Deutschen Buchhandels tätig war.
Kontakt: ulrich.stoeriko-blume@hanser.de

Verzeichnis der Abbildungen

Cover, Vorderseite: Globen in einem Schaufenster in Amsterdam
                      (Foto © Phillip D. Th. Knobloch, Köln 2010)
Seite 7:   Columbus / Kolumbus / Colón – Denkmal in Barcelona
                      (Foto © Ruth Knobloch, Barcelona 2009)
Seite 19:   T-Shirt (Foto © Phillip D. Th. Knobloch, Köln 2010)
Seite 71:   T-Shirt (Foto © Celeste Palacios, Köln 2009)
Seite 155:   T-Shirt (Foto © Celeste Palacios, Köln 2009)
Seite 213:   T-Shirt (Foto © Phillip D. Th. Knobloch, Köln 2010)

Für weitere Urheberrechtsangaben vgl. die Legenden bei den jeweiligen Abbildungen.

Ausgewählte Novitäten Herbst 2011

Dierk Zaiser **Rhythmus und Performance** Kulturprojekte als Chance für sozial benachteiligte und straffällige Jugendliche, München 2011, 250 S., ISBN 978-3-86736-258-8 € 18,80

Tom Braun (Hrsg.) **Lebenskunst lernen in der Schule** Mehr Chancen durch Kulturelle Schulentwicklung, Kulturelle Bildung vol. 23, München 2011, 333 S., ISBN 978-3-86736-323-5 € 19,80

Andreas Brenne / Birgit Engel / Dagmar-Beatrice Gaedtke-Eckardt / Anja Mohr / Blanka Sophie Siebner (Hrsg.) **Raumskizzen** Interdisziplinäre Annäherungen, München 2011, 272 S., ISBN 978-3-86736-242-9 € 18,80

Kirschenmann / Richter / Spinner (Hrsg.) **Reden über Kunst** Fachdidaktisches Forschungssymposium in Literatur, Kunst und Musik; Kontext Kunstpädagogik Band 28, München 2011, 541 Seiten, ISBN 978-3-86736-071-5 € 24,80

kopaed (www.kopaed.de)

kjl&m extra 2007 bis 2010

Petra Josting / Klaus Maiwald (Hrsg.)
KJL im Medienverbund Grundlagen,
Beispiele und Ansätze für den Deutsch-
unterricht; München 2007, 221 Seiten,
ISBN 978-3-86736-030-2 € 18,80

Jörg Knobloch (Hrsg.) **Kinder- und
Jugendliteratur für Risikoschüler
innen und Risikoschüler?** Aspekte der
Leseförderung , München 2008, 200 S.,
ISBN 978-3-86736-043-2 € 18,80

Caroline Roeder (Hrsg.) **Ich!
Identität(en) in der Kinder- und
Jugendliteratur**, München 2009,
224 Seiten, ISBN 978-3-86736-080-7
€ 18,80

Petra Josting / Klaus Maiwald (Hrsg.)
Verfilmte Kinderliteratur Gattungen,
Produktion, Distribution, Rezeption
und Modelle für den Deutschunterricht, München 2010, 240 S., ISBN
978-3-86736-109-5 € 18,80

kopaed (www.kopaed.de)